圓堂沈喁俊先生 追慕選集

歷史學散考

圓堂沈喁俊先生 追慕選集

歷史學散考

沈 喁 俊 著

圓堂沈喁俊先生追慕選集刊行委員會 編

2005년 2월 22일. 한국학중앙연구원 명예박사학위 수여식.
원당(좌)과 윤덕홍 원장

圓堂 沈喁俊 先生 略歷

學歷 및 學會活動

1955. 4~1957. 8	東國大學校 大學院 碩士課程 史學科 卒業(文學碩士)
1961. 9~1963. 8	國立臺灣大學院 碩士課程 考古人類學科 卒業(文學碩士)
1969. 9~2005.12	國立臺灣大學 考古人類學會 特別會員
1976. 1~1981.12	朝鮮學會 會員
1960. 3~1968. 8	東國大學校 淑明女子大學校(講師 臺灣滯在期間除外)
1968. 3~1991. 2	中央大學校 專任講師·助敎授·副敎授·敎授
1973. 3~2002. 2	中央大·成均館大·梨花女大·清州大·漢陽大·祥明女大 大學院講師(碩士課程)
1982. 3~2002. 2	中央大·成均館大·祥明女大 大學院 講師(博士課程)
1992. 1~1993.12	韓國精神文化研究院 客員敎授
1994. 3~1994. 8	中國 洛陽外國語大學 敎授
1981. 5~1991.12	韓國精神文化研究院 韓國民族文化大百科事典編纂委員·書誌分科委員長
1984. 4~2005.12	國立中央圖書館 古書委員
1985.10~1988.12	書誌學會 初代 2·3代 會長 편찬
1986. 3~1988. 2	中央大學校 大學院 委員(人文分野)
1986. 2~2003. 5	서울特別市 文化財委員
1993. 6~2005.12	書誌學會 顧問
1997. 4~1999. 4	文化財委員

研 究 活 動

1975. 4   在日韓國研究院主催 國際韓國研究機關會議에서 "近年韓
                       國에 있어서의 書誌學研究" 發表

1975. 8~1976. 2   日本學術振興會外國人 招聘研究員으로 慶應義塾大學에 滯
                       在 日本所在韓・漢籍韓國版調查研究
                       關東所在 : 書陵部 內閣文庫 尊經閣 國立國會圖書館 東
                                洋文庫 靜嘉堂文庫 大東急文庫 慶應義塾大
                                學圖書館 足利學校遺蹟圖書館 琳瑯堂藏書
                       中部所在 : 蓬左文庫 橫山重藏書
                       近畿所在 : 天理圖書館 神宮文庫 東大寺 藏書 調查

1987.12.17   臺灣 第2次 中國域外漢籍國際研討會에서 "探討流傳日本
                       之韓國版漢籍經書" 發表

1987.12~1988. 2   臺灣所在國立中央圖書館韓國版韓・漢籍善本調查

1988.11.30   臺灣漢學研究國際研討會에서 "整理韓國版漢籍之諸問題" 發表

1989. 7. 1   하와이 第4次 域外漢籍國際學術會議에서 "日本に流傳ち
                       れた 韓國甲寅字版「歷代將鑑博議」內賜本" 發表

1990.12. 2   韓國에서 開催된 第5次 中國域外漢籍國際研討會에서 "探
                       討流傳日本之韓國版漢籍史書" 發表

1991. 5. 6   日本早稻田大學 開催 第9次 中國域外漢籍國際研討會에
                       서 "關於朝鮮朝之醫學輸入刊行時期之問題" 發表

1999.   北京大學 古文獻研究所 招請講演에서 "高麗・朝鮮前期
                       韓國本漢籍" 發表

著書 ： 順菴安鼎福研究(一志社, 1985)
日本傳存韓國逸書研究(一志社, 1985)
日本訪書志(韓國精神文化研究院, 1988)
內賜本版式古文書套式研究(一志社, 1990)
書誌學의 諸問題(慧辰書館, 1995)
「香山三體法」研究(一志社, 1997)
「無垢淨光經」傳入與否攷(三希出版社, 2002)

解題 ： 法華經展觀目錄解題(57題)(東國大, 1967)

索引 ： 增補文獻備考索引(共編)(韓國精神文化研究院, 1983)

譯書 ： 屈萬里·昌彼得 合著, 圖書板本學要略(中央大, 1980)
韓非木編, 中國의 典籍(圖協, 1971)
梁啓超 著, 古書眞僞와 그 年代(中央大, 1969)
昌彼得 等著, 中國古書版本鑑定研究(中央大, 1990)
中國圖書館學會 編, 圖書館學과 情報科學(正一出版社, 1993)

共譯 ： 鄧嗣禹, 비거스탭 K. 共編, 選定中國參考圖書解題(圖協, 1972)
鄭齊斗 撰, 璇元經學通考(徽文出版社, 1974)
安鼎福 著, 東史綱目 卷3 上(民族文化推進會, 1977)
安鼎福 著, 東史綱目 卷7 上(民族文化推進會, 1978)

賞 勳

1986. 5. 23　　韓國圖書館學會 研究賞 受賞
1989.12. 22　　서울市文化賞(人文科學分野) 受賞

차 례

간행사

'경기도 파주시 탄현면 법흥리 통일동산 동화경모공원 함남 No.177' 이것이 圓堂 선생님 묘소의 주소입니다.

검정색 작은 碑石에는

"原籍 : 咸南 端川郡 端川邑 豆彦篆里
 文學博士 靑松 沈公暐俊之墓
 1925 陰 7月 23日生 (양력 4258년 9월 29일)
 2005 陰 11月 3日卒 (양력 2005년 12월 4일)"

이라고 새겨져 있습니다.

선생님은 가시고 외로운 비석만 남아 인생의 無常함을 다시 한번 느끼게 합니다. 세월은 流水와 같아서 서거하신 지 어느 덧 1년이 되어 갑니다. 書誌學界에 커다란 足跡을 남기셨을 뿐 아니라 또한 후학들에게 학문적 師表가 되신 것은 어느 누구도 부정하지 못하리라 생각합니다.

그리하여 우리는 못 다한 情과 尊敬心을 표하고자 하였습니다. 선생님을 향한 追慕와 관련하여 처음 논의한 것은 이렇게 기억됩니다. 葬禮를 마치고 돌아오는 길에 저희들이 과연 제자의 道理를 다하였는지 되돌아보면서 못내 아쉬운 마음을 금할 길이 없었습니다. 이에 몇몇 제자들은 학문과 제자를 위해 헌신하신 선생님에 대하여 추모의 정을 되새기기로 했습니다.

처음에는 선생님의 업적을 기리는 비석이라도 설립해드리려 했습니다. 그러나 비석은 정해진 규격으로 하나만 세울 수 있고, 이미 유족에 의하여 세워졌습니다. 게다가 선생님의 연보와 업적 및 저작 그리고 그 학덕과 인품에 대해서도 이미 1985년 화갑, 1990년 정년, 1995년 고희 기념논문집에 鄭駉謨, 千惠鳳, 鄭亨愚, 柳鐸一, 朴尙均 교수님들께서 이미 서술하신 바 있습니다.

그래서 저희들은 먼저 생전에 선생님께서 당신의 학문과 관련하여 희망하셨던 일이 무엇인가를 다시 생각해 보았습니다. 항상 心中의 말씀을 아끼셨던 터라 명확하게 표현하신 바는 없으셨지만, 만년에 작성하신 노트며, 제자들 중에 선생님으로부터 들은 말씀, 애착이 가시는 기존의 논문에 많은 수정을 가하고 재출판을 준비하셨던 메모, 50년 우정의 朴尙均 교수님과의 대화 등을 종합해보면, 선생님께서는 당신의 모든 저작을 망라하여 『圓堂全集』의 간행을 생각하셨던 것 같습니다.

선생님의 저작이 워낙 방대하여 이를 정리하여 전집으로 간행하는 것은 아직은 무리라고 판단하여, 서거 1주기에 맞추어 成冊이 안 된 선생님의 저술을 모아 추모집 한 책을 만들게 되었습니다.

선생님은 누가 뭐래도 자타가 공인하는 書誌學者이십니다. 하지만 서지학에 관련된 논문은 이미 『日本傳存韓國逸書研究』, 『日本訪書志』, 『內賜本版式·古文書套式研究』, 『書誌學의 諸問題』, 『無垢淨光經 傳入與否攷』 등이 단행본으로 간행되었기에 제외하고, 역사학 분야에서 그간 단행본으로 성책된 바가 없는 글들을 모았습니다. 그리고 차제에 중국 학술지에 게재하기를 희망하셨던 선생님의 뜻을 받들어 中文 遺稿를 중국 학술지에 게재하고 이 책의 부록으로 수록하였습니다.

선생님의 학문의 출발점은 歷史學이었습니다. 고대사 연구에 심혈을 기울이셨고 고고인류학에도 관심을 가지셨습니다. 서지학 발전에 헌신하시면서도 한편 順菴 安鼎福에 대한 연구를 오랜 동안 계속 하셨습니다.

이에 저희들은 선생님께서 不惑 이전에 穿鑿하셨던 역사학과 인류학 부문의 석사학위 논문 두 편을 위시하여, 光海朝 관련 논문, 그리고 고려시대 간행 역사서인 『三國史記』와 『三國遺事』, 조선시대 간행의 『三國史節要』 등에 관한 논문 및 해제 그리고 마지막으로 大祚榮과 金昌淑의 傳記 등 총 11편을 '歷史學散考'라는 이름으로 묶었습니다.

불초한 저희들은 선생님의 뜻을 제대로 받들었는지 부끄러운 마음을 감출 수가 없습니다.

2006年 11月
圓堂沈喁俊先生追慕選集刊行委員會

추모사

50년, 그 우정의 세월만이…, 이젠 바람이 되어
원당 생애의 업적과 의미

박 상 균
전 경기대 문헌정보학과 교수

작년(2005) 12월 4일. 원당 심우준 교수의 부음을 듣고 빈소(강남성모병원 장례식장 1호실)로 달려간 것이 바로 엊그제 일 같은데, 벌써 일주기가 가까워오다니, 새삼 제행(諸行)의 무상(無常)함을 절감할 뿐이다.

생각하면 이 지상(地上)이란, 생명과 죽음이 싸우는 현장이 아닌가 하는 그런 처절한 생각이 들 때가 많다. 누구나 언제 갑자기 자기에게도 죽음이 돌출(突出)할지 모르는 아슬아슬한 '삶'을 살아가면서도 '죽음'이 없는 척하고 살아가고 있다. 애써 죽음에 대해 말하지 않으려 하고 이를 잊으려 한다. 그러나 자기 곁에서 사랑하는 사람들이 하나씩 이 지상을 떠나가는 것을 목도할 때마다 '죽음'이란 엄연한 현실에서 멀리 떠나지 못한다. 죽음에 대한 침묵의 이면에는 죽음의 공포로부터 도피하고 싶은 마음과 영원히 살고 싶은 인간의 열망이 있기 때문일 것이다. 나도, 그동안 애써 '원당의 죽음'을 잊으려고 했다.

그러나 고희의 나이를 넘기면서 비로소 죽음의 실체를 보다 가까

이에서 목격하고 있는 것 같다. 요새는 전화 벨 소리가 무서워졌
다. 청천벽력 같은 비보만 접하기 때문이다. 모든 것이 너무나도
졸지에 벌어지고 있는 때문일까. 삶의 한복판에서 그렇게 치열하게
살아온 사랑하고 존경하는 사람들의 죽음을 자주 마주치면서 나도
모르게 '죽음'을 중심으로 생각이 회전해가고 있는 자신을 발견하게
된다. 이제는 죽음이 언제까지나 나에게 타인(他人)이 될 수 없다
는 것을 실감케 하고 있다.

황무지 같은 이 땅에 '도서관시대'를 열기 위해 개척자 정신으로
도서관을 일구시다가 가신 분들의 면면들이 생각난다.

일제강점기에 황야에 도서관의 등불을 밝힌 한국도서관의 아버지
윤익선·이범승의 구국구민의 도서관운동과 한국의 듀이(Dewey)로
불리는 한국도서관학의 개척자 박봉석의 도서관사상, 막사이사이상
에 빛나는 「마을문고」 창설자 엄대섭의 도서관사상을 나는 잊을 수
없다. 그리고 6.25 전후(前後)의 폐허화된 도서관계를 부흥시킨 고
재창(국회도서관장)·임종순(연세대도서관 사서과장)·박희영(동국
대도서관 열람과장)·류동렬(서울대도서관 사서과장)·이철규(국회
도서관 사서국장)·이병수(국회도서관 도서과장)·유영현(미국의회
도서관 한국부책임자)·김경일(중앙교육연구소 도서실장)등 원로
도서관인들과 그리고 오늘의 도서관학의 기초를 닦고 도서관학의 위
상을 떨친 김세익(이화여대)·김중한(미국 인디아나주립대학 교수)·
이한용(연세대)·김두홍(부산여대)·안춘근(중앙대)·심우준(중앙
대)·최성진(성균관대)·윤병태(충남대)·현규섭(공주사대)·한순
정(숙명여대)·오동우(건국대)·류인석(전주대) 교수들의 학문적
업적을 또한 기리고 싶다. 이분들은 이제 대부분 유명을 달리하셨지
만 '한국도서관계의 빛'으로 길이 추앙받아야 할 분들이다.

그런데 오늘의 도서관인들은 이들 도서관 선각자들에 대해 전혀
알지 못하고 있거나, 이분들의 업적마저 세월의 뒤안길에 묻어버리
려 하고 있는 것 같아 안타깝다.

나는 우리 도서관사에 영원한 빛으로 남게 될 도서관선각자들의
숭고한 도서관정신과 그 발자취를 재조명하기 위해 2004년에 『도
서관학만 아는 사람은 도서관학도 모른다』라는 제목을 붙여 책을
펴냈다. 이 책의 12장부터 16장에 먼저 도서관 여명기의 선각자들
의 업적에 대해 상세히 기술한 바 있다. 이 저서를 통해서 선각들
의 도서관에 대한 강한 집념과 도서관인으로서 그 높은 정신적 자
세를 부각하려고 노력했다. 그리하여 오늘의 도서관인들에게 자기
학문과 직업에 대한 자부심을 북돋고 뚜렷한 역사의식을 심도록 하
는 데 일조가 되기를 기대하고 싶었다.

나는 지금 나와 50년간 우정의 세월을 같이했던 원당 심우준교
수의 서거 일주기를 맞이하여 추모의 글을 쓰려고 하니 만감이 교
차하여 원고지 위에 생각은 고정된 채 꼼짝하지 않는다. 이슬 같은
추억만이 나의 가슴에 파도처럼 밀려올 뿐이다.

그날 새벽녘, 원당 선생의 따님으로부터 부음을 알려왔을 때, 내
마음과 몸은 한동안 얼어붙은 듯 했다. 50여 성상의 얽히고설킨 이
지상에서의 인연의 실타래가 일시에 끊어지는 순간이었다.

夫天地者 萬物之逆旅 (천지란 것은 모든 사물이 거쳐 가는 여인숙이요)
光陰者 百代之過客 (세월이란 것은 영원히 스쳐가는 길손이다.)

내가 원당 심우준 교수를 알게 된 것은 환도 후 지금의 동숭동
대학로에 있는 서울의대 캠퍼스 내 함춘원(含春苑)에 위치한「대학
신문사」에서였다. 그러니까 지금으로부터 52년 전인 1954년 10월

이다. 견습기자로 입사한 나는 처음 원당을 뵈었을 때 깡마른 휜칠한 키에 아무렇게나 걸쳐 입은 그 허술한 옷차림새 하며 다 헤어진 구두는 사신은 후 한번도 닦지 않았는지 먼지가 이끼 끼듯 딱딱 붙어 있었고 머리칼은 한번도 빗질을 않은 듯 제멋대로 헝클어진 채였다. 그렇지만 그 얼굴에는 천진스러우리만큼 자애로운 미소가 흐르고 정감이 철철 넘치듯 했다. 나는 그 너무나도 꾸밈없는 순수함과 부드러운 인상에 마음이 끌리었다.

원당은 나보다 아홉 살이나 손위인 직장의 상사요 모교의 대선배였지만 나를 대하기를 마치 오랜 친구처럼 허물없이 대해주어 어느새 우리는 마치 동기지간처럼 가까운 사이가 되었다.

당시 「대학신문」은 부산 피난시절에 전시연합대학의 체제 아래서 '범대학신문(Pan University Press)'의 성격으로 창간되었기 때문에 환도 후 「대학신문」 제2기 구성원도 범대학신문의 성격대로 멤버가 구성되었다. 편집고문에 이하윤(전 서울사대 교수)·이한기(전 서울법대 교수·국무총리), 편집국장에 윤주영(전 조선일보 편집국장·문공부장관)·전임 기자에 조홍식(전 성균관대 교수)·심우준(전 중앙대 교수)·오정렬(전 한국일보 논설위원), 견습기자에 고병우(전 건설부장관)·이병한(전 서울문리대 교수)·박상균(전 경기대 교수)등 7명의 전문 기자가 편집국에 소속되었고, 업무국장에 오성식(전 문교부 고등교육국장)·업무부 기자에 김화성(미국 LA 이민)·최병상(사망) 등이 업무국 일을 담당했다. 나는 구성원 중 가장 나이가 어렸다.

앞에서도 말한 바와 같이 원당과 나는 만난 지 얼마 안 되었지만 서로 의기투합하여, 대학신문 숙직실에서 함께 자취생활을 하며 신문사 일이 끝나면 숙직실에서 밤늦게까지 독서삼매경에 빠졌던 것 같다. 원당은 당시 동국대 대학원에서 국사학을 전공하고 있었고, 나는 동국대 법학과에 적을 두면서 고등고시 준비를 하고 있었다. 우리는 주경야독의 학생이기도 했다. 원당 사모님께서는 우리 자취방 겸 숙직실을 자주 드나들며 김치를 담아 나르시느라 고생이 많았다. 그때의 그 김치 맛은 정말 꿀맛 그것이었다. 원당과 나의 우정은 날이 갈수록 더욱 깊어졌고, 동지애로써 우의를 더욱 다졌다.

원당은 그때 중구 필동 임시난민천막촌에 살고 있었다. 나는 종종 원당의 천막집을 드나드는 사이에 원당의 가족과도 한 식구처럼 가까워졌으며 원당의 어린 4남매는 나를 보면 삼촌처럼 반기곤 했었다.

어느 겨울이었던가, 영하 20도를 오르내리는 엄동설한에 차가운 바람이 문틈 새로 스며드는 천막 안 널판자 방바닥에서 온 가족이 오들오들 떨며 이불을 뒤집어쓰고 뜬 눈으로 날은 새곤 했던 그 세월들이 이제는 아련한 추억이 되어 오직 기억만이 새로워질 뿐이다.

원당의 무서운 연구열에는 그를 아는 사람들은 모두 혀를 내둘렀다. 중앙대 교수 시절 그의 일과는 365일을 마치 하루같이 시계 바늘처럼 정확하게 아침 동틀 무렵이면 어김없이 학교 연구실로 향했다고 한다. 20여 년 동안 연구실로 가는 백여 개 돌계단을 그는 단숨에 뛰어 오르내리다 보니, 이처럼 탄탄한 건각(健脚)을 갖게 되었다고 자랑삼아 이야기하기도 했다. 일요일은 말할 것 없고, 추석 명절이나 섣달 그믐날, 심지어 설날에도 그의 연구실에는 아침 일찍부터 밤늦게까지 전깃불이 켜져 있었기에 중앙대 사람들은 그러한 사실을 거의 모르는 사람이 없을 정도였다고 한다. 어찌 보면 기인(奇人)이라 아니할 수 없다.

원당은 책을 대하기를 "책은 인격이다"라는 생각으로 마치 친구처럼 책과 항상 대화할 수 있었기에 고독감 같은 걸 모르고 지낼 수 있었다고 한다. 그리고 그는 책을 통해 선인들의 정신적 영양분을 많이 공급 받아 섭취해 왔었기에 보약 한 첩 먹지 않았어도 건강할 수 있었다고 자신의 건강 비결을 털어놓기도 했다.

그는 시간을 생명의 불꽃처럼 태운 분이다. 연구실에 틀어박히면 강의시간 이외에는 그를 보기가 어려웠다고 한다. 한번 앉았다 하면 어떤 때는 몇 시간이고 꼼짝 않고 마치 참선(參禪)에 들어간 선방(禪房)의 선승(禪僧)처럼 독서삼매경에 빠질 때가 거의 전부였다.

사실 원당은 당시 사학계의 태두인 黃義敦·李丙燾·金庠基 교수 등을 스승으로 모시고 동국대에서 역사학으로 학문의 길을 시작하였다. 동국대학교 전문부와 본과, 대학원을 거치면서 역사학의 길을 다졌다. 그 즈음에 대학신문사에서 기자로도 활동했으며, 동국대 강사와 동대신문 주간을 맡기도 하였다. 동국대의 학내분규로 인하여 잠시 도서관과 인연을 맺었다가 뒤늦게 37세의 나이에 국립대만대학교 대학원 고고인류학과에 유학하였다.

대만대학에서는 당시 갑골문 연구를 통하여 중국의 역사를 2-3천년이나 소급해 놓은 고고학의 대가 董作賓 교수를 스승으로 모시고 수학하였다. 그러나 애석하게도 그로부터 1년 후 서거하였기에 원당은 동작빈 교수의 마지막 제자가 되었다. 부득이 芮逸夫 교수를 지도교수로 다시 모시고 연구에 몰입하여 유학 2년만에 석사학위를 취득하였다. 그 학위논문이 바로 「新羅王室世系與婚姻制度」였으며, 이번의 「歷史學散考」에 수록된 「新羅王室의 婚姻 法則」은 이것을 바탕으로 한 것이다.

귀국 후 원당은 동국대 도서관에 복직한 뒤 약 5년간을 시간강사로 전전하다가 중앙대학교 도서관학과에 서지학전공으로 자리를 잡게 된 것은 원당이 꿈꾸던 역사학도로서는 참담한 심경이었겠지만, 서지학을 위해서는 천우신조가 아니었나 생각된다. 그 길로 한국 서지학의 개척과 함께 역작을 무수히 내어 일가(一家)를 이루었다. 원당의 일생을 지켜 본 나로서는 만약 원당이 역사학 연구를 계속 하였더라면 한국의 역사학계에도 하나의 커다란 획을 그었을 것임에 틀림이 없었으리라.

원당은 정년 후, 한국정신문화연구원 객원교수로 있을 당시 『無垢淨光經』傳入與否에 관한 기존의 학설들에 대해 이를 원점에서 다시 고구(考究)하고자 『무구정광대다라니경』 자료 수집을 위해 중국을 두 번이나 다녀왔다. 거기서 북경도서관장본(北京圖書館藏本) 과 낙양외국어대학도서관장본(洛陽外國語大學圖書館藏本)을 탐사하여 관련 자료를 수집하였다. 그리고 2001년 희수(喜壽)의 나이에 또다시 중국을 방문하여 낙양사대(洛陽師大)도서관을 탐방하고 낙양 전역에 산재해 있는 고적(古蹟)을 답사하여 『무구정광경』 관련 자료들을 일일이 탁본한 다음, 낙양에서 다시 실크로드(Silk Road) 대장정에 올랐다. 침대차로 밤낮 사흘 걸려 돈황역(敦煌驛)에 도착, 거기서 택시로 또 하루 걸려 돈황석굴의 막고굴(莫高窟)에 도착하여 막고굴 원장의 호의로「甘肅省藏 敦煌文獻」을 열람할 수 있었다. 거기에서 귀중한「무구정광경」 자료를 수집하여 가져왔다. 77세 희수란 고령의 나이를 무릅쓰고 이처럼 중국 전역에 산재해 있는「무구정광경」 관련 자료를 수집하기 위해 오랜 기간 동안 쉬지 않고 대륙을 횡단하며 강행군을 한 탓으로 갑자기 건강이 악화되어 20여 일간 병원에 입원까지 했다. 그의 무서운 연구열과 집념은 그 누구도 감히 만류할 수 없었다.

2002년 원당은 수집한 자료들을 정리한 다음 초고(草藁)의 작성에 들어가면서 나와 만났다. 원당은 나에게 수집한 자료를 가지고 「회수기념저서」로 출판하겠다고 하면서 자료의 검토, 초고의 수정, 편집, 제작에 이르기까지 도와달라고 했다. 우리는 종로구 구 화신 건물 뒤편 골목에 있는 「열매다방」에서 일주일에 세 번씩 오후 2시에 정기적으로 만나 작업에 들어갔다. 한번 만나면 밤 8시까지 무려 여섯 시간을 다방에서 초고 검토 작업을 계속하기도 했다. 원당은 뭣에 쫓기는 사람처럼 초조해 보였다. 그렇게 꼼꼼히 챙기시는 분이 수집 자료에 대하여 정확한 검증이 안 된 상태에서 초고가 작성된 탓인지 내용에 오류가 잦았고 초고가 원자료 내용보다 더 난해(難解)해서 자료를 다시 대조 검토하느라고 시간이 많이 소요되었다. 원당과 나는 초고를 놓고 가끔 얼굴을 붉히며 다투기도 했다. 이때만 해도 나는 뭣 때문에 그렇게 서두르는지를 미처 몰랐다.

우여곡절 끝에 2002년 6월 20일 『無垢淨光經 傳入與否攷』라는 책 제목을 붙여 상재되었을 때, 나는 기쁨에 앞서 아쉬움이 더 다가왔다. 이 책이 나온 후, 원당의 건강상태는 급속도로 나빠졌다.

원당은 나의 학문의 선배며 동반자로서 그리고 인생의 선배요 동반자로서 50여 년 동안 한결같이 우정의 세월을 같이 해왔다. 원당은 독보적 학문의 영역을 개척하여 그동안 수많은 학문 업적을 남기었다. 이와 같은 업적을 인정받아 1989년에 「서울시문화상(인문과학분야)」이란 대상을 수상한 바 있다. 수상식 날 나는 원당과 축배를 들며 축하했다. 나는 원당처럼 외골수 학자는 못 되어 항상 그 아류에 불과했다. 그의 불사조 같은 학구적 자세와 열정에 항상 감복해왔으며 원당을 본받으려고 하였다.

그렇게 건강하던 원당께서 1,2 년 사이에 건강이 급속도로 나빠져 거동이 불편할 정도로 쇠약해지더니 돌아가시기 4 개월 전부터는 어떤 때는 하루에도 몇 번씩 전화가 걸려왔다. 운명의 시간이 가까워 온 것을 예감이라도 하신 듯, 이 세상에 나를 알아줄 사람은 오직 박 선생밖에 없다 하시며 무척 외로워했다.

그해 10월 하순 막내 자제가 문병 차 들렀을 적에 갑자기 쓰러져 강남성모병원 응급실에 실려가 중환자실에 입원한 지 한 달 열흘 남짓, 2005년 12월 4일(음력 11월 3일) 새벽 0시 15분경에 향년 81세로 조용히 운명하셨다.

원당의 일주기를 맞아 다시 한 번 '죽음'이란 엄연한 현실 앞에, 인간 의식의 불가능성, 그 한계성이 명명백백하게 증명되었고 허무만이 유일의 현실로 나타나고, 구원 없는 절망만이 유일의 걸음걸이로 다가오고 있었다.

삶의 온갖 음양과 색채까지도 앗아 가버린─「뒤에는 이미 아무것도 없는 죽음」이라고 말한 우수의 철인 키에르케고르(Kierkegaurd, S. A. : 1813 - 1855)의 말이 절실해 올 뿐이다. 모든 확실성이 재로 화해버리는 이 빛깔 없는 인간 화장터 한가운데서 인생이란 절망 이외의 무엇이란 말인가? 존재는 허망한 것이던가, 그렇지 않으면 영원한 것인가? 라고 나는 외치고 있었다.

언젠가 그의 제자들이 스승의 서거 '일주기 추모집'을 발간하려고 노력하고 있다는 소식을 접하는 순간, 나도 모르게 가슴이 뭉클했다. 같은 시대를 살아 왔건만 세월은 날로 변하여, 정이 메마른 삭막한 이 세상에 아직도 이처럼 아름다운 사제지간의 뜨거운 사랑의 강물이 흐르고 있다니, 진정 원당은 무에서 유를 창조한 열정적인 삶의 결과로서 저승에서도 행복하리라.

원당이야 말로 이 시대에 보기 드문 학자로서 자신의 저술도 만

만치 않지만 그의 손으로 서지학 전공 박사를 13명이나 배출하였
다. 현재 그들은 원당을 닮은 원사료 중심의 고증학적 옥고들을 발
표하고 있다. 원당은 하나의 학파를 이루었다. 이것이야말로 원당
이 이 세상을 살아왔던 업적이요 의미이다. 원당은 비록 가셨지만,
제자들의 가슴 속에 영원히 살아서 원당의 학풍을 전승(傳承) 발전
시켜 주시리라.

箕子東來與否와 眞侯에 대하여

I. 緖 言

東夷民族의 信望을 얻은 召公의 長弟 匽侯旨가 曲阜에서 徐州를 統治하다가 그 領土를 떠난 事情에 對한 金文이 易州에서 發堀되었다. 利津이 李佐賢의 손에 넘어 간 盉爵觚卣 네 個는 모두 한 사람의 솜씨로 만들어졌으며 盉의 銘文 中에는 「匽侯」라는 文字가 있고, 潘祖蔭 所藏 亞盉의 銘文 中에는 「眞侯」라는 文字가 記錄되어 있다. 召公奭의 封土인 徐州를 다스리고, 새로운 領土를 開發하여 服屬한 東夷民族의 宣撫에 從事한 것은 伯憲 等의 召公의 衆弟子 中의 年長者였던 燕侯旨다. 自國의 都邑을 匽 卽 燕이라 이름 짓고, 地名에 따라 燕侯라고 號한 「燕侯」는 「匽侯」로서 東夷征討와 聯關이 있다. 더욱이 箕子墓의 所在地 梁國蒙縣과는 地理的으로 接近해 있어 우리나라와의 關係가 없는가에 關心을 쏠리게 했지만, 우리의 注意를 끄는 것은

「𦊒侯」問題이다. 𦊒侯에 對하여는 일찍이 日本學者 貝塚茂樹氏가 殷末周初의 東方經略을 研究하는 論文(中國古代史學の發展) 中에서 「𦊒侯」는 「箕子」라고 字句를 註釋하였다. 「𦊒」는 「紀」의 假借로서 殷代末期 卜辭에 나타나는 「𦊒侯」는 「箕侯」 卽 「箕子」로서 解釋할 일이 아닌가? 單 一行도 못되는 註釋이지만, 이것이 東來與否가 是非되고 있는 오늘 날 箕子朝鮮 問題에 새로운 資料를 提供해 주는 것이 아닌가 한다. 「𦊒」와 「箕」가 同一하다고 보는 見解에는 首肯이 가지만 「子」와 「侯」까지 同一하여 「𦊒侯」를 「箕子」로 보는 同一人의 見解에는 理解가 가지 않는 點도 있다. 春秋 左傳 같은 곳에는 混用도 되고 있기는 하지만, 그러나 同 史料가 가지는 價値는 時代的으로 보아 箕子生存時와 이른 바 「箕子가 朝鮮에 왔다」고 하는 時期와는 큰 距離가 없다는 點. 그것은 「𦊒侯」와 「箕子」가 設使 同一人이 아니더라도 무슨 從屬關係는 있지 않나 하는 點 等은 研究의 對象이 된다. 筆者는 여기서 이 問題를 字句 解釋에 그치지 않고 「史的 緣由」를 目標로 하여 于先 地上史料1)를 整理하고 그 史料의 價値와 論據2)에 對한

---

1) 무릇 箕子의 存在와 그의 言行에 對하여는 斷片的이고, 推想的이나마 다음 여러 가지 文獻에서 散見할 수 있다. 古代로부터 現今에 이르기까지 箕子에 對한 記事가 收錄된 文獻으로선 書傳 洪範篇, 同 武成篇, 周易 明夷卦, 論語 微子篇 程度가 中國의 最古 文獻의 領域에 屬한 中國 古代史의 史籍 一部分이고, 春秋左傳 秦穆公條, 戰國策 范雎條, 史記 范雎傳, 史記 天官書, 史記 宋世家, 尚書大傳 程度가 所謂 中國史에 있어서의 그 다음 가는 古代 領域에 關한 中國 史籍들이다.

漢書 地理志, 潛夫論 氏姓篇, 三國志 東夷傳, 後漢書 東夷傳 等等은 中國의 中世 史籍이며, 우리나라의 關係 記事가 적지 않게 보인다.

그리고 그 다음 가는 古代의 史籍으로 우리나라의 것으로서는 三國史記 祭祀志, 三國史記 年表, 三國遺事 程度이며, 帝王韻記, 經濟六典, 經濟文鑑, 高麗史 地理志 平壤條 等等은 우리나라의 中世 史籍들이고, 世宗實錄 地理志 平壤條, 東國輿地勝覽 平壤條, 高麗史 禮志 肅宗七年條, 朝鮮賦, 使朝鮮錄, 平壤志, 西京志, 紀年兒覽 等等은 朝鮮初·中葉에 出刊된 史籍이다. 朝鮮疆域考, 箕經訓話, 朝鮮金石總覽, 檀奇古史 等等은 더 말할 것

없이 近代에 發刊된 文獻이며, 上記한 文獻 가운데에서 그 存在를 言及한 文獻으로는 書經이 가장 오래된 것이며, 東來說의 最初의 記錄으로는 史記 宋微子世家의 記載이며, 漢書 地理志, 三國志 東夷傳 等은 代表的인 文獻으로 看做된다. 執政한 行績을 記錄한 것으로는 漢書 地理志 以後의 記錄이 그 全部이다.

2) 一. 箕子에 關하여는 다음과 같은 論文이 있다.

A) 今西龍 博士, 「箕子傳說考」(「朝鮮古史の研究」所收) pp.131~173.

B) 李丙燾 博士, 「三韓問題의 新考察」其二. pp.99~101 (震壇學報 第三卷 所收)

C) 李丙燾 博士, 「所謂 箕子朝鮮 八條敎に 就いて」(市村博士古稀記念東洋史論叢 所收)

D) 李丙燾 博士, 「阿斯達과 朝鮮」 pp.2~4 (서울大學校論文集 第二輯 所收)

E) 「衛氏朝鮮 興亡考」 pp.3~4 (同上 第四輯 所收)

F) 崔南善, 「歷史日鑑」二冊 中 上卷.

G) 安在鴻, 「箕子朝鮮考」 pp.7~40 (「朝鮮上古史鑑」 上卷 所收)

H) 白鳥庫吉, 「漢代의 朝鮮」, 「滿洲歷史地理」所收)

이 밖에도 申采浩, 鄭寅普, 李定求, 申泰允, 貝塚茂樹 等 諸氏의 論證이 있으나 이에는 論據가 表明되지 않았다.

二. 以上 諸氏의 論據 焦點만을 提起하면

ⓐ 今西 龍氏는 最古文獻으로 尙書大傳을 들고 箕子朝鮮은 樂浪 韓氏의 自家系譜를 修飾한 것이라 하고,

ⓑ 李丙燾 博士는 潛夫論에 依據하여 箕子朝鮮은 「韓氏朝鮮」이라고 하고,

ⓒ 崔南善 先生의 箕子朝鮮에 對한 論據는 未詳이나 獨特한 見解를 가지고 있다. 卽, 「檀君은 하느님을 섬기는 소임을 따로 떼어 가지고 九月山 및 당장이(唐莊坪)ㅅ벌에 새 터를 잡아오르시고 平壤의 王儉城에는 세상 일을 다스리는 새 임금이 서서 位號를 「개아지」라고 일컬었다. 개아지는 太陽의 子孫을 意味하는 녯 말이얏다. 云云」(國民朝鮮歷史 p.3~4)

ⓓ 安在鴻 氏는 後漢書 禮記王篇을 例擧하여 「朝鮮은 "지"의 나라」라는 論을 强調하고 있는데 後漢書 禮記王篇의 引用文에 「東方曰夷 夷者柢也」를 解釋하여 「夷」는 우리말로 "그 이" "저 이" "젊은 이" "늙은 이" 等의 "이"이고 柢는 "지" 또는 "대"이다.」(朝鮮上古史鑑 卷上 pp.7~8)라 하면서, 그 한 例로 「金閼智는 "아지"(現代語로 "아기")이고 "아지" "아기"는 小公子이며 "기"이면서, "公"과 같다(上同 p.10). 新羅 文獻에도 "크지"는 "箕子"요 箕子朝鮮은 "크지" 朝鮮 卽, 大公朝鮮을 말하며, 三國史記 職官志, 同 匹夫傳에 「匹與上于本宿, 謀支美齊等, 向賊對射」 中에 謀支는 "꾀지"(參謀官)의 一例이다. 그러므로 "箕子"는 우리말로 "크지" 云云」(安在鴻, 朝鮮上古史鑑 上 pp.46~49)이라 하고 있다.

私見을 붙임으로서 第一段階의 考究를 試圖하고 矗侯 問題를 다루어 「箕子東來說」의 片貌나마 알아보고자 한다.

Ⅱ. 箕子 以前의 古朝鮮과 殷·周와의 關係

箕子朝鮮 卽 箕子 實在의 與否를 알려면 于先 그 以前의 史實을 알지 않으면 안 된다. 換言하면, 箕子朝鮮 以前의 古朝鮮은 勿論이려니와 殷이 亡하고 周가 일어나 箕子라는 人物이 東來 하였다는 經由와, 朝鮮에 올 수 있었는가를 알려면 자연히 殷末 周初의 版圖와 그 封建制度, 그리고 그 性格, 民族과 그 所屬, 言語, 風俗과 그 歷史, 地理關係, 封建列國과의 交涉問題 等 四, 五千年間, 許多한 國家의 複雜한 情形을 하나하나 考察하지 않으면 안 될 것이다. 그러나 現在까지 箕子 自體에 對한 實在與否도 아직 釋然치 않다. 이의 具體的인 論據는 追後로 미루고 此項에서는 다만 箕子가 實在人物이란 前提下에서 그 東來 與否에 對해 殷 周 兩代의 制度와 古代의 國家 形態를 견주어서 古朝鮮의 事情을 把握하려는 데 있다.

箕子에 앞선 朝鮮은 흔히 三朝鮮(檀君 箕子 衛滿) (下見) 中 「檀君朝鮮」을 말하는 데는 疑義가 없겠으나, 그 論據에 對하여는 아직 確信할 만한 史料가 없다고 보아야 할 것이다.

ⓔ 白鳥庫吉 氏는 三國史記에 論據하여 「箕城分野의 神」이라 하고,
ⓕ 鄭寅普 氏의 論據는 未詳이나 言語學的으로 全疆土王은 "검"이라 하고 "한"을 列疆이라 함을 보아 箕子의 音과 맞추어 본다면 "海"나 "蓋"나 "箕"가 모두 同一音이므로 "지"와 "개"가 다를 바 없으니 箕子는 우리의 先祖라 云云(同 朝鮮史研究 卷上 pp.59~60) 했다.

經國大典

　　海東之國不一其號爲朝鮮者三 曰<u>檀君</u> 曰箕子 曰衛滿[3]

世宗實錄 地理志에

　　舊都唐堯戊辰歲 神人降于檀木之下 國人立爲君都平壤 號<u>檀君</u>[4]

三國遺事에

　　魏書云 乃往二千載 有<u>壇君</u>王儉 立都阿斯達 <small>經云無葉山 亦云白岳山 在白州地 或云在開城東 今岳宮是</small> 開國號朝鮮 與高同時[5]

　　古記云(上略) 號曰 壇君王儉 以唐高卽位五十年庚寅 <small>唐高卽位元年戊辰, 則五十年丁巳, 非庚寅也, 疑其未實</small> 都平壤城 <small>今西京</small> 始稱朝鮮 又移都於白岳山 <u>阿斯達</u> 又名弓 <small>一作方</small> 忽山又今彌達 御國一千五百年 周虎王卽位己卯 封箕子於朝鮮 檀君乃移於藏唐京 後還隱於阿斯達爲山神 云云[6]

하였으나 阿斯達과 檀君 云云한 모든 史書의 이른 바 檀君朝鮮이나 阿斯達社會 時代에 比하여 約 二千年 後의 記錄에 不過하므로, 이 記錄에 根據할 수는 없다. 또한 보다 前 記錄인 三國史記에 北部 古朝鮮의 名稱인 穢貊 等 五個國과 아울러 朝鮮(下見)의 記錄이 처음 나타났으니 이 또한 千餘年이나 距離가 있는 後代의 記錄임을 볼 때 함부로 四千餘年前 云云이란 믿기 어렵다.

　三國遺事가 魏書에 根據했다 하나 三國時代의 魏는 魚豢의 魏略, 王沈의 魏書와 陳壽의 三國志 魏志 等에 그러한 語句가 없다. 設使 亡佚된 史書에 所載된 것이 아닌가 생각된다 할지라도 이렇게 遡及하면, 疑古란 있을 수 없고 모든 史書는 絕對的으로 볼 수밖에 없을 것이다.

---

3) 經國大典 國號條.

4) 世宗實錄 卷154 地理志 平壤條.

5) 三國遺事 卷1 古朝鮮條.

6) 同上.

韓國 古代史의 史實을 正確히 알 수 있는 時代는 箕子朝鮮 以後 인 衛滿朝鮮時代부터라 하겠다. 그 以前에도 北方式 支石이라는 「테이블」式(洪積世第四期) 돌멘이 朝鮮의 彊域 西北部에 있었으니, 氏族的 共同體가 殘存하였던 痕迹은 一種의 支石塚 社會라고 말할 수 있 다. 그리고 이의 史實을 具體的으로는 알 길이 없다. 西紀 前 104 年 著인 司馬遷의 史記에 보이는 眞蕃, 濊, 貊, 臨屯, 朝鮮 等 北에 있는 五個國과 南部에 散在한 民族社會의 國家形態는 一種의 人爲 的인 封建列國時代의 隆盛時期라고 할 수 있다.

朝鮮은 그렇고 所謂 朝鮮에 箕子를 封하였을 무렵의 中國의 事情 은 어떠하였는가.

殷代人의 頭蓋骨에

口祖乙伐人方伯[7]

이 보이고 殷代卜辭에

命冓示侯[8]

한편 殷契粹編에는

丁酉卜其乎 以多方 小子 小臣 其效戎을 解하여
  多方 多國也 書多方之 諸足知有所本 以多方 小子 小臣其效戎殆戎之
省據此 可知殷時隣國 多方遣子弟 遊學殷也.[9]

---

7) 明義士藏,「人頭骨」
8) 殷墟文字 甲編 57.
9) 郭沫若,「殷契粹編」1162片.

라 하였으므로 殷代에는 于先 侯, 伯, 子 等을 가진 封建制度를 實
施하였고 王子(多子族)만이 殷에 服屬하였으며, 四方 外國의 小子,
小臣들이 殷都에 留學하여 敎育을 받은 일이 있었던 것 같다.

殷의 版圖에 關하여는 異說이 있는 바, 王國維의 殷代論에 依하
면 殷王朝의 統治地域은 首都 商邑을 中心으로 郊外를 殷 王室의
直屬領地로 하여 百姓으로 하여금 牧畜과 農耕에 힘쓰게 하고 邊境
地帶의 被征服 以前의 部落國家에는 賦役, 兵役을 義務로 하고 그
밑에 半 獨立的인 保護群을 두고 商邑으로부터 더 멀리 떨어진 곳
에 「方」을 두어 宗主權을 認定하고 때때로 使節을 派遣하여 入貢토
록 하였다.[10] 日本學者 貝塚茂樹 氏 論을 보면 殷의 邊境地帶에는
直接 王朝의 政令을 奉해 侯, 伯 等 諸侯國을 두고 그 밑에 田이라
는 小諸侯, 卽 附庸國을 두어 侯, 伯을 通하여 間接的으로 政令에
服從케 하는 封建制度를 設定[11]하였다 한다. 以上의 諸說을 간추
려 보면, 殷代가 封建制度를 實施하여 王室에 對해 邊境守備, 貢納,
服役 等을 義務로 하였음은 周知의 事實이라고 할 것이다.

그런데 問題는 여기에도 있겠지만 그보다 朝鮮이 殷의 支配下에
있었는가 없었는가 하는 點이 本論의 重要한 核心이라고 할 수 있
다. 董作賓 博士는 殷王朝의 大體的인 統治地域을 말하여

'殷代에는 商邱를 中土로 삼고, 그것을 「中商」 或은 「大邑商」이라 稱
하고 그 나머지는 「東土」 「南土」 「西土」 「北土」를 「四方」이라 稱하였으
며 中商을 合하여 東·南·西·北·中을 「五方」이라 稱하였다(中略).
北土는 北方, 吾方에 接했는데, 井, 洹이 있는 것으로 보아 河北, 山西
二省에까지 이르렀을 것이 分明 云云.[12]

---

10) 王國維, 「鬼方昆夷玁狁考」 觀堂集 十三.
11) 貝塚茂樹, 「五等制 成立」(中國古代史學의 發展 pp.458~464)

이라 論하고 있으나, 河南 河北의 接境地帶에서 河北地點에 얼마나 이르렀는지는 오늘 날 分明치 않다. 그러나 朝鮮의 舊疆土와는 全然 關係 없다는 것을 알 수 있고 30年間 甲骨文字를 硏究한 董博士도 殷代 卜辭가 殷王室의 獨占物이므로 殷代 全體를 말함은 아니라는 것을 强調하고[13] 있다.

　周代에 와서는 兄弟相續制가 父子相續制로 變했을 뿐, 別 變動이 없다[14]고 하나 春秋左傳 宋眉蘇軾子瞻著 春秋列國圖에 依하면 124 國[15]이 보이고 黃義敦 博士의 平素의 持論은,

漢民族	140國	戎	16國	狄	11國
夷	9國	蠻	2國		

都合 178國[16]이나 있었던 封建列國時代이며, 朝鮮의 百餘國이 散

---

12) 董作賓 博士,「中國古代文化之認識」(大陸雜誌 第3卷 12期 p.389)

13) 同上, pp.495~497 參照.

14) 貝塚茂樹,「新史料를 通じて見た 周王朝의 文化」(同上 p.342 參看)

15) 宋眉蘇軾子瞻著 春秋列國圖說에 나타난 國家 數는 다음과 같다.
　魯晋楚齊秦吳宋衛鄭陳蔡邾越許莒祀滕薛小邾息隨虞北燕紀己鄧徐鄅曹苟價凡祭宿鄅原虢舒鳩滑郯黃羅邢魏霍郜芮胡南燕州梁舒庸焦楊夷申密耿鄟筴張頓沈鄋瞞向偪陽韓唐潞江鄖權道桓貳軫絞蓼六遂穀譚邧白狄賴肥皷戎蠻根牟無終郝似蓐秋崇冀載溫厲項英氏介巢盧於余丘須句叟任房鮮虞陸渾桐郕葛蕭牟鄟極彰 (以上 124國)

16) 黃義敦 博士의 集計에 依하면 國家 數는 다음과 같다.(未發表分)
　漢:魯周鄭齊宋晋衛蔡曹滕陳杞薛莒邾許小邾(郳)楚秦吳越祭申共紀虢(西)向極邢鄅南燕宿戴息鄧郜芮魏淳于隨穀盟黃巴梁苟賈虞貳軫郎絞州蓼羅賴牟葛北燕單於餘丘鄅譚遂滑權蕭徐郕樊耿霍陽江舒郯弦翟道栢溫鄅厲英項任須句顓曳毛聃雍畢原鄅郇邢應韓凡蔣茅昨召甘頓郜虢沈六鄋巢宗庸崇邧唐黎鄅偪陽邘邾鐇舒鳩胡焦楊濮姒蓐駘歧蒲姑亳

在한 情形과 恰似한 것을 알 수 있는데 이는 大槪 周室의 衰弱했던 때이니 만큼 所謂 箕子의 東來 云云 時期는 殷보다 後에, 周 衰時보다 前인 그 中間에 일어난 것임은 틀림이 없는 史實일 것이다.

元來 年代의 記錄은 孔子의 春秋에 처음으로 나타나 있으므로 魯隱公 元年(BC.722)을 始初의 年代로 삼고 이를 基準으로 하여 比定해 본다면 箕子 云云은 約 400年 前에 該當되는데 그때는 體統을 具有치 못할 亂麻의 時期라 보겠으며, 더욱이 오랫동안 史籍을 涉獵한 馮友蘭氏는,

　「孔子 以前에는 個人의 著書란 絶對로 있을 수 없다」[17]

고 하여 濫發散在한 僞書를 無批判的으로 信古하는 傾向에 커다란 驚鍾을 울리고 있다.

여기서 筆者는 殷의 甲骨文과 周의 封建列國, 魯 隱公 元年의 年代 記錄의 始初, 史記에 나타난 「朝鮮」의 始初 等等은 箕子의 史實을 밝히는 데 적지 않은 힘이 되리라 믿는다.

　　劉 道 房 邸 鍾吾 桐 唐 商奄(合 140國)
　夷 : 夷 淮夷 東夷 丘棘萊 根牟 肅鎭 夷虎 舒庸(合 9國)
　戎 : 戎 北戎 盧戎 峨 犬戎 姜戎 雒戎 自本落 陸渾 鄭瞞 無終 小戎 皷 茅戎
　　　大戎 驪戎(合 16國)
　蠻 : 戎蠻 蠻民(合 2國)
　秋 : 白秋 赤秋 肥 鮮虞 狄潞 甲 留吁 鐸辰 廥 咎 如(合 11國)
　　　(以上 計 178國)
17) 馮友蘭, 「中國古代哲學史」 第三章 參照.

Ⅲ. 文獻에 나타난 箕子의 言行

(1) 箕子의 洪範九疇論

以上은 「箕子」에 先行한 朝鮮의 起源問題와 殷의 社會組織의 一斷面을 말하였으므로, 다음에는 本論에 들어가 먼저 箕氏朝鮮을 創建했다는 箕子의 史實 卽 그의 入國經緯와 建國의 事情 等을 考察하려고 하거니와, 이에 앞서 그의 言行을 檢討함으로써 그의 存在가 나타날 것이므로, 事實을 알기 위하여서는 이와 關聯性이 깊은 史料를 檢討해 볼 必要가 있을 것 같다.

叙上한 바와 같이 箕氏朝鮮 以前에는 記錄은 없고 「돌멘」이 가장 오랜 것이고 그 다음으로는 確認될 만한 史料가 別로 없으므로 그 正體는 알 道理가 없고, 中國에 있어 殷代의 殷墟文에서도 亦是 確實한 根據를 찾기는 힘들다. 傳來된 地上史料, 卽 史傳을 볼 수밖에 없다.

傳來된 記載로는 다음의 아홉 가지 例를 들 수 있다.

a) 書傳 洪範篇에는, 周 武王 13年에 武王이 箕子를 訪問하고 箕子에게 묻기를 「하늘이 몰래 下民을 騭하여 生活하는데 相互 協助하라고 하였으나, 自己가 떳떳이 시켜야 할 바를 모른다」고 問政하니, 箕子가 對答하기를 「듣건대, 夏 禹王은 父親 鯀이 洪水를 막아서 그 五行을 汩陳한즉 上帝가 이에 震怒하여 洪範九疇를 하지 않아 사람들로 하여금 떳떳이 시켜야 할 바를 싫어하더니 鯀이 드디어 죽었거늘, 禹가 이를 이어서 興하였으니 하늘이 禹 임금에게 洪範九疇를 가르쳐 주

　　어 이를 施行하였다(下略)18)는 것이다.

　b) 書傳 武成篇에는 너의 神이 나를 도와서 百姓을 救濟함으로써
　　　神을 辱되게 말라. 이에 戊午에 軍事를 動員하여 孟津을 건너
　　　癸亥年 商郊에 이르러 天命을 기다리더니 마침내 甲子 昧爽에
　　　牧野에서 紂軍을 만났으나 商의 軍事를 敵으로 삼지 아니 하
　　　고 前徒가 武裝을 解除하고 北을 攻擊하여 오히려 血流漂杵를
　　　하니 한번 戎衣함에 天下가 平定되었다. 이에 商은 政을 뒤집
　　　고 갇혔던 箕子를 釋放19)하였다 한다.

　c) 周易 明夷卦에는 「箕子의 性品은 맑고 平悅하며 利貞하다」20)
　　　고 記錄되어 있다.

　d) 論語에는 「微子는 周로 떠나가 버렸고, 箕子는 종노릇을 하였
　　　고, 比干은 諫하다가 죽었다. 孔子께서 말씀하시기를 殷나라
　　　에는 인자한 사람이 셋이 있었다」21)고 했다.

　e) 左傳 秦 穆公條에는 僖公 15年 11月 秦 晋戰에서 晋의 凶作
　　　窮相을 보고 秦 穆公은 「惠公에 對한 怨恨에의 對戰이지, 決
　　　코 晋의 百姓에는 怨恨이 없노라」 「내가 듣건대 晋을 唐叔에

---

18) 惟十有三祀 王 訪于箕子(中略) 王 乃言鳴呼 箕子 惟天陰騭下民協厥居 我
　　不知 其彝倫攸敍(中略) 箕子乃言曰我聞 在昔鯀陻洪水 汨陳其五行 帝乃震
　　怒不畀 洪範九疇 彝倫 攸斁鯀殛死 禹乃嗣興 天乃錫禹 洪範九疇 彝倫攸敍
　　　初一曰五行(中略) 一曰水 二曰火 三曰木 四曰金 五曰土 六曰潤下
　　火曰炎上 木曰曲直 金曰從革 土爰稼穡 潤下作鹹 炎上作苦 曲直作酸
　　從革作辛 稼穡作甘(書傳 卷6 / 洪範傳)

19) (上略)釋箕子囚(書傳 卷6 / 武成篇)

20) (上略) 六五 箕子之明夷 利貞(周易 卷13)

21) 論語微子篇에는 「微子去之 箕子爲之奴 比干諫而死」라 하였음은 微子가 紂
　　의 庶兄으로서 紂가 無道함을 보고 周나라로 가버렸으며, 箕子와 比干은
　　다 紂의 叔父로서 紂에게 諫하다가 比干은 紂의 손에 죽고, 箕子는 갇혀서
　　미친척 하고, 종노릇을 하였다는 것이다(論語 微子第19)

게 封해 줄 때 殷의 箕子는 말하기를 將次 晋國 子孫은 크게 繁榮하리라[22]하였다 한다.

f) 戰國策 昭讓王條에는 「殷의 箕子나 魏의 接輿같은 君子는 亂世에
는 自己 몸을 감추기 爲해 身體에 漆을 하고 皮膚를 헐게 하여 마
치 문둥病 患者같이 하고 머리를 풀어 헤쳐 狂人같이 狂症을 부
렸으나 暴君의 臣下보다는 오히려 示範的이라[23]하였다 한다.

g) 史記 范雎 蔡澤列傳의 記錄을 보면 몇 字의 字句만이 相違할 뿐
f)의 記載와 內容이 大同小異하다[24].

h) 史記 殷本紀에는 箕子 懼는 佯狂하여 奴隸가 되었다. 紂 또한
갇히었고 殷의 大師, 小師는 樂器를 들고 周에 奔했다. 周 武王
은 이에 諸侯를 거느리고 紂를 伐하였다. 紂도 亦是 軍事를 動
員하였으나 紂는 敗하고 鹿臺에 올라가 그 寶玉의 옷을 입고
불에 타 죽었다. 周 武王은 드디어 紂의 머리를 베어 이를 白
旗에 꿰어서 달아 매 놓고 妲己를 죽이고 갇혔던 箕子를 釋放
하였다[25]

i) 史記 周本紀에는 王子가 比干을 죽이고, 箕子를 가두었다(中
略). 召公에 命하여 箕子를 釋放하고 克殷 二年에 箕子에게
그 갇히운 까닭을 묻자 箕子는 殷의 羞恥를 甚히 참지 못하였
다[26]고 한다.

---

22) 是歲 晋又餓 秦伯餓之粟曰 吾怨其而矜其民 且吾聞唐叔之封也 箕子曰
其後必大 晋其庸可冀乎(左傳 卷10/秦穆公條)

23) 箕子接輿 漆身而爲厲 被髮而爲狂 無益於殷楚 使臣得同行於箕子接輿可
以 (有補)所賢之主是臣之大榮也(戰國策 卷3 秦下/昭讓王下 范雎)

24) 箕子接輿 漆身爲厲 被髮爲狂 無益於主假 使臣得同行於箕子可以有神
所賢之主是臣之大榮(史記 卷9 范雎蔡/澤列傳 第19)

25) 箕子懼 乃詳狂爲奴 紂又囚之 (中略) 釋箕子之囚(史記 卷3/殷本紀15)

26) 殺王子比干囚箕子(中略)已而命召公釋箕子囚 武王已克殷後二年 問箕子

j) 史記 天官書에는 角亢氐가 兗州라 하고 房心은 予州라 하며
尾箕는 幽州라 하였다[27].

以上은 周 以來 漢代 以前의 文獻에서 拔萃한 것으로 特히, 箕子
의 實在 與否를 알 수 있는 記錄들이다. 以後 唐書高麗傳에도 高句
麗의 可汗神과 아울러 箕子를 神으로 모시고 祭祀 지낸 記錄도 없지
않으나 이는 箕子實在時 보다 約 二千年이나 뒤 떨어진 記錄이므로
論議의 對象에서 除外 되어도 無妨할 것이니, 上述한 史書로서의 文
獻上 記錄만을 充分히 分析 批判하면 足할 것이다. 그런데 筆者가
보기에는 위의 여러 記錄中에서도 가장 오래되고 信憑性이 比較的
있는 것은 a)乃至 b)記載라 하겠다. 그것은 記述 年代로 볼 때에 그
가운데에서도 實在時期와 어느 程度 가까운 文獻으로는 書傳일 것이
고 e), f), g), h)의 記載는 a)의 記載를 引用하여 箕子가 賢人이라
고 巧妙히 꾸민 것에 不過하며, c)의 記載는 性品을 말하지 않고 地
名을 말하며 明夷에 箕子가 갔다고 解釋해 본다면, h)項 記錄 中 下
半節엔 「武王克殷二年 問箕子 所以亡 箕子不忍言殷惡」라 하여 箕子
와 마치 武王이 對談한 듯이 적혀 있다. 이는 約 1,018年 後의 記錄
이니 만큼 그것을 根據한 文獻이 밝혀지기 전까지에는 事實與否를
알 수 없는 것이며, b) 記載의 史實을 誇張한 것이 아닌가도 憶測된
다. 남은 問題로서 또 하나의 것은 卽, i)記載의 「箕」는 二十八宿中
의 하나로[28]서 그 分野는 河北省 幽州地方을 말하나 史記 宋世家의
「箕」는 「國名」이고 「子」는 「爵」이라 함을 볼 때엔, 箕子가 或是 幽

殷所以亡 箕子不忍言殷惡(史記 卷4 / 周本紀17)

27) 角亢氐兗州 房心予州 尾箕幽州(史記 卷27 / 天官書 第5)

28) 飯島忠夫 著, 「支那古代史論」 第21章 「古代天文學의 成立年代」 pp.337 參照.

州地方의 어떤 封建諸侯 밑의 一國의 執權者로 解釋도 되지만, 實은 燕과 前章에서 말한 殷의 版圖와는 地域的으로 엄청난 距離가 있는 것이 아닐까.

以上은 箕子가 「神」도 아니요, 「國」도 아니며, 「人間」이라는 것으로 範圍는 더 한층 좁혀 졌다고 볼 수 있다.

그리고 보면 問題의 對象은 a), b)項의 兩記錄에만 局限되고 그 가운데에서도 b)項 記載의 「釋箕子囚」는 漢代를 中心으로 한 後人의 僞作으로[29] 이미 先學에 依하여 斷定된 것이니, 구태여 그 史料 價値를 再論할 必要조차도 없겠고, 問題는 오직 周 武王13年 武王 問政에 答한 「洪範九疇」論이 箕子의 말이라 하나, 이것을 다음과 같이 比定해 본다면 이 亦是 戰國時代 趨衍의 學說이니 그의 存在까지는 否定할 수 없겠으나 言行만은 肯定할 수 없다.

卽, a)項의 記載는 周 武王 十三祀라 하여 紀年을 밝힌다거나, 武王이 箕子를 찾아 갔으며, 鯀이 洪水를 막는 것이 어리석고, 上帝가 震怒하였다는 等으로 九疇와 五行까지를 具體的으로 詳述한 記載라 하겠으나 이와는 反比例로 한 帙로 된 同書武成篇에는 「釋箕子囚」라고만 있을 뿐 周易의 「箕子之明夷」, 左傳, 戰國策, 史記 殷周兩本紀, 同書天官書 等에는, 箕子의 動靜에 對한 簡單한 記錄은 있으나 短片的일 뿐 書傳洪範篇九疇論에 對하여는 一言半句조차 없음을 보면, (史記의 宋世家에는 있으나, 趨衍의 後임) 뒤에 再論하겠지마는 畢竟 造作된 것이라 하겠다.

叙上한 바와 같이 이러한 洪範九疇說은 後의 많은 史傳에는 全혀 없다가 箕子 事實과는 全혀 關係 없는 史記 孟子荀卿傳에 「洪範九疇說」이 나왔음을 다음의 記錄에서 알 수 있다.

---

29) 今西龍, 「箕子朝鮮傳說考」(「朝鮮古史の研究」所收 pp.134~136)

(上略) 其次騶衍後孟子 騶衍睹有國者 益淫侈 不能尙德 若大雅 整之於身施及黎庶矣 乃深觀陰陽消息 而作怪之變 終始大聖之篇十餘萬言 其語閎大不經 必先驗小物推而大之 至於無根 先序今以 上至黃帝 學者所共術 大並世盛衰 因載其 禨祥度制 椎而遠之 至天地未生 窈冥不可考而原也 先烈中國名山大川 通谷禽獸水土所殖 物類所珍 因而推之 及海外 人之所不能睹 <u>稱引天地 剖判以來 五德轉移 治各有宜 符應若玆</u> (下略)30).

「稱引天地 剖判以來 五德轉移」한다는 「五德의 說」은 趨衍傳에도 보이거니와, 이는 趨子一派가 提唱한 方位를 五方으로 하여 東 西 南 北 中을 들고 色을 五色으로 하여 宮 商 角 徵 羽를 들고 있음과 같이 德을 五德으로 하여 仁 義 禮 智 信을 드는 것은 「洪範九疇」中 第九의 「五德을 써서 六極으로 威嚴을 세운다」는 論과 꼭 一致되는 것이라 하겠다.

土地勝 故其色尙黃 其事則上 及禹之時 天先見草木 秋冬不殺(中略)木氣勝 故其色尙靑 其事則木 及湯之時 天先見金 力生於水(中略)金氣勝 故其色尙白 其事則金 及文王之時 天先見火 赤烏銜丹書集周社(中略) 火氣勝 故其色尙赤 其事則火 代火者 必將水 天旦先見(中略) 水氣勝 故其色尙黑 其事則水 水氣至 而水知數備 將徒於土31)

는 洪範九疇論 第一의 五行, 卽, 水 火 木 金 土를 말하며 潤下炎上性質, 鹹, 苦, 酸, 辛, 甘의 五味의 配當論32)과 理論上 或은 性質上 若干의 差異도 없음은 以上 三記錄을 對照해 본 結果 알 수

---

30) 史記 卷74 孟子 荀卿傳 第14.

31) 史記 卷6. 秦始皇本紀.

32) 一, 五行 一曰水 二曰火 三曰木 四曰金 五曰土 水曰潤下 火曰炎上 木曰曲直 金曰從革 土爰稼穡 潤下作鹹 炎上作苦 曲直作酸 從革作辛 嫁穡作甘 (旣擧 洪範篇例文)

있는 것이다.

따라서 書經以後 여러 文獻에 全혀 傳來된 바 없음을 보아 箕子가 「洪範九疇說」을 말한 것이 아님은 事實이겠으나, 다른 記錄(書傳의 洪範 武成 兩篇을 除外한)의 言行을 어떻게 보느냐가 副次的인 問題일 것이나, 이는 모두 史記의 著作 年代로 보아 箕子 存在時 보다 적어도 631年 乃至 1018年 後의 記錄이니 史料의 價値는 없는 것이라 하겠다.

이와 같이 箕子의 言行을 否認한다면 在來의 所謂 「箕子正體」는 무엇인가 하는 問題에 부딪친다.

筆者는 여기서 箕子의 正體, 卽 存在 與否에 對한 局限된 卑見을 論해도 좋을 段階라 생각되지만 그러나 箕子의 存在與否에 對하여는 從來부터 너무나 여러 가지 說이 提起되었으므로 輕率히 論及할 수는 없는 것이다. 그러므로 筆者는 例擧한 漢代 以前의 文獻에 局限하지 않고 더 내려가 魏代의 史料 더 내려가서는 韓國의 最近史料에 이르기까지 그 起源, 發達을 網羅하여 本題와 聯關되는 問題點 만을 추려 卑見을 말해 보고자 한다.

(2) 箕子의 東來與否

以上에서 箕子가 實在人物로 보기 어렵다는 것을 알 수 있다.

所謂, 檀君 以後 衛滿 以前 東來說은 周武王13年에 箕子가 實在人物로서 衛氏朝鮮에 先行하여 東來하였다는 데서 箕子朝鮮이 비롯된 것이라 하겠다 이러한 說은 史實로 보아 到底히 理解가 안가고 따라서 믿을 수 없는 問題로 結論은, 歸一될지 모르나 實證의 方法에 對하여는 先學들과 若干의 差異가 없지 않으므로 箕子朝鮮의 正

體를 밝히기 爲하여는 불가불 여기에 다시 先學의 意見을 添加하여
論及하지 않을 수 없다.

箕子의 東來說을 傳하는 最初의 記錄으로는 두 例가 보인다.

a) 史記 宋世家에 「周武王이 克殷한 후 箕子를 朝鮮에 보내고 臣
下로 여기지 아니 하였다. 그 後 箕子는 周에 朝會할 때 殷의
遺墟地를 지나 가다가 옛 宮室이 毀壞되고 遺址에 禾黍이 울
창하게 났음을 보고 荒蕪함에 氣分이 傷하였으나 體身上 痛哭
할 수도 없고 눈물을 흘리자니 마치 女子와 같이 奸邪한 것
같아서 이에 悲愴한(?) 麥秀의 詩를 읊었다[33]는 것이다.

b) 尙書大傳 殷傳에는 武王이 殷나라를 이기자(中略) 在囚中의
箕子를 釋放하여 주매 箕子는 周에 依한 釋放을 부끄러워 朝
鮮으로 다라나자 武王이 이를 듣고 朝鮮에 封하여 주었다 한
다. 箕子는 臣下로서 禮儀가 아님을 알고 13年에 武王을 禮
訪하자 武王은 이 機會에 洪範[34]을 물었다는 것이다.

東來說의 由來를 알려면 이 兩記錄이 最古의 것이니 이를 分析
批判하면 足할 것이다. 그런데 筆者로 보면 위의 a), b) 兩記事 中
b) 記錄보다 a) 記錄이 더 오래다 하겠다. b)의 記事는 宋代에도
完本이 없었을 뿐 아니라 明나라 때에 있었던 若干의 것조차 亡佚
되었을 뿐더러 淸朝에 이르러 記述된 것이니[35] 오히려 史記 보다

---

33) 於是武王乃封箕子於朝鮮 而不臣也 其後箕子朝周 過故殷虛 感宮室毀壞 生
禾黍 箕子傷之 欲哭則不可 欲泣爲其近婦人 乃作麥秀之詩 以歌詠之 (下略)
(史記38 宋微子世家 第8)

34) 武王勝殷(中略) 釋箕子之囚 箕子不忍爲周之釋 去之朝鮮 武王聞之 因
以朝鮮封之 箕子殷受周之封 不得無臣禮故 於十三祀 來朝武王因其朝
而問鴻範(尙書大傳 卷2
殷傳鴻範條)

는 記述年代로 볼 때에 史料의 價値가 없는 것이기 때문이다.

漢書 儒林傳에 依하면 司馬遷은 史記를 著作할 때 古文尙書를 採用했다고 하나 史記에 말한 尙書가 實은 今文이며 史記 記入의 書序가 司馬遷 原文에 없었던 것은 史記의 書敍事와 書序가 一致하지 않은 것으로(盤庚, 高宗明日 等)도 明白한 것이며, 今文에는 元來 「序」가 없었으니 周書의 「序」는 亦是 劉歆의 僞作36)인 것이 事實이라 봄이 妥當할 것이다.

이와 같이 본다면 尙書大傳은 史記 以後의 것으로 그 主된 史料價値는 史記 보다 오히려 더 없는 것으로 보겠고, 따라서 東來說의 最初의 記錄은 史記에서 보아야 할 것인데 史記가 萬一 前章에서 例擧한 周易, 左傳, 戰國策 等 諸史實에서 賢人의 言行을 襲用하였다면 佯狂까지 하던 賢人인 箕子가 封土를 준다고 받을리 없을 것이 當然할 것이며, 史記 周本紀에는 「周 武王이 克殷 二年에 箕子에게 갇히운 까닭을 물었더니 箕子는 國家의 羞恥로 여겨 몹씨 괴로워 하다가 朝鮮으로 逃亡쳤다고」하고, 史記 宋世家에는 「武王이 箕子에게 朝鮮을 冊封하자 箕子가 感謝히 여겨 朝周하였다」고 하였으니 同一의 史書에서도 矛盾임을 알 수 있다.

이와 類似한 矛盾은 이미 先學에 依하여 考證도 되었지만37) 이로서만 斷定한다는 것은 或是 速斷이 아닐까 한다.

때문에 더 確實한 論證은 尙書大傳의 記錄인 十三祀와 前章에서 例擧한 書傳洪範篇의 「十有三祀」를 宋世家의 記錄 「於是武王」 다음

---

35) 漢代勝撰 鄭玄註 淸陳壽祺輯 尙書大傳 <u>宋世已無完本 迄明遂亡</u> 淸時輯
　　本有孫 淸川盧雅雨孔叢伯三家皆不免 舛譌惟閩縣 陳恭甫本爲完善 今據
　　左海全書本刊行古經解 彙函重刻本幷爲三卷非其舊矣(四部叢刊書錄 壬戌12月 商務印書館刊 p.4)

36) 中山久四郞,「東洋史講座」(史籍解題篇尙書條 pp.196~212「史籍解題」(東
　　洋史部) p.252)

37) 李丙燾 博士,「衛氏興亡考」(서울大論文集 4輯 p.3) 參照.

에 넣고 合理的으로 解釋해 본다면 西紀 前 1122年에 周 武王이
箕子를 朝鮮에 封한 것이 틀림이 없겠으나 周本紀에 나타난 記錄에
依하면 周 武王 克殷後二年B.C. 1123 38).에 箕子의 갇히운 까닭
을 箕子에게 물었다 하니 前年 冊封 當時의 緣由를 몰랐을 까닭이
없은 즉 또한 矛盾이 아닐 수 없다.

　오늘 날 中國의「헤로도터스」라고 일커른 司馬遷史記를 보면 箕子
史實의 記錄은 믿을 수 없는 곳이 한 둘이 아닌 것이다. 너무나 大膽
한 論 같으나 箕子가 朝鮮에 갔다는 記錄은 B節에서 旣述한 諸文獻
에는 勿論 그 밖에도 竹書紀年, 韓詩外傳 같은 史記 前 文獻에도 全
혀 없는 것이다. 以下에서 말하겠지만 中國과 우리 땅 朝鮮과는 戰
國時代에 비로소 접촉이 있었으며, 始初에는 賈(商)人에 依하여 往
來가 있었다. 그 후 八條之教가 六十餘條로 늘었고 家家戶戶에서는
門을 닫고 就寢하는 例가 보기 드물 程度였다는 風俗이 차츰 야박해
갔던 것임은 中國人의 記錄, 班固의 漢書에 처음 나타나 있으니39)

---

38) 殷二十年에 西伯昌이 卒하고 그의 아들 發(武王)이 代를 이어 32年에 比
　　干를 죽이고 箕子를 가두었으며, 33年에 王은 周나라 軍師를 거느리고
　　벌판에서 싸워 自焚하였으니, 殷王在位 33年은 周武王 13年에 該當되며
　　이해에 西伯發이 卽位하여 國號를 制定하고 殷나라 舊政을 恢復하였다.
　　따라서 克殷 2年은 周武王 14年인 것이다. 實은 이때에 伯夷 叔齊도 首
　　陽山에서 고사리를 캐 먹다가 餓死하였으니 箕子가 賢人이라 하나 그 志
　　操는 伯夷叔齊를 따를 수 없는 것으로 보아야 하겠다. 그렇다고 知慧가
　　特出한 것도 아닌 것은 前章 洪範篇의 僞作의 境遇로서 이는 論證하기 매
　　우 어렵다.

39) 殷道衰 箕子去之朝鮮(師固曰 史記云武王伐紂 封箕子於朝鮮 與此不同) 教
　　其民曰禮義田蚕織作 樂浪朝鮮民犯禁八條(師固曰 八條不具見) 相殺曰當時
　　償殺 相傷曰穀償 相盜者男沒入爲其家奴 女子爲婢 欲自贖者 人五十萬 雖免
　　爲民 俗猶羞之 嫁取無所讎(師固曰 讎 匹也 一曰 讎讀曰售) 是曰其民終不
　　相盜 無門戶之閉 婦人貞信不淫辟(師固曰 辟讀曰僻) 其田民飮食曰邊豆(師
　　固曰 曰竹曰邊 曰木曰豆 若今之籩也 籩音其敬反) 都邑頗放效吏及內郡賈人
　　往往 曰杯器食(師古曰 都邑之人頗用杯器者 效吏及賈人也 放音甫往反) 郡
　　初取吏於遼東 吏見民無閉藏 及賈人往者 夜則爲盜 俗稍益薄 今於犯禁寖多

46

中國貢人의 북새질의 미친 바 影響도 자못 적지 않았던 것 같다.

却說하고 殷本紀 및 周本紀에는 殷의 以後에 對하여 箕子를 釋囚하고 問政하였다고는 하지만, 司馬遷은 그의 史記의 本紀 및 朝鮮列傳에 箕子와 朝鮮의 어떤 關係에 對해 何等 言及이 없었던 것은 異常하다. 이 밖에도 史記 宋世家의 杜預의 註에「梁國蒙縣(河南省南丘縣東北) 有箕子塚」[40] 云云도 있으나 이는 아래에서 論할 兎山의 箕子墓 自體가 僞造였음은 勿論이다. 眞僞與否는 愼重히 批判해 본 바 矛盾이 적지 않다. 以上은 어디까지나 偏頗的이고 一方的인 記錄의 矛盾을 指摘한 것이며, 摸索鑑別한 것이다.

그러므로 當時에 箕子가 東來할 수 있었을까에 對한 根本的인 問題를 考察해 보아야 할 것이다. 周 武王이 箕子를 朝鮮에 封했다하므로 周 武王과 箕子의 身分問題와 그에 따른 冊封 與否에 對한 法制面을 첫째로 보아야 할 것이다. 둘째로는 周의 版圖와 그 勢力이 미친 與否 및 勢力圈內의 地理的 條件 等을 보아야 한다.

첫째, 箕子의 存在에 對하여는 아직 未詳하나 史記에 나타난 馬融說에 依하면「箕는 國名이요」「子는 爵名」이라 하며,「箕子者紂親戚也」[41]라 하니, 箕子는 殷王 紂의 親戚임을 알 수 있고, 尙書大傳에 依하면「武王勝殷繼公子祿父(武庚字祿父也)」[42]라 하였으므로 箕子는 周武王과 血統을 같이 한 近親中 長子가 아님은 確實하다. 또 箕子가 殷・周戰時의 周의 間牒 或은 戰爭 功勞者로도 될 수 없는 것이며, 首肯될 수 있는 正確한 記錄도 없는 것이다. 따라서 周의 立場으로 볼 때엔 殷의 王室과 直接的인 聯關이 있고 또한「洪範九疇」

　　　至六十餘條 (前漢書 28. 下 地理志 第8下)
40) 史記 宋世子微子世家 第8.
41) 周書 卷38, 宋微子世家 卷8.
42) 同上 卷2 殷傳 洪範.

論도 箕子의 論이 아니라면 敵의 對象으로도 될 수 있겠지만, 이것이 敵의 對象이 된다면 族外族의 加刑

墨碎之屬千 劓辟之屬千 臏辟之屬五百, 官辟六屬三百, 太辟之屬二百[43].

中의 一條에 該當될 것이다. 그러나 이는 極端的인 解釋일런지도 모른다. 旣述한 第二章의 殷 周 社會組織과 分封制를 보면 周는 殷의 王權交替에 不過하며, 兄弟相續制가 父子相續制로 變한데에 不過하다. 當時의 制度로 보아 周 王室의 直轄領地로 隣近地에 王族, 多子族을 두었다고 하니 萬一 무슨 特別한 事緣으로 諸侯國을 삼았다 하더라도 箕는 國이요. 子는 爵인 까닭에, 多子族의 子國에 該當될 것이니, 周의 王室에서 別로 떨어지지 않은 곳에 있어야 마땅할 것이다.

說使 이까지도 外族이라 하여 例外가 된다면, 董作賓博士의 論證인 河北省의 어느 地點이어야 할 것이다. 하물며 四, 五千里밖의 遼東半島 건너 平壤에 冊封했다는 것은 語不成說이 아닐까?

둘째, 第二章에서 旣述한 바와 같이 春秋左傳 宋眉山蘇軾子瞻著 春秋列國圖說과 黃義敦博士의 漢代 以前에 나타난 國家數 集計에 따르면 周의 執權時에 있어 中國版圖 안에는 적어도 124 乃至 178 國의 封建列國이 있었으며, 特히 黃博士論에 依據하면 264萬方粁 안에서 242年間 178國이 451回戰을 하여 206回에 걸친 會盟을 締結[44]했다고 했다. 史籍에 나타나지 아니 한 國家와 戰爭 아니한

---

43) 皮錫瑞,「今文尙書攷證」

44) 黃義敦博士 集計＝國家 數는 註(16)에 旣述하였으니 重複을 避하며 倂合 國 狀況을 보면 다음과 같다.
   晋＝耿 霍 魏 虢 潞 甲 翼 曲沃 留吁 鐸辰 偪陽 沈 姒 蓐 虞 肥 陸渾 豉 韓
   楚＝鄧 息 權 陳 弦 黃 夔 江 六 蓼 庸 申 舒 舒庸 舒鳩 賴 頓 胡
   齊＝紀 譚 遂 陽 萊 郯

48

國家까지 合하면 相當한 國家가 存在했던 것으로 믿어진다. 史記 以後 史傳에 나타난 朝鮮의 國家數도 西紀 前 10年 以後에, 北에 6國, 三韓에는 78國[45]이 있었으니 韓 中 兩國을 合치면 적어도 252國 以上이 散在했던 것으로 그 中의 一國[46]이 周이었던 것이 아닌가 한다.

所謂 周武王이 箕子를 封했던 當時의 國家 數는 正確히는 알 도리가 없으나 中國의 境遇를 보면 殷初에 3千, 周初에 千餘[47] 春秋 時代에 百餘, 戰國時代에 秦 楚 燕 齊 韓 魏 趙 等 七雄國이 있다가 秦始皇이 天下를 統一하여 漢民族을 統合하고 이때부터 王號를 「皇帝」로 고쳤던 것은 史籍에 散見된다.

魯＝項 須句 根牟 鄆 邿 焦 滑 揚
吳＝越 (徐 鍾 吾)
宋＝宿 曹
秦＝梁 滑
周＝盟 向
溫＝狄 邢＝衛 鄆＝莒 鄅＝邾

45) a) 史記卷128 殖貨傳第69에 나타난 國家 數.
　　　夫餘 穢貉 朝鮮 眞番
　　b) 史記卷115 朝鮮列傳第55에 나타난 國家數 臨屯.
　　c) 韓有三種 一曰馬韓 二曰辰韓 三曰弁韓 馬韓杜西 有五十四國 其北 與樂浪 南燕倭接 辰韓在東十有二國 其北與濊貊接 弁辰在辰韓之南
　　　亦十有其南亦與倭接 凡七十八國 (後漢書 卷85 東夷列傳 第75)

46) 古代 國家論에 있어선 一諸侯의 統治 領域은 中央의 支配를 받으므로 國家로 成立할 수 없겠다 하겠으나 言語와 民族이 다른 當時에 있어서 一國이 中國의 全領土 乃至 朝鮮의 領域까지 支配할 수 있었을까 함이 問題이니 筆者는 各己 獨立해 있던 初創期의 封建列國時代라 보겠다. 特히 春秋 以前의 諸文獻에 依하면 國家와 國家間에 頻繁한 交戰이 있었으나 中央集權國이 內亂이라고 鎭靜시킨 例는 없었고, 春秋左傳에 依하면 當時는 隣邦國이 너 나 없이 參戰도 하고 和議도 시켰던 것으로 보아 이는 幼稚하고 小規模的인 國家로도 보는 것이 妥當하지 않을까 한다.

47) 和田 淸, 「中國史槪說」(上) p.13.

우리나라만 하더라도 麗, 濟, 羅의 三國時代 以前에는 수많은 國家가 있어 封建列國 乃至는 部族國家를 形成하고 있었던 것이니, 古代에 올라갈수록 國家 數는 많았던 것이 顯著하다면 古代 殷의 封建制度가 全 中國을 領地로 삼지 않았던 것이 事實이며, 殷 周의 封建制度는 그 規模가 보잘 것 없지 않았는가 한다.

그리고 當時의 戰爭形態를 보면, 經濟戰아닌 至極히 幼稚한 感情戰에 始終했고, 鹵獲物이란, 未熟한 麥禾程度였던 것이며, 捕虜를 生捕하여 奴隷로 삼았다거나 損害賠償을 請求하였다는 일은 없었던 것 같다. 最大의 戰利品이라야 祭器 程度의 掠奪[48]物이었고 戰爭의 規模도 그리 크지 않았던 것[49]은 周를 아는데 매우 도움이 될 것이다.

또한 그 뿐 아니라 周의 勢力은 春秋左傳에,

隱三年武氏子求賻, 桓十五年家父求車, 文九年毛白求金[50].

이라 하고 戰國策에,

嚴氏爲賊而陽堅與焉 道周 周君留之十四日 載以乘車駟馬而遣之 韓使人讓周君患之 客謂周君 正語之曰 寡人知嚴氏爲賊 而陽堅與之 故留之十

---

48) 三年春王三月 壬戌王王崩 赴以庚戌故書之 夏君氏卒聲子也 不赴于諸侯 不反哭于寢 不祔于姑 故不曰 薨 不稱夫人 故木言葬 不書姓 爲公故曰君氏 鄭武公莊公 爲平公鄉士 王貳于虢 鄭伯怨王 王曰無之 故周鄭交質 王子孤爲質於周 王崩 周人將界虢公政 四月鄭祭足師 師取溫之麥秋又取成周之禾(杜林合註 春秋左傳 隱公條)

49) 命子封帥車二百乘以伐東(林) 右者兵車一乘 甲士三人 虢卒 七十二人 二百乘蓋甲士六百人兵卒 一萬四千四百人(杜林合註春秋 左傳 隱公條) 北戎伐齊 齊侯使乞師於鄭 鄭太子忽師救濟 六月大敗戎師 獲其二師 食小良 甲首三百以獻於齊(杜林合註 春秋 左傳 桓公條)

50) 杜林合註 春秋左傳 卷1 p.2 周來求三條 參照.

四曰 以待命也 小國不足以客賊 君之使又不至 是以遣之也[51].

라 하여 求賻, 求車, 求金 等 經濟力은 微弱하고 勢力은 衰하여 亡命하는 使臣을 二週日이나 滯留시키고 이를 駟馬까지 태워 餞送했다. 寒心한 것은 後恨을 두려워 事後 收拾策까지 苦悶했던 것이다.

如斯한 環境과 條件下에서 四, 五千里 밖 朝鮮에까지 箕子를 封하여 諸侯國으로 삼았다는 것은 信憑하기 困難하다.

따라서 史記의 同說은 亡佚된 文獻에 論據를 두었다고 할 수도 없고 史記 自體의 矛盾에 撞着된 所爲가 아닌가 한다. 說使 史記說이 맞는다 하더라도 史記는 西紀 前 104年, 이른 바「箕子가 實在했다」던 時期보다 約 1018年 後의 記錄이므로 이를 主된 論據로 삼을 수는 없는 것이다.

이와 같이 箕子의 東來說을 否認한다면 이른바「王封箕子於朝鮮」의「朝鮮」出處는 어데인가 하는 問題에 부딪친다. 筆者의 見解로는 史記 宋世家의 同句節과 위의 聯關된 句節 等은 書經에서 大部分을 拔萃한 것 같고 本記事부터는 出處가 分明치 않다. 아마 狩野氏가 말하 듯「朝鮮」은 周易의「箕子之明夷」의「明夷」를 東夷로 誤認[52]한데서 齎來된 所以가 아닌가 한다.

康熙字典註解에 依하면「明」은 古文이라 하고「朙」에 對하여 周乾卦에 大明終始라 하고「東」은 詩大雅에「東有啓明」이라 하였다. 梁

---

51) 戰國策 卷1 p.1 西周安王條.
52) 생각컨대 現在까지 傳來된 國家들은 當時의 勢道를 쥔 强大國으로서 周도 그 中의 一國으로 한 때 河南省을 中心으로 한 執權國에 不過하지 않았을까 한다.
  易에「箕子之明夷의 말이 있는데 이것은 東夷와 關係있는 말은 아니지만 사람들로 하여금 箕子와 東夷를 聯想시키는 말에 注意할 일이다.」(今西龍「箕子朝鮮傳說考」(「朝鮮古史の研究」近澤書店, 昭和12 p.135) 하였듯이 이는 明夷를 東夷로 誤認한 것 같다.

柱東博士의 「古歌硏究」에 依하면 「明」은 「붉」, 「東」은 「시」로서 訓讀할 수 있다53)하였다. 字意는 相似할지 모르나 同音일 수는 없다.

또한 다른 解釋도 있으나54), 詩傳에

「亦旣見止 亦旣覯止 我心則夷」라하고 그 註에 「夷平也」55)

라 하였고, 또 한 同書에

旣夷君子, 云謂不瘳

라 하였고 그 註에 「夷平也」56)라 하였으며, 亦是 同書에 「方茂爾惡爾予矣旣夷旣懌 如相醻矣」의 註에 「夷平悅懌」(詩傳新父之什)이라 하였다.

殷末周初의 明夷는 東夷도 아니고, 地名이 아닌 性品을 말함이 分明할 것이다. 如斯한 論이 首肯된다면 史記는 이를 錯誤한 것으로 볼 수밖에 없다.

53) a) 梁柱東, 「古歌硏究」 p.392 釋註5 處容歌(5·1·2) 參照.
　　b) 同上 567頁 釋註12 慧星歌(12·1·2)
54) 後漢書 禮記王制篇에 「東方曰夷 夷者柢也」는 東쪽 民族을 指稱한 것 같
　　으나, 後人의 말이고, 周易의 「(上略)六五箕子之明夷利貞」(周易23丁 卷13)을
　　五爲君位乃常也 然易之取戰, 變動隨時 上六處坤之五 上而明夷之極 陰
　　暗傷明之極者也(周易2 卷13)라는 解釋도 있으나, 其實은 箕子의 賢明과 不運을 알
　　바 없는 것이며, 더욱이 以上은 後人들의 말에 不過한 것이다.
55) 詩傳 召南篇 草虫章.
56) 詩傳 鳳雨章.

(3) 史記, 漢書, 三國志에 나타난 箕子業績의 變遷

이와같이 根據가 薄弱하고 立論이 釋然치 않은 史記의 東來說은 後人에 依하여 東來說이 굳어지고, 箕子의 業績讚揚까지 傳來되었 는데 그를 보면 大略 三段階로 發展한 痕迹이 엿보인다.

史記(宋世家)	前漢書(地理志)	三國志(東夷傳)
武王乃封箕子於朝鮮	⋯⋯⋯⋯⋯⋯⋯⋯⋯⋯⋯⋯ 教其民, 吕禮儀田, 蠶織作.	⋯⋯⋯⋯⋯⋯⋯⋯⋯⋯ ⋯⋯⋯⋯⋯⋯⋯⋯⋯⋯ 作 八條之教(下略)
(史記 卷三十八 宋微子 世家 第八)	(前漢書 卷二十八 地理志 第八下)	(三國志 魏書 第三十 東 夷傳 第三十 濊傳)

위의 圖表와같이 司馬遷의 史記에는 周 武王이 朝鮮에 箕子를 封 했다고만 된 史記보다 180年後의 班固의 漢書에는 「教其民云云」을 添加하고 史記보다 389年後의 三國志東夷傳濊傳에는 「作八條之教」 라고까지 되어 있다.

더욱이 西紀 76年 記述된 前漢書에는

  A. 殷道衰 箕子去之朝鮮 教其民吕禮儀 田蠶織作

이라 하고 이어서 樂浪民禁紀八條에는

  B. 相殺吕當時償殺 相傷吕穀 相盜者 男沒入爲其家奴 女人爲婢[57]

라 하였으나 樂浪과 箕子와는 全혀 有關될 바가 아니다.

---

57) 前漢書 卷28 地理志 第8下.

첫째는 漢書 以前의 箕子史實에 對한 何等의 言及이 없었던 것이 突然 1198年 後의 記錄에 樂浪民을 가르쳤다고 나올 수 없고,

둘째, 設或 나올 수도 있다면 箕子가 漢 世宗 元封三年 卽, 西紀 前 108年까지 1014年 以上 生存하였어야 할 것이다. 以上의 모든 記錄으로 보아 東來說은 史記에 根據하여 體系를 갖춘 듯 하나 其實은 根據없는 體系요 漢書에 이르러 樂浪民과 結付시켰으나, 이것 또한 믿을 수 없는 傳說임은 위의 考證에서 指摘된 바다.

이러고 보면 남은 問題는 이와 같은 傳說이 어째서 나왔느냐에 있을 것이나. 이는 漢의 勢力이 樂浪에 扶殖되고 文化 思想 等 여러 가지 面에 미친 바 影響에서 온 副産物이라 할 것이다. 當時의 情形을 보면, 漢書에

　　　　樂浪郡戶六萬二千八百十二[58]

이라 보이고 資治通鑑에는

　　　　(上略) 樂浪王遵 說紀帥其民千餘家歸庵(下略)[59]

이라 하였으니, 樂浪郡民 總數에 比定한다면, 六十三分의 一에 該當되는 人口였지만, 漢民族이 當時의 支配階級이었던 만큼, 無視 못 할 勢力이었을 것으로 看做된다.

考古學的으로 본다 해도 旅順方面, 渤海沿岸, 或은 黃河沿岸에 있는 漢式 墳墓가 樂浪에 多數 있다. 그 中 老鐵山麓, 南山裡, 營城前, 牧城驛 附近의 遺物에 對한 濱田博士의 調査에 依하면 「ㅋ家屯의 一

---

58) 同上.
59) 資治通鑑 卷88, 晋紀10, 孝愍 上.

古墳」은 華麗한 彩色文化였고, 特殊한 大型塼으로 築城한 五室을 1930年度에 發掘된 南山裡 古墳과 比較해 볼 때 金屬指輪, 玻璃耳璫, 裝身具, 漆箧, 鐵鎌, 鐵刀子, 利器, 鐵貨 等 出土品은 勿論 塼槨室의 構造에 이르기까지 樂浪 것이 漢의 文物을 模倣하였다고 한다.[60] 이 外에도 漢文化의 直系[61]라는 것은 周知의 事實이다.

위의 이와 같은 勢力과 影響이 미친 文化的 支配를 생각해 보고, 아래로 唐書의 「高句麗洭祠祀靈星及曰箕子可汗等神」[62]을 結付시켜 볼 때 箕子의 正體는 漢에 依한 傳說일 것이다.

明의 東征壯士의 서울. 忠州, 南原 等 特殊地에 나타난 關羽廟 建立이나 日本政府가 素戔嗚尊와 五十猛神가 新羅의 曾尸茂梨에 살았다고 하며, 「日韓同祖」[63]論을 提唱함과 아울러 强制로 「天照大神」思想을 鼓吹 시키는 等 이와 같은 例는 外部勢力이 미친 後 흔히 있을 수 있는 일이라 보겠다.

嚴格히 말해서, 史記가 東來說 最初의 記錄이며 漢四郡 設置 四年 後의 記述이니 만치 漢이 朝鮮에 自己 나라의 固有信仰을 傳道한 것을 司馬遷이 自己의 著 史記에 옮긴 것이라 보겠고, 그 以後

---

60) 濱田, 島田 兩氏 「南山裡」 및 濱田 「ヲ屯の一古墳」(東方考古學叢刊, 第三冊) 參照.

61) 森, 內藤 兩氏에 依하여 調査된 營城子驛 東方 第二號墳은 四室로서 主室이 套堂에 依해 掩하여 二重이 되고 內室 壁은 風俗圖 等이 그려졌으며, 遼陽 太子洞 石室墓 中 彩畵 等은 樂浪古墳, 貞栢里 第十九號墳의 繪畵的 要素가 包含되고 南滿洲 地方의 貝塚과 같은 것도 樂浪例와 같다. (森, 內藤 兩氏: '營城子に 就いて' 東方考古學叢刊 第四冊 參照), 北蒙古 노잉우라山 古墳 槨木室도 樂浪古墳과 類似하고 漆器, 銅器, 飾金具 等 노잉우라의 影響을 받은 漢系統의 遺物이나 그 遺物이 地方的으로 多少 稀微한 點이 있어도 大體로 影響을 받은 바 많았으며, 樂浪文化가 漢文化의 直系로 推測된다(梅原「古代北方系文物硏究」 中カクロフ氏 報告文 參照)

62) 三國史記 卷32. 祭祀志.

63) 金澤庄三郎, 「日韓同祖論」 參照.

漢書, 三國志, 魏略 等等의 同說은 漢의 統治에 依한 箕子信仰을 史記에 依據하여 誇張한 것으로 볼 것이다.

　다만 東來說이 史記에서 처음 볼 수 있었다는 것과 漢書에서 樂浪民과 結付시켰다는 것과, 後에 말 할 三國志 記載의 衛滿과의 對戰에서 敗走 遷居한 準이 箕子의 後孫이며, 이는 後에 韓氏였다는 것과는 箕子와의 一聯의 關係가 있는 것인 즉, - 史記와 漢書에 對하여는 旣述- 나머지 準과 韓과의 關係를 分析하지 않으면 아니 되겠다.

(4) 否, 準의 先祖與否

　準의 史實은 大陸의 風雲이 激甚할 때 周室이 衰弱함을 契機로 蒙古方面의 動搖가 激化하여 覇者인 匈奴와 東胡가 일어서고 匈奴가 黃河上流로부터 陰山地帶에 盤據하여 渭水 流域을 엿 보고 東胡는 最初로 東方 諸民族과 交涉할 때의 일이다.

　周室의 一支派(?)인 燕과 趙는 東胡와 接觸하고 燕은 遼河 下流에서 秦開兵의 南侵한 情形을 記述한 一斷面은 三國志 東夷傳에 記載되어 있다.

　同書 濊傳에는

　　昔箕子旣適朝鮮 作八條之敎 以敎之 無門戶之閉 而民不爲盜 其後四十餘世朝鮮侯准(下略)[64]

이라 보이고, 또한 同書 韓傳에는

---

64) 三國志 卷30 魏書30 東夷傳30 濊條.

(上略) 準旣僭號稱王 爲燕亡人衛滿所攻奪[65]

이라 하였고 이와 같은 事實을 魏略은

　　昔箕子之後朝鮮侯 見周衰 燕自遵爲王 欲東略地 朝鮮侯亦自稱爲王 欲
興近逆擊燕 以尊周室 大夫禮諫之 乃止 使禮西說燕 以止之不攻 後子孫
稱驕虐 燕乃遣將秦開攻其西方 取地二千餘里 至滿潘汗爲界 朝鮮遂弱 及
秦幷天下 使蒙恬築長城 到遼東 時朝鮮王否立 畏秦襲之略服屬秦 不肯朝
會 否死 其子準立 二十餘年而陳項起 天下亂 燕齊趙氏愁苦 稍稍亡往準
準乃置之於西方 乃漢以廬綰爲燕王 朝鮮與燕界於溴水 及綰反入匈奴 燕
人衛滿亡命爲胡服 東度溴水詣準降 說準求居西界 故中國亡命爲朝鮮藩屛
準信寵之 拜爲博士 賜以圭 封之百里 今守西邊 滿誘亡 黨衆稍多 乃詐遣
人告準言 漢兵十道至 求入宿衛 遂遣攻準 準與滿戰不敵也[66]

라고 하였다. 三國志東夷傳에 앞서 準을 말한 魏略은 「昔箕子之後
朝鮮侯」 卽, 箕子의 後孫으로 解釋結付시키어 꾸민 말인데 뒤에서
말할 箕子의 四十代, 或은 四十一代孫 準이나 同書 濊傳에서 말한
四十餘代孫 準이라면 앞에서 말한 漢書地理志의 「殷道衰 箕子去之
朝鮮教其民」 云云한 樂浪時代(西紀前 109年 以後)의 情形과는
矛盾이 있다.

　西紀 76年頃의 記述인 漢書에는 樂浪時代 卽 西紀前 109年頃에는
箕子가 朝鮮에 東來하여 禮儀와 田蠶織作 等을 가르쳤다고 하고 그
後인 西紀 285年의 記錄인 三國志에는 樂浪 보다 約 105年 前에 40
餘代 後孫 準 云云하였으니 論의 갈피를 잡기 어렵다. 箕子가 萬一
人間이어서 東來한 事實이 있다면 漢書는 위에서 記述한 箕子가 아

---

65) 同上 韓傳.
66) 同上 魏略註.

니라 그 箕子의 몇 十代 後孫으로 적었어야 할 것이다. 이런 面을 볼 땐 三國志論이 史實에 가까운듯 하나 實은 그렇지도 않다. 西紀 前 195年 前後의 同史實에 對하여 約 百年後의 記述인 史記에는

朝鮮王滿者 故燕人也 自始全燕時 嘗略屬眞審 朝鮮 爲置吏築鄣墓秦滅燕 屬遼東外徼 漢興 爲其遠難守 復修遼東故塞 至浿水爲界 屬燕燕王盧綰反入匈奴 滿亡命 聚黨千餘人 魋結蠻夷服 而東走出塞 渡浿水居秦故空地上下鄣 稍役屬眞番朝鮮 朝鮮蠻夷及故燕齊亡命者 王之都王陰 會孝惠高後時 天下初定 遼東太守卽約滿爲外臣 保塞外蠻夷 無使盜邊 諸蠻夷君長欲入見天子 勿得禁止 以聞 上許之 以故滿得兵威財物侵降其旁小邑 眞番臨屯皆來服屬 方數千里 傳子至孫右渠 所誘漢亡人滋多 又未嘗入見. 眞番旁衆國 欲上書見天下 又擁閼不通[67]

이라고만 하였고, (同記錄은 우리 나라와 漢과의 交涉始初의 記錄으로 看做되는데 이는 漢高祖 十二年 西紀 前 195年의 史實이다) 西紀 76年에 記述된 前漢書에도 이를 轉載했었던 것이다. 이러한 點을 미루어 보아 準을 箕子와 結付시킨 것은 三國志 濊. 韓 兩傳부터가 아닐까 한다.

그러면 魏略이 말한 箕子之後朝鮮侯準의 行蹟은 믿을 만한 記錄인가. 三國志東夷傳 韓條의 裵松之註에 所引된 魏略記事는 史記의 說을 능가할 만큼 詳述되어 있으나 決코 詳述만이 「精」일 수는 없는 것으로 믿어진다. 筆者의 見解로선 魏略의 同記事에 準에 관한 記錄이 있으므로 좀 장황하나마 이를 精密히 分析 檢討하여 魏略所引의 史料價値를 判定해야 하겠다.

첫째, 王稱問題이다.

箕子의 後孫 朝鮮侯 準은 周의 王室이 衰弱하자 諸侯國인 燕이 「自

---

67) 史記 卷115 朝鮮列傳 第55.

尊爲王」하여 東地를 侵略함을 보고 憤起하여 朝鮮侯도「自尊爲王」하면서 軍事를 動員하여 燕을 逆擊하려 하였다[68]는 것이다.

旣述한 史記의 說이 燕과 朝鮮과의 不可避한 衝突에 不過하다고 解釋한다면 燕 對 朝鮮만이 問題되어 王稱問題를 그리 重要視할 바는 아니라 하겠으나 魏略은 分明히「朝鮮以尊周室」로 朝鮮은 周를 宗主國으로 擊燕하려 하였으니 어찌 獨立國으로 自處하고「自尊爲王」하는 燕의 叛旗에 어찌 朝鮮도 獨立國으로서 함부로「亦自尊爲王」할 수 있겠는가.「以尊周室」의 關係와는 理論上의 矛盾이 있는듯 싶다.

둘째, 取地二千餘里의 問題이다.

燕이 이에 將 秦開를 보내어 西方 二千餘里를 取地하고 滿潘汗에다 境界를 삼았다는 것이다.[69]

이미 先學에 依해서도 論難된 바 있었지만[70] 取地二千餘里의 起算에 關聯된 滿潘汗의 位置는 漢書地理地에 所載된「遼東郡 秦置屬幽州 (中略) 其十八 文 番汗」[71] 卽 文縣 番汗縣으로 文縣의「文」은 康熙字典正韻에 𡫚無分切音紋이고 滿潘汗의「滿」은 莫旱切로 近似音이므로 遼東郡屬縣條의 文縣 番汗은 滿潘汗으로 볼 수 있다.

漢書地理志 同條番汗註에

沛水出塞外 西南入海 應劭曰 汗水出塞 外西南入海[72]

---

68) 昔箕子之後 朝鮮侯 見周衰 燕自尊爲王 欲東略地 朝鮮侯亦自尊爲王 欲興兵 逆擊 燕以周室 (註65 參照)
69) 燕乃遣將秦開攻 其西方取地二千餘里 至滿潘汗爲界 (同上)
70) a) 今西龍,「朝鮮古史의 研究」‘支那學’ 第二卷第十, 十一號 大正11. pp.131~132.
　　b) 李丙燾 博士,「衛氏朝鮮 興亡考」서울大學校論文集, 第四輯 pp.8~9. 參照.
71) 漢書 卷28 地理志 第8 下.
72) 同上.

라 하였으므로 浿水位置가 問題될것이나 浿水位置는 同書 遼東郡 險瀆縣註에

應劭日 朝鮮王滿都也 依水險 故日 險瀆 臣瓚日 王儉城在樂浪郡 浿水 之東 此自是險瀆也 師固日 瓚說是也[73]

라 하였으므로 王儉城이 浿水의 東에 있었음이 注意를 끈다. 今西 龍氏가 發見한 樂浪郡治址인 於乙洞古城의 秥蟬縣 神祠碑[74]와 關 野貞 氏가 確認한 「樂浪時代의 古蹟」[75]으로서 白鳥, 箭內 兩氏가 引用한 史記秦始皇 本紀二十六年 朝鮮註

「括地志云 高麗治平壤城 本漢樂浪郡 王險城 卽古朝鮮也」

의 平壤城과 王儉城과의 同一處說과 大同江 浿水之說 等은 모두 一 蹴[76]當하고 말았던 것이다.

따라서 楊守敬氏의 「讀史」 漢朝鮮傳

知王儉在浿水之南 平壤城 非王儉城說[77]

의 鴨綠江說과 李丙燾 博士의 浿水 淸川江說[78]에 依하면 兩者 모 두 鴨綠江 乃至 博川江 以北 境界를 말함이니 이 境界의 起點인 河

---

73) 同上.
74) 「樂浪時代의 遺物」 古蹟調査報告書 第四冊 p.14 參照.
75) 關野貞, 「新タニ發掘セラレタル樂浪時代ノ古墳」 考古學雜誌 第8卷1號 pp. 1~16 參照.
76) 「樂浪郡時代의 遺物」 古蹟調査報告書 第四冊 p.14頁 參照.
77) 楊守敬, 「王儉城考」 晦明幹考 參照.
78) 李丙燾 博士, 「浿水考」 京城帝國大學法文學部論集 第二 參照.

北省 遼西地帶의 燕地에서 「取地二千餘里」[79]라 해도 漢江 近方이 되지 않으면 안된다. 「至滿潘汗爲界」가 鴨綠江 地帶에 該當되는 「取地二千餘里」는 約千里의 差가 있는 것으로 또한 믿을 수 없는 것이라 하겠으며, 史記에는 同記錄을 「燕有賢將秦開 爲質於胡 胡甚信之 歸而襲破 走東胡 東胡郤千餘里」[80]라 하였으므로 李丙燾博士論[81]대로 이는 魏略의 錯覺이 아닌가 생각한다.

셋째, 年代의 錯誤이다.

秦이 天下를 倂合하여 蒙恬으로 하여금 遼東에까지 長城을 築城케 하였고 當時 朝鮮王 否는 卽位하자 秦이 來襲할까 두려워 秦에 屈服은 했으나 朝會하기를 좋아하지 않았고 否가 죽고 그 아들 準이 卽位한지 20餘年만에 陳項이 일어나 天下를 어지럽게 하였다는 것이다.[82]

그러나 秦이 天下를 統一했던 年代는 西紀 前 221年이오 蒙恬이 長城을 增築한 해가 西紀 前 214年, 陳項亂이 일어난 해가 西紀 前 209年이니 否가 長城增築 卽後에 卽位했다 해도 其間은 不過 五年 乃至 六年이요, 20餘年이란 語不成說이며, 準의 統一까지 無理로 遡及한다 해도 不過 13年이니 準의 卽位 20餘年은 疑問되는 바 적지 않다.

넷째, 誤植과 服裝問題이다.

燕, 齊, 趙의 亂民들이 朝鮮으로 逃亡해 오자 準은 西方에 이를 머무르게 하였고, 漢은 盧綰으로써 燕王을 삼음에 따라 朝鮮이 燕

---

79) 藤田元春, 「尺度綜考」에 依하면 漢魏代의 一里는 韓國의 一里弱에 該當된다.

80) 史記110: 列傳 匈奴傳 第50.

81) 李丙燾 博士, 「衛氏朝鮮興亡考」 서울大學校論文集 第四輯 p.7.

82) 秦倂天下 使蒙恬築長城 到遼東 時朝鮮王否立 畏秦襲之 略昭屬秦 不肯朝會 否死 其子准立 二十餘年 陳項起天下亂 (三國志30 魏書30 東夷傳 第30 韓條 魏略註)

으로 더불어 溴(浿)水에 境界하더니 燕이 亡하고 盧綰이 胡服을 입고 東으로 溴(浿)水를 건너 準에게 降服해 왔다는 것이다[83].

康熙字典에 依하면 「溴」는 古字라 하고 國字說明에 「尺又切, 音臭水氣也」라고 하였으니, 江名임은 틀림이 없겠으나 「朝鮮與燕界於溴水」라 하니, 上記의 「取地二千餘里至滿潘汗爲界」와의 사이의 江名은 溴水임에 疑心할 바 없겠으나, 浿水의 江名은 있어도 溴水란 江은 現存한 바 없으니, 古代에 있던 江이 天災之變에 없어졌다는 記錄이 없는 以上 溴字는 或是 「浿」字의 誤植이 아닌가 한다. 그리고 「及綰反入匈奴 燕人衛滿亡命爲胡服」云云은 衛滿이 脫出할 때 胡服을 입고 「東度溴水諸準降」하였다고 하나, 亡命時에 脫衣 變裝하는 것이 常例임에도 不拘하고 胡服 着用이란 不合理하지 않은가 한다.

다섯째, 博士號의 授與 問題이다.

衛滿이 準에게 亡命해 오자 準은 이를 信寵하고 拜하여 博士로서 對하고 벼슬을 주어 百里에 封하여 西邊을 守備케 하니 衛滿은 오히려 그 勢力을 길러 나중에는 사람을 시켜 準에게 告하기를 漢兵이 十道에 이르러 왔노라고 하며 드디어 準을 攻擊하니 準은 衛滿과 不戰 不敵하였다는 것이다.[84]

秦開 動亂時 華北地方의 亡命客인 胡服을 입고 온 衛滿을 準이 歡迎하였다는 것도 異常 하려니와 「封之百里 令守西邊」할 武官에게 文官의 博士號 벼슬을 주었다는 處遇에 對하여도 合當한 것 같지 않고, 封之百里의 守令으로서 漢軍이 十道에 이르러도 몰랐다는 것은 博士의 處遇와는 前後 矛盾이 된다.

---

83) 燕齊趙氏 愁苦 稍稍亡往淮 淮乃置之於西方 乃漢以盧綰爲燕王 朝鮮與燕界 於浿水 乃綰反入匈奴 燕人衛滿 亡命爲胡服 東度溴水諸準降 (同上)

84) 說準求居西界 故中國亡命爲朝鮮藩屏 準信寵之 將爲博士 賜以圭 封之百里 令守西邊 滿誘亡 黨衆稍多 乃詐遣人告準言 漢兵十道至 求入宿衛 遂還攻準 準與滿戰不敵也 (同上)

以上에서 箕子의 後孫으로 알려진 否는 勿論, 準에 對한 記錄도 매우 曖昧한 것으로 看做된다. 그 荒唐無稽한 魏略說에서 볼 수 있지 않을까 한다.

따라서 以上 魏略의 記事는 記述 年代로 보나 內容으로 보나 史料 的 價値가 거의 없는 것으로 볼 수밖에 없으며, 더욱이 書頭의 「昔箕子之後朝鮮侯」가 「準」이라고 하는 論據는 어디에 根據한 말인지 도무지 그 論據를 찾아 낼 수 없는 無根之說이다. 魏略이나 三國志의 說은 燕의 盧綰이 亡命하여 匈奴에 들어 가고 衛滿이 箕準을 쫓았다는 해, 卽, 西紀 前 百九十四~五年 보다 約 四百年 後의 記錄이다. 이 보다 90年 앞선 史記(前漢書는 이를 記載)의 記錄에도 箕子 또는 準의 記錄이 없음을 보아 魏略의 造作이라고 할 수밖에 없는 것이다.

그러므로 三國志에 나타난 準은 西紀 前 154年頃의 古朝鮮의 一支配 氏族인지는 모르며 그가 箕子의 孫이라 함은—魏略의 僞作이니 믿을 수 없음—正確한 根據가 없는 것이라 보겠다.

(5) 準과 韓과 箕子와의 關係

以上에서 魏略에 나타난 準이 반드시 箕子의 後孫이라고는 볼 수 없음을 論述하였거니와, 다음은 「準」이 또한 後에 「韓」으로 改稱하였다 하니 韓과 箕子와의 史實 與否를 分析해 보기로 한다.

三國志의 「准旣僭號稱王 爲燕亡人衛滿所攻奪」「將其左右宮人 走入海居韓地 自號韓王」[85]이란 所謂 箕子의 後孫(?)인 準이 衛滿의 來侵으로 韓나라 땅으로 가서 韓나라 王이 되었는데 魏略에는 準王

---

85) 三國志 卷30 魏書30 東夷傳 第30 韓條.

이 아들과 親族들을 거느리고 衛滿에게 쫓기어 韓地로 遷居한 후 韓氏라 稱하고 그 후 옛 都邑地를 往來한 일은 없었다[86]는 것이다.

後漢 王符 潛夫論을 보면

昔周宣王 亦有韓侯 其國也 近燕故詩云 普彼韓城 燕師所完 其後 韓西亦姓韓 爲衛滿所伐 遷居海中[87]

이라 했다.

同潛夫論 記載에 對하여는 三千餘年 前 阿斯達社會와의 一支配 氏族으로 보는 분도 있으나 여기서 좀 더 仔細히 分析해 보고저 한다.

全體를 通하여 上半節「昔周宣王 亦有韓侯……普彼韓城 燕師所完」과 下半節「其後韓西亦姓韓……衛滿所伐遷居海中」으로 兩分해 볼 수 있는데 注意를 끄는 것은

上半節의 (a)「普彼韓城 燕師所完」과

下半上節의 (b)「其後韓西亦姓韓」과

下半下節의 (c)「衛滿所伐, 遷居海中」

等 三句節이다. (a)의「普彼韓城 燕師所完」은 周 宣王時(西紀前827~782魯隱 公元年보다六十年前) 韓侯가 周 厲王의 甥姪女요, 宣王의 內從妹이며, 周의 鄕土인 蹶父의 딸인 韓佶에게 장가를 들려고 갔다가 돌아오는 餞別 宴會席에서 詩人 尹吉甫가 읊었던[88] 詩句中의 拔萃文[89] 詩經 韓奕六章에 나타난 詩

---

86) 魏略曰 其子及 親留在國者 因冒姓韓氏 準王海中 不與朝鮮往來 (同上)

87) 潛夫論 卷9. 志氏姓 第35 震學社刊 漢魏叢書 潛夫論 卷9 志氏姓 第35 p.29.

88) 黃義敦 博士.「詩經解說」東國史學 第四輯 p.94 參照. 黃博士는 立論의 根據를 同詩篇 第四章「韓侯取妻 汾王(厲王)之甥, 蹶父之子」와 同詩篇 第二章「韓侯入觀 以其介圭 入觀于王」과 同詩篇 第三章에「韓侯出祖 出宿于屠 顯父餞父 淸酒百壺」의 三文을 例擧하여 論證하였다.

89) 詩經 韓奕六章에「溥彼韓城 燕師所完」은 潛夫論中「普彼韓城 燕師所完」

句 全文은 다음과 같은 것이다.

　溥彼韓城 燕師所完 以先祖受命 因時百蠻 王錫韓侯 其追其貊 奄爲北
國 因以其伯 實墉實壑 實畝實籍 獻其貔皮 赤豹黃羆

以上에서 問題삼아야 할 것은

　1. 韓城 韓侯의 所在와

　2. 追貊貔皮豹羆 等의 産物

이 두 가지가 밝혀지면 上半節의 韓의 地理的 位置를 알 수 있을
것이다.

　韓城과 韓侯를 通해 본 韓의 位置에 對하여 顧炎武는 이미 韓을
東夷의 韓으로 隱然히 暗示하였다.[90] 또한 그 後 一部 學者들은
이를 따라 「因時百蠻 … 其追其貊, 奄受北國, 因以其伯」中 百蠻은
異族의 覇者라 믿어지고 追濊로는 同音異寫했다고 보며 貔皮, 赤
豹, 黃羆를 東夷의 産物로 보는 분도 있다.[91]

　그러나 黃義敦博士의 論과 같이[92] 반드시 東夷族만을 追貊이라

────────────────

詩와 같다. 詩經解說에 依하면 「溥」는 大也요. 康熙字典에 普를 博也라
하였으니 同意인 것이 確實하다.

90) 況其追其貊 乃東北之夷……韓土在北陸之遠也 又玫王符 潛夫論日 昔周宣王
時 有韓侯其國 近燕故詩云 普彼韓城 燕師所完 其後韓西 亦姓韓爲衛滿所伐
遷居海中 漢時去吉來遠嘗有傳授(日知錄 卷三 韓城條)

91) 金庠基 博士,「韓・濊・貊 移動考」(史海 創刊號 pp.56 參照). 追는 一音에
都雷 또는 都回의 切로서 「되」 또는 「뙤」의 音을 가지고 있으며, (韓奕篇 詩
傳에 「追貊戎狄國也」라 하였고 同 鄭箋에 「追貊之戎秋」라 하였으며 顧炎武
의 日知錄 卷三 韓城條에 「況其追其貊及 東北之夷云云」의 記事가 보이고,
韓致奫은 海東繹史 卷三 三韓條에서 「追者前儒多未詳 而必是濊貊之部屬」이
라 하였다) 濊의 本音은 呼令呼外 또는 烏外의 切로 「회」 「외」로 읽으므로
日本音 「와이」도 參考가 될 것인데 「뙤」, 「회」, 「되」, 「외」는 서로 넘나 든
다는 言語學的 轉化를 論證하고 있다.

92) 黃義敦 博士「前揭書」p.95 參照.

指稱함이 아니고 南方 苗族을 蠻貊, 北方과 土耳其族 匈奴를 北貊,
蒙古族을 胡貊, 遼東과 半島 北部에 있는 東夷族을 濊貊, 或은 諸
貊이라 부른 例도 없지 않으니93) 반드시 韓奕篇의 旣擧한 其追 其
貊이 우리 民族만을 指稱함은 아닐 것이며, 또한 韓의 位置에 對하
여도 春秋에는

　　十有一月 壬戌 晋侯及 秦伯戰于韓 獲晋侯94)

라 하였고 林堯叟의 註에도

　　韓晋地 秦始見經比晋秦兵端之始 是故晋秦兵 交始於韓 而終於十三國
　　之伐95)

이라 함은 韓은 우리나라 韓을 말함이 아니라 晋滅韓地인 韓을 말
함은 쉽게 알 수 있으며, 韓의 位置는 同書 杜預의 註를 보면

　　虞虢焦滑 霍楊韓魏 皆晋所滅 焦在陝縣 楊屬平陽郡96)

---

93) a) 史記 卷110 匈奴列傳 第50에 「趙襄子 踰句注而確幷代以臨 胡貉」
　　　이라 보임.
　　b) 史記 卷43 趙世家 第13 「奄有河宗 至于休溷諸貉(圂晋陪自河宗休溷諸貉乃戎秋之地也)」
　　c) 史記 卷93 韓王信盧綰列傳 第33 「外倚蠻貊以爲援」
　　d) 史記 卷34 燕召公世家 第4 「燕北迫蠻貊內措齊晋」
　　e) 史記 卷67 仲尼弟子列傳 第7 「孔子曰言忠信行篤敬雖蠻貊之國行也」
　　f) 詩傳 魯頌 閟宮九章 「准夷蠻貊 及彼南畵 莫不率從」
　　g) 史記 卷79 范雎蔡澤列傳 第19 「天下之事賈有湯鑊之罪請自屛於胡貊之地」
94) 左傳 卷10 僖公15年條.
95) 同上.
96) 左傳 卷32, 襄公29年 6月條.

이라 하였으니 晋入滅韓地는 陝縣 平壤郡임은 再言不要하고, 詩傳
에는

　　　奕奕梁山 維禹甸之 有倬其道 韓侯受命97)

이라 하였으니 梁山이 韓의 鎭이며, 陝西省 西安府가 옛 韓城縣跡
임을 알 수 있다.

　다음은 「燕師所完」의 燕의 位置가 問題되는데 左傳 魯隱公 五年
四月條에 보면 燕은

　　　衛人以燕師伐鄭(杜預註南燕國
今東郡燕縣)98)

이라 하였고 春秋에는

　　　齊高止出奔北燕(林堯叟註
北燕始見經)99)

이라 하였음을 볼 때 春秋初期에 河南省 黃河沿岸에 南燕이 이미
있었고 北燕은 春秋時代로 들어서서 一百七十八年을 經過한 後에야
처음 史傳에 나타났으니 北燕을 錯覺한 顧炎武의 說을 쫓아 河北省
方城縣에 比定한다는 것은 있을 수 없는 일이라 보아야 하겠다.
　얼핏 보면 燕의 長城이 河北省에 位置하고 遼東半島가 우리나라
의 隣接地인 故로 이에 錯覺할 수도 있겠으나 詩經 韓奕六章 詩句
註解100)를 仔細히 보면 晋入滅韓前 河南省韓城縣의 韓은 召公時에

---

97) 詩傳 韓奕六章一節.
98) 杜林合註 春秋左傳 魯隱公5年 4月條 上海本 卷8 p.13.
99) 同上 卷32 襄公29年 秋8月條 上海本 卷8 p.7.

建國했고 韓城은 召公이 命하여 隣近部落國家인 燕나라 軍事에 의해 築城 所完한 것으로 推測되는 것이다.

要컨대. 潛夫論의 上半節은 晋入滅韓한 舊地를 말하는 것이 分明하다면 다음은

(b) 「其後韓西亦姓韓」句가 問題될 것이다. 上半節과 下半節句가 도무지 連結立論되기 어렵다. 「韓西」라 함은 舊晋地 以西를 말하므로 衛滿云云과는 關聯될 性質의 것이 아닐 것이고. 韓西가 「韓東」의 誤로101) 보는 先學者도 있으나 信憑하기는 難하다. 卽 「韓西」를 「韓東」으로 立論시킨 唯一의 根據는 顧炎武의 說을 좇아 燕의 附近인 지금의 河北省 方城縣에 比定한다고 하였으나 上記한 潛夫論 上半節 晋入滅韓地임을 度外視 하는 것으로 事實과는 距離 있는 立論인 듯 하며. 오히려 顧炎武의 說. 卽 河北省 方城縣의 比定보다 「韓東」의 誤로 보는 立論으론 民族移動面으로 보아 事實에 가까울런지도 모른다.

「其後」를 周 厲王時와 「衛滿所伐」時를 比較하면 六八四年 後로 解釋되고 其間에 처음은 岐周의 西로부터 陝西의 韓城縣方面으로 移動한 것으로 보고 다음은 그 곳에서 다시 河北省 固安縣方面으로 옮긴 것으로 보며. 그 後에 그 곳에서 다시 南東 滿洲一帶로 옮긴 것으로

---

100) 夫韓土固爲可樂而韓之有國 豈無所自哉 薄彼韓城 其肇封之始 乃召公率 燕師以究之也其立國有自來矣 今王之封韓侯蓋以韓之先祖 嘗受命於先王而爲是百蠻之長 乃韓之舊職也 故今錫韓侯以追貊北國使之奄而受之因以爲之伯而繼其緖焉 爾將何以使其職業以副王命乎 彼城池以固國所當修也 汝必實墉而增其所未高實塹而浚其所未深畝籍以定民所當審也 爾必實畝而治其田疇實籍 而正其稅法至於歲事來辟方物所當貢也 以獻其貌皮赤豹黃羆以貢其所有於王焉 如是則職業修世業可繼 所謂續戎祖考 朕命不易者在是矣 爾往欽哉 (原本備旨詩傳集 卷68 pp.506~507)

101) a. 李丙燾 博士: 「三韓問題新考察」震壇學報 一 p.99 同 「衛氏朝鮮興亡考」서울大學校論文集 第四輯 pp.3~4.

본다면, 然後에는 旣擧한 前章의 三國志에 「(上略) 准旣僭號稱王 爲
燕亡人衛滿所攻奪」의 魏略長文情狀과 結付시켜 馬韓의 「韓」을 東으
로 볼 수 있을 것이다. 周 厲王時의 河南省 韓을 根據하여 「韓東」이
라 하였다면 어느 程度 立論은 될지 모르나. 이 또한 存疑 部分이
없는 것은 아니다. 潛夫論의 「其後 韓西(東?) 亦姓韓」은 「衛滿所伐
遷居海中」 以前의 韓을 말하므로 遼東城東 近處에 「韓地」가 있었다
고 假定하더라도 晋地 前인 韓東은 아니고 北方에 가까운 故로 여기
에도 矛盾이 있고 全體를 通하여 볼 때 周 宣王時의 晋地 韓과 우리
나라의 韓과는 時代的으로도 684年의 差가 있고 四, 五千里의 地域
的인 距離와 더욱 「溥彼韓城 燕師所完」이란 詩句는 馬韓 歷史를 쓰
는데 何等 關係될 바 없는 것이므로 果下馬가 馬韓 歷史의 史筆을
움직인 데서의 잘못된 表現이라 보겠다. 더욱이 後漢書에 依하면 潛
夫論을 評하여 다음과 같이 말하고 있는 것으로 도저히 主된 史料로
는 取扱되기 困難하지 않을까 한다. 卽 後漢書에는

潛夫論 其指訐時 短時謫物情足以規是當時風政著第五篇云爾[102]

라 하고 그 五篇으론 貴忠篇. 浮侈篇 實貢篇. 愛日篇. 述赦篇(上同)
일뿐 氏姓篇은 없었던 것이므로 後漢書의 著作 年代[103]를 따진다
면 西紀 約 385年 前에는 氏姓篇이 없었던 것이 確實하다.

이는 衛滿 對 準戰時인 西紀 前 195年 보다 約 579年 後의 記錄이
요 그 前의 史記를 爲始한 諸文獻에도 衛滿時의 記事가 실리지 않은
文獻이 없었던 것은 아니나 潛夫論의 內容 「衛滿所伐 遷居海中」을 意
味한 것 外의 것은 찾아 볼 수 없는 것이다. 따라서 「衛滿所伐 遷居海

---

102) 後漢書 卷79 列傳41 王充符仲長統列傳 第39. 王符傳.
103) 箕準問題史料記述年代를 보면 다음과 같다.

中」 위의 全文은 潛夫論中 氏姓篇을 加筆한 者의 僞作으로 밖에 볼 수 없는 것으로 여기에 論據를 둘 수는 없지 않을까 한다.

「衛滿所伐 遷居海中」의 記事 中에도 疑問되는 것은 海東繹史의 著者 韓致奫도 「詩所云韓侯 果指箕氏而言與 此未可燈云云」이라 한 바와 같이 箕子 以後王準이 衛滿에게 쫓기어 南遷하였다는 것은 南遷 事實만은 論據가 서나 南遷한 準이 箕子의 後孫인지 아닌지는 아직 釋然치 않다. 韓氏朝鮮說은 魏略을 引用하면 「準王의 아들과 親戚들은 故國에서 韓氏를 冒姓云云」하였는데 準王의 來往도 없는데 韓氏라 稱함은 本來 遷居 以前에 韓氏가 있었던 것으로 되어 있으나 ㄱ때부터 千餘年 前에도 韓氏姓이 있었는가는 의문이다. 箕子朝鮮은 卽 韓氏朝鮮을 말하는 것이라 하지만 「將其左右宮人 走入海居韓地 自號稱王」하였던 것은 三國志東夷傳 第三十 韓條에 明白한 記錄이 있으므로 如斯히 斷定할 수 없을 것으로 推測된다. 史記朝鮮傳에 韓陰同書僞者年表에 韓陰, 漢書卷 17 功臣表에 韓陶, 樂浪

引用書	記錄年代	箕子以後	魯隱公 元年後	韓國王時	中國王時	備 考
潛夫論	A.D. 147~167	1269~1289	289~889	羅 進聖王14年 麗 次大王 2年 濟 蓋婁王20年	後漢桓帝 建和元年	後漢王府撰, 東夷傳註, 博物志 魏都賦에의 引用뿐임
三國志	285	1407	1007	羅 儒禮王 2年 麗 西川王36年 濟 古爾王52年	晋武帝 太康 6年	晋의 陳壽撰 宋의 裵松之註 B.C.429A.D. 約 144年後
後漢書	約 385	約 1507	約 1107	羅 奈勿王30年 麗 故國襄王2年 濟 辰斯王2年	東晋 孝武帝10年	六朝時代 宋의 范曄의 撰 列傳80

1. 潛夫論 : 東夷傳註는 果下馬에 博物志魏都賦를 引用한 外에 또 引用書는 魏略이 있을 뿐, 東夷傳은 거진 魏略에서 나온 것이며, 後漢書 以前에는 五篇일 뿐 氏姓篇은 없었다.
2. 後漢書 : 唐의 章懷太子의 註 30卷은 晋의 司馬彪의 續漢書文을 梁의 劉昭가 註하였다. 唐의 前엔 別冊이 있었으나 宋의 眞宗時 孫奭의 建議에 依하여 後漢書를 校正할 때 續漢書文을 採擇하고 亡失本을 補充한 것이다.

遺蹟(古墳)文에도 韓의 存在가 있기는 하나, 이 보다 「衛滿所伐 遷居海中」以後의 것이니 樂浪時代의 韓의 存在에 對하여는 疑心할 바 없겠으나 그 以前(西紀 一九四年)을 遡及할 수는 없을 것으로 看做된다.

蒙古語에 君子(大人)를 汗(Han), 或은 可汗(Khahan)이라 불렀고 우리 古語에도 大人, 君長을 加(Khn=夫餘, 高句麗) 或은 邯(Khan=同上) 今(Kan=同上)이라고 하고 大를 「한」이라 하여 新羅 官職名中에 大舍를 一云韓舍, 大阿湌 或은 韓湌이라 하고 大奈麻를 韓奈麻라 함을 例擧하여 言語學的으로 論證할 수 있겠으나, 그것이 後代의 記錄을 論據한 것으로써, 補充立論은 可能할지 모르나 主된 論據는 成立될 수 없다.

以上 中國의 漢 魏 兩代에 나타난 文獻에서도 箕子東來說의 史的 論據는 稀薄하며 箕子의 後裔가 반드시 準도 아니오 그리고 三千餘年 前 箕子 實在時에 이미 韓氏라는 支配者가 있었다는 的確한 根據 또한 없는 것이다.

이 밖에도 箕子의 言行에 對하여는 後世人들이 믿고 있는 平壤 實在 兎山의 箕子墓나 韓氏, 鮮于氏, 奇氏 等의 始祖로 알고 있는 族譜 및 太陽之子로 알고 있는 檀奇古史 等等 적지 않은 記載가 없지 않으나 이는 모두 箕子의 實在 與否를 追求할 수 있는 實際的 價値의 記錄은 別로 못된다.

Ⅳ. 結言 －箕子와 臮侯－

上述한 바와 같이 文獻上으로는 朝鮮에 있어서의 箕子란 實在 人物로 볼 수 없고 漢 勢力이 侵透된 以來 漢民族에 依해 傳說的 人物로 傳來된 것으로 밖에 볼 수 없다[104].

即, 韓氏朝鮮을 立論하는데 潛夫論에 主된 論據를 둔다 해도 氏姓篇은 後漢書 以後의 著作[105]이니 西紀 三八五年 以前을 遡及할 수는 없고, 「衛滿所伐 遷居海中」의 內容에 依據한다 해도 漢 高祖 12年 西紀 前 195年 以前을 미루어 볼 수 없는 일이다.

때문에 이 以上 年代와 史實을 遡及할 수는 없을 것 같고 準[106]이 說使 亡佚된 文獻이나 어떤 事情에 依하여 箕子의 後孫이랄 수 있더라도 東來(事實은 그렇지 않지만) 하였다는 箕子史實은 史記에 最初로 있었으니[107] 西紀 前 104年 以前으로 聯想할 수 없는 것이라 하겠다.

東來와는 달리 洪範九疇說[108]의 胎動期를 보더라도 春秋戰國 末葉이니 箕子傳說의 胚胎期는 衛滿朝鮮 前 後인 것이다.

先學들은 漢書地理志에 나타난 「敎昌其民」云云의 樂浪民과의 結付를 보고 樂浪韓氏의 系譜修飾에서 나온 것이라 立論하지만, 系譜는 훨씬 後人의 造作[109]인 것이며 그 보다 훨씬 앞서 箕가 幽州地

---

104) 旣述한 「史記, 漢書, 三國志에 나타난 箕子業績의 變遷」 參照.

105) 註102 參照.

106) 旣述한 「箕子의 後孫 否·準與否」 參照.

107) 旣述한 「箕子의 東來與否」 參照.

108) 旣述한 「箕子의 洪範九疇說에 對하여」 參照.

109) 今西龍, 「箕子傳說考」 「朝鮮古史の硏究」 pp.156, 158.

方의 名稱이오110) 故燕地인 故로 漢이 朝鮮에 勢力을 뻗치자 開國 始祖를 燕 故地의 箕와 聯關시켜 從屬國으로 만들어 준 膳物111)인 것이다.

그렇다고 보면 漢은 왜 하필이면 「箕子가 東來한 것처럼」 傳說을 꾸미어 朝鮮에 信奉토록 하였을까. 그것은 ① 徐偃王中에 周初徐國 의 最初의 君主가 東夷民族의 信望을 얻었던 召公의 長弟인 偃侯旨 (成王時 또는 그 後人物)란 歷史的 實在人物이었고 ② 周가 殷을 滅한 後 殷의 舊版圖內의 三大文化의 中心地(邶·鄘·衛)中 邶인 易州에 燕侯旨를 封하여 統治시킨 일이 있었다는 점,112) ③ 바로 이 易州가 殷民族의 多數居住地域이었으므로 當地土着民族의 民心 收拾을 爲하여 殷나라 遺民들에게 崇仰의 人物이던 殷宗室의 箕子 (殷帝紂에 依해 幽囚되었던)를 史實을 誇張하여 神的 存在로 모시 면서 箕子의 後孫들에게 賞賜하는 盃에 그들의 先親인 箕子를 崇仰 하는 聶侯113)를 銘記하였다는 點等으로 보아 燕侯旨에 依한 箕子 舊領宣撫의 歷史的 事實은 漢에 이르기까지 箕子가 神的 存在인듯 傳來되었으며 이 傳說은 後에 燕侯旨를 즐겨 했던 東夷族114)이 朝

---

110) 旣述한 「箕子의 洪範九疇說에 對하여」 參照.

111) 旣述한 「史記, 漢書, 三國志에 나타난 箕子의 業績變遷」 參照.

112) 貝塚茂樹,「中國古代史學의 發展」 p.426.

113) 潘祖蔭藏 愙卷16 p.19 燕侯旨가 亞에 준 例. 貝塚茂樹 氏는 「聶侯」 는 「箕子」이며 同 金文 中의 [聶戻] 矣匜侯錫亞貝…의 亞는 聶侯의 子孫 이거나 或은 聶侯의 舊領에 封해졌거나 祭祀를 지내는 者라고 하였다. (貝塚茂樹, '中國古代史學의 發展' pp.428, 429, 432)

114) 成王 以後 燕과 東夷가 相互 接觸이 있었다고 示唆하며, 尙書大傳의 「武 王釋箕子之囚 箕子不忍爲用之釋 走之朝鮮 武王聞之 因以朝鮮封之」라는 史記著作以後의 同記事에 對하여 貝塚茂樹 氏는 燕侯旨가 初封했을 때 에 箕侯 卽 箕子를 領內에 安堵시킨 事蹟이 燕國遺民에 依해 傳說化하 여 朝鮮에 傳藩한 것이 아닌가 (中國古代史學의 發展, p.432)하나 東夷

鮮을 漢의 勢力밑에 扶殖시키고 弱少國인 朝鮮에 强要되어 傳來된 것이 司馬遷의 史記에 史實인 것처럼 옮겨 진 것이 아닌가 한다. 따라서 箕子朝鮮은 다음과 같이 생각하면 理解가 쉽다.

첫째 古代 諸國은 群雄割據하여 弱少國家들은 强大國家들로 인해 기를 못 쓰고 있었고 「箕子가 朝鮮으로 東來하였다」는 時期인 殷末 周初의 國家數는 적어도 中國版圖內에 千餘國家가 存在했으며, 周 와 우리 朝鮮과의 사이에는 百餘의 封建列國이 散在하여 周의 勢力 이 朝鮮에까지 미치지 못했다는 點.

둘째로는 殷의 箕子가 殷王室의 直系임으로 東西南北中 五土中에 서 中土를 封地로 받아야 하였던 것으로 河南省以北地帶를 올라올 수 없었다는 點.

셋째 取地 二千里라고 하지만, 殷의 故地에서 二千里되는 地點은 北燕地帶까지는 이를 수 있지만 地理的으로 朝鮮에 까지는 미치지 못하고 있는 點.

넷째 箕子가 東來하였다는 時期인 西紀 前 1122年에는 阿斯達이란 名稱은 있었어도 우리나라 領土內에 「朝鮮」이란 名稱은 없었다는 點.

다섯째 箕子가 東來하였다고 하는 信憑할만한 地上 地下의 史料 가 아직까지 發見되지 않고 있다는 點 等으로 미루어 보아 箕子東 來說을 是認할 수는 없는 것이다. 箕子는 北燕 또는 北燕以西에 實 在했던 것으로 推定된다. 그렇다고 보면 傳來의 緣由로는 克殷한 周가 武力으로 勝利하였지만 文化的으로는 到底히 殷을 따를 수 없 었으므로 殷의 文化에 涵化되지 않을 수 없어 自然 殷民을 다스리

___

가 반드시 朝鮮을 指稱하는 것인지는 疑問이며, 燕時의 朝鮮과의 交涉에 對하여는 箕子를 그렇게 開國傳說이 될만큼 崇拜하였다는 記錄은 아직 發見치 못하였다. 따라서 筆者로서는 燕時傳來說을 確信할만한 段階에 이르지 못하였다고 하겠다.

는데 箕子舊領을 安堵하는 政策을 썼으며, 成王以後 燕侯旨時에 箕子를 崇仰하는 思想이 漸高하였다고 보겠고 이러한 思想이 朝鮮의 周邊國인 東夷族의 歡心을 샀던 것으로 漢의 勢力이 朝鮮에 미치었을 때 비로소 漢人에 依해 箕子東來說이 強要當했다고 보겠다. 그러므로 이른바 「箕子」란 우리나라 사람들의 祖上崇拜에서 加工된 人物은 아니고 殷周燕漢의 勢力變遷으로 漢時에 비로소 朝鮮에 傳來되었음은 「巭侯」의 金文에서 알 수 있다.　　　　　(史學科講師)

－이 拙稿는 1957年 5月 11日 東國大學主催 第一回 史學大會에서 이미 發表한 後. 이와 聯關된 勞作(李光濤 氏 「箕子朝鮮」)과 卓見인 論攷(金映遂 博士 「箕子朝鮮攷」, 任昌淳 敎授 「辰韓位置攷」)도 없지 않았으나 箕子의 東來否定과 肯定에 對한 持論이 各己 다른 바 있어 이에 修正도 加치 않고 抄해논 그대로를 于先 第一次的 試攷로서 외람되게 내 놓아 先輩諸賢의 叱正을 바라고자 하는 바입니다.－

출처: 箕子東來與否와 巭侯에 대하여 (淑大史論 제2집. 1965.
　　　pp.19-53)

李光濤의 韓國史 研究에 대한 功過

Ⅰ. 緒　言

中國人으로서 韓國을 對象으로 研究하는 學者의 數는 결코 적지 않다. 그 중에서도 韓國史 研究에 대한 論攷를 가장 많이 發表한 學者를 든다면 臺灣의 南港에 있는 中央研究院 歷史語言研究所 研究員인 李光濤씨를 들 수 있을 것이다. 그의 韓國史 研究에 대한 論攷는 勿驚 30餘篇을 헤아릴 수 있다. 그 중에서도 特出한 論攷로 는 民族移動面을 들 수 있겠고, 다음은 中國人으로 韓國史에서 看過치 못할 人物 若干을 들 수 있을 것이다. 特히 民族移動과 結付시켜 從來 오랫동안 論難을 거듭해 오던 「箕子朝鮮」 問題를 비롯하여 古朝鮮 以後에 中國文化의 影響이 韓國에 많이 미쳤다는 事實

등을 擧論하고 있다. 물론 이 세 가지는 모두 새로운 問題들은 아니며 一般的으로 많이 是非되어오던 問題들인 것만은 否認할 수 없다. 그러나 이 問題는 問題로서 提起되는 커다란 波紋을 일으킨 것은 아니라 하더라도 內容에 있어서는 見解를 달리 하는 점도 있고, 또한 이제까지 論難하면서도 李 氏가 獨自的인 體系를 세워 史料를 모아 왔고 分析結果에 대하여 그 觀點이 他學者와 다소 다른 점도 없지 않다. 물론 民族移動問題도 있지만 이것은 주로 下代를 中心으로 論難된 것이어서 便宜上 歷史的으로 가장 오래된 「箕子朝鮮」 問題부터 살펴보고자 한다.

Ⅱ. 箕子의 東來 與否

첫째, 箕子의 東來 與否이다. 李 氏는 中國의 箕子가 朝鮮으로 東來한 것으로 보고 있는 듯하다. 그는 箕子가 韓國에 왔다는 이른바 東來에 대한 與否는 論難하지 않았으나, 引用된 史料에 대하여 아무런 存疑도 품지 않고 記錄 그대로를 믿고 이를 引用하고 있으며 分析할 必要도 없는 듯 字意 以外의 解釋을 加하지 않고 있다. 換言하면 史料가 事件發生時와 記錄年代의 差가 얼마가 되든 무관한 것으로 記錄을 信憑하고 있는 것이다. 그가 引用한 史料는 여러 가지 있다. 그러나 그 史料들은 이른바 箕子가 있었다는 時代와 千餘年間의 距離가 있다.

"殷이 亡하고 周가 일어나 箕子가 武王의 命을 받아 朝鮮에 封해져서 後朝鮮의 始祖가 되어 41代를 傳하였으니 그 期間이 900年 左右가 된다. 朝鮮에 있어서의 箕子는 後朝鮮의 始祖이며 箕子의 朝鮮은 中華의 一事로서 이것은 朝鮮宣朝實錄에 大書特筆하고 있다."[1]

는 史料를 引用하면서 아무런 비판 없이 箕子가 殷人으로서 周가 일어나자마자 武王의 命을 받들어 朝鮮에 東來하여 執政하였다는 것을 시인하고 있다. 또한 宜祖 25年 10月 禮曹判書 尹根壽가 國王을 보고 한 말을 引用하여 "駱參將이 우리나라 사람을 기다려 후히 待하고 있으며 항상 말하기를 箕子가 汴梁人이니 너희들은 다 같이 中國人이다."[2] 하여 箕子가 汴梁 사람이라고 한 것을 引用하고 있으며, 朝鮮의 14世祖 李昈도 "中華에 있어서의 朝鮮은 春秋列國의 諸侯와 對等된다"[3]고 하여 「箕子朝鮮」을 中國의 版圖 속에 屬하는 一諸侯國으로 보고 있는 것이다. 그가 引用한 史料 中에는 「箕子之邦」, 「嗣守箕東」[4]이라는 名詞가 보이고 있다. 이것은 모두 「于國有光」의 뜻에서 記述된 것이라 하며, 箕子가 東來하였다는 記錄에 대하여 아무런 存疑도 없이 是認하고 있음은 물론이다.

이와 같이 箕子의 東來를 是認하고 있는 李 氏는 또한 成宗實錄의 記錄을 引用하면서 新安館天使로 慰宴할 때 遠接使 許琮을 보고 中國使臣의 물음에 "箕子의 墓(墳)는 城外에 있어 參拜하기가 어려우나 그의 廟는 城內에 있습니다."[5]고 하여 中國使臣들이 箕子廟를

---

1) 李光濤, 箕子朝鮮, 中央研究院 歷史語言研究所集刊, 第29本 '發祝趙元任先生六十五歲論文集'(臺北: 中央研究院) p.439.

2) 宣祖實錄, 影印本, (서울: 國史編纂委員會) 卷31 葉3.

3) 李光濤, 前揭書, p.439.

4) loc. cit.

5) 成宗實錄, 卷214 葉 3.

參拜한 일이 있었다고 한다. 그때에 廟門을 나오면서 檀君廟를 가리키며 "무슨 廟인가?" 할 때 「檀君廟」라고 하니 檀君이 누구인가? 하여 그때 "東國은 唐堯가 卽位한 甲辰年에 神人이 檀木下에 내려와 百姓들이 君으로 推戴하였으나 阿斯達에 들어간 후 언제 臨終하였는지 모르겠다."[6]고 한 일이 있었다는 事實과, 入廟하면서 東明神主를 보고 누구인가 할 때 "高句麗 始祖 高朱蒙입니다."[7] 하니 檀君의 뒤를 누가 이었는가 라고 또 물어 "檀君의 뒤를 箕子가 이었습니다." 한 일이 있었다고 한다. "箕準에 이르러 漢時에 燕人 衛滿이 準을 代立, 箕準이 馬韓으로 逃亡하여 나라를 세우고 이를 都邑하였다." 하여 檀君·箕子·衛滿의 三朝鮮이라 하였고, 그 후 漢武帝가 將帥를 派遣하여 이를 滅한 事實이 漢史에 있다는 것이다.

요컨대 李 氏는 箕子의 存在에 대하여 中國人인 箕子가 殷나라가 망하고 난 다음 周武王의 命에 依하여 朝鮮에 封해진 것으로 보고, 이 箕子가 後朝鮮에 있어서는 檀君 다음에 存在하고 있었으며 그 뒤를 이은 것이 衛滿이라고 할 때 箕子의 存在는 檀君의 다음이요, 衛滿의 前期에 屬하는 後朝鮮 建國者로 보고 있는 것이다. 따라서 最近 深刻히 論難되고 있는 箕子 東來與否에 대하여 李 氏의 論及은 仔詳치 않지만 殷人 箕子가 實在人物이었으며 朝鮮에 왔었다는 記錄을 信憑하고 있는 것이다.

---

6) 成宗實錄, 卷214 葉 3.
7) loc. cit.

Ⅲ. 箕子의 封地

둘째 問題는 箕子가 朝鮮으로 東來하였다면 그가 執政하던 地域은 과연 어디일까, 換言하면 그가 살던 位置가 問題된다. 李 氏는 遼左가 "箕子의 受封地였다."[8)]는 事實을 領中樞府事 南九萬의 上箚에 根據해서 立論하고 있지만, 「遼左」라고 할 때 그 地域이 매우 넓음은 물론이다. 遼左의 어느 地帶를 中心해서 據點을 둔 것인가에 대하여는 李氏의 糾明이 자세치 않다. 다만 封地라고 보아도 無妨할 곳으로는, 班固의 前漢書에 記錄된 "玄菟·樂浪이 本來 箕子의 封地였다."고 하며, 昭帝 始元 元年時에는 臨屯·樂浪이 東府 都護府였으며, 唐書에는 卞朝가 樂浪의 故地였다[9)]고 하는 것 등은 모두 一聯의 關係가 있는 記錄이라 보고 引用하고 있는 듯하다. 이 記錄을 좀 자세히 보면 平壤府로 推定한 듯하다. 『世宗實錄地理志』를 보면 平壤府條로 說明한 記錄이 비교적 仔詳하다. 平壤府는 本來는 三韓의 首都였다는 것이다. 唐堯 戊辰年에 神人이 檀木下에 내려와 國人들이 임금으로 推戴해서 平壤을 都邑한 것은 檀君의 都邑이요, 그 뒤를 이은 것이 周武王이 商을 이기고 箕子를 이곳에 封하여 後朝鮮이라고 하였다[10)]는 것은 旣述한 바와 같이 文은 틀리나 뜻은 같은 것이다. 箕子의 41代孫 準에 이르기까지, 平壤府에 箕子 및 그 後孫들이 定着했다가 燕人 衛滿이 亡命하여 千人을 모아 準地를 빼앗아 王儉城으로 하였다는 것도 바로 이곳이었으니 平壤府는 檀君·箕子·衛滿의 三朝鮮이 모두 여기에 位置했던 듯하

---

8) 肅宗實錄 卷31 葉36.
9) 世宗實錄地理志 卷154 葉2.
10) 世宗實錄地理志 卷154 葉2.

80

다. 이와 같이 三朝鮮을 거쳤던 平壤府는 당시 위만의 손자 石渠
가 漢의 詔命을 받들지 아니하여 漢武帝 元封 2年에 漢에 依해 眞
蕃・臨屯・樂浪・玄菟 등 四郡을 設置했고, 幽州에 예속시켰다[11]
고 하니 大略 基點은 推定되고 있다.

　그렇다면 그 遺蹟은 어떠한 形態로 남아 있는가 여기에 대하여
李氏의 引用史料를 보면 「彌勒山石城」[12]이라는 곳이 있는데 이는
箕準이 비로소 城을 쌓은 곳으로 「箕準城」[13]이란 곳이 있었고 이
것이 箕子 自體의 築城은 아니나, 後孫의 居處와 有關된 史實임을
볼 때 箕子의 遺址를 아는 端緒도 된다. 그 周圍는 686步餘라고
하고, 샘(泉)이 열넷이나 있었으며 冬夏로 涸渴되는 곳이 아니었
다[14]고 하며 「邑石城」[15]이란 곳은 그 周回가 4088步로서 太宗 己
丑年에 修築한 것인데, 그 옛터가 箕子의 所築이라 한다. 周回가
6767步나 되면서 城內에는 8家가 한 우물을 사용하는 형태로 구획
되어있다.[16]

　成宗實錄 25年 甲寅 正月 辛亥條를 보면 平安觀察使 李則이 箕
子墓의 塋內物像祠宇制度로 馳啓한 일이 있다. 이것은 箕子의 遺蹟
과도 一聯의 關係가 있을 것이라고 한다면 箕子墓의 構造도 알아야
할 것이다. 우선 箕子墓의 構造 중에서 "箕子墓의 垣墻・丁字閣 등
의 高低長廣을 자세히 測量해서 製圖하여 올려 보내고 벽돌로 改築
하라"[17]는 글과 箕子廟는 平壤府의 城北에 있으며 兎子山上의 亭子

11) 世宗實錄地理志 卷154 葉2.
12) ibid. 卷151 葉5.
13) ibid. 卷151 葉5.
14) ibid. 卷151 葉5.
15) ibid. 卷154 葉3.
16) ibid. 卷154 葉3.
17) 成宗實錄, 卷65 葉14.

閣에는 石人石羊이 모두 南向으로 되어 있으며, 祠堂은 城內의 義理坊에 있다[18])는 것으로 그 遺蹟을 追慕하는 一面은 짐작은 가나 이것이 "東方文物의 禮采로서 中國과 比喩되며 箕子의 敎에 힘입어 祠堂에 立石되었다[19])는 事實은 注視의 對象이 된다. 그뿐만 아니라, 肅宗 26年 8月 辛末에 平安道 儒生들이 箕子畵像을 描寫하여 成川·百靈洞에 祠堂을 세우고 이를 奉安코자 王의 親筆을 請하였다[20])고 한다. 그때의 上은 그 疏를 禮曹에 내리어 "箕子는 東方의 聖君으로 下同書院에 額子를 내렸으니 本道監司로 하여금 편히 守護하여 永久히 奉安하도록[21]) 한 事實과 金景游 등의 上疏文도 또한 關係가 있다. 黃海道 長淵 儒生 金景游 등의 上疏文에는 "本府에 箕子畵像을 두었는데 그것은 대체로 元나라 順帝가 潛藏하였다가 東國에 온 지 여러 해 되며 箕聖의 畵像을 中國으로부터 받아와서 文殊庵에 奉安되었으나 歲月이 오래 흐르는 동안 泯沒되었다가 鶴林寺에서 얻어왔다"[22])고 한다. 問題는 이와 같이 箕子의 墓와 廟가 嚴然히 있었다는 事實이 文獻에 보이고, 또한 그 밖에도 이에 祭祀까지 지낸 記錄이 보이고 있다. "日前에 上이 洪範을 講할 때 箕子의 일을 생각하고 따로 近侍를 派遣하여 그 廟에 祭祀를 지내도록 한 것이 즉 이것이다. 그 當時 禮曹가 大臣들에게 묻자 大臣들은 모두 道를 받들고 聖志를 追慕하는 뜻으로 對하였다[23])는 事實과, 上이 都承旨를 命해서 祭祀를 지내려 보냈으며 祭文은 大提

---

18) 世宗實錄地理志, 卷154 葉 3.
19) 世宗實錄地理志, 卷154 葉 3.
20) 肅宗實錄, 卷34下 葉 2.
21) 肅宗實錄, 卷34下 葉 2.
22) ibid. 卷55 葉19.
23) ibid. 卷8 葉50.

學이 지어 바치도록 하였다24) 한다. 그때의 禮曹의 記錄을 보면, 禮曹에서 五禮儀의 祀典을 따라서 歷代의 始祖는 中祀에 실려 있었으며 小牛로써 祭祀를 지내야 하고, 文宣王(孔子) 역시 中祀에 실려 있으니 소(牛)로 祭祀지낼 것을 羊으로 代身 祭祀지냈는데 그 餠品多寡는 틀렸다는 것으로 보아 小牛의 祭祀가 箕子의 地位에 알맞은 듯이 記錄되어 있다. 또한 이와 類似한 記錄으로 鮮于氏 중에서 優秀한 者를 뽑아서 崇仁殿에서 祭祀를 지내게 하고 箕子墓를 修理, 承旨를 派遣해서 그 廟에 祭祀지냈음은 모두 副司果 李宗城의 말이라 한다.

따라서 平壤에서 箕子가 執政하였다는 事實은 그 墓와 廟의 實在로 보아 確實하듯이 記錄되어 있으며, 그 規模까지도 어느 程度 推定할 수 있게 되었고 畵像을 모시고 祭祀를 지냈다는 事實과 그 品位에 따라 處遇까지도 輪廓이 잡히고 있는 것이다.

Ⅳ. 箕子의 後裔와 그 崇仰

위의 史實에서 問題가 또한 提起되지 않을 수 없는 것은 箕子의 後裔에 대한 論難이다. 仁祖實錄을 보면 仁祖 17年 己卯(崇禎 12) 正月 丁亥條에 同知 經筵 李景奭의 말 중 安邦俊・鮮于浹이 모두 當代 一國의 善士였다는데 그때 成宗이 마침 鮮于浹을 보고 어디 사람인가 하고 出自를 물으니 "平壤人으로 箕子의 後裔입니다"25)

24) ibid. 卷8 葉50.
25) 仁祖實錄, 卷38 葉6.

하여 鮮于氏가 箕子와 어떤 關係가 있은 듯이 論及되고 있다. 이와 같은 記錄은 肅宗實錄에도 보이고 있다. 8年 辛酉 2月 丁未에 金錫胄가 말하기를 近來 軍役을 充定하는데 先賢의 子孫이라고 많이 속이고 있다[26]고 前提하고, 韓의 姓을 가진 사람들이 모두 箕子의 後裔로서 자취를 속이는 것은 덮어둘 수 없다"[27]고 論難되어 왔다. 그때의 論難은 韓氏가 箕子의 後裔가 될 수 없다는 史實을 들고 진정한 箕子의 子孫은 鮮于氏뿐이라 하여 鮮于氏에 限하여 定役을 許諾하지 않고 있다고 한다.

뿐만 아니라 箕子를 崇仰하는 一面은 英祖實錄에도 그 一斷面이 揭載되어 있다. 李 氏의 實錄引用의 要旨를 보면 英祖 37年에 英祖가 箕聖廟의 祭文을 짓고 重臣을 시켜 祭祀지낸 일이 있고, 上이 中臣을 시켜 御笠을 가져온 以來 말씀하시기를 "여기(平壤의 箕聖廟)는 恭敬이 일어나는 곳"이라고 極讚하며 整理하고 傳敎하기를, "漢高祖는 曲阜(孔子의 誕生地)를 지날 때 大牛(牢)로써 祭祀를 지냈으며 이것이 漢나라의 400餘年의 基業이라"고 하였다. 箕聖은 비단 孔聖의 仁(道를 通한)뿐 아니라 우리나라의 "禮樂文物이 中華와 比喩된 것은 實은 箕子의 惠澤"이라고 極讚한 면이 보이고 있다. 이와 같이 强調하면서 "箕子志를 繕寫하라"고 한 史實이 있었으며, 內局入侍에 敎를 내리기를 近者 白衣를 裝飾하고 있는데 혹 "어떤 분은 箕聖이 온 朝鮮은 역시 옷이 희니 이것은 우리 東方의 風俗이다"[28] 하였는데 또한 그렇지 않다고 보는 見解도 있다. 그것을 좀 仔詳히 보면 箕子는 聖人으로서 洪範을 陳述하고 朝鮮에 와서 百姓들에게 8條敎를 내린 일이 있는데 箕聖의 敎訓을 본받지 않고 다만

---

26) 肅宗實錄, 卷13上 葉16.
27) 肅宗實錄, 卷13上 葉16.
28) 肅宗實錄, 卷13上 葉16.

옷 만을 欽慕하였으니 어찌 迂括한 일이 아니겠는가. "禮記月令을 보면 그 色이 四時를 따르는데 하물며 朝鮮 東方은 이로 미루어 보면 오히려 靑色인가 白色인가?"[29] 하는 論難이 있었다.

要컨대, 箕子의 後孫이 鮮于氏라는 說이 있고, 禮樂文物이 中國과 比喩될 수 있는 것이니 文化의 啓發을 생각하더라도 그의 業績이 매우 크다 하여 箕子志까지를 만들게 하는 한편, 白衣의 固有體制로 고치고 靑色을 입는 것이 安當하지 않는가 하는 論도 提起되고 있다.

V. 箕子의 八條教와 田制

어떻든 箕子라는 存在가 實在 人物로서 朝鮮에 東來하여 베푼 業績은 자못 큰듯이 表現되었으나 其實은 八條教와 箕田類에 불과하다. 물론 檀君時代의 記錄은 전혀 없었고 箕子時代의 記錄은 상당히 많았던 것이 後代에 와서 없어졌다는 記錄도 없는 것은 아니다. 그것은 箕子 自體를 實在人物로 看做하는 前提 아래에서는 이러한 推測도 可能한 것이다. 李 氏가 列擧한 仁朝實錄의 八條教에 대한 記錄을 보면,

"우리 太師 箕子는 東土에 가서 八條를 가르치고 倫理를 바로잡고 秩序를 바로잡아 夷狄을 免하고 禮儀之國을 얻었다. 그 功極이 至標하여 다스림의 惠澤이 여기에 있으니 崇仰하고 欽慕하는 至誠이 懇切하다"[30]

---

29) 英祖實錄, 卷109 葉4.
30) 仁祖實錄, 卷28 葉41.

고 되어 있고, 「肅宗實錄」에도 "箕子八條教는 實은 東方의 大功으로서 平壤에 祠堂을 모시고 近侍를 시켜 祭祀 지낸지 오래니 承旨를 派遣하여 祭祀지냈다"[31] 하는 記錄이 보이고 있다.

이러한 記錄과 아울러 韓百謙이 平壤에서 箕田의 遺制로 보았다는 것을 紹介하고 있다. 이 紹介에 의하면 形畝法을 썼다는 것이다. 이 形畝法은 含毬正陽의 兩門間에는 區劃이 가장 分明하고, 井字形으로 四區로 되어 있으며 70畝라는 것이다. 大路는 가로 4田 8區로 되어 있고, 세로도 4田 8區로 되어 있어서 8×8＝64로 되어 있다. 이것이 殷制라는 것이다. 이러한 制度가 朝鮮에 施行된 것은 箕子가 殷人이었고 또한 이 때문에 宗國을 模倣하여 왔으니 孟子의 井田制와 다소 틀리는 점도 있고, 周制와도 틀린다는 것이다. 이것을 좀더 仔詳히 보면 地區는 1畝의 길이요, 界田은 3畝의 길이다. 3旁은 9畝의 大路로 되어 있으며 城門은 詠歸亭下에 達해 있으며 往來 通衢하여 田間阡陌을 設한 것으로 되어 있다.

여기서 原則은 그렇지만 다소 어긴 것도 있었다고 하며 그 限界에 대해서 "반드시 16田 64區로써 1甸을 삼은 것은 아니라"고 하였다. 이 밖에 田界의 길은 或은 耕地가 옛 制度를 犯한 것도 있어 後人들의 製作本意는 알 수 없고 3畝로써 標準을 삼은 것이 바르니 옛 境界를 잃은 것이 많다. 70畝로써 한 區를 삼고 4區로써 한 田을 삼아 두 가지가 아울러서 一野가 모두 같다."[32]는 것이다. 箕子田은 이와 같이 殷의 田制를 模倣하여 온 것이라 하며 그 公田盧舍의 制度는 비록 생각할 바는 되지 못하나 野에서 受田하였을지라도 盧舍가 반드시 田旁에 있었던 것은 아니며 城邑 속에 聚居하였고,

---

31) 肅宗實錄, 卷47 葉39.

32) 李光濤, 再記 「箕子朝解」, 中央研究院歷史語言研究所 集刊, 第37本, (臺北: 中央研究院) p.161.

그 公田은 또한 一隅로 되어 있어 반드시 私田 속에 地境을 지을 必要는 없었고 耕作栽培를 할 때 遠近이 같지 않았었다고 한다. 말하자면 耕作地와 聚居地가 隔離되어 있었고 한 聚落에서 各地로 흩어져 自己 農土로 가서 耕作하도록 되어 있었던 것이 箕田地의 經營인 것 같다.

보다 仔詳히 알 수 있는 記錄으로는 西垌 柳根의 「箕田圖說」 後語이다. 氏는 箕田을 含毬・正陽 兩門으로 나누어져 있는 以外에 區劃도 分明히 하고 있다고 하며 箕田의 田制가 모두 田字型으로 되어 있으며 4區로 나누어져 있고 區는 모두 70畝라 하고 있다. 界區의 길은 그 넓이가 1畝로서 界田의 길은 그 넓이가 3畝로서 16田 64區라는 것이다. 64區의 3旁과 9畝의 길은 城門으로부터 江上에 達하고 있으며 그 尖斜欹側은 모나지 않았으며 혹 一二田이기도 하고 혹 二三區이기도 하고 그 地勢에 따라서 融通되어 있으며 鄕人은 오늘에 이르기까지 餘田을 經營해 왔으니 또한 모두 70畝였다[33)는 것이다. 이것은 "商人들이 비로소 井田法을 制定한 것으로 630畝의 地劃을 9區로 나누고 한 區를 70畝로 하였으며 한복판을 公田으로 하고 그 밖의 8家가 한 區씩 받아 耕作하였으며 다만 그 힘을 빌려 公田을 助耕하였고 私田에 대해서는 稅金을 賦課치 않았었다."[34)는 論인 「區 70畝」說은 一致되고 있다. 또한 "모름지기 商制를 料理하여 14畝로써 盧舍를 만들고 實耕公田은 7畝로 하였으니 이것은 10分之 1에 지나지 않는다"[35)는 것이다.

岳麓 許筬의 論 역시 9畝는 大路 안이고, 70畝를 64區로써 만든 것은 周易에 나타난 先天方圓을 말한 것이다. 八區가 一行으로 되

---

33) ibid. p.162.
34) ibid. p.162.
35) ibid. p.162.

어 있는 것이 8, 그 1行은 8區 중에 있으며 6行이 公田으로 되어 있고, 그 나머지는 7區이나 7家가 모두 1區씩 받아 私耕하는 것이라 하고, 그 公田 중에서 7家는 3畝를 받아 盧舍로 삼아 3×7=21이 되니 그 나머지 公田은 49畝가 되는 것이며 七家를 나누어 助耕하는 것이 各 7畝이니 私田 70畝에서 10分之 1이 公田에 該當된다[36]는 것이다.

또한 星糊 李瀷의 「箕田續說」을 引用한 곳에는 대체로 900畝를 一井으로 삼고 井에 9田을 두었으며 田의 方은 100步로 하고 1田을 4區로 쪼갰으며 區의 方이 50步이니, 夏時에 一夫는 이 1區를 받음으로써 10分之 1의 貢物을 바치었고 4夫일 경우도 같은 밭을 받았으니 한 井은 36夫의 分으로 되어 있다[37]고 하였다.

要컨대, 箕子라는 存在는 實在人物로서 平壤을 中心으로 八條를 가르쳤다는 教化説과 아울러 實際로 殷制를 採擇하여 形畝法을 使用했다는 것이 李氏의 持論인 듯하다.

以上의 叙述을 一瞥해보면 첫째, 箕子가 殷人으로서 衛滿朝鮮 以前에 이미 朝鮮에 왔다는 것과, 둘째, 그의 封地는 지금의 平壤일 것이라는 점, 셋째, 箕子의 正統的 後裔는 鮮于씨였으며, 넷째, 그가 朝鮮에 와서 八條를 教化시켰으며 그 實地 作業으로 農土를 形畝法으로 區分하여 耕作시켰다는 것이 李 씨의 主論인 듯하다.

첫째의 경우 箕子가 朝鮮으로 東來하였다는 事實에 대하여는 宣祖實錄의 記錄 "殷이 亡하고 周가 일어나게 되자 箕子가 武王의 命을 받아 朝鮮에 封해져 後朝鮮의 始祖가 되었다"云云을 根據로 내세우고 있다. 그러나 이 記事는 이른바 箕子 朝鮮과 約 2000年間의 距離가 있다. 원래 事件發生時期와 記錄年代의 差는 史料의 信憑性을 測

---

36) ibid. p.164.

37) ibid. p.164.

定하는 데 不可缺의 要素임은 再言을 不要한다. 宣祖實錄 以前에 箕子에 대한 記事가 收錄된 文獻으로는 書傳 洪範篇, 書傳 武成篇, 周易 明夷卦 程度가 中國의 最古文獻上의 領域에 屬한 中國上古史의 史籍 一部이고, 春秋左傳 秦穆公條, 戰國策 范雎條, 史記 范雎傳, 史記 天官書, 史記 宋世家, 尚書大傳 程度가 所謂 中國史에 있어서의 그 다음가는 中國 史籍이다. 漢書 地理志, 潛夫論 氏姓篇, 漢書 王符傳, 漢魏叢書 潛夫論, 三國志 東夷傳, 後漢書 東夷傳 等等은 中國의 中世史籍이며 우리나라의 關係記事가 不少하다. 그리고 그 다음가는 所謂 最古史籍으로 꼽히는 것은 우리나라에선 三國史記 祭祀志, 三國史 年表, 三國遺事 程度이며 帝王韻記 杜預說 經濟六典, 經濟文鑑, 高麗史 地理志 平壤條 等等은 우리나라 中世史籍이고, 世宗實錄 東國與地勝覽, 高麗史 禮志 肅宗 7年條, 朝鮮賦, 使朝鮮錄, 平壤志, 朝鮮金石總覽, 紀年兒覽 等等이 李朝 初中葉에 出刊된 史籍이다. 朝鮮彊域考, 箕經訓話, 壇奇古史 等等은 더 말할 것도 없이 近代에 發刊된 文獻이며 위의 文獻中에서 存在를 말한 文獻으로 書傳이 가장 오래고, 東來說의 最初의 記錄은 史記 宋微子世家이며 漢書 地理志, 三國志 東夷傳 等等이 代表的인 記錄이다. 이와 같이 수많은 記錄을 두고 하필이면 後代의 記錄에 根據하여 立論하였는지 알 수 없다. 宣祖實錄 自體가 韓國人의 記錄이어서 서슴지 않고 引用하였는지는 알 수 없으나 箕子의 東來 與否에 대하여는 상당히 오래전부터 論難되어 왔음은 周知의 事實이다. 今西龍 氏가 尚書大傳에 根據해서 箕子는 殷의 人物이라 하였고, 李丙燾 博士가 潛夫論에 根據하여 箕子朝鮮은「韓氏朝鮮」이라 하였고, 崔南善 先生은 論據는 未詳하나「개아지」說을 主張한 바 있었고, 安在鴻 씨는 後漢書 禮記篇을 列擧하여 朝鮮은「지의 나라」라는 論을 強調하여 箕子는「크지」라 하였고 白鳥庫吉은 箕子가

「箕城分野의 神」이라고 하였고 鄭寅普 先生의 論據는 未詳하나 「海」「盖」「箕」가 다 一音이므로 「긔」와 「개」가 다를 바 없으니 箕子는 우리나라 先祖라고 한 바 있다.[38] 李 씨가 이 論文을 쓰기 以前만 하더라도 위에서 말한 여러 論이 擡頭되었는데도 一言半句의 論及조차 없었으며 더욱이 「箕子東來說」이 記錄된 後世의 記錄을 아무런 批判 없이 引用하고 있는 것은 理解가 잘 가지 않는다. 지금 韓國에서 論議되고 있는 가장 有力한 說 중에는 「韓氏朝鮮」을 立論하는 데 潛夫論에 主된 論據를 둔 것도 있는데 氏姓篇은 後漢書 以後의 著作이니 西紀 385年 以前을 遡及할 수는 없고, 「衛滿所伐 遷居海中」의 內容에 依據한다 해도 漢高祖 12年 西紀 前 195年 以前을 미루어 볼 수 없는 것이고, 準이 설사 散佚된 文獻이나 特異한 事情에 依하여 箕子의 後孫이라 할 수 있더라도 東來하였다는 箕子史實은 史記에 最初로 있었으니 西紀前 104年 以前을 聯想할 수는 없을 것이다.[39]

東來와는 달리 洪範九疇說의 胎動期를 보더라도 春秋戰國末葉이니 箕子傳說의 胚胎期는 衛滿朝鮮의 前後인 것이다. 漢書地理志에 나타난 「敎呂其民」云云의 樂浪民과의 結付를 보고 浪樂韓氏의 族譜를 修飾한 데서 나온 것이라 立論하지만 系譜는 훨씬 後人의 造作인 것이며, 그보다 훨씬 앞서 「箕」가 幽州地方의 名稱이요, 故燕地이므로 漢이 朝鮮에 勢力을 뻗치자 開國始祖를 燕故地의 箕와 聯關시켜 從屬國으로 만들어 준 膳物을 朝鮮의 事大思想의 執政人들이 고스란히 받아들인 開國傳說일 것이다. 그렇다고 본다면 窮極的으로는 傳說이 왜 箕子라는 名稱을 걸고 傳來된 것일까? 問題될 것이다. 緣由가 없지 않을 것이니 筆者로서 본다면 혹시 燕의 故地가 箕여서 그랬거나

---

38) 沈喁俊, 箕子東來與否와 暠侯에 대하여, 淑大史論, vol.2 (서울: 淑明女大) p.20~22.

39) ibid. p.50~53.

燕의 始祖가 他國에서 傳來되어 그 나라도 朝鮮과 같이 다른 나라의 始祖를 承襲한 것이 아닌가 한다. 燕의 故地가 箕로 名命되었다면 二十八宿說을 戰國以前으로 보기는 어렵고 그에 論據를 둔다면 「箕 는 故地요, 子는 爵이라」 하는 史記 宋世家의 「箕國 也子爵也」가 無 根이 아니라 하겠다.

同治丁卯年 北城 밖에서 發掘된 潘祖蔭의 所藏品 亞盂에 「亞盂 侯 㠱匽燕侯錫亞貝, 作父乙寶彛」의 銘文도 있어 燕侯旨가 아버지 를 追慕한 銘文盂를 部下 亞에게 준 것으로 되어 있는데 이때에 「㠱」는 「箕」의 借音으로 본다면 韓國史籍에 나타나는 「箕子」의 箕 는 燕侯旨의 아버지를 追慕한 銘文의 「箕」와는 地域的으로 距離가 있는 記錄이다.

어떻든 이러한 諸論으로 미루어 보아 宣祖實錄은 親明政策의 하나 로 登場된 것이요, 특히 16世紀末 尹斗壽의 「箕子志」, 李珥의 「箕子 實記」, 韓百謙의 「箕田說」, 柳根의 「箕田圖說後語」, 許筬의 「書箕田 圖說後語」나 李溎의 「箕田續說」의 田制를 한 殷人 箕子의 東來遺跡 으로 結付시키려 함은 愼重을 要해야 할 일로 생각된다. 따라서 封 地가 平壤이었다는 史實과 箕子의 後裔가 鮮于였다는 出自와 八條의 敎化 등의 問題는 箕子의 東來 與否가 斷定되기 以前에는 擧論되기 어려운 問題이다. 그러므로 李 씨가 擧論한 成宗實錄 卷20 葉4에 當 初 東國이 箕子의 影響을 받은 데 대하여 "우리 東方은 箕子東來 以 後부터 敎化가 大行되었고 男은 烈士의 風潮가 있었으며 女는 貞正 의 風俗이 있어 史를 「小中華」라 불렀다고 하는 立論은 「慕華」의 一 面은 될 수 있을지언정 箕子와의 結付는 無理가 있으며 더욱이 이것 을 이른바 「箕子朝鮮」과 聯關시키는 것은 納得이 가지 않는 것이다. 尹斗壽가 中國에 다녀온 以後(壬辰亂 以後)의 中國에 대한 「慕華思

想」이 膨大해져서 箕子의 崇尙이 親明政策의 하나로 登場된 것은 否
認할 수 없으나 그렇다고 하여 箕子의 東來說과의 結付는 當時 史料
가 없는 한 믿기 어려운 것이다. 그러므로 이러한 觀點에서 본다면
李 씨의 이 論攷는 「功」이라기보다는 오히려 「過」에 가까운 것이다.

Ⅵ. 韓化된 野人

民族移動面에 관하여는 從來 論及이 없었던 點을 取扱한 것도 있
다. 그중에서 우선 「野人과 朝鮮」이란 問題를 두고 論及한 것을 보
면 女眞族을 野人으로 본 것이 表現上 特異하거니와 더욱이 時代에
있어서는 東北地帶에 居住하면서 朝鮮과의 地理的 距離가 가까이는
城底, 멀리는 數千里 밖에 있어 大體로 「以搶爲生」[40]이었다는 것
이다. 그 理由는 大體로 生計維持가 어려웠으며 環境과 需要에 따
라서 朝鮮에 投化한 民族이 많아 이를 邊境의 이름을 따서 「藩胡」
라는 이름을 붙이고 「向化」民으로 數世紀 동안 받아들여 永住權까
지를 주었다 한다. 그 當時의 日本은 朝鮮을 보고 「眞樂國」이라고
하였던 것으로 韓女日 三國 중에서 韓國이 가장 살기 좋았던 나라
였다. 여기서 보면 朝鮮이 樂天國이어서 隣邦民이 投化 내지 向化
하는 傾向이 있었는가 하면 李如松의 先祖는 代代로 豆滿江邊에 살
았는데 朝鮮사람들도 이곳에 들어와 살았다는 것이다.
  우선 李 씨가 내세운 見解를 條項別로 대충 보면 몇 가지 問題가
_____
40) 李光濤, 記朝解實錄之中韓民族, 中央硏究院歷史語言硏究所 集刊 第49本,
   (臺北: 中央硏究院, 民國49) p.61.

있다.

첫째, 奴爾哈赤가 新羅僧의 後裔[41]라는 論이다. 그가 擧論한 根據로는 朝鮮實錄을 들고 있으며 奴爾哈赤의 父子가 일찍이 大金國의 後裔였으므로 遡及해 보면 이것은 新羅人의 後裔라는 論이다.

둘째, 三國末에 平壤 以北에 居住하였던 野人의 居住地를 「彊域截然」했다는 事實이다. 當時에 彊域을 마치 떼어 줘서 野人을 살도록 마련해 준 것[42]으로 되어 있으나 이것은 잘못이라는 論이다.

셋째, 漢四郡의 設置는 朝鮮國이 漢人을 朝鮮의 故地를 割地하여 준 것처럼 되어 왔으나, 其實은 그것은 中國故地였다[43]는 論이다.

넷째, 朝鮮에서 捕虜로 삼은 漢人이란 表面上으로는 唐人이라 하나, 其實은 漢人이란 至極히 드물고 거의 모두가 女眞의 遺民이란 것이다.

다섯째, 咸吉道民과 向化人 사이에는 서로 事大가 된 일이 없었으며 서로 男婚女嫁의 因緣으로 지냈을 뿐이다.

여섯째, 朝鮮의 白丁들은 胡種이었으나 朝鮮人들이 安撫胡人을 優待한 적이 있어 調兵에도 除外되었다. 그래서 野人들은 當時의 朝鮮을 「樂國」이라고 評했다[44]는 것이다.

以上 여섯 가지를 볼 때 과연 그런 것인가 많은 疑問을 품게 한다. 첫째의 경우만 하더라도 과연 奴爾哈赤의 先祖가 新羅人이었으며 따라서 奴爾哈赤가 朝鮮民族의 後裔로 되었던 것인가 물론 이른바 野人이란 韓化 또는 漢化된 것도 있을 수 있다. 그들은 喫飯을 하였으며 淸人들의 說法대로 따르면 同一種族이었는지 모른다. 우

41) ibid. p.62.
42) ibid. p.72.
43) 宣祖實錄, 卷41 葉3.
44) ibid. p.75.

리가 흔히 「女眞遺民」할 때 과연 이를 朝鮮人으로 볼 것인가 淸人으로 볼 것인가 많은 疑問을 남기게 한다. 그뿐 아니라 둘째로 指摘한 平壤 以北의 割地說이란 無根이란 論도 再考를 要한다. 李 氏의 論대로 보면 平壤以北은 本來 野人들의 游獵하던 곳이니 본래는 이른바 野人의 것이었는데 누가 割地해 준 것인가. 李 씨의 論據는 역시 宣祖實錄의 記錄을 보고한 말은 疑心치 않는다. 宣祖實錄 속에 女眞의 遺民 佟景 王可仁 等은 咸州 迤北人으로서 옛날에는 遼金의 땅으로 되었고, 永安道는 豆滿江을 境界로 하였으며 咸鏡道도 高句麗의 都邑地로서 지금의 毛憐·建州 衛 등 三衛로 본다면 接境地로서 "三國末에 平壤 以北은 모두 野人들이 游獵하던 곳"이라고 하였는데 그것이 高句麗의 渤海나 彊域을 考慮한다면 그 割地說이 李 씨의 論처럼 矛盾일까. 李씨가 根據로 삼은 宣祖實錄이란 壬辰倭亂時의 中國의 援兵으로 인한 報恩策에서 나온 事大의 記錄은 헤아릴 수 없이 많다. 그때에 모두 「우리나라 사람들은 中朝의 어린애」라는 등, 「小邦의 百姓들은 역시 天朝의 百姓」이라는 등등 이것이 모두 事大를 表現한 記錄이었다. 어찌 그것이 斷章摘句로써 몇천년 歷史를 뒤집어 놓을 수 있었을 것인가. 셋째, 漢四郡設置만 하더라도 마치 朝鮮故地를 割地해 준 것처럼 되었으니 잘못이란 말도 또한 많은 疑問을 품게 한다. 李 씨의 見解로서는 中國의 邊彊이 朝鮮이었고 殷의 箕子가 이른바 邊彊인 朝鮮地域에 封해진 것처럼 알고 있었으므로 漢四郡의 設置란 中國內의 紛糾에서 衛滿을 쫓아내는 등 漢나라 一民이 移動해서 東方으로 간 것처럼 解釋했기 때문에 漢時에 四郡을 設置했고 唐時에 扶餘郡을 設置했으며 大明에 이르러 八道郡縣으로서 모두 遼東에 隷屬되어 衣冠文物이 한결같이 華制를 따랐다 하는 記錄을 믿고 있는 것이다. 이러한 思考方

式은 李 씨의 史觀을 作用시켜 中國의 立場에서 朝鮮은 兄弟之國이나 父子之國처럼 同一族, 同一統治圈內의 史實로 認定하고 있는 데서 온 것이다. 넷째의 경우는 朝鮮이 捕虜로 삼았다는 漢人은 其實은 漢人이 아니라 野人들이었다는 記錄이다. 이 境遇도 例를 들어 若失帖木이나 反革哈 등을 보건대 名稱上 이는 女眞遺民이어야 한다. 問題를 提起한 점에는 論據와 解釋이 그럴 듯하다. 왜냐하면 若失帖木이나 反革哈 같은 것이 明人의 人名과는 構造上 틀리며 引用된 記錄에 "捕虜된 漢人들은 어떤 때에는 唐人이라 하였다"가 위 人名을 比較해 볼 때 記錄 그대로의 漢人인 「唐人」說은 믿기 어려운 점이 있어 이 記錄의 解釋은 어느 정도 首肯이 간다. 그러나 다섯째, '咸吉道人과 向化人 사이에는 事大란 있을 수 없다'는 論을 보면 그 根據가 婚姻에서 온 것이라 한다. 이 問題는 「咸吉人」이라고 할 때 一個人이 아니었으며 相當히 넓은 地域을 指稱할 때 그 槪觀이 매우 問題된다. 왜냐하면 外國人으로 內國人과 婚姻을 하는 例는 否定할 수 없으나 一地域에 사는 外國人集團이 投化나 向化된 事實에 대하여는 歷史的인 어떤 契機가 없는 한 時間이 지났다고 해서 쉽게 同化되기 어려우며 또한 이것이 原始社會에서는 可能할 것이나 近代社會에서 果然 이러한 集團이 쉽게 同化될지는 疑問이다.

끝으로 "우리나라 白丁이 本來는 胡種이었다" 하는 記錄도 또한 믿어야 할 것인가. 물론 向化倭野人의 子孫이 繁盛한 史實도 否認은 할 수 없겠고, 그들에 대한 定役免除나 軍額不受의 事實도 首肯이 가며 曾孫 때부터 軍의 役을 할 수 있었다는 說에도 이것은 論據가 있은 듯하다. 그러나 우리나라의 白丁이 모두 과연 向化倭野人들만이었는가는 앞으로의 研究를 要한다.

Ⅶ. 韓化된 漢人

漢唐 以後 韓化된 漢人에 관하여는 여러 가지 面을 들고 있다. 그 중에서도 管幼安이 가장 먼저 韓化되었다 한다. 管幼安은 中國에서 亂離가 있었을 때 선비의 한 사람으로 배를 타고 避難해 온 者라 한다. 그 다음으로는 唐의 南敏, 宋의 鄭臣保 諸人들이었으며 明의 啓禎年間에 이르러서는 山行水宿으로 不斷하였다고 하며 이러한 現象을 「百姓들이 東國에 옮겨진 擧事」라고 表現하고 있다. 이렇게 避難式의 移民을 陸路山行과 山路浮海로 보고, 前者의 경우를 들어 代表的인 것을 "明末의 建州奴兒哈赤事件이 契機로 되었다." 하며 後者는 "遼의 空民이 胡를 따르기를 즐기지 않아 越境[45]할 者"로 보고 있다. 이와 같이 東來한 民族들은 그 數를 헤아릴 수 없을 것이라고 하고 이들은 水産·農作으로 生計를 維持했으며 身役은 없었[46]는 것이다. 그러나 帳簿를 보면 그 年代에 限하지 않고 浦邊者들은 水軍에, 陸地로 넘어온 者들은 陸軍에 各各 偏入되어 그 數가 數萬이었다고 한다. 移民中에서 族譜와 李·田 兩氏와 誥勅을 보면 陳·明 兩氏가 있다. 이 밖에도 孔·黃·胡의 後裔도 있었던 것으로 看做되고 있다. 그 實例를 보면, 陳氏 明氏의 後裔로는 元末 田方에서 亂離가 일어, 中國의 羣雄割據할 때 漢의 陳友諒, 夏의 明玉珍이 나라를 세우고 改元하다가 失敗하여 東走한 事實이 있었고,[47] 1592年 萬曆 20年 壬辰倭亂이 일어나자 援兵해 온 중에서 軍事를 거느리고 渡江한 李如松이 그 一例이며 朝鮮에서

---

45) 光海君日記, 卷165 葉84.

46) 光海君日記, 卷165 葉84.

47) 李光濤, 記朝解實錄中之中韓民族, p.76.

는 李氏의 始祖를 「商山君敏道」[48]라 하고 「中國으로부터 避難해 왔다」고 한 바 있다. 李如松을 朝鮮人이듯이 表現한 句節은 李恒福을 보고 "나는 너의 나라 사람이다. 五代祖가 罪를 지어 中國에 들어갔다"고 한 바 있었으며 如松이 또한 동생 如梅를 보고 「너는 國王과 同姓이오. 우리 先祖가 豆滿江가에서 살다가 汪事가 있어 東寧衛에 옮겨왔다."고 하는 句節을 들고 있다. 石冥의 後裔에 대하여도 壬辰倭亂時에 兵部尙書를 지낸 일이 있었다[49]고 한다. 그리고 孔聖에 대하여는 "水原에 30餘家가 살고 間도 龍仁에도 살고 있으며 이는 大家巨室의 一派이며 다른 一派는 嶺南에 있어 兩支流를 이루었고[50] 張順龍(一名 舜龍)의 後裔로서는 張維代에 와서 그의 딸이 王后가 되었으며 18世國王 顯宗이 張家의 外孫이라고 하였다.[51] 黃功의 後裔와 康正爵의 後裔도 胡에 順從하기를 즐기지 않아 東走한 向化子孫[52]이라고 하며 倭亂以後 施文用・徐鶴이나 麻舜裳・蓬直・田好謙・胡克己・文可尙・孔技秀・香斌勳・柳卜術・石繼祖・王以文 楊福書・馮三仕・王文祥・裵三生・王美承・柳溪山・鄭先甲 등도 모두 中國의 避難民이었으며 崔回姐・屈姐・柔姐 등도 東來皇朝의 女人[53]들이라고 한다.

---

48) ibid. p.81.

49) ibid. p.82.

50) ibid. p.84.

51) ibid. p.86.

52) ibid. p.87~93.

53) ibid. p.93~111.

Ⅷ. 漢化된 韓人

위의 事實과는 달리 우리나라 사람으로 中國人 身分을 가진 者도 적지 않았다고 한다.

즉, 高句麗末葉 隨唐戰時에 우리나라 사람들이 江淮에 옮겨진[54] 史實을 비롯하여 李氏朝鮮에 이르기까지 民遷者와 逃亡者들의 數는 더욱 많아졌다는 것이다. 이의 性格을 보면 國境이 接하여 越境[55] 하는 者 以外에 臣妾, 散軍, 居住, 逃亡者 別로 되어 있다. 東寧衛 는 高麗人으로 洪武年間에 3萬餘, 永樂年間에 4萬餘에 이르렀으며 遼東戶口가 高麗人의 10分之 3을 占有, 遼蓋에 들어간 者가 數千 萬人, 遼東南쪽으로 海州・蓋州의 東쪽으로부터 鳳凰山麓에 이르기 까지 그 넓이 數百里에 散在한 捕虜가 數百戶, 罪를 짓고 利滿坪으 로 逃亡한 者 七八千으로 擧皆가 平安道民으로 中國語를 理解치 못 하는 者가 거의였으며 이 밖에도 知名人士들이 많았다고 한다. 遼 東戶口의 100萬 중에 30萬이란 數가 高麗人이었다[56]는 점 등으로 보아 漢化된 韓人의 數가 실로 적지 않았다고 한다.

以上 民族移動面을 본 李 씨의 論攷는 朝鮮實錄 속에서 매우 仔詳 한 資料를 拔萃하여 이 史料에 立却하여 韓化된 野人, 韓化된 漢人 을 보고 反面에 漢化된 韓人까지를 綜合해 본 것으로 매우 主題가 넓고 巨視的이다. 그러나 條項別로 指摘하였듯이 李 씨는 前章에서 論及한 바와 같이 史料를 對할 때 事件發生時와 記錄年代의 差는 전

---

54) 肅宗實錄, 卷31 葉36.
55) 李光濤, 記朝鮮實錄中之中韓民族, p.111.
56) ibid. p.115.

혀 考慮하지 않고 있는 점이 本章에서도 여러 곳에 나타나고 있다. 즉 李 씨의 論及은 첫째 民族을 區分해 놓고 國家는 區分해 놓지 않은 點이다. 中國民族이 東來하였다고 하는 것은 異國에 간 것이 아니라 中國의 邊疆國에 移動이 되었다는 式으로 史料를 解釋하고 있으며 韓國民의 中國人化 역시 그러한 觀點에서 보고 邊疆民이 中央地로 移動한 形式으로 論述하고 있다. 또한 韓化된 野人이나 野地域에 居姓한 韓人이나 이 모두는 割地가 아니라 通婚으로 涵化된 樣相이니 同一民族의 移動처럼 보아야 하듯 이것 역시 國家의 限界가 模糊한 점이 있게 不區分하고 있다. 여기서 留意할 것은 壬辰倭亂時에 中國의 援兵에 대한 報恩等이 宿題로 되어 있었으며 政治的으로는 露骨的인 攝政은 아니더라도 內政에 關與한 것은 아니었다 한다는 名目을 붙였으나 精神的 壓力이 極甚하였던 明의 勢力에 어쩔 수 없었던 우리나라의 形便으로서는 事大主義記事가 實錄에 收錄된 것을 그대로 史實로 믿어 이를 中國의 屬國으로까지 發展시킨 것은 역시 前章에서와 같이 再考를 要하고 있다. 물론 民族의 移動이란 古代에 올라가면 갈수록 어느 民族임을 考證하기가 어려우며 古代國家의 形成도 單一國家로 存立하기는 어려웠으나 일단 史前史가 아닌 歷史時代의 記錄을 놓고 政治的 解釋을 主眼으로 하여 韓國을 中國의 屬國視한 점이나 野人의 南下集團을 割地하였다는 것은 矛盾이란 無國家概念은 納得키 어려운 點이 多分히 있다.

IX. 鑄字術과 中國의 影響

그러나 朝鮮實錄中에 나타난 韓中文化의 關係를 紹介한「著作」「鑄字」,「經筵」,「求書」,「華制」,「尊崇」中에서 鑄字의 경우가 比較的 詳述되어 있다. 그 要旨를 보면 대략 일곱 가지가 論及되어 있다. (1) 太宗朝에 經筵古註 詩書 左傳을 字本으로 하여 李稷 등이 10萬字를 鑄造했다는 癸未字와 (2) 世宗祖 庚子年에 李蕆 등이 改鑄한 庚子字, (3) 世宗 16年에 庚子字가 纖細하다 하여 經筵에 所藏하고 있던「考順事實」「爲善陰隲」等書를 字本으로 하여 金墩等에게 命하여 30餘萬字를 鑄造한 甲寅字, (4) 英宗 48年에 正宗이 東宮에 있을 때 甲寅字로서 心經・萬病回春 등 二書를 字本으로 하여 五萬字를 鑄造한 壬辰字 (5) 正宗元年에 關西伯에 命하여 韓構書를 字本으로 하여 八萬字를 鑄造한 丁酉字 (6) 正宗 16年 中國四庫書의 聚珍板式을 模倣하여 字典字를 字本으로 黃楊木으로 大小 32萬餘字를 木刻한 生生字 (7) 正宗 19年 儀軌 및 圖幸定例等書를 整理하여 生生字를 字本으로 하여 鑄造한 大小 30餘萬字의 整理字가 바로 이것이다.[57] 이것이 李씨가 例擧한 朝鮮時代의 鑄字史의 大槪라고 紹介하고 있다.

그러나 實은 이 밖에도 丙辰字・乙亥字・乙酉字・辛卯字・癸丑字・庚辰字・戊申字・顯宗實錄字・芸閣印書體字・箕營活字・全史字・新式鉛活字等이 많이 있다. 이러한 全般的인 問題의 論及도 缺如된 채 鑄字와 印書가 모두 中國의 影響을 받았다고 되어 있다. 그의 說明에 따르면 印書方法에 있어 草創期에는 技術이 未熟할 뿐아니라 板衣에 黃蠟을 깔고 그 위에 植字하여 蠟의 消耗가 莫甚하

---

57) 李光濤, 朝解實錄中所見之中韓文化關係, 中央硏究院歷史語言硏究所集刊, 第33本, (臺北: 中史硏究院, 1962. p.146.

였을 뿐 아니라 蠟性이 본래 軟柔하여 植字로 固定시킬 수 없어 하루 겨우 數紙를 印書하던 것을 銅板을 改鑄함으로써 字樣을 固定시킬 수 없었고 蠟을 붙이지 않아도 글자가 움직이지 않았다는 것으로 보면 果然「改鑄銅板」이 如何한 形態로 되었을까. 李 씨의 說明에 따르면 規格 있는 긴 홈(溝道)을 파서 活字의 固定部分과 맞춘데 있다고 하였으니 우리가 從來 알고 있었던 竹片을 行間에 끼워 固定시켰다 하는 論과는 다르다. 이러한 面으로 볼 때 李 씨는 世宗實錄 卷65 葉3에 나타난 記事「鄕乃運智造板鑄字」의 句를 이와 같이 解釋하였는지 그렇지 않으면 또 다른 文獻에 根據하였는지 仔詳치 않다. 여하튼 李 氏의 主張대로「溝道」에 의한 固定方法이라면 새로운 硏究이며 從來 알려지지 않았던 資料일 듯하다. 이뿐만 아니라 李 씨의 論文은 實로 尨大하고 그 資料가 헤아릴 수 없을 程度로 많이 拔萃된 점은 물론 多編한 論攷 등[58]은 學界에 貢獻한 바가 많을 것임을 또한 否認할 수 없을 것이다.

X. 結 論

上述한 바와 같이 李 氏는「箕子朝鮮」問題를 비롯하여「民族移動」및「韓中文化의 關係」등을 論하였다. 箕子朝鮮問題에 있어서는 主로 朝鮮時代의 史料를 根據로 하여「箕子의 東來說」을 是認하고 그의 實在를 아무런 存疑도 없이 認定하고 殷의 箕子가 마치 周武王

---

58) 權錫奉. 中國에 있어서의 韓國學硏究, 韓國學 (서울: 韓國學硏究所, 1975) p.23, 24.

의 命을 따라 平壤故地에 定着하여 朝鮮을 統治하였으며 그의 業績
이 매우 燦然하였다는 論調이다. 둘째, 民族移動面에 있어서는 韓
化된 野人, 韓化된 漢人, 漢化된 韓人 등을 區分하였으며 朝鮮人과
野人과의 關係는 通婚으로 이루어진 民族移動이니 定着地를 마련해
준 割地制度나 事大의 性格으로 봄은 不當하다고 하고, 中國民族이
韓國에 온 것은 越境이 아니라 封地라고 보고 있다. 箕子의 東來도
그렇고 漢四郡의 設置도 割地가 아니라 封地라는 見解이며 避難民
을 비롯하여 여러 가지 事情으로 東來한 者도 邊疆에 移動되었다는
見解이며 그는 朝鮮과 中國과의 關係를 兄弟之國으로 볼 뿐 異國의
槪念으로 보고 있지 않다. 따라서 文化의 交涉도 참으로 많았으나
學皆가 中國文化가 韓國에 끼친 影響으로 보는 見解이다. 引用된
史料는 모두 朝鮮時代의 史料였으며 그중에도 特히 壬辰倭亂以後의
事大思想의 記錄을 中心으로 立論하고 있으면서도 事件의 發生時期
와 記錄年代의 差를 考慮한 점은 전혀 없이 記錄 그대로 믿고 解釋
하였으며 史料羅列로 批判 없이 解釋에 그친 面이 强하며 朝鮮時代
의 思想을 究明하려고 한 것이 아니라 朝鮮時의 記錄을 그대로 믿
고 史實을 遡及해 보려고 하는 것이 그의 史眼이다. 이런 點에서
볼 때 그가 남긴 業績의 大部分은 中國人의 立場에서 본 政策論文
의 認識을 짙게 하며 史料의 分析面이 缺如된 점으로 보아 「功」이
라기보다 「過」에 가깝다. 그러나 그가 立論한 史料들은 特定主題를
따라 實錄 속에 散在한 同一性格의 史料를 集成시킨 勞苦가 있었으
니 이런 點으로 본다면 「功」도 전혀 없는 것은 아니라 하겠다.

출처: 中國의 歷史學者 李光濤의 韓國史 硏究에 대한 功過 (韓國學 제
      9,10집, 永信아카데미 韓國學硏究所 1976년 봄, 여름호. pp.19-33)

羅代神話의 새로운 解釋

Ⅰ. 序　言

우리는 흔히 羅代의 神話를 論할 때 上代人이 鳥類發生을 聯想하는 「卵生神話」[1]라고 하지 않으면 太陽으로 因하여 感化된 알(卵)에서 萬物이 생겼다는 「宇宙卵說話」[2]로만 解釋하고 있다. 이것은 알에서 始祖가 태어났다는 觀念과, 異氣가 알에서 始祖를 태어나게 했다는 觀念과, 異氣가 電光같이 땅에 드리웠다는 記錄에서 宇宙卵

---

1) 近藤時司 씨는 羅代의 神話에 대하여, 卵生說이 많은 것은 事實이며 이것
　은 아마도 思想이 單純한 韓國의 上代人이 鳥類發生의 그것으로부터 聯想
　해 낸 神話로서 그 생각은 꽤 現實的인 바가 있는 것 같다고 보고 있다.
　(近藤時司, 朝鮮神話의 特異性. 朝鮮. Vol.20. 京城, 朝鮮總督府, 昭和 7.
　p.39.)

2) 金廷鶴敎授는 朴赫神話에서 '異氣가 電光같이 땅에 드리워 있어 가보니 한
　붉은 알이 있었다'는 句節에 根據해서 '異氣라는 것은 宇宙卵의 神話에 있
　어서 에텔 또는 太陽이며 알은 빛의 알에 該當된다'는 見解를 가지고 있
　다. (金廷鶴, 朝鮮神話의 科學的 考察, 上. 史海. Vol.1. 京城, 朝鮮史研
　究會, 4281. p.83.)

의 神話가 確實하다고 믿고 있는 듯하다. 더욱이 이와 같은 解釋은 그 字句가 지니는 字意의 풀이에서 오는 結論이 아닌가 한다. 하기야 記錄自體以上의 解釋은 憶測을 낳기 쉽지만 그러나 史實을 다른 角度에서 파헤쳐 보면 字意의 解釋도 從來의 論에 많은 懷疑를 갖게 되고 이것이 오히려 史實에 더 가까운 解釋일 수도 있는 것이다. 羅代의 神話가 疏略한 字句로 엮어져서 많은 憶測을 가져 올 可能性이 없지 않지만 그러나 이것이 始祖의 誕生神話요, 英雄의 誕生神話이기에 誕生을 떠난 象徵은 있을 수 없으며 人類共通의 無意識的 原古型(Archetypus)을 떠난 解釋이란 또한 있을 수 없다.

이 基本概念을 誤導한 理論은 자칫하면 神話研究를 實際로 無視하는 論據가 되는 것이다. 原初人의 共同社會나 民族移動現狀에서 原始人들의 心理는 英雄化된다는 事實을 새삼 생각할 때 우리가 一蹴했던 神話를 다시금 吟味하며 그 지니는 意義에 대하여 새로운 關心을 갖게 되고, 最近에는 神話의 解釋을 매우 다른 角度에서 取扱하고 있음을 勘審할 때 羅代神話 또한 再檢討되어야 할 時期가 到來하지 않았는가 한다. 이런 動機에서 筆者는 同 神話에 關한 資料의 未備함이 있음에도 불구하고 감히 새로운 解釋을 試圖해 본 것이다.

Ⅱ. 史記·遺事에 나타난 朴·昔·金 神話

西紀前 57年부터 西紀 65年까지 百餘年間 新羅에 朴·昔·金 三姓의 始祖가 誕生됐다는 記錄은 周知의 史實이다. 즉 朴赫·閼英·昔脫解·金閼智의 神話로서 이와 같은 記錄이 「三國史記」와 「三國遺事」

에 散見된다. 이를 拔萃해서 옮기면 다음과 같다.

朴赫神話:

어느 날 高墟村長 蘇伐公이 楊山 기슭을 바라보니 「蘿井」(慶州) 곁의 숲 사이에서 한 「말」(馬)이 무릎을 꿇고 울고 있어 그곳에 가보니 갑자기 말은 보이지 않고 큰 「알」만이 남아 있으므로 이를 갈라보니 그 속에서 한 어린아이가 나왔다.3)

楊山下 「蘿井」 곁에 이상스러운 氣運이 電光과 같이 땅에 비치더니 거기에 「白馬」 한 마리가 꿇어앉아 절하는 형상을 하고 있었다. 그곳을 찾아가 보니 한 「붉은 알」(或은 푸른 큰 알)이 있는데, 말은 사람을 보고 길게 울다가 하늘로 올라가 버렸다. 그 알을 깨 보니 모습이 端正한 아름다운 童子가 있었다.4)

閼英神話:

龍이 「閼英井」(慶州)에 나타나서 오른쪽 겨드랑이의 「갈빗대」 밑으로 한 女兒를 낳았는데, 이를 본 한 「老婆」가 이상히 여겨 거두어 가지고 와 길렀다. 우물의 이름을 따라 「閼英」이라고 이름을 지었다.5)

沙梁里 「閼英井」(或은 娥利英井)가에 「鷄龍」이 나타나 왼편 「갈비」에서 童女 하나를 誕生하니(或은 龍이 나타나 죽으매 그 배를 갈라 童女를 얻었다) 姿態와 얼굴은 유달리 고왔으나 입술이 「닭」의 부리와 같았다.6)

昔脫解神話:

처음에 그 나라의 國王이 女人國의 王女를 아내로 맞았는데, 아이를 밴 지 七年 만에 큰 「알」을 하나 낳으므로 王은 말하기를 '사람으로서 알을 낳는다는 것은 상서롭지 못하니 마땅히 버리라' 하였다.7)

---

3) 金富軾. 三國史記. Vol.4. 京城, 古典刊行會, 昭和 6, p.1.

4) 一然. 三國遺事. 影印本. 京都, 京都帝國大學, 大正 10. Vol.1, p.12b.

5) 金富軾. *op. cit.* p.1.2.

6) 一然. *op. cit.* p.13a.

7) 金富軾. 三國史記. 活字本, 東京, 吉川弘文舘, 大正 2, Vol.1, p.6a.

　　이 아이의 姓氏를 알지 못하여 처음 「궤짝」이 바다로 떠올 때 한 마리의 「까치」(鵲)가 울면서 이를 따라오므로 까치 鵲의 한쪽을 떼어 가지고 昔으로써 姓을 정하는 것이 옳을 것이라 하여 昔씨라고 하고, 또한 궤짝을 풀고 나왔다 하여 이름을 脫解로 정하는 것이 옳을 것이라 하여 姓名을 「昔脫解」라고 하였다.8)

　　含達婆가 積女國王女를 맞아서 妃를 삼았더니 오래도록 아들이 없으므로 기도하여 아들을 求할째, 七年 뒤에 「大卵」 하나를 낳았다. 이에 父王이 群臣에게 묻되, 사람으로서 알을 낳음은 古今에 없는 일이니 이것이 不吉한 징조라 하고 「궤」를 만들어 나를 속에 넣고 또 七寶와 奴婢를 배 안에 가득 실어 바다에 띄우면서 축원하되, 마음대로 因緣 있는 곳에 가서 나라를 세우고 집을 이루라 하였다. 그러자 문득 붉은 「龍」이 나타나 배를 護衛하여 여기에 왔노라.9)

　　金閼智神話:

　　王은 金城 西쪽 「始林」 숲 사이에서 「닭」이 우는 소리를 듣고 날이 밝자 「瓠公」을 派遣하여 이를 살펴보게 하였는데 그가 始林에 이르러 보니 金色으로 된 조그만 「궤짝」이 나뭇가지에 달려 있고 「흰 닭」이 그 밑에서 울고 있으므로 돌아와 이 사실을 알리니 사람을 시켜 그 「궤짝」을 가져오게 한 다음 이를 열어 보니 조그마한 사나이가 그 속에 들어 있는데 용모가 기이하게 뛰어났다.10)

　　「瓠公」이 밤에 月城西里로 가다가 큰 光明이 「始林」(或, 鳩林) 속에서 나타남을 보았다. 紫色 구름이 하늘에서 땅에 뻗치었는데 구름 같은 黃金「궤」가 나무 끝에 걸려 있다. 그 빛이 櫃에서 나오며 또 「흰 닭」이 나무 밑에서 울므로 그것을 王에게 알리었다. 王이 그 숲에 가서 궤를 열어보니 그 속에 童男 하나가 누워 있다가 일어났다.…… 童男을 안고 大闕로 돌아오다.11)

---

　8) *ibid.* Vol.1, 7a.
　9) 一然. *op. cit.* p.15b.
　10) 金富軾. *ibid.* pp.7b. 8a.
　11) 一然. *op. cit.* pp.7b. 8a.

위의 여러 神話는 主로 詩經 隰桑에 나타나는 褒姒[12]의 神話와,
同書 稊樸에 나타나는 后稷[13]의 神話와 類似한 점이 많다. 아마도
朴赫이 西紀前 57年의 사람이고, 金閼智가 西紀 65年의 사람이었
으니 「三國史記」(1145)와 「三國遺事」(13世紀初)에 이런 記錄을 엮
은 時期를 對比해 보면 時代的으로 약 千餘年의 差가 있다. 이것이
혹 中國의 것을 模倣해서 當時의 社會를 描寫 適應시키려는 意圖에
서 엮어진 神話가 아닌가 한다. 아무튼 同 神話의 內容을 吟味해
보면 전혀 虛構 만은 아닌 것 같다.

Ⅲ. 새로운 解釋

以上을 놓고 볼 때 朴·昔·金 三姓神話間에는 대략 다섯 가지로
區分해서 생각해 보아야 그 性格이 밝혀질 듯하다. 同 神話에 分娩
過程의 記錄이 있는가, 遺棄過程은 없었는가, 拾得者가 貴族層인가
庶民이었는가, 誕生 때 나타났다는 그 動物·鳥類는 實在했었는가,
棄兒는 무엇에서 誕生되었으며 무엇에 依해서 遺棄되었는가, 그 場
所는 어느 곳인가, 또한 무엇을 意味하였는가, 이러한 觀點에서 三
姓神話를 區分해 보면 問題로 提起될 수 있는 것은 다음 表에 나타

---

12) 幽王이 聚한 褒姒의 神話를 보면 두 龍이 交尾하여 흐른 물질을 간직한
童女가 孕胎, 生女한 것이 褒姒였다고 한다.(毛詩 Vol.15. 小雅魚白萃.
服部宇之世校訂, 東京, 富士房, 昭和 8. p.14.)
13) 姜源이 아들이 없어 祈禱드리다가 하루 하느님의 엄지 발가락 자국을 디
뎌(履帝武敏) 生男한 것이 后稷이었다고 한다.(ibid. Vol.17. p.1. 大雅
生民條 參照)

나는 諸 事項이라 하겠다.

朴·昔·金 三姓神話의 誕生過程

三姓	遺棄與否	拾得者	救助者	胞胎	拾得者	出處
朴	?	蘇伐公	馬	卵	蘿井	史記
	?	六部祖上	白馬	赫·靑卵	〃	遺事
閼英	?	老婆	龍	肋骨	閼英井	史記
	?	〃	鷄·龍	〃	〃	遺事
昔	王	老婆	鵲	卵	?	史記
	〃	義光	鵲·龍	〃	?	遺事
金	?	瓠公	白鷄	箱子	始林	史記
	?	〃	〃	〃	〃	遺事

첫째, 遺棄兒의 識別이다. 遺棄兒가 밝혀진 것은 昔脫解의 神話 뿐이다. 아버지는 國王 含達婆요, 어머니는 積女國의 王女요, 그 誕生이 祥瑞롭지 못하다 하여 群臣들에게만 알리고 바다에 遺棄해 버렸다고 되어 있다. 七寶와 奴婢를 함께 실어 버렸다는 記錄으로 보아 죽일 생각까지는 없었던 것 같다. 당시의 社會相으로 미루어 볼 때 昔脫解의 神話는 父母가 그 奇異한 誕生을 앞날의 不吉한 徵 兆로 여기고 遺棄를 하였으나 도리어 子息에 대한 父母의 사랑은 비록 社會의 與件이 마땅치 않아 遺棄까지 하였을지라도 오히려 寶 物과 奴婢를 실어 보낸 것이다. 간혹 母子가 함께 遺棄되는 경우를 想像할 수 있는데, 그것은 女子에 대한 愛慾 때문에 父의 憎惡의 對象이 되고 있으나, 昔脫解의 神話는 不貞을 隱蔽하려는 意圖에서 이루어진 遺棄 그것은 아니었고, 誕生過程이 單純히 祥瑞롭지 못하 다 하여 遺棄되었을 뿐이다.

어떻든 養母의 품에서 길러진 昔脫解의 神話는 遺棄者가 實父였고 그 實父는 당시 한 나라의 國王으로 되어 있다. 이것은 棄兒가 항상 養母에게서 길러지면서 心理的으로는 자기 父母는 적어도 英雄이 아니면 神的 存在가 아닌가에 사로잡힌 나머지 父母에 대한 hostility나 refuce의 現象[14]이 강하게 나타나서 이것이 神話로까지 表現된 것으로 생각된다.

둘째, 拾得者의 問題이다. 遺棄되었으면서도 그 遺棄者가 밝혀지지 않은 朴赫・閼英・閼智에 대한 神話이다. 이것은 記錄에는 막연히 '遺棄兒를 拾得하였다'라고 되어 있을 뿐인데 實際로는 實父實母가 遺棄한 事實이 있는 것처럼 꾸며 놓은 것은 아닌가. 이처럼 遺棄한 者가 實父實母요, 뒤에 拾得하여 기른 者 또한 實父實母인 경우를 想像해 볼 수 있다. 어느 경우나 다시 社會通念으로 納得이 안 간다. 그렇다면 貴族들이 incest motive로 그 事實을 隱蔽[15] 하려는 데서 神話의 造作動機가 있지 않나 생각된다.

더욱이 拾得한 者의 身分을 보면 朴赫神話의 경우, 蘇伐公은 高墟村長이요, 이가 곧 祖上 중의 한 사람이었고, 閼英神話의 경우, 老婆, 閼智神話의 경우 重臣인 瓠公이었으니 이는 모두 當代의 功臣이요, 貴族階級이었다. 더욱이 이들이 후에 王位에 올랐으며 英雄의 地位를 차지했다는 점으로 보아 그 記錄은 英雄의 範疇를 벗어나서 생각할 수는 없는 것이다.

셋째, 救助者의 경우, 朴・昔・金 三姓神話에 나타난 動物을 보면 馬・龍・鵲・鷄류 등인데, 이러한 動物 및 鳥類가 앉았던 자리에서

---

14) Rank, Otto. *The Myth of the birth of the Hero.* New York, Randon House, Inc. 1964. pp.77. 94.
   沈隅俊, 王建先祖名'建'에 대하여, 淑大史論, Vol.4, 서울, 淑明女大, 1969. pp.21. 22.

15) Rank, Otto. *ibid.* p.80.

110

神氣하게도 금빛 나는 알이 있었다고 한다. 그리하여 人間이 생겼다
고 한다면 그 史實을 그대로 믿을 者는 없을 것이며 한낱 神話로 밖
에 여기지 않을 것이다. 설사 記錄은 그렇다 하더라도 解釋에 있어서
는 字意 그대로 풀이될 수는 없다. 그것은 常識的으로 卵生動物이 哺
乳動物로 轉移될 수는 없기 때문이다. 그렇다면 과연 朴·昔·金 三
姓神話에 나타나는 馬·龍 등 動物과 鵲·鷄 등 鳥類는 무엇을 뜻하
는가. 이를 象徵的 動物로 보려는 것은 外國의 神話에서도 흔히 볼
수 있기 때문이다. Jesus 神話에 나타난 鬼物·牛·聖牛16), Karna
神話의 늑대17) 등의 動物이 그것이고, Gilgamesh 神話의 독수리
(鷲)18), Lohengrin 神話의 白鳥19), Romalus 神話의 딱따구리20)
등 鳥類가 바로 그것이다. 어느 神話에서든지 한 가지 共通된 점은
이러한 動物이나 鳥類가 遺棄兒를 낳는 것은 아니고 遺棄兒를 救濟·
保護21)하고 있는 것이다. 이들 動物이나 鳥類 등의 棄兒의 象徵的
親母로서 나타나는 경우는 없었다.22) 다만 神秘하다고 하면 聖經創
世紀 3章에 나오는 '갈빗대로 女兒를 만들었다'23)는 記錄과 閼英神話

---

16) *ibid.* p.55.

17) *ibid.* p.19.

18) *ibid.* p.26.

19) *ibid.* p.60.

20) *ibid.* p.44.

21) Gilgamesh의 神話에서는 독수리가 棄兒를 살리고(Rank, O, *ibid.* p.26.),
Lohengrin 神話는 白鳥가 海中에 遺棄된 棄兒를 5일 동안이나 생선을
물어다 길렀으며, (*ibid.* p.60.) Romulus의 神話에서도 딱따구리가 棄
兒를 保護하였고(*ibid.* p.44.), 또한 암늑대도 棄兒를 젖을 먹였고(*loc.
cit*), Jesus 神話에서는 Dughda를 鬼物이 훔쳐다가 傷處를 입히지 않
았고 Zoroaster는 黃牛 떼 속에 말려들어 갔으나 모두 避하며 棄兒를 밟
지 않았다(*ibid.* p.55.)고 한다. 이 밖에도 許多한 例가 散見되지만 動物
이나 鳥類는 棄兒를 해치지 않았고 모두 救助 내지 養育하였다.

22) *ibid.* pp.18. 23. 24. 26. 55. 60.

에서 龍의 갈빗대 밑으로 女兒를 낳았다'는 記錄일 뿐이다. 그러나 이러한 記錄도 결코 事實과는 틀리는 것이며 이것도 또한 象徵的 比喩24)에 불과하다. 別項에서 再論키로 하지만, 動物이나 鳥類가 人間을 分娩했다고 하는 記錄이 있다 하여 記錄 그대로를 믿을 수는 없는 것이다.

말의 경우, 말은 解夢上 集體的 所有의 比喩요, 富吉의 徵兆라고 하는 것이 韓國人의 一般的인 潛在意識이라고 본다. 그래서 꿈에 말이 보이면 곧 吉兆25)로 解夢되고 있는 것이다. 그러나 말이라고 해도 그 말이 움직이는 경우는 凶兆로 看做되고, 또한 解夢上 말이 夏節에 나타나는 꿈은 火災를 意味하고, 秋冬에 나타나는 꿈은 半凶半吉26)이라고 解夢되고 있다. 더욱이 俗信을 보면 말이란 반드시 吉한 面만을 象徵하는 動物은 아니다. 때로는 譽·親·愛·尊·莊보다는 오히려 貶·疎·厭·卑·劣을 뜻한다.27) 上代로부터 지금까지 내려온 그 吉凶面의 變遷을 보면 말은 '吉에서 凶으로 내려 왔다'28)고 한다. 이를 統計的으로 判定한 結果를 보면 上代에 있어서의 말은 吉한 動物로 認定되어 왔다. 이와 같이 吉凶의 複雜性을 內包한 말을 볼 때 朴赫의 誕生時期가 4月이었으므로 春季에 該當, 이는 吉兆로 보아 옳을 것이다.

龍의 경우, 龍도 우리의 觀念 속에는 매우 좋은 象徵的 動物인

23) 舊約聖書. 서울, 大韓聖書公會, 1966, p.3.
24) Fenichel, Otto, *The Psychoanalitc Theory of Neurosis.* New York, W. W. Norton Co., 1945, p.48.
25) 啓明心理學會 編, 解夢全書. 서울, 文林社, 4293, p.233.
26) *ibid.* pp.234. 241.
27) 劉昌惇, 震民族의 動物觀, 國學叢書. 서울, 庸齊 白樂濬博士 還甲記念論文集刊行會, 4288, p.325.
28) *loc. cit.*

것이다. 龍이라는 象徵的 動物은 꿈속에 많이 나타나는 것으로서 姙婦의 꿈에 나타나면 貴童子를 낳는다는 俗信이 있었다. 그 貴童子는 智慧가 出衆하며, 크게 出世한다고 하여 吉事로 看做되고 있다. 그리하여 昇天하는 용꿈을 吉祥으로 象徵[29]하지만, 우물 가운데 있는 形象을 不吉로 보고, 더욱이 우물 속에 들어갔다고 한다면, 그것은 凶事[30]로 解夢되고 있다. 閼英神話에 나타난 龍은 果然 吉兆일까 凶兆일까. 하늘에서 내려온 龍으로 본다면 凶事요, 우물 속에서 나왔다면 그것은 吉兆일 것이다. 記錄上에는 다만「우물가에 나타난 龍」[31]으로만 되어 있어 吉凶을 識別하기가 매우 어렵다. 우물에서 하늘로 올라가는 龍은 貴童子를 象徵하는 것이요, 하늘에서 우물가로 내려오는 龍은 貴童女를 分娩할 꿈으로 解夢된다면 閼英이 女性인 만큼 調和되어 오히려 女로서 吉兆로 象徵되는 것은 아니었을까. 그 當時의 羅代人의 觀念 속에는 과연 男尊女卑의 思想이 있었는지는 알 수 없으되, 龍이라는 存在는 當時의 象徵的인 偶像動物이었은 듯하다.

　鵲鷄의 경우, 鳥類 중에 鵲鷄는 또한 吉祥의 徵兆이다. 現代人들이 忌惡하는 까마귀까지도 上代에는 吉鳥에 속하였던 것으로 보아 얼마나 鳥類가 原始人들의 尊崇의 對象이었는지를 推察할 수 있다. 이것은 鳥類가 上空을 飛翔하여 天界와의 聯繫를 지을 수 있는 天意의 傳示者[32]라는 데서 생겨난 思想일 것임은 이미 다른 學者에 의해 發表된 일이 있다. 사실 古代人의 動物觀을 보면 吉類로서 猪・牛・馬・鳥・鷄・雁・矩・鼈・龜[33]로 되어 있다. 그러므로 鵲・鷄

---

29) 啓明心理學會編, *op. cit.* p.214.

30) *ibid.* p.212.

31) 金富軾. *op. cit.* p.16.

32) 劉昌惇. *op. cit.* p.325.

가 吉祥의 象徵物임에 틀림없다. 물론 例外로 '産母가 身苦할 때 까치가 울고 가면 딸을 낳는다'[34] '저녁에 까치가 울면 걱정이 생긴다'[35] '까치가 몹시 우짖으면 口舌이 있다'[36]는 俗信도 있기는 하지만, 그러나 「三國史記」나 「三國遺事」에 散見되는 鳥類는 거의 모두가 吉祥[37]으로 表現되고 있는 것이다. 鳥類神話는 海外의 神話에서도 흔히 볼 수 있음이 指摘[38]되고 있거니와 이러한 鳥類는 例外 없이 救助者로 나타나고 있다. 白鳥의 生鮮 물어오기(Lohengrin 神話),[39] 독수리의 棄兒養育(Gilgamesh 神話)[40]의 神話가 이를 證明하고 있다. 따라서 昔脫解의 神話에 나타나는 '까치의 울음'이나 金閼智의 神話에 나타나는 '白鷄의 울음'은 脫解나 閼智를 낳는 過程에서의 母로서의 呻吟聲이 아니라 遺棄兒를 救助 내지 保護하는 信號의 울음으로 解釋해야 마땅할 것이다.

위의 이러한 問題를 놓고 볼 때 動物이나 鳥類가 母性愛로 同伴하는 動作으로 나타났는지는 모르지만, 遺棄兒의 親母로 解釋할 수는 없는 것이다. 그렇다고 한다면 왜 하필이면 馬·龍·鵲·鷄가 나타났는가. 이러한 疑問이 宜當 생기게 된다. 이것은 당시 그 村落마다의 尊崇物이 되었던 바로 或馬·或龍·或鵲·或鷄이었음을 생각할 때 totem[41]으로 보아 옳을 것이며 이것이 英雄의 神話에

----

33) *ibid*. pp.58-326.

34) *ibid*. p.280.

35) *loc. cit.*

36) *loc. cit.*

37) 方善柱. 古新羅의 靈魂 및 他界觀念, 合同論文集. Vol.1. 서울, 啓明大 등, 1964, p.13.

38) *ibid*. pp.12.13.

39) Rank, Otto. *op. cit.* p.60.

40) *ibid*. p.26.

114

吉祥으로 나타났을 뿐이다.

넷째, 胞胎의 問題이다. 朴赫神話에 나타나는 말의 알, 昔脫解神
話에 나타나는 7년 만에 分娩된 알, 閼英神話에 나타나는 龍의 갈
빗대, 金閼智神話에 나타나는 金色箱子, 즉, 卵·肋骨·箱子類의
속에서 胎兒가 分娩되었다고 하는 記錄自體의 安意解釋만으로써 올
바른 解釋을 企圖할 수는 없는 것이다. 그것은 卵生說로서 그 以上
의 解釋을 할 수 없기 때문이다. 그렇다면 과연 卵·肋骨·箱子를
어떻게 보아야 할 것인가가 問題로 提起될 것이다.

알의 경우, 알은 性的으로 未分化한 것이며 心理的으로는 兩性을
表現하고 있고, 그 世界가 항상 神秘的이면서 incest motive를 숨
기[42]는 구실을 하고 있다. 당시 新羅社會는 一般的으로 族內婚이
盛行되어 社會的 身分의 維持를 重視하는 cast 制度나 貴族制度가
附髓[43]되어 있었음은 周知의 事實이다. 그 중에서 cross-causin
婚이 간혹 있었던 事實과 近親相姦의 婚姻마저도 있었던 痕跡[44]이
엿보인다. 그러나 新羅의 對中 外交面에서 간혹 보이듯이 新羅社會
는 近親相姦은 原則的으로 禁止하였던 것 같고, 특히 卵生說의 卵
의 登場은 性的未分化 以外, polyandry[45]에서도 象徵的 表現으로
서 血緣의 未知를 隱蔽[46]하는 手段으로 利用되었으며, 이러한 樣

41) Keesing. Felix M. *Cultural anthropology*: the Science of Custom.
    reprint. Taipei, [n. p] 1963. pp. 279-280. A Committee of the
    Royal Anthropological Institute of Great Britain and Ireland,
    Notes and Queries on Anthropology, London, Bradford, 1954.
    p. 192.
42) Rank, Otto. *op. cit.* pp. 77. 78.
43) 杉浦健一. 人類學, 東京, 同文舘, 昭和28. p.154.
44) 沈暍俊. 新羅王室의 婚姻法則, 趙明基博士 華甲記念 佛教史學論叢. 서울,
    1965, p.20.
45) 杉浦健一. *op. cit.* p.154.

相은 clan 社會에서 lineage 社會로 轉換[47]할 때에 흔히 볼 수 있었던 現象이다. 더욱이 그의 모양이 표주박(瓠) 같다 하여 '朴'으로 命名한 것은 알의 形態가 鳥類의 알과는 다르다는 것을 뜻한다. 그러므로 그 이른바 표주박이란 胞胎의 形態와 가까우므로 이를 象徵한 것이 표주박일는지 모른다.

갈빗대의 경우, 龍이 갈빗대 밑에서 女兒를 分娩했다고 하는 神話는 聖書의 創世紀 속에서도 이와 類似한 句節이 있다. '아담에게 배필이 없었으므로 여호와 하나님께서 아담을 깊이 잠들게 하여 그의 몸에서 갈빗대 하나를 취하고 살로 대신 채우신 다음 갈빗대로 女子를 만드시다'[48] 함이 즉 그것이다. 女子의 分娩이 肋骨과 關係 있음을 示唆하고 있는 것이다. 龍이란 水神을 象徵하는 것이요, 또 女神을 象徵한 것으로 나타난다. 그리고 肋骨은 英雄의 誕生神話에서 볼 수 있는데 一種의 힘을 象徵하는 것이 되고 있다. 그런데 그 힘을 蘇生시키는 것은 龜頭요, 男性의 性器를 象徵[49]할 때에 갈빗대를 表現하고 있는 것이다.

箱子의 경우, 여기서 箱子는 單純한 人工箱子로 解釋되지 않고 있다. 箱子는 閉鎖恐怖症과 窒息의 恐怖를 象徵한 것으로서 어머니의 子宮에 들어가는 幻想을 가져오게 한다.[50] 어떤 神話에 있어서는 Box가 洞窟로 表現되기도 한다. 그 洞窟이 뚜렷하게 子宮을 象徵시키는 일도 있다. Abraham, Ion 以外에 Zeus 神에서 볼 수 있다. Zeus는 Ida 山上의 洞窟에서 나왔으며 Amathea라는 열쇠

---

46) Rank, Otto. *op. cit.* p.80.

47) Keesing, Felix M. *op. cit.* p.278.

48) 舊約聖書. *op. cit.* p.3.

49) Fenichel, Otto. *op. cit.* p.48.

50) *ibid.* p.202.

에 의해서 건져졌다. Zeus의 母는 그의 男便 Titan cronus가 두려워서 Zeus를 숨긴다[51]는 것이 즉 그 一例이다.

Homer의 Iliad에 依하면 Hephaestus의 神話의 誕生은 그의 어머니에 의해서 물에 던져졌으며 그는 절름발이었기 때문에 물로 에워싸여진 洞窟 속에서 9년 동안이나 숨겨 지내다가 逆境을 되풀이함에 의해서 9個月(9년?) 만에 다시 子宮生活을 終結[52]하는 것으로 表現되었다. 洞窟誕生이라기보다는 一般的으로 箱子 속에 遺棄된 것으로 解釋되는데 이것은 Egypt의 phoenican, Osiris, Adonis 神話에서는 물론, Babylonian의 Marduk-Tammuz 神話에도 類似한 이야기가 있다. Pausanius에 의하면 'Bacchus는 또한 Nile 江의 大箱子에 遺棄됨으로써 王의 迫害를 冒免할 수 있었고 3個月 만에 公主에 의해 救出되었다'[53]고 하는데, 이것은 Moses의 神話를 暗示한 것으로 脫解의 경우와 類似하다. 箱子와 女子生殖器가 聯關되는 要素를 가지고 있음은 그 속에 빈곳(空所)을 가지고 있기 때문이다. 女子生殖器는 그 特質을 共有하고 있는 모든 對象에 의하여 象徵的으로 表現되고 있다. 말하자면, 孔·凹所 및 空洞이나 容器等 및 壞이나 函·筥·trank·罐·荷箱·Poket 등[54]이 있다. 舟船도 이 系列에 든다.[55] 많은 象徵이 膣보다는 오히려 子宮에 關係되고 있다는 것을 볼 때 脫解神話나 閼智神話에 나타나는 箱子와 女人國 王女의 胞胎의 象徵으로서 閼智가

---

51) Rank, Otto. *op. cit.* p.73.

52) *loc. cit.*

53) *loc. cit.*

54) Freud Sigmund. *Introductory Lectures on Psycho-Analysis.* Authorized English tr. by Joan Riviere, London, Allen and Uniwin, [1922], p.131.

55) *loc. cit.*

나왔다는 나무 위에 걸렸었던 그 箱子는 實은 胞胎의 象徵物의 表現으로 보아 옳을 것이다.

以上에서 論及한 卵·肋骨·箱子는 胞胎를 象徵하는 表現으로서 그 出生過程을 描寫한 것이라 하겠다.

다섯째, 拾得地(或云 誕生地)의 問題이다. 誕生地는 蘿井 곁의 숲, 始林의 숲, 閼英井 등으로 되어 있다. 여기서 우물이란 무엇을 뜻하는가 우물은 韓國古代의 俗信에서는 家事의 繁昌과 女子의 出生을 意味하고 있다. 그래서 '꿈에 우물 가운데 樓閣이 지어보이면 아내가 病에 걸린다'[56] 하고 '우물이 넘쳐흘러 보이면 집안이 興盛하게 될 吉兆'[57]로 解夢되고 있는 것이다. 그러나 Jung은 '우물은 곧 productive 즉 再生의 motive로 된다고 하고 있다. 理想과 現實을 連結시키는 것이 우물이요, 따라서 우물은 交通路[58]라고 하고 있다. 그리고 우물 속에 빠지는 꿈은 곧 죽음이요, 우물 속에 빠졌다가 나오는 것은 죽음에서 再生[59]하는 것을 象徵하는 것으로 보고 있다. 이러한 解釋과 羅代의 神話를 結付시켜 볼 때, 王으로 卽位하기 以前을 平民과 같이 보고, 王位에 오른 뒤를 再生으로 보는 傾向이 濃厚하다. 이러한 傾向은 英雄神話를 造作하는 데 흔히 構想되고, 象徵物로 利用되는 수가 많은 것이다.

그러나 이 神話가 誕生地까지를 象徵化시켰을 것인가. 오늘날 蘿井과 閼英井 始林 등이 이미 井·地名으로 있는 以上 과연 神話以前의 것인가 그 후의 것인가 그 命名時期에 대하여는 愼重을 要하

---

56) 啓明心理學會編. *op. cit.* p.113.

57) *ibid.* p.114.

58) Eliode Mircea. *the Myth of the Eternal Return.* New York, Harper and Row, 1959.

59) *loc. cit.*

고 있다. 어떻든 神話的 人物의 誕生地요, 그를 拾得했던 救濟地인 것만은 否認할 수 없는 것이다.

IV. 結 言

以上을 綜合해 볼 때, 羅代의 神話는 비록 中國神話의 影響을 받았을지라도 神話의 造作底意는 어떤 神秘의 世界 또는 太陽의 世界에 있었다기보다 오히려 「誕生過程을 誇張하여 象徵的으로 묘사」한 것이라 하겠다. 神話의 解釋上 原古型과 象徵面이란 兩面으로 보면 羅代神話는 매우 平凡한 史實을 奇異하게 表現했을 뿐임을 알 수 있다. 따라서 羅代神話에 나타나는 棄兒를 英雄으로, 馬·龍·鵲·鷄를 救助者로, 卵·肋骨·櫃를 胞胎로, 蘿州·蘿井·閼英井을 胎生地로, 王·瓠公·老婆를 拾得者 또는 遺棄者로 볼 수 있다면 至極히 單純한 英雄神話요, 바다를 건너 金官國을 經由 阿珍浦에 닿았다는 遺棄經路를 苦楚로 본다면 이것 또한 民族移動을 描寫한 데 불과한 것이라 하겠다.

換言하면 羅代神話는 두 가지의 性格을 지니고 있는 것이다. 하나는 出生過程을 表現한 神話요, 다른 하나는 遺棄過程을 描寫한 것으로서 前者는 朴赫·閼英·閼智의 神話요, 後者는 昔脫解의 神話인 것이다. 이것은 아마도 incest motive를 隱蔽하려는 데 注眼이 있었을 것이며 이로서 palyandry에서 權力構造가 父方으로 넘어가서 貴族基盤을 이루는 한 過程으로서의 血緣을 찾는 意味를 지니는 英雄神話가 아닌가 한다.

—Summary—

New Interpretation of the Myths of the Sinla Dynasty

by Shim, Woo Choon *

The myths of the Sinla Dynasty have two types of characteristics.

One of the types represents the process of birth, while the other describes the step of exposure. The former corresponds to the myths of Pakyok, Alyong, and Alchi in that they were conceived after a dream of conception incorporating a bush or a well spring and born from a womb which is represented by an egg, chest, or rib. Because of the bad omens of the birth, they were exposed and then nursed by a horse, dragon, or white han and finally brought up by such nobilities as Sopolkong, Kokong, and a noble old woman.

In the latter type of myth, the child was destined to cry in a hostile manner for seven years before his belated birth seven years after conception. The myth is constructed in such a way that the hero was exposed because he was produced from an egg, and he was fortunately rescued by an old woman. The hero finally crossed the sea and reached A-chin-po passing through the country of Kumkwan.

All heroes ascend the throne and the myths were prepared long after their ascendance. The first type of myth is a relic of

---

* Assist. Prof., College of Liberal Arts.

the clan society where incest is concealed and the second type is the hero myth in which hostility and discord in a racial migration are disclosed.

출처: 羅代神話의 새로운 解釋 (중앙대학교 논문집 제16집, 1971. pp.161-171)

新羅王室의 婚姻 法則

Ⅰ. 序 言

三國遺事 卷1 新羅始祖 赫居世王條를 보면 "赫居世가 王位에 卽位하자 時人들이 서로 다투어 致賀하기를 이제 天子가 내려왔으니 마땅히 德 있는 女君을 찾아서 짝을 지어야 할 것이라 하여 配匹로 閼英을 物色하여 婚姻을 成立"시키었다고 했고, 三國史記 卷11 文聖王條를 보면 文聖王이 次妃로 맞아들이려는 弓福女에 對해 "弓福은 海島의 사람으로 그의 딸이 어찌 王室의 配匹이 될 것인가"라고 그 不當함을 指摘한 바 있다.

新羅王室에 있어서 貴族의 基盤을 이루고 있는 婚姻은 原則的으로 王이나 貴族 自身들의 自由意思에 依해 行해지기보다는 오히려 村落을 代表하고 있는 村長이나 執政人들의 進言에 依하여 配偶者를 物色 選定하고 王 自身의 意中의 配匹이 있더라도 劃定해 놓은

　規範에 抵觸되면 村長이나 執政人들이 이를 拒否하는 權限을 가지고 있었다. 이와 같은 贊否의 同意를 要하는 婚事는 個人을 떠나서 一旦 選定되기만 하면 終身을 繼位할 王의 妃로서 一般的인 夫婦와 같은 待遇를 떠나 國母로서의 行勢를 하고 또한 國母로 待接해 주는 觀念이 있어 王의 婚事는 國事의 하나로 삼아 왔다. 따라서 王의 婚事는 반드시 어떤 規範下에 施行되었을 것으로 믿어진다.

　三國史記와 三國遺事를 보면 從來에 先學諸賢들에 依해 알려져 온 骨品制度[1]에 依한 婚姻 外에도 여러 가지의 可婚과 禁婚의 範圍가 定해져 있는 것이다. 뿐만 아니라 이 可婚과 禁婚의 範圍는 어떤 法則下에 施行되었을 것이니 이러한 法則이 갖는 意義는 新羅 王室과 그 貴族社會의 時代的 變遷을 밝히는 데 一助가 될 수 있을 것이며 新羅史의 時代區分을 살피는 데도 參考가 될 것이다.

　이 小論은 主로 新羅王室의 婚姻에 對한 法則 一部만을 取扱하였고 그 法則의 起源 및 三國時代에 미친 影響에 대한 諸問題의 考察은 日後로 미룬다.

---

1) 新羅史 硏究는 이미 日本 學者 今西龍 博士에 依하여 新羅問題만을 26篇이나 다룬 '新羅史硏究'가 있고 末松保和 博士의 '新羅史의 諸問題'에서도 9篇의 論文이 보이며 曾我部靜雄 氏의 '藝林'(46)에 發表한 '位階制度의 成立' '古代硏究'(第二 東京大學 敎養學部 人文科學紀要 第5)에도 曾野壽彦 氏의 '新羅의 十七等의 官位成立의 年代에 대한 考察'라는 論文이 있다. 末松 博士가 新羅社會를 '三部體制'로 본 데 反하여 金哲埈 敎授는 新羅上代社會가 '二部體制'였다는 卓見(新羅 上代社會의 Dual Organization 參照)을 發表하였으며 同 '新羅上古世系와 紀年' 및 李基白 敎授의 '大等考' 丁仲煥 敎授의 '斯盧六村人의 出自에 대하여' 等은 모두 本論을 提起하는 데 많은 參考가 되었다.

Ⅱ. 六村의 地勢와 出自

　新羅王室의 婚姻法則은 애초 "天降之人"이란 信仰과 같이 王室의 婚姻이 天에 依하여 定하여졌다기보다는 地勢의 影響으로 어떤 形式을 가지지 않았는가 한다.

　原來 婚姻法則이 自然發生的으로 이루어질 수 있었던 新羅는 最初 그 建國도 六村의 名으로 일어난 것으로 史籍에 散見되거니와 이를 간추려 보면 大略 다음과 같다.

表1. 六村과 六部

順位	原名(六村) (赫居世時)	改　　　　名(六部) (儒理王 9年時)	(高麗太祖時)	位　置	賜姓
①	閼川楊山村	梁部　　　　　及梁部	中興部		李
②	突山高墟村	沙梁部　　　　同左	南山部	南　　村	鄭
③	觜山珍支村(于珍村)	本彼部　　　同左(珍支村)	通仙部	東南村	崔
④	茂山大樹村	漸梁部(牟梁部)同左(大樹村)	長福部	西　　村	孫
⑤	金山加利村	漢祇部　　　漢岐部(韓岐部)	加德部	東　　村	裵
⑥	明活山高耶村	習比部　　　　同左	臨川部	東北村	薛
出處	三國史記 世宗實錄地理志	三國史記 世宗實錄地理志　　東國輿地勝覽	三國遺事	三國 遺事	三國 史記

　三國遺事에 依하면 南쪽의 瓢嵓峰에 降臨한 謁平 村長이 李氏의 始祖가 되어 다스린 及梁部(閼川 楊山村)는 '曇嚴寺' 近處였으며 兄山에 내려온 蘇伐都利 村長이 鄭氏의 始祖가 되어서 다스린 沙梁部(突山高墟村)는 '南山部' 近處였고 花山에 내려온 智伯虎 村長이 崔氏의 祖上이 되어 다스린 本彼部(觜山 珍支村)는 '皇龍寺' 南쪽에 있었다 한다. 그리고 伊山에 내려온 俱(仇)禮馬 村長이 孫氏의 祖

上이 되어 다스린 漸梁部(茂山 大樹村)는 ‘皆比山’ 近處에 있었으며 明活山에 내려온 祗沱(只他)가 裵氏의 村長이 되어 다스린 漢岐部 (金山 加利村)는 亦是 ‘明活山’ 近處였고 金剛山에서 내려온 虎珍 村長이 薛氏의 始祖가 되어 다스린 習比部(明活山 高耶)는 ‘金剛山’ 近處로 推定된다.2)

또한 閼川 楊山村은 高麗 太祖 天福 五年 庚子에 中興部로 改稱 되었고 波潛, 東山, 彼上, 東村이 이에 屬하였으며 突山 高墟村은 南山部라 하여 仇良伐, 麻等烏, 道北, 廻德 等 南村이 이에 屬하고 茂山 大樹村은 長福部로서 朴谷村 等 西村에 屬하고 觜山 珍支村은 通仙部로서 柴巴 等 東南村이 이에 屬하고 金山 加利村은 加德部라 고 하여 上下西知 乃兒 等 東村이 이에 屬하고 明活山 高耶村은 臨 川部로서 勿伊村 仍仇彌村 闕谷 等 東北村이 이에 屬하고 있다.

以上을 보건대 六部의 祖上들은 모두 하늘에서 내려온 것으로 되 어 있고, 弩禮王 9年에 비로소 六村을 六部의 이름으로 고치고 六 姓을 주었으며, 中興部를 ‘어미’의 村으로 삼고, 長福部를 ‘아비’의 村으로 삼았으며, 臨川部를 ‘아들’의 村으로 삼고, 加德部를 ‘딸’의 村으로 삼았다3)고 하였으니 이는 두 가지로 생각할 수 있다.

그 하나는 六部 改名 時에 勢力圈을 가지고 命名하였던 것이 아 닌가 하는 것과 또 하나는 血緣關係에서 命名되어진 것이 아닌가 한다. 兩者 중 어느 하나거나 또한 兩者 모두 어떤 關聯이 있었을 는지 모른다. 如何튼 前者의 境遇는 當時의 政治面에서 살펴야 하

2) 三國遺事 卷1 新羅 始祖 赫居世王條.
   李丙燾 博士는 六村의 位置에 대하여 慶州의 中央에는 沙梁과 本彼部가 있었고 沙梁의 南便에 있던 것은 及梁이며 及梁의 西便이 漸梁이요, 本彼 의 東이 習比, 本彼 및 沙梁의 北이 漢祗였다는 것이다.(李丙燾 著: ‘韓國 史’ 古代篇 乙酉文化社 p.369)
 3) 同上.

겠고, 後者의 境遇는 新羅 貴族의 基盤을 이루고 있는 親屬面을 途
外視할 수 없는 問題이다.

따라서 이의 糾明은 單純한 問題가 아니어서 于先 便宜上 後者의
境遇부터 살펴보면 六部 以前의 六村에 對한 出自[4)가 問題로서 提
起될 것이다.

于先 出自를 問題로서 삼을 만한 記錄으로는 新羅의 故地가 어디
에 所屬되었던 것인가. 換言하면 辰韓의 一國인가 弁韓의 一國인가
하는 問題이다.

後漢書 外國傳 中, 東夷傳에는 "韓有三種 一曰馬韓 二曰辰韓 三
曰弁辰"이라 하여 놓고 馬韓이 54國, 辰韓이 12國, 弁韓이 12國,
都合 78國이 分立하여 있으되 馬韓은 西쪽에 있어 北은 樂浪으로
接하고, 南은 倭로 接하고, 辰韓은 東에 位置, 北으로 濊貊과 接하
고 弁辰은 辰韓의 南에 있다고 記錄되어 있고, "弁辰與辰韓雜居 城
郭衣服同言語風俗異"[5)라고 하여 弁辰과 辰韓民은 混合하여 住居하
였음을 엿볼 수 있다. 그러나 新羅의 出自에 대하여는 蓬萊軒 地理
學叢書에 "新羅亦弁辰十二國之一"[6)이라 하였는데 弁辰은 實上 辰韓
과 弁韓이 東南 慶州 一帶에 있었으며 北에는 辰韓, 南에는 弁韓이
있어 그 中間에 雜居하였기 때문에 分析하기 어렵다[7)는 데서 名稱
이 불린 것이다. 그러므로 三國志에도 "弁辰亦十二國 又諸小別邑
各有渠帥 有 … 斯盧國[8) … 弁辰韓合二十四國"[9)이라 하였음을 알

---

4) 이에 對하여는 三國志의 秦亡人說과 三國遺事의 辰韓 出自說과 三國史記의
古朝鮮 遺民說을 들어 檢討한 古朝鮮 遺民說을 是認한 論도 있다.(丁仲煥敎
授: '斯盧六村人의 出自에 對하여' 歷史學報 17. 18. pp.425-433)

5) 後漢書外國傳 中 東夷傳.

6) 蓬萊軒 地理學叢書: '後漢書 各外國地理孜證' 浙江圖書館叢書 第1輯. p.260.

7) 辰韓弁韓二國在今 朝鮮東南海慶州一帶 大槪辰韓居北 弁韓居南 中國兩種雜居
不易分析 故合稱弁辰(淸丁謙撰: 蓬萊軒地理學叢書 正中書局刊 第一冊 p.398)

수 있다. 新羅의 母體가 辰韓이었다는 것은 三國遺事에 밝혀져 있
거니와 新羅의 出自에 대하여는 先學者의 論考10)와 같이 ① 中國
亡人說 ② 弁韓出自說 ③ 辰韓出自說 ④ 土着民說 等을 들 수 있
다. 史籍에 散見되는 것을 拔萃해 보면 다음과 같다.

①

가. 辰弁耆老自言秦之亡人 避役適韓 馬韓割東界地與之 語有似秦 或名
之爲秦韓11)

나. 辰王治月支國 准旣僭號稱王 爲燕亡人衛滿所攻奪 將其左右宮人走入
海 居韓地 自號韓王 其後絶滅 今韓人猶有奉其祭祀者 漢時屬樂浪郡
桓靈之末 韓濊强盛 郡縣不能制 民多流入韓國 建安中公孫康分屯有
以南荒地爲帶方郡 遣兵伐韓濊 舊民稍出是後倭韓遂屬帶方 景初中明
帝密遣帶方樂浪太守劉昕 鮮于嗣越海定二郡 賜諸韓酋邑 君邑長印綬
後因事叛 攻帶方崎離營 二郡遣兵伐之 遂滅韓12)

다. 辰韓常用馬韓人作主 不得自立 明其爲流移之人 故爲馬韓所制也13)

라. 新羅國在高麗東南 居漢時樂浪之地 或稱斯羅 魏將毋邱儉破高麗
王奔沃沮 後復歸國 留者遂爲新羅 其人雜有華夏高麗百濟 兼有沃
沮不耐韓濊之地 王本百濟人 自海逃入新羅 遂王其國 初附庸於百濟
百濟征高麗 不堪戰役 民相率歸之 因致强盛14)

②

마. 新羅弁韓種也 漢樂浪故地 橫千里 從三千里 東距長人 東南日本 南
瀕海 北高麗 王居金城15)

---

8) 三韓의 78國名에 揭載되었으며 新羅를 斯盧라고 하는 것은 飜譯者의 轉音
이라고 하는 說도 있다.(蓬萊軒地理學叢書 第一冊. p.260)

9) 三國志 烏丸 鮮卑 東夷傳 弁辰條 參照. 三國遺事 卷1 辰韓條.

10) 註 4)參照.

11) 後漢書 外國傳中 東夷傳.

12) 三國志 烏丸鮮卑東夷傳.

13) 晋書 四夷傳.

14) 隋書 四夷傳.

바. 新羅<u>弁韓之遺種也</u>16)

사. 新羅亦漢以來古國　在高麗東南　但至後唐天成二年　其國已亡　遼時事蹟頗少17)

③

아. 辰韓之地　古有六村 … 六部之祖　似皆<u>從天而降</u>18)

④

자. 先是　<u>朝鮮遺民</u>　分居山谷之間　爲六村19)

　① ② : 첫째, 文獻學的인 問題이다. 中國亡人說 中에는 두 가지의 見解가 있다.

　하나는 後漢書의 記錄처럼 戰國 末葉의 群少 强國人들끼리 雌雄을 다투다가 敗亡하여 亡命하는 者도 있었을 것이고 戰局의 북새질에 못 견디어 流浪民으로 南下한 者도 없지 않았을 것이니 이로 미루어 보면 異民族의 吸收策으로도 馬韓이 東地쯤은 떼어 줄 수도 있었겠고 同化策을 썼을는지도 모른다. 그러나 또 하나의 問題로는 弱者의 保護와는 달리 箕子의 41代 孫 準이, 燕亡人 衛滿의 勢力에 못 이겨 左右宮人 數千人을 거느리고 韓地에 와서 스스로 王이라 부르고 馬韓을 征服한 記錄이 있음을 볼 때 前者는 流移民이요, 後者는 侵略者로 볼 수도 있을 것이다.

　晋書의 記錄을 본다면 秦의 流民이 곧 辰韓에 移住한 百姓이요, 78國으로 構成된 三韓 中에서 54國이 馬韓이요, 12國이 弁韓이며, 辰韓은 12國인 것이다.20)

15) 新唐書 東夷傳.
16) 新五代史 四夷 附錄.
17) 遼史 外國傳.
18) 三國遺事 卷1 新羅始祖 赫居世王條.
19) 三國史記 卷1 新羅本紀1 始祖赫居世居西干條.
20) 後漢書 外國傳中 東夷傳.

"初朝鮮王準爲衛滿所破　將數千人走入海　攻馬韓破之　自立爲韓王"[21]이라 하여 箕子의 이른바 41代 後孫인 準이[22] 마치 數千民을 거느리고 와서 建國한 것처럼 記錄되어 있다. 換言하면 行政上의 區劃은 지어졌으나 다 같이 中國民族이므로 '雜居'하였다는 것으로 推測된다. 그러나 '다.'의 記錄과 같이 設使 移民되었었다고 假定해 보더라도 馬韓人의 支配下에 一般百姓으로 存立하였다고 解釋되며, 新羅가 本來 辰韓의 舊國으로서 高句麗가 敗해서 沃沮에 와서 머물렀다고 하였다. 또한 記錄 中에 보이는 漢의 樂浪郡을 다스리던 王儉城은 只今의 平壤城인데 그 管轄地는 平安 黃海 二道였으므로 비록 辰韓이 樂浪地라 云謂하였을지라도 新羅 안에 所在치 않았던 것이 明白하다.

둘째, 體質 比較에 關한 問題이다. 매우 遺憾인 것은 수많은 樂浪 遺物이 發掘되었지만 안타깝게도 樂浪人에 대한 遺骸가 아직 發掘된 일이 없어 新羅人과의 比較를 할 수 없다. 다만 新羅人에 대하여는 疏略한 記錄이나마 몇 가지 보이고 있다.

身體의 平均은

身　　長　　♂ 9.2±2.2尺　　5件
頭骨周圍　　♀ 7.25±2.5尺　　2件
　　　　　　♂ 3.2±?　　　　1件[23]

---

21) 同上.

22) 魏略의 記事 中 準問題에 대하여는 王稱, 取地二千餘里, 年代의 錯誤, 誤植과 服裝, 博士號 授與 等의 模糊함이 實로 많은 것으로 그 信憑性이 稀薄한 것은 다른 곳(拙稿: '箕子朝鮮과 朢候問題에 대하여'(淑大史論 第2輯)에서 밝히려 한다.

23) 三國史記 卷1 脫解尼師今條. 同 卷2 阿達羅尼師今條. 同 卷5 實聖尼師今條. 同 卷5 眞德王條. 三國遺事 卷1 智哲老王條. 同 卷1 天賜玉帶條.

으로 相當히 巨人級에 屬하는데 發掘된 遺骸의 身長은 5尺 34寸[24)] 으로 果然 成人의 것인가 疑問이며 더욱이 骨骼이 腐蝕되어 細密한 것은 알 수 없다. 外國 學者들의 見解에 依하면 韓國人은 身長 1.615m 或은 1.63m. 頭型 83.6. 狹長臉形, 顎面突出, 中窄鼻形, 眼角은 모두 蒙古系와 類似하며 鬚鬚長, 皮膚白色, 頭髮褐色, 光眼 肥大[25)] 等과 近似한 點이 없지 않다. 앞으로 樂浪人 遺骸가 發掘 되는 대로 比較를 要할 것이다.

③ ④ : 一然은 그의 著 三國遺事에서 "辰韓之地 古有六村"이라고 하였고 六村長의 이름을 들어[26)] "六部之祖 似皆從天而降"[27)]이라 하였다. 이와 같은 天降說은 大槪의 境遇 開國神話로서 나타나나 이는 神話라 하여 一蹴할 수 없을 것이며, 이른바 神話에도 全혀 無根한 事實이 潛在한 것은 아닌 것 같다. 그것은 마치 羅代의 記 事에서 흔히 볼 수 있는 것과 같이 楊山村에서 나온 馬 totem[28)], 閼英井에서 나온 龍 totem[29)] 多婆那國에서 나온 鵲 totem[30)], 金 城에서 나온 雞 totem[31)]은 詩經의 商頌에서 보이는 "하늘의 命을 받들어 내려온 玄鳥가 商을 낳았다"[32)]는 感生說을 髣髴케 하고 있

---

24) 이 記事 以外에도 6尺 남짓한 身長을 가진 遺骸가 發掘되었으며 指環도 直徑 7分 3厘에 達하였다는 記錄이 보이고 있다.('梁山夫婦塚と 其遺物 第三節 '玄室內の狀態並に主人の遺骸' 古蹟調査特別報告 第5冊. p.29)

25) Haddon, A. C: 'The races of man and their distribution.' Cambridge. 1911. pp.32. 94.

26) 三國遺事 卷1 紀異1 新羅始祖 赫居世王條.

27) 同上.

28) 三國史記 卷1 新羅本紀1 始祖赫居世居西干條.

29) 三國遺事 卷1 紀異1 新羅始祖 赫居世王條.

30) 三國史記 卷1 新羅本紀1 脫解尼師今條.

31) 同上.

32) "天命玄當降生商" 詩傳30 商頌.

다. 옛 聖人들은 모두 아버지가 없었으며 하늘에 感해서 태어났거나 或은 命을 받아 내려온 것으로서 그 對象物은 龍, 鳥, 巨人蹟, 大星, 虹 等 모두 神靈의 象徵으로 되어 있다. 이러한 傳說은 讖緯家의 臆造하는 바가 아니더라도 眞實의 一面도 없지 않은 것이다.

族內婚을 暗示하였던 것은 後世 始祖를 尊崇하려고 그 紊亂을 避하기 위해 神靈과 感해서 誕生되었다는 것을 神話로 삼고 있다. 이것은 아버지를 모른다는 것과 다름이 없으며 모두 母系社會의 亂婚에 대한 存在를 反證하는 것이라 하겠다.

特히 이 說을 뒷받침해 주는 것은 慶州 王京遺址의 地理的 環境이다. 慶州는 新羅建國으로부터 滅亡에 이르기까지 約 千年間의 王京으로 現在의 慶北 慶州邑 一帶의 盆地로서 遷都한 일이 없이 連綿하여 始終一貫하였다. 盆地는 山間의 僻地로서 何等 特徵이 있는 河川도 없다는 點과 交通이 不便한 땅에 新羅의 王京이 있었다는 것은 大端히 不審하나 先祖의 發祥地로서 버리기는 어렵다는 點, 그리고 四周 山岳이 自然 城廓을 이루고 防禦하기에 매우 便利하였다. 또한 東쪽은 吐含山을 넘어 魚日里의 바다에 通하고 南쪽은 平野를 건너 지금의 彦陽의 曠野에 뻗쳐 釜山海에 通하고, 西쪽은 山으로 分岐하여 大邱 平野에 이르러 百濟와 通하고, 北쪽은 河川을 끼고 迎日灣에 이르는 交通이 比較的 便利하였으므로, 當時 新羅가 三國을 統一하여 覇權을 쥐었을지라도 敢히 遷都치 못한 緣由[33]가 여기에 있는 것으로 보인다. 더욱이 慶州의 面積은 大端히 작으며 邑 東에 서서 四方을 바라볼 때, 東은 明活山으로서 狼山의 翠丘를 쌓고 있으며 저 멀리 吐含山이 보이고 北의 金剛山 突兀峰을 들 수 있으며 西쪽은 玉女峰, 仙桃峰(西岳)이 모두 圓錐의 翠岱도 좋고

---

33) 藤島亥治郎 著: '朝鮮建築史論' 其1. p.265.

南에는 鰲山(金鰲山, 南山)의 連嶺이 있어 突兀인 赭膚를 드러내어 巍峨한 것이다. 四面으로 包圍된 平靜한 沃野, 四圍의 山間은 北에 閼川(北川) 南에 蚊川(南川), 西에 西川이 흐르고 그 河源은 넓으며 迂曲하여 흐르고 모아져서 北쪽 迎日灣으로 向하고 있다.34) 四顧蒼茫한 古都址에 남아 있는 幢竿柱類35)는 中國 文物이 이미 輸入된 以後의 新羅 隆盛期의 片貌이지만 그 以前의 六村 構造는 地理的으로 볼 때 旣述한 바와 같이 防禦에 適合한 自然 城廓으로 始祖가 誕生할 수 있을 環境이었다고 하겠다. 그렇다고 보면 六村의 楊山, 突山, 觜山, 茂山, 金山, 明活山 같은 '山'과 閼川 같은 '川'은 하나의 形成된 '村'에 대한 區劃이라고도 볼 수 있지 않을까. 이와 같은 地勢는 新羅 建國初의 一斷面을 描寫한 記錄으로 看做되는 것이다. 따라서 三國遺事36)의 "六部之祖 似皆從天而降"37)의 天降説과 三國史記의 "先是 朝鮮遺民 分居之間 爲六村"38)의 朝鮮 遺民은 表現上에 있어서 다를 뿐이요, 其實은 土着民을 代表하는 語句이고 移住民을 表現한 말은 아닐 것으로 解釋된다.

以上에서 戰國時代에 流移해 온 中國人39)들이 被支配 階級에 屬

---

34) 同上.

35) 藤島亥治郎: '慶州を中心とする新羅時代 幢竿支柱論' 史蹟名勝天然紀念物. vol.8. No.11. p.1.

36) 三國遺事는 新羅 百濟 高句麗 三國의 遺事를 모은 意味로서 三國史記의 補遺의 뜻은 아니며 三國史記와 同一한 史料에 依한 것이 많으나 '本史' 또는 '本紀'로서 舊三國史의 文을 引用하고 또한 '古記' 其他의 이름으로써 오늘날 잃어진 史籍을 引用한 것이 적지 않다.

37) 三國遺事 卷1 新羅始祖 赫居世王條.

38) 三國史記 卷1 新羅本紀1 始祖赫居世居西干卽位年條.

39) 中國 學者 中 傅斯年 博士는 新羅에 中國人 및 土着民이 混合 居住하였다고 論及하였으나 主導權掌握 與否에 對하여 아무런 言及이 없다.(傅斯年 等編 '東北史綱' 初稿 卷1. pp.120. 124)

하였다 함은 侵略의 痕跡이 없었다는 史實로써도 알 수 있으며 新羅 貴族은 決코 流移民이 아닌 朝鮮 固有의 土着民이었다는 것을 앞의 例擧에서도 볼 수 있다. 이들은 最初부터 父系社會를 이룩하여 六村을 이루었는가 하는 데에 대하여는 若干의 疑問이 없지 않다. 旣述한 바와 같이 六村이 構成된 以後에 赫居世居西干 五年 (B.C. 53) 正月에 龍이 閼英井에 나타나 오른쪽 겨드랑 갈빗대 밑으로 한 女兒를 낳았는데 이를 본 한 老婆는 이상히 여겨 거두어 길렀더니 德容이 뛰어났다는 閼英井 女人(閼英夫人)과 楊山下의 蘿井 곁에 이상스러운 雷光이 땅에 비치더니 白馬 한 마리가 꿇어앉아 절하는 앞에 붉은 알이 있었음을 이상히 여겨 깨어 보니 아름다운 童子가 나서(赫居世) 이를 配匹로 맞았다[40]는 朴氏의 始祖說이 있고 孕胎한 지 七年 만에 낳았다는 多婆那國(耽羅國―只今의 濟州島) 流移民 昔脫解說이 있으며[41] 밤길을 걷다가 별빛이 입속으로 들어가서 母胎에서 나왔다[42]는 母를 朴氏로 하고 父를 助賁王으로 하는 儒理尼師今 金氏[43] 誕生說 等은 六村에서 六部로 改稱된 以後 西紀 230年까지가 母系社會의 一面으로 보인다. 이와 같은 朴·昔·金 三姓의 誕生說은 모두 그 由來를 달리할 뿐 아니라, 地

---

40) 五年 春正月 龍見於閼英井 右脇誕生女兒 老嫗見而異之 收養之 以井名 名之 及長有德容始祖聞之 納以爲妃有賢行 能內輔 時人謂之二聖(三國史記 卷1 新羅本紀1 始祖赫居世居西干 五年條)

41) 脫解尼師今(一云吐解) 時年六十二 姓昔 妃阿孝夫人 脫解本多婆那國所生也 其國在倭國東北一千里 初其國王娶女國王女爲妻 有娠 七年乃生大卵 王曰 人而生卵 不祥也 宜棄之 其女不忍 以帛裹卵幷寶物 置於櫝中 浮於海 任其所往 初至金官國海邊 金官人怪之不取 又至辰韓 阿珍浦口 是始祖赫居世在位三十九年也 時海邊老母 以繩引繫海岸 開櫝見之 有一小兒在焉 其母取養之 …(三國史記 卷1 新羅本紀1 脫解尼師今 卽位年條)

42) 儒禮尼師今立 … 助賁王長子 母朴氏 葛文王奈音之女 嘗夜行 星光入口 因有娠 載誕之夕 異香滿室(三國史記 卷2 新羅本紀2 儒禮尼師今 卽位年條)

43) 同上.

域도 다르고 特히 濟州島로부터 온 住民도 新羅 貴族의 한 構成 分子였다는 것을 알 수 있다.

Ⅲ. 繼嗣 및 繼位

三國史記와 三國遺事에 나타난 六村 六部時 混合 移流民間 貴族 勢力의 基盤을 維持한 新羅 王室의 王代를 보면 다음과 같다.

表2. 朴·昔·金 三姓의 王代 區分

王　姓	王　　　　　　　　　　　　　　代	備　考
朴	1. 2. 3. ④. 5. 6. 7. 8.	④ 昔姓
昔	9. 10. 11. 12. ⑬. 14. 15. 16.	⑬ 金姓
金	17 ……………………… 52.	
朴	53. 54. 55.	
金	56.	

出處: 三國史記, 三國遺事.〔附表 Ⅰ, Ⅱ〕參照

朴姓 在位 時에 있어서의 昔姓 一人은 昔脫解로서 氏族長 會議에서 儒理王과 王位를 두고 對決하여 失敗하였으나[44] 儒理王이 죽은 뒤에는 그 王子가 둘이나 있었음에도 不拘하고 昔脫解가 第4代 王으로 卽位하였다.[45]

---

44) 儒理尼師今立……初南解薨 儒理當立 以大輔脫解素有德望 推讓其位 脫解曰 神器大寶 非庸人所堪 吾聞聖智人多齒 試以餠噬之 儒理齒多 乃與左右奉立 之(三國史記 卷1 新羅本紀1 儒理尼師今 卽位年條)

45) 至七年 登庸 爲大輔 委以政事 儒理將死曰 先王顧命曰 吾死後 無論子壻 以

그러나 脫解가 世上을 떠난 뒤에는 亦是 脫解의 子孫이 儼然히
있음46)에도 不拘하고, 儒理王의 次子가 儒理王 代를 이어 繼位47)
한 것을 보면 當時의 氏族長 會議의 發言權과 勢力은 昔姓에 比해
서 朴姓이 훨씬 컸고 昔姓은 一時 朴姓의 外戚으로서 擡頭하여 朴
姓 執權을 補佐한 役割에 지나지 않았다.48)

따라서 第一 王朝로부터 第八代 王朝에 이르기까지를 朴姓 時代
라고 봄이 大差 없을 것으로 믿어진다.

第二의 昔姓 가운데 沾解王 12年에 嗣子가 없는 것49)을 기화로
하여서 外戚 金姓인 味鄒를 一時 登庸하였으나 昔姓 時代를 9代로
부터 16代까지로 보아서 無理 없을 것이다.

以上이 首肯된다면 朴·昔·金 三姓은 新羅王 56代를 通하여 右圖
와 같이 執政하였으며, 執權層으로서 耽羅國人의 介入도 있었고50)
閼英系의 金姓을 妻로 하는 土着 楊山村51) 朴姓으로부터 耽羅人 昔

年長且賢者繼位是以 寡人先立今也 宜傳其位焉(三國史記 卷1 新羅本紀1
脫解尼師今 即位年條)

46) 伐休尼今立 姓昔 脫解王子 仇鄒角干之子也(三國史記 卷2 新羅本紀2 伐休
尼師今 即位年條)

47) 婆娑尼師今立 儒理王第二子也……初脫解薨 臣僚欲立儒理太子逸聖 或謂逸
聖雖嫡嗣 而威明不及婆娑遂立之(三國史記 卷1 新羅本紀1 婆娑尼師今 即
位年條)

48) 三國史記의 所傳보다는 줄어든 奈勿 以前의 期間에 있어서 三姓 世系가
並立하고 있는 以上 一·二王의 昔氏가 朴氏王 世次 間에 끼이고 味鄒가
昔姓 世次 間에 끼인 것은 곧 三姓의 交立으로 보고 있으며 이와 같은 交
立은 三部族 聯盟 全體의 推戴나 選擧의 形式을 取하였을 것이라는 見解
가 있다.(金哲埈教授: '新羅 上古世系와 그 紀年' 歷史學報 第17. 18輯
合倂號 pp.198. 199)

49) 味鄒尼師今立 姓金 母朴氏……妃昔氏 光明夫人 助賁王之女……沾解無子 國
人立味鄒 此金氏有國之始也(三國史記 卷2 新羅本紀2 味鄒尼師今 即位年條)

50) 三國史記 卷1 新羅本紀1 脫解尼師今 即位年條.

51) 始祖 姓朴氏 諱赫居世……高墟村長蘇伐公 望楊山麓 蘿井傍林間 有馬跪而

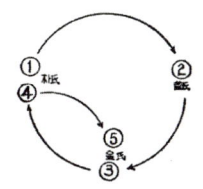姓52), 耽羅人 昔姓으로부터 閼智系의 金姓으로53), 閼智系의 金姓으로부터 다시 楊山村 朴姓으로54), 楊山村 朴姓으로부터 다시 閼智系의 金姓으로55) 循環하였음을 알 수 있다. 卽 1代로부터 9代까지의 朴姓集團, 9代로부터 16代까지의 昔姓의 集團, 17代로부터 52代까지의 金姓의 集團, 다시 53代로부터 55代까지의 朴姓 集團, 다시 56代는 金姓 集團의 執權時代로 劃分할 수 있는 것이다.56)

그러나 아무리 同一 集團이라도 王位를 圍繞하고 아무런 紛糾 없이 繼位하였는가, 長子만이 相續하고 次子는 相續權이 없었는가, 그리고 外戚과의 關係는 어떻게 되었는가에 대하여는 아래 比率表와 같이 大略 父系와 母系와의 社會的 性格에 대한 輪廓이 어느 程度 나타나 있다.

嘶 則往觀之 忽不見馬 只有大卵剖之 有嬰兒出焉 則收而養之 及年十餘歲 岐嶷然夙成 六部人以其生神異 推尊之 至是 立爲君焉 辰人謂瓠爲朴……(三國史記 卷1 新羅本紀1 赫居世居西干 卽位年條)

52) 至南解王五年 聞其賢以其女妻之 至七年 登庸 爲大輔 委以政事……(三國史記 卷1 新羅本紀1 脫解尼師今 卽位年條) 伐休尼師今立 姓昔 脫解王子仇鄒角干之子也 母姓金氏 只珍內禮夫人 阿達羅薨無子 國人立之(三國史記 卷2 伐休尼師今條)

53) 味鄒尼師今立……沾解無子 國人立味鄒 此金氏有國之始也(三國史記 卷2 味鄒尼師今 卽位年條)

54) 儒理尼師今立 助賁王長子(三國史記 卷2 新羅本紀2 儒理尼師今 卽位年條)

55) 奈勿尼師今立 姓金 仇道葛文王之孫也 父末仇角干 母金氏 休禮夫人 妃金氏 味鄒尼師今女 訖解薨 無子 奈勿繼之(三國史記 卷3 新羅本紀3 奈勿尼師今 卽位年條)

56) 이는 姓氏의 交替面만을 보아 區分한 것이다. 이와 같은 區分은 先學者에 依해서도 區分된 것이나 民族學인 면에서 婚姻을 中心한 區分은 아님을 밝혀 둔다.

表3. 繼 位 率

系	繼 位	王　　　　代	數	比率	總比率	備　考
親 戚	長　子	2. 3. 6. 8. 20. 21. 23. 30. 31. 32. 34. 36. 46. 49. 54.	15	% 25	%	
	次　子	25.	1	2		
	伯　父	7.	1	2		
	孫	10. 39.	2	4		
	侄	15. 24. 26. 29. 52.	5	9		
	叔	41.	1	2		
	兄　弟	12. 17. 33. 35. 42. 47. 50. 55.	8	14		
	從兄弟	11. 16. 40. 43. 48.	5	9	66	
外 戚	婿	4. 19.	2	4		
	妻　侄	5.	1	2		
	外祖父母兄弟	9. 37. 44.	3	6		
	外 16寸	14.	1	2		
	妻弟夫	18.	1	2		
	姑母子	22. 13.	2	4		
	長　女	27.	1	2		
	從姊妹	28. 51. 45.	3	6		
	外戚26寸	38. 53. 56.	3	6	32	
未詳		1	1	2	2	初代王 未　詳

出處: 三國史記 및 三國遺事

　　新羅 初期에 있어서는 外戚의 勢力이 擡頭되었으나 親戚率보다는 얕다. 外戚(32%)에 比해서 親戚(66%)은 約 倍數를 占有하고 있으며, 그 中에도 長子 繼位가 首位(25%)이고 兄弟 繼位가 次位(14%)이며 姪繼位와 從兄弟 繼位가 各各 적지 않은 數(9%)를 占한 듯하나 外戚에도 外祖父 兄弟 外 從姊妹 等의 數(6%)도 적지 않다. 一瞥하면 初期는 親戚의 大部分이 王位를 繼承한 듯하나 外戚 勢力이 顯著히 擡頭(朴姓時代 5:2 昔姓時代 5:3)되었으며 中期 以後에는 比較的 外戚 勢力의 侵透가 漸次 弱化(金姓時代 眞興王

以前 7:5 同王 以後 19:5)되고 있다. 外戚 勢力이 初期에 若干 擡
頭된 現象은 母系 社會의 一面으로서 中期 以後에 稀有하였던 것은
또한 父系社會57)의 轉換을 示唆하고 있다.

　이제 그 具體的인 樣相을 아래 繼位에서 推理해 보고자 한다.

表4. 王代別 親戚, 外戚關係

Ⅰ.	Ⅱ.	Ⅲ.	Ⅳ.	Ⅴ.	Ⅵ.	Ⅶ.	Ⅷ.
1－?	9－♀	17－♂	22－♀	29－♂	37＝♀	53－♀	56－♀
2－♂	10－♂	18－♀	23－♂	30－♂	38＝♀	54－♂	
3－♂	11－♂	19－♀	24－♂	31－♂	39－♂	55－♂	
4－♀	12－♂	20－♂	25－♂	32－♂	40－♂		
5－♀	13－♀	21－♂	26－♂	33－♂	41－♂		
6－♂	14－♀		27－♀	34－♂	42－♂		
7－♂	15－♂		28－♀	35－♂	43－♂		
8－♂	16－♂			36－♂	44－♀		
					45－♀		
					46－♂		
					47－♂		
					48－♂		
					49－♂		
					50－♂		
					51－♀		
					52－♂		

依據: 三國史記　　〔附表 Ⅰ, Ⅱ〕 參照

　三國史記 卷12 定康王條의 "定康 … 諱晃 景文王之第二子"58)와
同卷12 孝成王條의 "聖德王第二子"59)의 繼位에는 아무런 理由 없이

---

57) 家系의 存續은 婚姻의 基本 要件(Goodsell: The History of the family
　　as a social and educational institution. p.119.)이므로 로마의 家系
　　繼承과 같이 新羅室에서도 子孫의 不絶에 注意를 게으르지 않고 婚姻 法
　　則을 定하여 王統을 代代로 傳承시키려는 企圖였음을 알 수 있다.

58) 三國史記 卷12 新羅本紀12 定康王條.

次子相續이나 繼位를 正則으로 삼는 規制 같은 印象을 주기도 하지만 母系, 父系를 莫論하고 次子가 正統的이라는 社會가 아직 있음을 보지 못했으니 模糊하다. 더욱이 赫居世居西干이 卽位한 理由를 보면 "六部人以其生神異 推尊 至是立爲君焉"[60]이라고 하여 出生이 神異하다는 點에서 推尊을 받도록 되어 있으나 반드시 賢者나 先天優性을 爲主로 한 繼位는 아닌 것이다. 景德王條를 보면 "景德 … 諱憲英 孝成王同母弟 孝成無子 立憲英爲太子 故得嗣位"[61]라 하여 孝成의 太子가 없으므로 次子인 憲英을 太子로 삼아 繼位한 것이 景德이요, 昭聖王條로 보아도

"昭聖王立諱 俊邕 元聖王太子仁謙之子也 … 元聖大王元年 封子仁謙 爲太子 至七年卒 元聖養其子於宮中 … 十一年爲太子 及元聖薨繼位"[62]

라 하는 것을 보면 太子가 죽자 孫子를 太子로 삼고[63] 繼位시킨 일이 없지 않은 것이다. 그뿐만 아니라 孝恭王條에 나타난 記事에는

"眞聖王十一年 … 近年以來 百姓困窮 盜賊蜂起 此孤之不德也 避賢讓位 吾意決矣 禪位於太子嶢 於是遺使入唐表奏曰 臣某言 居羲仲之官 非臣素分 守延陵之節是臣良圖 以臣姪男嶢 是臣亡兄晸息 年將志學 器可興宗 不假外求 爰從內擧 近已俾權藩寄 用靖國災"[64]

라고 하여 憲康王의 庶子인 嶢를 太子로 삼고 繼位한 일도 또한 있

---

59) 三國史記 卷9 新羅本紀9 孝成王條.
60) 三國史記 卷1 新羅本紀1 赫居世居西干 卽位年條.
61) 三國史記 卷4 新羅本紀4 景德王 卽位年條.
62) 三國史記 卷10 新羅本紀10 昭聖王 卽位年條.
63) 三國史記 卷10 新羅本紀10 昭聖王 卽位年條.
64) 三國史記 卷11 新羅本紀11 眞聖王 11年 6月條.

고, 惠恭王은 景德王의 嫡子로서 8歲에 即位하여 後妃의 所生으로 太子의 相續을 받았으며 太后의 攝政으로서 繼位한 일이 있었으니65) 이와 같이 본다면, 南解66) 阿達羅67) 慈悲68) 炤知69) 法興70) 文武71) 神文72) 孝昭73) 哀莊74) 文聖75) 憲康76) 景明77) 等 長子相續과 아울러 太子의 資格을 얻어 繼位된 것이라 하겠다. 太子로 相續을 받지 않고 繼位된 例도 또한 적지 않다. 即 景哀王의 "魏膺 景明王同母弟也"78)와 "興德王立 諱秀宗 後改爲景徽 憲德王同母弟也"79)의 境遇는 長子가 없으므로 長子 代身 叔인 王의 同母弟가 繼位하였으며 聖德王도 神文王의 第二子로서 孝昭의 同母弟였는데 孝昭王이 죽자 아들이 없어 國人들이 王弟를 推戴한 일이 있고80) 沾解도 助賁王의 同母弟, 逸聖도 弟인 前王 婆娑王의 兄으로

---

65) 惠恭王立 諱乾運 景德王之嫡子 母金氏 滿月夫人 舒弗邯義忠之女 王即位時 年八歲 太后攝政(三國史記 卷9 新羅本紀9 惠恭王 即位年條)

66) 三國史記 卷1 新羅本紀1 南解次次雄 即位年條.

67) 三國史記 卷2 新羅本紀2 阿達羅尼師今 即位年條.

68) 三國史記 卷3 新羅本紀3 慈悲麻立干 即位年條.

69) 三國史記 卷3 新羅本紀3 炤知麻立干 即位年條.

70) 三國史記 卷4 新羅本紀4 法興王 即位年條.

71) 三國史記 卷6 新羅本紀6 文武王 即位年條.

72) 三國史記 卷8 新羅本紀8 神文王 即位年條.

73) 三國史記 卷8 新羅本紀8 孝昭王 即位年條.

74) 三國史記 卷10 新羅本紀10 哀莊王 即位年條.

75) 三國史記 卷11 新羅本紀11 文聖王 即位年條.

76) 三國史記 卷11 新羅本紀11 憲康王 即位年條.

77) 三國史記 卷12 新羅本紀12 景哀王 即位年條.

78) 三國史記 卷12 新羅本紀12 景哀王 即位年條.

79) 三國史記 卷10 新羅本紀10 興德王 即位年條.

80) 聖德王立 諱興光 本名隆基……神文王第二子 孝昭同母弟也 孝昭王薨 無子 國人立之(三國史記 卷8 新羅本紀8 聖德王 即位年條)

서 侄의 位를 이었으니[81] 이와 같은 것은 모두 兄弟 侄叔相續 中
에서 弟叔이 繼位한 例인 것이다. 無子인 境遇는 그렇지만 有子라
도 境遇에 따라서는 同母弟나 或은 異母弟 또는 弟에 相續되었다가
다시금 直系로 嫡子相續을 하는 境遇가 있다.

"眞平王立 諱白淨 眞興王太子銅輪之子也 母金氏 萬呼夫人 葛文王
立宗之女 妃金氏摩耶夫人"[82]이라 하여 前王의 傍系에서 直系인 侄
에 繼位되었고 助賁王의 孫子인 基臨王 亦是 前王의 侄로서 傍系에
서 直系 長子로 繼位되었다. 따라서 어디까지나 傍系가 繼位 乃至
執政하였더라도 正統이 아니어서 다시금 直系로 還元되는 것이 正
則으로 되었음은 血緣關係의 一面을 如實히 表現하고 있는 것이다.
그러나 前王이 無子이어서 繼位가 問題될 때에는 王 自身이 後嗣를
決定하는 顧命制度[83]가 있으나 그 限界에는 여러 가지 形態가 있
다. 그 指名의 範圍를 보면 大略 다음과 같은 諸例가 散見된다.

48代 景文王은 僖康王子 啓明 阿飡의 아들로서 그가 前王에의
繼位는

"憲安王五年 春正月 王寢疾彌留 謂左右曰 寡人不幸無男子有女 吾邦
故事 雖有善德 眞德二女王 然近於牝雞之晨 不可法也 甥膺廉雖幼少 有
老成之德 卿等立而事之 必不墜祖宗之令緒 則寡人死且不朽矣"[84]

---

81) 婆娑尼師今立 儒理王第二子也……初脫解薨 臣僚欲立儒理太子逸聖 或謂逸
聖雖嫡嗣 而威明不及婆娑 遂立之 沾解尼師今立 助賁王之同母弟也(三國史
記 卷1 新羅本紀1 沾解尼師今 卽位年條)
82) 三國史記 卷4 新羅本紀 眞平王 卽位年條 三國史記 卷1 新羅本紀1 脫解尼
師今條.
83) 三國史記 卷2 新羅本紀2. 助賁尼師今條.
   三國史記 卷11 新羅本紀11. 憲安王條.
   三國史記 卷11 新羅本紀11. 憲安王 5年 春正月景文王(卽位를 顧命)條.
84) 三國史記 卷11 新羅本紀11. 憲安王 5年 春1月條.

라 하여 自己의 女息이 있음에도 不拘하고 國政을 걱정하여 甥 膺
廉을 顧命한 일이 있고 憲安王 같은 분은 神武王의 異母弟로서 前
王인 聖王의 顧命으로 卽位하였으며[85] 善德王 在位 時에 血統으로
가장 가까운 眞智王妃가 이미 出嫁하고 弟系의 子孫인 眞智王의 아
들 伊湌 龍春의 子인 太宗武烈王이 卽位하였고[86] 眞智王의 境遇는
太子 早卒로서 次子가 繼位하였는데[87] 여기에는 몇 가지의 規範이
있는 것 같다.

三國史記 卷3 儒理尼師今條를 보면

"儒理 … 以大輔脫解素有德望 推讓其位 脫解曰 神器大寶 非庸人所堪
吾聞聖智人多齒 試以餠噬之 儒理齒多 乃與左右奉立之"[88]

라 하였다. 이것을 볼 때 齒多는 選出 時의 可票 數가 많은 것을
意味하는가, 또는 年齡에 있어 年長者로서 하는가, 知識에 있어서
賢明한 者로서 繼位하는가에 對하여는 仔細치 않으나 脫解尼師今條
에 나타난 記錄을 보면 "脫解 … 先王顧命曰 吾死後無論子壻 以年
長且賢者繼位 是以寡人先立 今也宜傳其位焉"[89]으로 物望에 오른 立
候補者 中에서도 同一條件이라면 年長者의 繼位를 優先으로 하고

---

85) 憲安王位 諱誼靖 神武王之異母弟也……以文聖顧命卽位(三國史記 卷11 新
   羅本紀11 憲安王 卽位年條)

86) 太宗武烈王立 諱春秋 眞智王子伊湌龍春之子也……及眞德薨 群臣請閼川伊
   湌攝政 閼川固讓曰臣老矣 無德行可稱 今之德望崇重 莫若春秋公 實可謂濟
   世英傑矣 遂奉爲王 春秋三讓 不得已而就位(三國史記 卷5 新羅本紀5 太宗
   武烈王 卽位年條)

87) 眞智王立 諱舍輪 眞興王次子……太子早卒 故眞智立(三國史記 卷4 新羅本
   紀4 眞智王 卽位年條)

88) 三國史記 卷3 新羅本紀3 儒理尼師今 卽位年條.

89) 三國史記 卷1 新羅本紀1 脫解尼師今 卽位年條.

賢者는 그 다음으로 하는 것임을 알 수 있다.[90] 따라서 이와 같은 推戴는 國人으로서 하되 반드시 繼位가 問題의 對象이 될 境遇에 限하는 것임은 儒理, 脫解의 繼位에서 알 수 있거니와[91] 太子의 幼少, 嫡子의 不賢에서도 攝政人이 마땅치 않을 境遇에 論議의 對象이 되는 것이다.[92] 그리하여 大略 選定된 境遇를 보면 上記의 次子, 兄弟, 年長, 賢明 外에도 그 範圍가 比較的 넓다.

智證麻立干의 境遇를 보면 炤知의 再從弟로서 前王의 無子로 繼位[93]된 일이 있고 高鬱府를 侵寇한 甄萱이 王의 族弟를 權知國事로 삼다가 敬順王으로 繼位시키었으며[94] 元聖王條에도

　　"元聖 … 及宣德薨 無子 群臣議後 欲立王之族子周元 周元宅於京北二十里 會大雨閼川水漲 周元不得渡 或曰 卽人君大位 固非人謀 今日暴雨 天其或者不欲立周元乎 今上大等敬信 前王之弟 德望素高 有人君之體 於是衆議翕然 立之繼位 旣而雨止"[95]

라 하여 族弟가 指名되었으나 天候로 王弟를 繼位시킨 일이 있다. 이와 같은 現象을 볼 때 大槪의 境遇 男系가 爲主로 되어 傍系만이 登場하는 듯하나 반드시 그런 것은 아니다. 眞聖王條를 보면 眞聖王(諱:曼)은 憲康王의 女弟인 것이다. 繼位의 緣由를 보면

　　"定康王二年 夏五月 王疾病 謂侍中俊興曰 孤之病革矣 必不復起 不幸

90) 同上 儒理尼師今 卽位年條.
91) 三國史記 卷1 新羅本紀1 儒理 脫解尼師今 卽位年條.
92) 三國史記 卷1 新羅本紀1 婆娑尼師今 卽位年條.
93) 三國史記 卷4 新羅本紀4 智證麻立干 卽位年條.
94) 敬順王 諱傅 文聖大王之裔孫 孝宗伊湌之子也 … 爲甄萱所擧卽位 …(三國史記 卷12 新羅本紀12 敬順王卽位年條)
95) 三國史記 卷10 新羅本紀10 元聖王 卽位年條.

無嗣子 然妹曼天資明銳 骨法似丈夫 卿等宜倣善德眞德 古事立之可也"96)

라 하여 天資가 매우 明銳하고 骨相이 또한 丈夫와 같으므로 善德 眞德과 같이 繼位할 수 있을 適任者로서 指名하였는데97) 이는 骨品制에 依한 繼位가 아니고 外戚에 讓位하는 一面으로 보인다. 外戚에 讓位하기 시작한 것은 27·28代 眞德 善德 兩王 때로부터 骨品이 漸次 紊亂하기98) 때문에 그 抑制策으로 女王의 君臨體制를 兩代나 繼續해 왔다.99) 그것이 上述한 眞平王 母弟이며 國飯葛文王의 딸 勝曼이요 前王의 祖母弟로서 繼位된 것이다.100) 그 밖의 것으로는 亦是 眞平王의 長女 善德으로 前王이 世上을 떠나자 繼位할 長子가 없어 國人들의 推戴에 依하여 卽位한 것이 德曼101)이므로 當時에는 朴 昔 金 三姓이 直系나 血統으로서 純粹性을 繼承할 만한 男性이 없었기 때문에 聖骨로서 女가 繼位하게 된 것이며 眞德 亦是 그러하다. 따라서 이와 같이 血統이 漸次 紊亂하게 되자 外戚 登場率이 훨씬 많아졌는데 그 例를 보면 아래와 같은 諸現象이 散見된다.

　宣德王의 境遇를 보면 奈勿王 10世孫으로서 父는 海湌 孝芳, 母는 金氏, 四炤夫人으로 聖德王의 女로서 姑母子가 繼位되었으며102) 前王의 所生兒가 있는가 없는가에 對하여는 未詳이다. 眞興王의 境

---

96) 三國史記 卷11 新羅本紀11 定康王 2年 夏5月條.
97) 三國史記 卷5 新羅本紀5 善德 眞德王 卽位年條.
98) 附表Ⅱ. 第Ⅴ期 系譜 參照.
99) 三國史記 卷5 新羅本紀5 善德 眞德王 卽位年條.
100) 同上.
101) 同上.
102) 宣德王立 姓金氏 諱良相 奈勿王十世孫也 父海湌孝芳 母金氏 四炤夫人 聖德王之女也(三國史記 卷9 新羅本紀9 宣德王 卽位年條)

遇도 또한 七歲의 幼兒로서 法興王의 동생이며 葛文王의 立宗之子
이고 法興王의 딸이 王의 母로서 王을 攝政한 일이 있었으며103)
訖解王條를 보더라도 "訖解 … 立 奈解王孫也 父于老角干 母命元夫
人 助賁王女也 … 群臣議曰 訖解幼有老成之德 乃奉立之"라고 하여
前王인 儒理의 無子로 妹夫의 아들을 繼位시킨 일이 있고104) 儒禮
亦是 助賁의 아들로서 前 王妃 助賁王女 光明夫人의 妹夫가 繼位한
일이 있다.105) 그뿐만 아니라 味鄒尼師今의 境遇를 보면 沾解가
無子로서 國人들이 味鄒를 薦擧했는데 이 味鄒는 前王과는 全혀 血
緣 關係가 없는 養子系가 繼位된 것으로106) 애초 脫解 時에 얻어
기른 者로 登用하여 王位에까지 올리게 된 理由를 볼 때 新羅 社會
가 嚴格한 骨品制에 依한 王室의 世系와 體系를 傳統的으로 가졌다
는 데에는 疑問이 없지 않다.

더욱이 王位를 에워싸고 紛爭도 不無하였다.107) 神武王은 元聖
大王의 孫으로서 均貞上大等의 아들 僖康王의 從弟이므로 前王과는
四寸間의 親屬 關係를 가졌다.108) 前王인 閔哀王은 元聖王의 曾孫
大阿飡 忠恭의 아들로서 累官하여 上大等이 되었다가 侍中 利弘과
더불어 王을 脅迫하여 이를 죽이고 스스로 王位를 차지한 일이 있

---

103) 眞興王立 諱彡麥宗 時年七歲 法興王弟 葛文王立宗之子也 母夫人 金氏 法
興王之女 … 王幼小 王太后攝政(三國史記 卷4 新羅本紀4 眞興王 卽位年條)
104) 三國史記 卷2 新羅本紀2 訖解尼師今 卽位年條.
105) 三國史記 卷2 新羅本紀2 儒禮尼師今 卽位年條.
106) 味鄒尼師今立 姓金 母朴氏 葛文王伊柒之女 妃昔氏 光明(逃明)夫人 助賁
王之女 其先閼智出於雞林 脫解王得之 養於宮中 後拜者大輔 … 沾解無子
國人立味鄒 此金氏有國之始也(三國史記 卷2 新羅本紀2 味鄒尼師今 卽位
年條)
107) 新羅統治 900年 間의 紛糾는 적지 않았으나 그中 顯著한 例를 보면 訥
祇·憲德·閔哀·神武王들이다.(三國史記 訥祇 憲德 閔哀 神武王條 參照)
108) 三國史記 卷10 新羅本紀10 神武王 卽位年條.

고109) 이가 義理上 不合理하다는 데서 再三 反正하여 官內를 肅淸한 後에 卽位한 것이 聖王이며110) 嫡子는 아니지만 血緣關係에의 側近者가 繼位한 것이다. 그뿐만 아니라 僖康王條를 보면

"僖康王立 諱悌隆(一云悌顒) 元聖大王孫 伊湌憲貞(一云草奴)之子也 … 初興德王之薨也 其堂弟均貞 堂弟之子悌隆 皆欲爲君 於是侍中金明 阿湌利弘 裵萱伯等 奉悌隆 阿湌祐徵與姪禮徵及金陽奉其父均貞 一時入內相戰 金陽中箭 與祐徵等逃走 均貞遇害 而後悌隆乃得卽位"111)

이 또한 王位를 두고 爭奪한 내용으로 結局 堂弟 憲貞의 아들로서 前王의 五寸侄이 되는 悌隆의 繼位 과정이다.112) 憲德王도 叔父를 殺王하고 奪位한 것이며113) 奈勿의 子인 訥祗 亦是 前王 實聖을 죽이고 奪位하였고114) 實聖도 "閼智裔孫 大西知伊湌之子 母伊利夫人 昔登保阿干之女 妃味鄒王之女也 … 奈勿薨 其子幼少 國人立實聖繼位"115)라는 기록에 의하면 그는 閼智의 裔孫으로서 奈勿王 때에 人

---

109) 三國史記 卷10 新羅本紀10 閔哀王 卽位年條.
110) 三國史記 卷10 新羅本紀10 神武 閔哀王 卽位年條.
111) 三國史記 卷10 新羅本紀10 僖康王 卽位年條.
112) 同上.
113) 憲德王은 昭聖王의 同母弟로서 元聖王 6年에 使臣으로 唐에 갔다 온 後 大阿湌의 벼슬을 받고 7年에는 逆臣 悌恭을 誅殺하고 迊湌이 되었으며 10年에는 侍中 11年에는 伊湌으로 宰相職을 歷任하였다. 上大等까지 지낸 그는 叔父를 죽인 後에 王位를 簒奪한 일이 있다.(三國史記 卷10 新羅本紀10 憲德王 卽位年條)
114) 奈勿王 37年에 訥祗王은 實聖을 人質로 하여 高句麗로 보냈는데 實聖이 돌아와서 王이 되자 앞서 奈勿王이 自己를 人質로 하여 外國에 보낸 것을 怨望하여 그의 아들을 죽여 그 원한을 갚으려 하였다. 이에 實聖은 사람을 보내어 高句麗에 있을 때 서로 잘 아는 친구에게 付託하여 訥祗를 죽이도록 謀議하였으나 이의 密議가 綻露되자 歸國하여 復讐로 王位를 簒奪한 바 있다.(三國史記 卷3 新羅本紀3 訥祗麻立干 卽位年條)

質로 高句麗에 보내졌다가 歸國하였는데 前王子가 幼少하였음으로써 卽位한 것이니[116) 王位 爭奪에 對한 貴族間의 紛爭도 적지 않았다. 따라서 以上의 諸樣相을 살펴볼 때 王位의 爭奪은 비록 있었으나 後繼 問題에 있어 덮어놓고 勢力을 쥔 者가 마음대로 하거나 無軌道 無秩序하게 繼位한 것은 아니었다. 이를 推理해 보면 大略 아래와 같은 法則에서 繼位된 것이 아닌가 한다. 卽

① 原則的으로 朴 昔 金 三姓에 局限하여서만 王位가 繼承되었다는 點.
② 男嗣에 優先的으로 承家繼嗣의 權利를 賦與하였다. 男嗣 中 長子繼承 家氏와 家族長의 地位를 가지고 있었다는 點.
③ 次子 以下는 原則上 娶妻한 뒤에 分居하며 父家는 恒常 血緣 關係를 保持하기는 하나 國政을 爲하여 반드시 長子 王位 繼承만이 施行된 것은 아니다. 또한 長子가 幼少時에 攝政을 許諾하는 制度가 實施되었다는 點.
④ 無子일 境遇에는 王의 兄弟가 있더라도 王孫을 子로 삼고 繼位할 수 있다는 點.
⑤ 長子가 死亡했을 境遇에는 繼位가 次子보다 兄弟 相續率이 많으며 次子는 王의 兄弟가 없을 때에는 傍系가 繼位할 수 있다는 點.
⑥ 次子까지도 없을 境遇, 姪에 優先權을 주었으며 設使 傍系가 繼位하였더라도 後繼에는 直系인 姪이 位를 繼承한 일이 많다는 點.
⑦ 繼承할 男系가 없을 때에는 血緣에 있어서 純粹性을 維持하기 爲하여 女系를 繼位시켰다는 點.(마치 魯凱族 Mauauaga Ki ababai 制 같은 것)[117)

⑧ 萬一 同一 條件의 血緣을 가졌을 境遇에는 그 次序를 本人의 賢明 與否의 比重에 두어 繼位시켰다는 點.

---

115) 三國史記 卷3 新羅本紀3 實聖尼師今 卽位年條.
116) 同上.
117) 無男嗣時 由長女贅壻承家者女承人(衛惠林敎授: '魯凱族的親族組織與階級制度' 中國民族學報 第3期. p.2)

⑨ 直系나 또는 繼位 對象者보다 賢明한 者가 있을 境遇 이는 薦擧를 하되 그 基準을 先年齡 後賢明으로 定하였다는 點.

⑩ 血緣上 側近者가 있더라도 王京에 住居하지 않는 限 被薦의 對象에서 除外되며 薦擧의 對象은 王京 中心의 住居者에 限하였다는 點. 賢明 與否에 따라 贅婿承家制의 一面이 보이는 것은 王統을 無視하고 生存 時의 顧命에 따랐다는 點.(마치 阿眉族의 gulagai ko lalaka ki parara制度와 恰似)[118]

⑪ 一旦 王位를 繼承한 者는 入繼制를 擇하여 王統을 繼承시키고 宗家가 王統을 繼承하고 王京은 이에 依하여 貴族의 基盤을 이었다는 點.

⑫ 顧命에 依한 位繼制가 實現될 때에는 大槪의 境遇 外戚이 繼續的인 執權을 劃策한 傾向이 濃厚하나 繼位制는 男系가 中心이 되어 宗家를 維持하는 것이 正則으로 되어 있기 때문에 外戚의 擡頭는 一時的인 現象에 不過하였다.

以上은 모두 父系社會의 現象에 가까우며 따라서 "長子承父系制"로 보이나 "次子承母系制" 같은 現象은 보이지 않고 母家의 地位는 父家의 地位보다 낮았다. 獨子 時에는 勿論 父系의 繼嗣가 當然하나 無男嗣, 長兄無嗣, 無兄弟, 或은 兄弟之子가 없을 때에는 姑姨 姉妹의 子가 宗系에 入繼하는 일이 있으며, 어디까지나 朴 昔 金 三姓만을 中心으로 하였고 그 中에서도 王京 住居者에 한하여야만 그 對象이 되어 있다. 이러한 現象은 新羅王權을 維持하며 新羅貴族의 勢力을 糾合해 주는 第一條件의 基盤으로 보인다.

---

118) 無嗣者在其宗族內或女系收繼子 無入繼之對象時可以在族外 收養子(衛惠林 教授: '魯凱族的親族組織與階級制度' 中國民族學報 第3期. p.2)

Ⅳ. 婚姻法則

朴 昔 金 三姓이 新羅貴族勢力의 基盤을 이루고 있는 一面은 旣述한 바 같거니와 執權의 時期別로 볼 때 朴姓이 最初로 王位에 오르고 그 다음이 昔姓이고 다음으로 金姓이 執政하다가 末期에 이르러서는 다시금 朴姓이 擡頭되고 또한 金姓이 交替되었다. 新羅王室의 性格은 後期에 있어 그 特性이라고 일컬을 만한 것은 거의 없으므로 前期만을 論議의 對象으로 삼아도 無妨할 것이다. 原來 執權層으로 假定해 놓으면 朴姓은 新羅社會의 上層階級에 屬하고 그 다음이 昔姓, 그 다음이 金姓順으로 되어 아래와 같은 昇降婚이 實施된 것이다.

表5. 三姓의 昇降婚

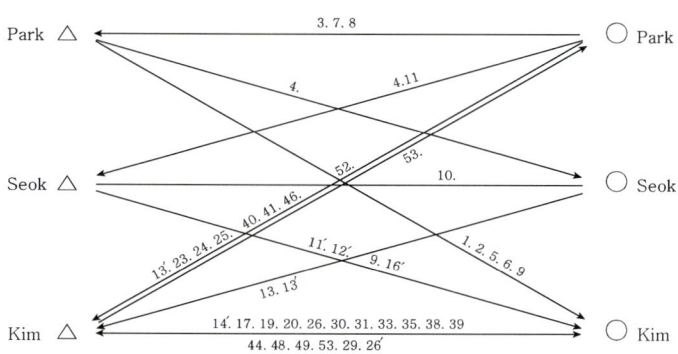

朴姓時期에는 平等한 位置에서 同姓을 娶한 것은 3. 7. 8. 三代의 婚姻뿐이었고[119] 異姓인 金姓과의 婚姻이 매우 잦았고[120] 昔姓

---

119) 儒理尼師今立 南解太子也 母雲帝夫人 妃日知葛文王之女也 (或云妃姓朴 許婁王之女) (三國史記 卷1 新羅本紀1 儒理尼師今 卽位年條) 逸聖尼師今立 儒理王之長女 妃朴氏 支所禮王之女 (同逸聖尼師今 卽位年條) 阿達

과의 婚姻은 南解王女를 脫解에게 出嫁시킨 일 以外에는 없다.[121] 따라서 王妃의 對象인 朴 金 兩姓은 昇級婚이 없었고 同級婚이 있었을 뿐이다. 그러나 昔姓時期에는 오히려 王妃로서 朴姓과의 昇級婚과 金姓과의 降級婚에 比해 同級婚은 奈解尼師今과 伐休尼師今 太子 骨正女와의 相婚例밖에 없는 것이다.[122] 金姓의 婚域은 昇級 및 同級婚인 同姓 例가 散見되나 昇級婚에 比해 同姓婚이 壓倒的으로 많은 것은 그만큼 族內婚을 重視하였던 것이다. 金姓時期에 新羅의 貴族勢力은 骨品制에서 다시금 새로운 貴族體를 이루었으며 前代에서 볼 수 없는 特定集團을 中心으로 하는 朴 金 兩姓 地域間의 Cross cousin marriage가 實施되었다. 金姓時期의 朴姓 地域과의 Cross cousin marriage를 除外하고는 asymmetrical cross cousin marriage가 朴 金 兩王에 實施되었으므로[123] 事實上 慣例的인 原理를 强調하는 社會만은 아닌 것 같다. 卽 어느 集團과의 婚域은 定해 있지만 甥侄 또는 堂侄들과만이 婚姻할 수 있다[124]는 嚴格한 規制는 보이지 않고 反對現象인 Parallel cousin

----

羅尼師今立 逸聖長子也 … 妃朴氏 內禮夫人 祇摩王之女 (三國史記 卷2 新羅本紀2 阿達羅尼師今 卽位年條)

120) 婆娑尼師今立 儒理王第二子也 妃金氏 史省夫人 許婁葛文王之女也(三國史記 卷1 新羅本紀1 婆娑尼師今 卽位年條) 祇摩尼師今立 婆娑王嫡子 母史省夫人 妃金氏 愛禮夫人 葛文王摩帝之女也(三國史記 卷1 新羅本紀1 祇摩尼師今 卽位年條) 神德王立 姓朴氏 諱景暉 阿達羅王遠孫 … 妃金氏 憲康大王之女 孝恭王薨無子 爲國人推戴卽位(三國史記 卷12 新羅本紀12 神德王 卽位年條) 等等.

121) 南解五年春正月 王聞脫解之賢 以長女妻之(三國史記 卷1 新羅本紀1 南解次次雄 五年 春正月條)

122) 三國史記 卷2 新羅本紀2 奈解尼師今 卽位年條.
同上, 助賁尼師今 卽位年條.

123) 附表Ⅱ. 系譜 參照.

124) "Cross-cousin" implies a change or crossing over of sex, that

같은 現象도 新羅王代를 걸쳐서 代代로 實施된 것은 아닌 것 같으며 特別히 構成된 패턴을 規定하고 반드시 自己 兄弟의 딸과 結婚해야 하는 two cross cousin marriage가 實施되었다는 明確한 記錄도 또한 보이지 않고 있다.

예부터 大洋 group 數많은 阿亞地域, 드물게는 美國의 土着民들로부터 好意를 받고 있는 多樣性을 지닌 Cross cousin marriage 型은 新羅社會에서 歡迎을 받았는지는 알 수 없고 中東地域에서 好意를 받고 있는 Bintamm 卽 젊은이는 누구나 自己 아버지의 兄弟의 딸과 結婚할 權利가 있다[125]는 Murray(1935)의 力說과 같은 어떤 特定地域을 限定해 놓고 換言하면 朴 昔 金 三姓과의 婚姻을 許諾하는[126] 制度 같은 것은 있었던 것으로 看做된다. 이제 그 具體的인 樣相을 系譜에서 찾아보면 大略 다음과 같은 形式이 우리의 注意를 끌게 된다.

〔第Ⅰ期〕　　表6. 第Ⅰ期. 朴姓 第一王朝의 婚域

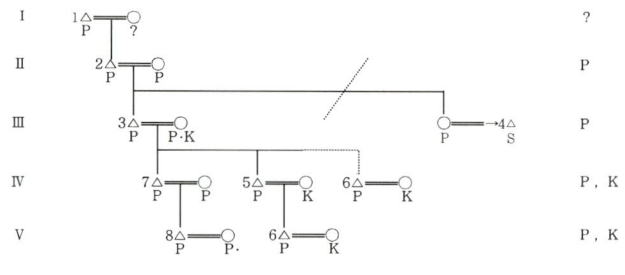

※ P는 朴. S는 昔. K는 金.　　〔附表 Ⅰ,Ⅱ〕 參照

---

is, a person's mother's brother's child or a father's sister's child.(Felix M. Keesing: Cultural Anthropology. p.258)

125) Felix M. Keesing: Cultural Anthropology. p.259.

126) 附表Ⅱ. 系譜 參照.

第Ⅰ期: 問題의 對象은 赫居世와 閼英, 許婁와 摩帝와의 關係이다. 三國史記에 나타난 것을 보면 赫居世의 生地는 蘿井으로 되어 있고,127) 閼英의 生地는 閼英井으로 되어 있다.128)

朴赫居世는 蘇伐公에 依하여 蘿井에서 出生, 沙梁部 出身임을 알 수 있으나 오늘날 閼英에 對하여는 若干의 疑問이 없지 않다. 昔姓의 始祖인 昔脫解의 妃와 金姓의 始祖인 金閼智의 妃에도 그의 傳說은 없으나 駕洛의 首露王妃에는 훌륭한 記錄이 보이는데129) 그에 依하면 大槪 女系의 家格을 높인 것으로서 그 出身地와 이른바 閼英의 出身地는 卽 五陵園內의 崇德殿 後方에 立石하여 標했다는 것으로 보면 赫居世와 閼英은 異域이 아니라 隣接地 乃至 同一 村落 內에서 生長하였던 것이 거의 틀림없다. 다만 同一 地域에서 같이 生長하였다 해도 異姓끼리 混合하여 住居하였는가, 同姓끼리 定着하였는가는 알 수 없다. 三國遺事의 記錄에 依하면 그 神話가 共通性을 지니는 것은 閼智의 出生時에 "흰 닭이 나무 밑에서 울었다"130)는 것과 閼英의 容貌에서 "입술이 닭의 부리와 같다"131)는 것이나 이를 同一의 金姓 始祖로 볼 것인가에 對하여는 多分히 同一 始祖로 肯定이 가지만, 그러나 閼英의 誕生 時에 鷄龍이 나타났다는 것으로 보아 果然 前者와 後者는 同一 始祖인가, 鷄와 鷄龍을 鷄 totem과 龍 totem으로 나누어 보아 前者는 純粹히 鷄 totem으로 보고 後者를 龍 totem으로 보는가. 또한 같이 鷄 totem으로 보는가. 六村의 命

127) 三國史記 卷1 新羅本紀1 赫居世居西干 卽位年條.
　　　三國遺事 卷1 紀異1 新羅始祖 赫居世王條.
128) 三國史記 卷1 新羅本紀1 新羅始祖 赫居世居西干 卽位年條.
　　　三國遺事 卷2 紀異2 新羅始祖 赫居世王條.
129) 三國遺事 卷2 紀異2 駕洛國記條.
130) 三國遺事 卷1 金閼智 脫解王代.
131) 三國遺事 卷1 紀異1 新羅始祖 赫居世王條.

名에 있어서도 大槪 '山'字가 붙은 것은 그 地名이나 位置를 暗示하는 것이라고 본다면 閼川, 高墟, 珍支, 大樹, 加利, 高耶가 村의 性格을 象徵시키는 것으로 解釋되며 大槪의 境遇 定着 時에는 異姓끼리의 混居率보다는 古代에 遡及하면 할수록 同姓끼리 定着하여 한 部落을 形成하는 例가 더 많지 않았는가 한다. 如何튼 이 問題에 關하여는 明確性을 糾明할 수 없어 本論에서는 速斷을 避한다.

그리고 逸聖尼師今에 대하여 遺事에서는 "父弩禮王之兄 或云祗磨 王"[132]이라 하여 마치 儒理의 兄인 것처럼 記錄되었고 또한 6代 祗磨의 兄인 것같이 記述되어 行輩의 差를 가져오나 三國史記에는 儼然히 "儒理王之長子"로 되어 있고 또한 同 記事를 보면 "初脫解薨 臣僚欲立儒理太子逸聖 或謂 逸聖雖嫡嗣 而威明不及婆娑"[133]라 함을 볼 때 逸聖은 儒理의 長子요, 婆娑의 兄임이 틀림없다.

第3代 儒理尼師今條를 보면 三國史記에는 "南解太子也 母雲帝夫人 妃曰知葛文王之女也 (或云姓朴 許婁王之女)"[134]였고, 三國遺事 王曆에는 "弩禮(一作儒禮)尼叱今 父南解 母雲帝 妃辭要(許婁) 王之女金氏"[135]였음을 볼 때 妃의 姓이 金 朴 兩姓 中 어느 것인지[136] 알 수 없으나 直系에서의 王妃는 모두 同姓婚을 하였던 것으로 보아 或是 儒理王妃도 朴姓이 아닌가 한다. 따라서 이와 같이 본다면 '第一期 朴姓 第一 王朝'의 婚域은 다음과 같은 形式을 가져온다.

---

132) 三國遺事 卷1 王曆 逸聖尼叱今條.

133) 三國史記 卷1 新羅本紀1 婆娑尼師今 卽位年條.

134) 三國史記 卷1 新羅本紀1 儒理尼師今 卽位年條.

135) 三國遺事 卷1 王曆弩禮尼叱今條.

136) 恩師 芮教授는 中國 古代 諸國家 形成의 狀態에 關하여 모두 親族(兄弟之國與甥之國)間의 國家群이라고 하였으니 이를 미루어 볼 때 新羅 王室의 阿婁 許婁 摩帝 等은 恰似 同一系가 아닌가 한다.(芮逸夫: '釋兄弟之國' 淸華學報. 第2卷 2期 pp.80. 88. 同 釋甥之國, 中央硏究院歷史語言硏究所集刊. 第30本. pp.237. 238. 256. 258)

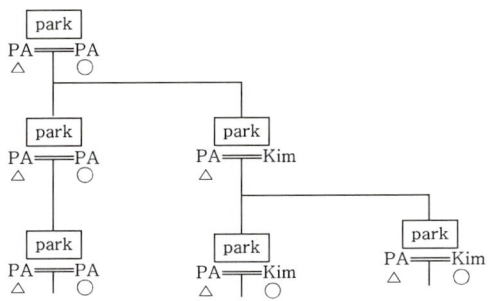

長子系族內(朴＝楊山) 次子系族外(金＝始林)婚

　新羅 社會의 貴族層으로서 朴 昔 金 三姓이 있었으나 朴姓 王室
의 婚姻은 恒常 擇配에 있어서 王位를 繼承하든 아니 하든 不問에
붙이고 直系에 該當되는 長子는 반드시 族內의 朴姓과 婚姻을 해야
하고 傍系에 該當되는 次子, 三子, 四子級은 金姓과 婚姻함으로써
繼嗣에 따라 朴姓은 永久執政을 企圖하는 一面을 엿볼 수 있고 副
次的으로 金姓과의 紐帶도 等閑히 하지 않았던 것으로 推測된다.
그러나 이와 같은 諸婚姻의 法則으로 朴姓王朝의 基盤을 이루어 8
代나 無難히 繼承하여 骨品을 重視하고 王權의 强化를 期하였으나,
第8代王 阿達羅는 無子로 朴姓王朝는 斷代치 않을 수 없었으며,[137]
後繼問題가 論議되자 傍系의 金姓과 壻系의 昔姓과의 對決을 避치
못하기는 했으나 當時의 側近으로서는 金姓에 頭角을 나타냈을 만
한 適任者가 없는 反面에 大輔와 王位를 歷任한 脫解의 뿌리박은
勢力 중 그의 長子가 非凡하여 朴姓 王朝는 昔姓 王朝로 交替된 것
이다.[138]

137) 三國史記 卷2 新羅本紀2 伐休尼師今 卽位年條.
138) 三國史記 卷1 新羅本紀1 休禮尼師今 卽位年條.

〔第Ⅱ期〕　　　表7. 第Ⅱ期. 昔姓 第一 王朝의 婚域

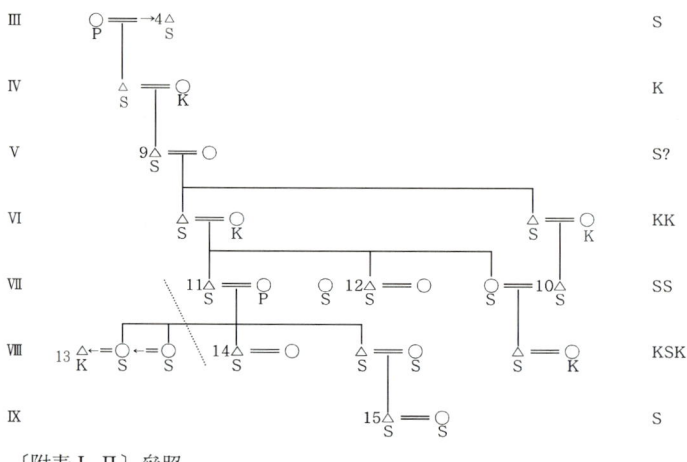

〔附表Ⅰ,Ⅱ〕 參照

　第Ⅱ期: 昔姓 王朝의 婚域에 對하여는 朴姓 王朝의 長 次子系 中心의 婚姻 體制에서와 달리 昔姓이 王位를 繼承받자 以前의 朴姓 王朝의 婚姻形式을 脫皮하여 行輩를 重視하는 傾向이 濃厚하였다. 卽 昔脫解는 赫居世時의 고기잡이의 老婆 阿珍義先에 依하여 알려지고 案內되어 入國된 龍城國(正明國, 琓夏國, 或云花厦國이며, 倭의 東北 一千里地點에서 왔으므로 옛 耽羅國으로 看做)人으로서 自己의 智略을 써서 瓠公의 집을 掠奪하고 新羅의 六村에 流移하여 入住한 族外人이다.139) 그가 朴姓系의 信任을 받아 南解次次雄의 王女와 婚姻을 하게 되고,140) 朴姓 王室의 執政에서 一躍 大輔의 地位까지 차지한 者로서 한때에는 南解의 顧命에 依하여 "長子의 王位薦擧"141)의 物望에까지 올라 儒理尼師今과 王位를 겨눈 事實이

139) 三國遺事 卷1 脫解王條.
140) 三國史記 卷1 新羅本紀1 南解次次雄 五年 春正月條.

있다. 羅代의 貴族勢力을 構成한 耽羅國人의 첫 王朝로서 朴姓 王朝에서 第4代의 王을 歷任한 것은 周知의 事實이거니와 阿達羅尼師今 뒤에 다시 朴姓 王朝와 交替하여 脫解의 아들 訖解가 昔姓 王朝를 이은 바 있다. 그의 貴族勢力을 보면 9. 12. 14. 15代의 王朝가 未詳이나 第15代 基臨尼師今의 父 乞淑 伊湌의 配偶者 阿爾兮夫人인 昔姓을 除外하고142) 全體를 通해 볼 때 偶然하게도 行輩에 準하여 婚域을 定하고 그 對象으로는 金姓과 婚姻을 하였던 것을 알 수 있다. 따라서 그 實例로는 仇鄒의 妃 只珍內禮가 金姓이었고,143) 骨正의 妃가 玉帽夫人 金姓이었고144) 伊買의 妃 內禮夫人이 金姓이었다145)는 것은 두 가지 面으로 생각해 볼 수 있는 問題이다. 그 하나는 妃를 金姓으로 하는 昔姓이 太子이면서도 王位를 繼承한 바 없다146)는 것과 둘째로는 偶然하게도 昔姓의 行輩는 모두 한 代를 隔하였다147)는 一致點을 가지고 있다. 따라서 이와 같은 現象을 볼 때 金姓과의 擇配를 한 昔姓이 반드시 王朝가 될 수 없다는 것보다는 原來 昔姓 王室의 婚姻은 隔行輩를 中心으로 하여 擇配에 注重하였으며 王位 繼嗣는 血緣의 繼嗣와 性格을 달리하여 반드시 長子系 中心에서 次, 三, 四子系 中心으로 轉移한 것이 아니고 太子가 어리거나 먼저 죽거나 前王의 顧命에서 王位가 繼承되는 일이 많은 것이다. 따라서 昔姓 王朝의 婚域은 原則的으로 長子系 相續을 爲主로 하는 繼位制와는 달리 前行輩가 昔姓을 擇配의

---

141) 三國史記 卷1 新羅本紀1 儒理尼師今 卽位年條.

142) 三國史記 卷2 新羅本紀2 基臨尼師今 卽位年條.

143) 三國史記 卷2 新羅本紀2 伐休尼師今 卽位年條.

144) 三國史記 卷2 新羅本紀2 助賁尼師今 卽位年條.

145) 三國史記 卷2 新羅本紀2 奈解尼師今 卽位年條.

146) 附表 Ⅱ. 系譜 參照.

147) 附表 Ⅱ. 系譜 參照.

156

對象으로 한다면 後行輩는 반드시 異性 中에서 金姓을 擇配의 對象
으로 삼아 왔으므로 다음과 같은 形式을 이룬 것으로 믿어진다.

表8. 隔行輩或楊或始環婚

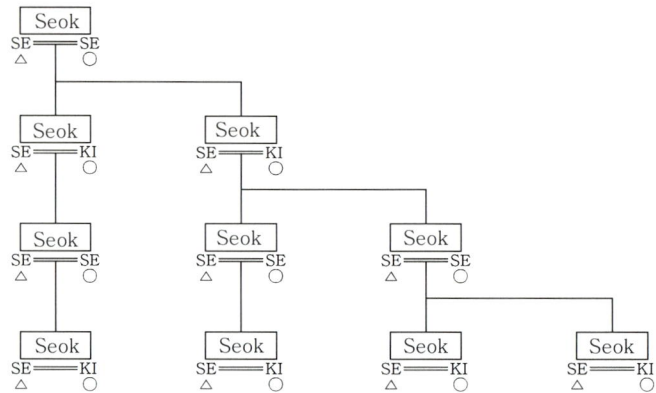

어느 一面을 보면 마치 The Karimera Marriage class
system[148]과 같은 片貌도 보이고 있으나 Banaka와 Burung이
結婚하였다고 해서 그의 아들이 Palyeri가 되는 그런 形式[149]은

---

148) Felix M. Keesing: Cultural Anthropology. p.260.

149) The Kariera, as described by Radcliffe-Brown(1930), have four
marriage classes, these named Banaka, Burung, Karimera,
and Palyeri. Of these Banaka and Burung are intermarrying
pairs, and so are the Karimera and Palyeri. It works this way:
(1) a Banaka man must always marry a Burung woman, and
any offspring belong to the palyeri class; (2) a Burung man
must always marry a Banaka woman, and the offspring are
Karimera; (3) a Palyeri man must always marry a Karimera
woman, and the offspring are Banaka; and (4) a Karimera man
must always marry a Palyeri woman and the offspring are
Burung. Such a system automatically rule, out unions between
immediate kin, though it can be combined with cross-cousin

아니지만 朴姓 前行輩가 昔姓을 擇配로 하면 後行輩는 반드시 金姓
을 擇配하여야 한다는 點에서 Karimera의 婚姻制度와 그 法則을
같이하고 있는 것이다. 이와 같은 法則을 가지지 않을 수 없었던
理由로는 耽羅系의 登場이 朴姓의 勢力을 꺾게 되고 阿達羅의 先祖
가 金姓과의 擇配였던 탓으로 金姓의 勢力을 無視치 못하였으므로
여기서 생긴 "前行輩의 同姓과 後行輩의 金姓으로 循環하는 擇配婚"
의 制度를 썼던 까닭이다.

〔第Ⅲ期〕   表9. 金姓 第一 王朝의 婚域

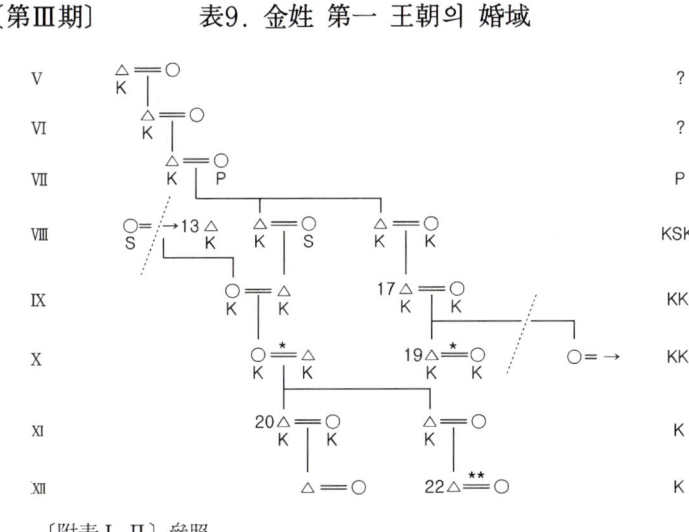

〔附表Ⅰ,Ⅱ〕 參照

第Ⅲ期: 위와 같은 擇配는 鞏固하던 昔姓의 基盤이 漸次로 解弛하
게 되었으므로 第15代 基臨尼師今代에 이르러서 突變의 天災로 많
은 人命 損失150)은 勿論 國內의 昔姓 基盤은 完全히 무너지고 基臨

---

marriage, as is favored by the Karimera.(Felix M. Keesing:
Cultural Anthropology. p.260)

150) 三國史記 卷2 新羅本紀1 基臨尼師今 7年 秋8, 9月條.

의 無子로서 助賁의 壻系가 擡頭되어151) 王位는 味鄒를 中心으로
女와 弟와의 近親婚152)에서부터 從來의 朴 昔 兩姓과의 婚姻은 全
혀 없이 이 族內婚(endogamy)으로 繼位하였음을 알 수 있다.

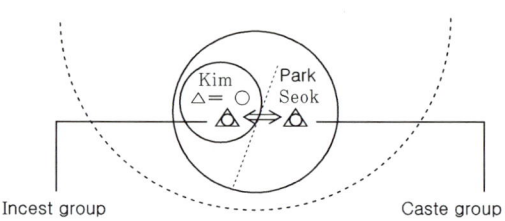

그러나 이와 같은 繼位에도 不拘하고 波瀾이 없었던 것은 아니었
다. 奈勿尼師今 37年 王은 實聖을 人質로 하여 高句麗로 보냈으나
實聖이 돌아와서 王位를 차지함에 앞서서 奈勿이 自己를 人質로 하
여 外國에 보낸 것을 怨望하고 그의 아들 訥祗를 죽이려고 高句麗
사람과 謀議하였으나153) 失敗에 돌아가고 드디어 炤知王의 再從弟
인 智證麻立干系가 王權을 掌握하여 王位가 交替되었음은 史書에
散見된다.154)

第Ⅳ期: 奈勿尼師今의 曾孫인 習寶葛文王의 아들이요 炤知麻立干
의 再從弟인 第22代 智證麻立干 때(A.D. 500)부터 眞平王의 母弟
이며 國飯(國芬) 葛文王의 딸인 眞德王에 이르기까지(A.D. 654)
154年間 第Ⅳ期, 奈勿尼師今 乃至 金姓의 婚域은 長子가 朴姓을
配偶者로 삼고 次子系代는 眞興王의 妃 思道夫人 朴姓을 除外하고
모두 金姓이었음을 다음의 表에서 알 수 있다.

151) 三國史記 卷2 新羅本紀2 訖解尼師今 卽位年條.
152) 三國史記 卷2 新羅本紀2 味鄒尼師今 卽位年條.
153) 三國史記 卷3 新羅本紀3 奈勿尼師今 37年 春正月條.
154) 三國史記 卷4 新羅本紀4 智證麻立干 卽位年條.

〔第Ⅳ期〕　　　　表10. 金姓(閼英)第二 王朝의 婚域

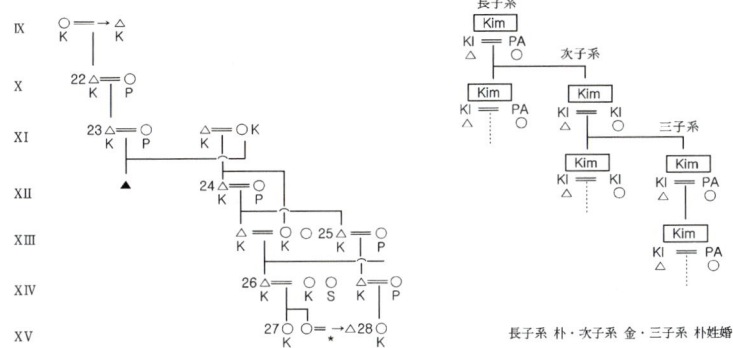

〔附表Ⅰ,Ⅱ〕 參照

　이 中에서 特異한 現象은 法興王이 自己의 딸을 親弟에게 주었다
는 것과 眞興王이 自己의 妹를 子婦로 삼아 王位를 繼承시킨 近親
婚155)은 事實上 빈축의 對象이 되었으면서도 骨品의 維持에 앞서
王統의 繼承이 主眼이어서 斷代에 이르러서는 結局 善德·眞德 같은
女王에게 骨品을 口實로 王位를 물려주었던 것이다.156) 따라서 朴
姓과의 長子系 婚姻이나 第三 子系의 朴姓婚姻은 事實上에 있어서는
前代 朴姓系와의 婚域에 不過하였고 어디까지나 金姓의 側近者 間에

---

155) 三國史記 卷4 新羅本紀4 眞興 眞平 卽位年條.
　　　이와 같은 近親婚에 대하여 金富軾은 "아내를 얻는 데에 있어 同姓을
　　取하지 않는 것은 人倫의 分別을 두터이 하기 때문"이라고 指摘하면서
　　魯公은 吳에서 아내를 取하였고 晋候가 四姬를 둔 데 대하여 陳의 司敗
　　와 鄭의 子産을 심각하게 나무란 바 있다. 匈奴와 같이 어미를 好하고
　　아들을 好하는 일은 비록 없을지라도 新羅에 있어 兄弟의 子 姪이나 姑
　　姨의 從姊妹를 아내로 삼는 것은 잘못이라고도 하였으며 近親婚의 例는
　　史書에 散見된다.(三國史記 卷3 新羅本紀3 奈勿尼師今 卽位年條. 金富軾
　　論 參照)
156) 三國史記 卷5 新羅本紀5 善德王 16年條.
　　　三國史記 卷5 新羅本紀5 眞德王 8年 3月條.

相婚하여 金姓의 王朝를 持續하자는 것이 婚姻 政策의 一面이다. 그
러므로 次期의 婚姻도 그 原則的인 範疇는 벗어나지 못했으나 兄弟
姊妹나 叔侄과 같은 近親婚은 오래 持續되지는 못하였다.

　　第Ⅴ期: 眞德王이 돌아가자 君臣들의 指名을 받은 閼川은 이를
辭讓하고 春秋公을 薦擧하였으니[157] 卽位된 春秋公은 곧 善德王의
弟夫요, 眞興王과도 四寸間[158]이나 結局 王位는 한때 次子系에 屬
하였던 眞智王系의 後孫으로 轉移되었으며[159] 第32代 孝昭王에 이
르기까지는 長子 相續으로 繼位되었으나 孝昭의 無子[160]로 聖德王
에 繼位되었음은 後繼者의 斷代로 不可避했으리라고 믿지만 그 下
代에 이르러서는 有無子를 莫論하고 다음과 같이 庶子에 繼位된 特
殊 現象이 나타난다.

〔第Ⅴ期〕　表11. 金姓(閼英) 第三 王朝 奈勿王 遠親婚域

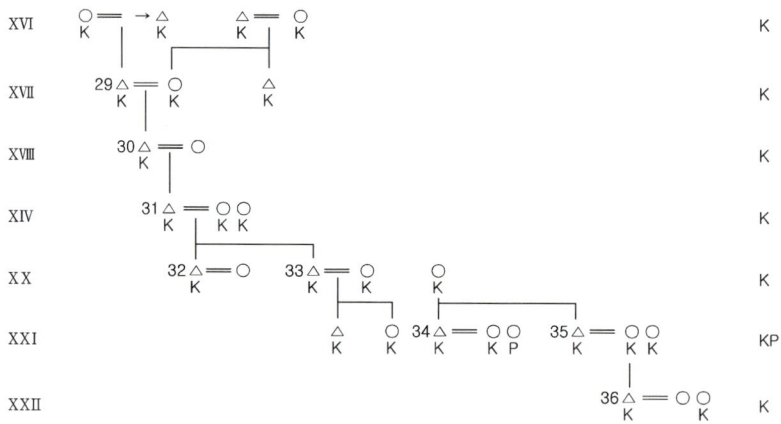

〔附表Ⅰ，Ⅱ〕 參照

---

157) 三國史記 卷5 新羅本紀5 太宗武烈王 卽位年條.
158) 三國史記 卷5 新羅本紀5 太宗武烈王 卽位年條.
159) 同上.
160) 三國史記 卷8 新羅本紀8 聖德王 卽位年條.

以上 第29代부터 36代까지의 繼位 狀況을 보면 33代 聖德王의 庶子161) 孝成과 35代 景德王의 庶子162) 惠恭이 그 一例이다. 32代 以後부터의 一夫多妻의 傾向과 아울러 直系로서 繼位할 아들이 있음에도 不拘하고 後妻의 子孫이 一律的으로 繼位되었다는 것은 前代의 骨品制度에 依한 擇配나 嫡子相續을 爲主로 하는 傳統的 意識에 反旗를 든 셈이다. 그리하여 이 동안에는 內憂와 外患이 連續되었으며 新羅的인 貴族 基盤은 허물어져 가고 있었으니 그것은 前期에서의 長子系 配偶의 朴姓, 次子系 配偶의 金姓, 三子系 配偶의 朴姓과는 判然하게 달리 春秋系의 得勢와 아울러 庶子系의 嫡子 相續의 過程을 거치지 않은 王位 繼承이 거의 全部였음은 前代에 比하여 매우 破格的인 現象으로서 이와 같은 現象은 骨品이나 法則을 完全히 無視하고 紊亂을 가져온 勢力 對 勢力의 爭奪로 王位의 繼承이 轉移된 것으로 믿어진다.

第Ⅵ期: 따라서 아래의 形式과 같이 金 朴姓 間의 族內 族外婚이 繼續되었다.

---

161) 34代 孝成王은 聖德王의 後妃 炤德所生의 第二子로서 第一 王子 太保는 早死하고 前妃 成貞(또는 嚴貞) 所生 有無는 未詳이나 生死 與否의 記錄은 보이지 않고 있다. 따라서 所生이 없을 時는 無子로 記錄되어 있었으므로 前室의 所生이 있다고 보는 것이 옳을 것이다.(三國史記 卷9 新羅本紀9 孝成王 卽位年條 參照)

162) 惠恭王 亦是 景德王의 嫡子이나 前室 順貞王后의 所生이라 記錄되지 아니하고 滿月夫人의 所生으로 記錄되어 있으니 或是 前室 後室의 記錄은 없더라도 記錄의 順序上 後室의 所生임은 틀림없다.(三國史記 卷9 新羅本紀9 惠恭 景德王條 參照)

162

〔第Ⅵ期〕　　表12. 第Ⅵ期 金姓(奈勿系) 第四 王朝의 婚域

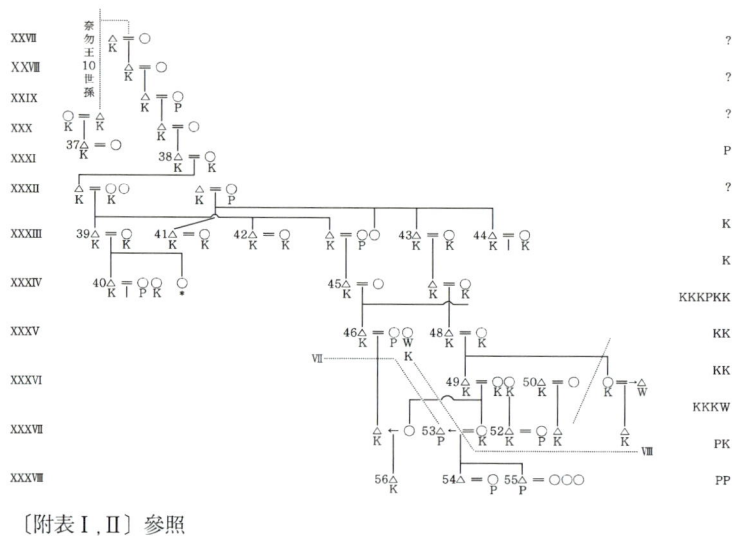

〔附表Ⅰ,Ⅱ〕參照

　　前期의 金姓 族內婚 庶子 繼位의 痕跡은 없어졌으나 奈勿尼師今
12世孫 直系는 39代 元聖王母 朴姓 繼烏夫人[163]과 哀莊王后 朴
姓[164]을 除外하고 거의 全部 金姓 集團[165]과 婚姻을 하였고, 次子,
三子系까지 金姓 集團과 擇配하였던 것이며 第四子系에는 朴姓, 다시
第五子系에는 金姓을 擇配로 삼았던 것이 卽 그것이다. 따라서 第Ⅵ
期엔 行輩와는 關係없이 長子·次子 兩系 中에서도 金姓을 中心으로
하는 것과 朴姓을 中心으로 하는 것을 볼 수 있으며 第Ⅶ, Ⅷ 兩期의
例는 너무 僅少한 數字여서 어떤 法則을 推理해 보기는 適宜치 않으
므로 論外로 삼는다. 以上의 諸例를 鳥瞰하면 다음의 表와 같다.

---

163) 三國史記 卷10 新羅本紀10 元聖王 卽位年條.

164) 三國史記 卷10 新羅本紀10 哀莊王 卽位年條.

165) 三國史記 卷10 新羅本紀10 憲德 興德 僖康 閔哀 神武 文聖 景文 憲康
　　　孝恭王條.

表13. 新羅王室의 擇配

行輩＼期	I	II	III	IV	V	VI	VII	VIII
	長·次·三	長·次·三	長·次·三	長·次·三	長·次·三	長·次·三	長·次·三	長·次·三
1	P	S	S K	P	KK	P		
2	P	K	K K	PK	K	K		
3	PK	S?	K K	P	K	K		
4	PK	KK	K	KP	K	K		
5		SS	K	KP	K	KPK		
6		KK	KK	K	K	PKK		
7		SS	K	K	K	KPK		

※ 長＝長子系. 次＝次子系. 三＝三子系.

第 I 期에는 朴 金 兩姓을 王妃로 擇하되 長子系는 族內의 朴姓으로 하고 次子系는 族外에서 金姓 중 阿婁와 摩帝系로 하였으며 第 II 期에는 第 I 期의 形式과 判異하게 行輩를 中心으로 하여 前行輩가 昔姓의 族內를 婚域으로 하면 後行輩는 반드시 族外의 金姓을 婚域으로 하였던 것이 第III期에는 直系나 傍系 前行輩나 後行輩를 莫論하고 族內 중에서도 近親婚을 爲主로 하여 왔다. 그리고 第IV期는 金姓의 王室로서 朴姓과의 婚姻과 金姓을 婚域으로 삼았다는 것은 前期에서의 純粹 族內 或은 族內 族外婚과는 性質을 全혀 달리하여 純粹 族外 特히 朴姓의 勢力과 雌雄을 다툼으로써 取해진 朴姓婚은 注目의 對象이 된다. 그러나 이와 같은 形式은 代代로 繼承된 것이 아니고 다시금 次子系는 族內의 金姓과 그리고 三子系는 族外의 朴姓과 擇配하였으나 第V期에는 第III期의 形式을 되풀이하였고, 第VI期에서 次子系의 朴姓 婚姻이 있었을 뿐, 大槪 族內의 擇配가 支配的이었으니 이와 같은 形式을 미루어 볼 때 新羅王室의 婚姻은 確實히 이른바 骨品에만 爲主로 하는 婚配가 아니라 每期에 政權이 交替되자 貴族의 勢力을 構築하고 維持하는 데 婚姻의 政策

을 爲主로 하였던 것이 아닌가 한다. 特히 每期의 交替 時에 外戚
의 登場이 甚하였고 同族의 系列內에서도 政權의 維持를 爲하여 甚
至於 長孫을 嫡子로 繼嗣시키고 庶子를 嫡子로 삼으며 長子가 儼然
히 있음에도 不拘하고 次子를 嫡子로 삼은 例가 없지 않음은 모두
貴族勢力과 婚姻을 結付시킨 緣由라 하겠다.

V. 餘 言

原來 新羅의 婚姻問題나 羅代 王室의 貴族勢力의 基盤을 알고자
하는 데 있어 첫째 系譜의 正確性과 어느 社會의 一面을 洞察하더
라도 基本 調査의 徹底가 問題로 提起된다. 新羅王室의 世系에 對
한 系譜는 史書에 大端히 疏略하고 亂雜하게 揭載되어 그 正體를
正確히 알 수 없으며 더욱이 六村이나 六部의 組織이 어떤 形態로
이루어졌으며 各部의 性格如何와 繼嗣面이 大端히 杳然하다. 六村
의 始祖 中에서 朴 昔 金 三姓이 新羅貴族의 勢力을 이루었다고는
하나 王室을 中心으로 하는 記事에 不過하므로 王室 關係 以外의
村落 構造는 거의 알 수 없다. 그럼에도 不拘하고 新羅史의 諸問題
를 提起할 수 있는 歷史的 方法에 前提되는 統計的 方法만 하더라
도 王室의 世系나 婚姻의 法則을 抽出해 내는 데엔 아직도 可婚의
範圍, 禁婚의 範圍, 婚姻의 儀禮는 勿論, 家族의 觀念, 家族의 構
成, 家屋의 居處 및 習慣, 家族 內部의 親屬 地位와 親屬 待遇, 親
屬功能과 結構, 地域 組織 經濟 制度 및 慣習法 等 諸問題는 多角

度의 統計的 方法에 依한 問題의 提起와 個案法166)에 依한 綜合 推理를 要한다. 그러므로 婚域 一斷面 그나마도 未知의 世系를 例 擧하여 新羅王室의 全貌를 알아내는 法則을 推理해 낸다는 것은 根 本的으로 많은 無理를 避할 수 없다. 그런대로 前章의 所說을 鳥瞰 해 보면 다음과 같다.

婚域에서 나타나는 新羅王室의 繼嗣는 長子가 優先的으로 繼嗣할 權利가 있고 次子 以下는 原則的으로 分家하기로 되어 있으나 長子 의 王位가 繼承될 수 없을 때에는 分家하였다 하더라도 相續上 長 子로서 行事할 뿐만 아니라, 實際的으로 王位도 繼承되었고 無男嗣 時에는 贅壻承家制로서 女에 繼位되지 않았는가 한다. 特히 未婚이 나 兄弟 入繼의 適任者가 없을 때에는 姊妹의 子孫들이 宗系를 繼 承하였기 때문에, 다른 期로 轉換되었을 境遇는 大槪 外戚이 擡頭 되어 執政하는 수가 많았다. 그리고 王妃 中에서의 繼位子 相續은 多妻인 境遇 原則的으로 嫡室의 長子가 繼位된다고는 하나 때에 따 라서는 庶子라 할지라도 嫡子가 있음에도 不拘하고 繼位되는 수가 있으며, 宗族內나 或은 女系의 收繼子가 없을 때에는 入繼의 對象 者를 族外에서 物色하나 中央地의 朴 昔 金 中 前期 或은 前代에서 過去 王室의 婚配 因緣이 있는 者 中에서 擇하고, 收養子로서 繼位 시키되 顧命 或은 君臣들의 薦擧에 依하여 選定하는 것이다.

特히 長子相續이나 그와 같은 形式의 相續이 있었더라도 반드시 그 婚配에 依하여 昇級婚이든 同級婚, 降級婚이든 昇降同級婚을 莫論하 고 그 繼子가 "男일 境遇 子가 父姓을 따르거나 母일 境遇 女息이 母 姓에 準한다"167)는 法則은 없으며 어느 級 子女를 莫論하고 父系社會

---

166) 林衡道: '臺灣 農村社會調查的問題與方法' '臺灣 文獻' 第11卷 3期 p.166
167) 中國 長期 開發委의 資金으로 63年 2月 民族 調查團 一行의 臺灣 臺東 縣 長濱鄉 長抗村을 調查한 바 있었는데 母系社會로 構成한 阿眉族들은

의 一面으로 甚酌된다. 다만 赫居世168), 閼英169), 閼智170), 脫
解171) 等의 說話는 母系社會의 一面이나 그것은 六村 當代에 局限하
였던 것이므로 新羅의 母系社會 云云은 再考의 餘地가 있다. 그러나
이와 같은 父系社會가 慣習的으로 婚姻關係를 이루었다는 觀念이나
推論에는 愼重을 期해야 할 것이 아닌가 한다. 그 實例로서 旣述한 諸
例도 있거니와 新羅 第Ⅰ期에 있어서의 血統을 中心으로 한 朴姓 第1
王朝의 直系 朴姓, 次子系 金姓의 擇配婚姻, 第Ⅱ期에 있어서의 行輩
를 中心한 昔姓王朝의 昔 金 隔行輩循環婚, 다시금 血統을 重視한 第
Ⅲ期에 있어서의 金姓 族內 近親婚, 第Ⅳ期에 있어서의 金姓 第二王
朝 長子系 朴姓, 次子系 金姓, 三子系 朴姓婚, 第Ⅴ期에 있어서의 金
姓 庶子 得勢婚, 第Ⅵ期 金姓 第四王朝 長子系 金姓, 次子系 朴姓, 三
子系 金姓婚 等은 모두 繼嗣 乃至 王權을 中心으로 한 擇配로서 婚域
은 當代의 勢力이 雌雄을 다툴 수 있는 勢力家끼리의 一種의 撫摩 乃
至 吸收策으로 行하여 왔으므로 長子系는 大概의 境遇 族內婚을 中心
으로 하여 血統의 純粹性을 企圖하고 次子系는 政治的으로 問題의 對
象 卽 對等한 勢力과 族外者와의 婚域을 定하였음을 알 수 있다.

따라서 從來에 慣習的 或은 骨品에 局限되어서만이 擇配의 對象
으로 삼았다는 論과는 달리 血統의 繼承과 王權의 維持를 並行하는
데 主眼을 두었다 하겠다.

그러므로 新羅社會의 婚姻은 追加的 機能으로서 食住가 問題되는
財産 有無의 親密한 '家庭그루우프'의 準備過程에 있어서의 婚姻은

男은 父姓, 女는 母姓을 따르는 慣習을 가지고 있었다. 이에 對하여는
近間 臺灣 大學 衛惠林 敎授의 綜合 報告가 있을 것으로 믿는다.
168) 三國史記 卷1 新羅本紀1.
169) 同上.
170) 同上.
171) 同上.

아닌 것이다. 그렇다고 하여 成人의 資格을 取得한 婚姻도 아니요 緣故者끼리 相互作用 속에 '王位'를 얽어 놓는 婚姻이어서 獻女함으로써 參政하고 發言權을 가지는 境遇 또한 없지 않다. 그리하여 同盟이나 財產 所有權이 指導的 名門家族의 婚姻에 依해 統合될 수 있는 곳에서 그러하듯이 政治的 또는 經濟的 道具로서 使用될 수 있는 듯하다. 政治, 宗敎 其他의 理由로 戰略結婚을 確保하기 爲해 境遇에 따라선 出生 時나 乳兒 時에 結婚하도록 하는 要求의 擇配 形式은 新羅의 王室에서는 찾아볼 수 없는 것이다.

다만 新羅王室에서 夫婦選擇을 制度化한 一連의 '룰'이 있다면 그것은 逆數 關係를 가지고 있는 것이라 하겠다. 그러나 Lévi-Strauss(1949)가 提唱하고 있는 échange restreint나 échange généralisé나 symmetrical한 傾向은 없다. 거의 族外婚과의 關係에 있어서는 逆數的 또는 連鎖的 patern을 이루지 못한 asymmetrical한 點이 있는 것 같다. 다만 그 婚域에 있어서는 어느 程度 Lévi-Strauss의 échange généralisé가 있을 것 같기도 하나 實際로 보이지 않으며 婚域을 擇한 asymmetrical한 點은 顯著한 것이다.

그러나 族內婚에 있어서는 古代 하와이 사람들처럼 絕對 至高한 權力의 所有者가 自己 長男의 配偶者로 그 맏누이를 擇한 慣習을 보면 新羅王室의 婚姻에서도 叔侄婚은 이른바 "하느님의 後孫인 自己네들의 直系孫으로부터 또 하나의 하느님이 생긴다"는 名望과 神聖에서와 같은 思想이 胚胎되어 實施된 것이 아닌가 싶다. 男妹의 婚姻은 古代 이집트, 페르샤, 샴 및 페루의 統治 家門에서도 나타난다. 그러나 新羅王室은 하느님의 後孫이란 觀念보다 六村, 六部의 長 및 王의 薦擧나 前王의 顧命制 같은 것을 보면 어떤 宗敎的 信仰이나 原始的인 神聖性에의 婚姻이 아니고 王室 貴族 勢力의 基

盤을 이루는 一種의 行爲이며 一種의 王權에 對한 附加的인 機能이라 하겠다. 特히 그와 같은 形式은 族外婚에 있어서 '無爲的'이나 禁止面을 强調하는 傾向이 있고 族內婚에서는 '行動的'이나 慣例的인 面에 置重하는 傾向이 있듯이172) 新羅王室에서도 唐에의 報告173)(族外婚)와는 달리 近親婚174)을 함으로써 一方 慣例的이요, 오히려 繼位를 爲하여 神聖性으로 믿어 왔던 것이 아닌가 한다.

끝으로 이와 같은 諸現象은 基本的인 系譜 中에서 推理해 낼 수 있고 每期의 各 特性을 지닌 婚姻政策의 하나의 法則으로서 어느 程度의 是認을 가져 올 수 있다면 羅代의 時代 區分도 다시금 問題되지 않을까 한다.

從來 新羅의 時代 區分에 對하여는 가장 오래된 說이 두 가지 있다. 그것은 三國史記(이하 '史記'라 略稱함) 中에서의 "國人自始祖至此分爲三代 自初至眞德二十八王 謂之上代 自武烈至惠恭八王 謂之中代 自宣德至敬順二十王 謂之下代云"175)의 金富軾의 三分法과 一然의 三國遺事(이하 遺事라 略稱함) 中에서의 "已上爲上古 已下爲中古176)"와 "已上爲中古 已下爲下古177)"의 三分法이 있다.

---

172) Felix M. Keesing: Cultural Anthropology. p.26.

173) 이와 같은 例는 적지 않으며 그 中 一例를 들자면 哀莊王의 母 桂花夫人은 實은 金姓이었으나 族內 近親婚인 關係로 唐에는 朴氏로 報告했으며 (三國史記 卷10 新羅本紀10 哀莊王 6年 春正月條) 이와 같은 事情은 三國史記의 著者 金富軾도 이를 指摘하여 事實이 아님을 밝혔다.(同上) 李丙燾 博士는 이에 對하여 "當時對外關係(特히 中國과의 外交)上 血族婚姻의 事實을 감추기 爲하여 일부러 父 叔明의 '叔'字를 取하여 假姓을 삼았다"고 한 바 있다.(譯註 三國史記 第2冊 p.323 註1)

174) 孝成王 2年 2月條에 이와 같은 事實이 있다.(同孝成王條 參照)

175) 三國史記 卷12 新羅本紀12 敬順王 9年 12月條 金富軾論.

176) 三國遺事 王曆 智訂麻立干條.

177) 三國遺事 王曆 眞德女王條.

표14. 婚姻面으로 본 八期

期	王　　　　代	史　記	遺　事	自　　　至
第Ⅰ期	(1) 始祖－(8) 阿達羅	上　代 (1)-(28)	上　古 (1)-(22)	BC 57-AD 183
第Ⅱ期	(9) 伐休－(16) 訖解			AD 183-355
第Ⅲ期	(17) 奈勿－(21) 炤知			AD 355-513
第Ⅳ期	(22) 智證－(28) 眞德		中　古 (23)-(28)	AD 513-653
第Ⅴ期	(29) 武烈－(36) 惠恭	中　代 (29)-(36)	下　古 (29)-(56)	AD 653-779
第Ⅵ期	(37) 宣德－(52) 孝恭	下　代 (37)-(50)		AD 779-911
第Ⅶ期	(53) 神德－(55) 景哀			AD 911-926
第Ⅷ期	(56) 敬順			AD 926-935

　史記의 三分法에 對하여는 이른바 中代 卽 武烈王系 時代를 前後
하여 區分하였고 이에 對하여 遺事의 三分法은 이른바 中古 卽 加
羅王系의 混入되지 않은 時期를 主張하는 것을 本旨로 삼고 있는
것이다. 이에 대하여 日本學者 末松保和氏는 史記, 遺事의 兩 區分
法을 倂用하는 五期 區分法178)을 提示하고 있었으나 明確한 論據
나 分析은 찾을 수 없다. 筆者의 생각으로는 前者 史記나 遺事에도
다만 "硏究者의 便宜 때문"에 設定된 것은 아닐 것이요, 또한 硏究
의 結果로서 이루어진 것도 아니지만 系譜上에 나타난 出自面으로
볼 때 이와 같은 諸現象은 新羅王朝의 推移와 發展 그리고 王統의
變遷에 따른 것으로서 或是 위(表14)와 같은 區分이 王朝史的 歷
史 叙述에 合理할 수 없을가 하여 그 婚姻에서 일어난 外戚의 擡頭
와 王朝의 交替에 나타난 8期의 區分을 問題로서 提起해 둔다.
　이와 같은 區分法은 非但 婚姻의 樣相 그리고 出自面에서 보아
온 것인데 社會, 文化의 諸面에서도 變遷 樣相을 같이한 것인가의
與否에 對한 考察은 다른 紙面을 빌기로 한다.

178) 末松保和: '新羅三代考'(新羅史의 諸問題) p.31 參照.

〔附表 I〕新羅王

國別 出處 王代 / 續柄	韓					
	三國史記		三國遺事		紀年兒覽	
	王	妃	王	妃	王	妃
1　①	赫居世〈朴〉	閼英〈?〉	*赫居世 (赫居王)	娥伊英, 娥英, 閼英		
② F	?	?			**蘇伐公	
② M	?	?			聖母(婆蘇)	
③ S	南解					
③ D						
2　①	南解〈朴〉	雲帝(阿婁)	居西干(史記에는 次次雄)	雲帝(*雲梯)		
② F	赫居世					
② M	閼英					
③ S	儒理, **奈(奈)老					
③ D	***阿孝					
3　①	儒理(弩禮)	妃〈朴〉 日知葛文王女 或 許婁王女	**弩礼(弩)	妃〈金〉 辭要王女		
② F	南解					
② M	雲帝					
③ S	逸聖, *婆娑(或奈老)					
③ D						
4　①	脱解〈昔〉(吐解)	阿孝〈朴〉		阿老(尼)		阿孝(阿留)
② F	多婆那國王	南解	**琓夏國含達婆王			
② M	女國王女	雲帝	積女國王女			
③ S	仇鄒角干				仇鄒(康造)	
③ D						

略號: F~父, M~母, S~子, D~女　　*~註

1代: *赫居世에 對하여는 '弗矩內王, 閼智居西干'이라 부르기도 한다.(三國遺事 卷1 赫居世王條)
　　**'蘇伐公'은 高墟村長인데 楊山 기슭 蘿井 숲에서 큰 알을 주어서 이를 깨뜨렸더니 아이가 나왔다.
　　6部가 모두 임금으로 모셨다('紀年兒覽' 卷5 新羅 始祖條)
　　***王名이 最初로 나타나기는 '梁書'의 新羅 '法興王' '募名秦(梁書 卷54 列傳48 諸夷 新羅)이다.
2代: **三國遺事 王曆'에 '雲帝'에 對하여 "今迎日縣西有雲梯山聖母 祈旱有應"의 記錄이 있다.
　　**'奈(奈)老'는 '儒理'의 弟이자 5代 '婆娑'의 아버지가 된다. 그런데 '史記'에는 '奈老'를 "… 或云儒理第
　　(弟)"의 註釋과 함께 '婆娑'는 '儒理'의 次子라고도 했는데 어느 것이 옳은지 未詳이다.
　　***阿孝夫人'은 4代 '脱解'의 妃가 되는 이로서 그 稱謂가 '阿老 阿尼 阿留' 등으로 나타나고 있다.(遺
　　事 兒覽 東史年表)
　　'阿孝夫人(阿老夫人)'은 或 '南解'의 女가 아닌 '妹'가 아닌가 한다.
　　"按新羅宗廟之制 第二代 南解王三年春 始立始祖赫居世廟 四時祭之 以親妹阿老主祭"(三國史記 卷32 志
　　1 祭祀) 이 記錄은 本紀에도 보이고 있으나 '阿老'가 '妹'라 하여 나타나 있지는 않다. 그리고 翌年에
　　'南解'가 그 女를 '脱解'에게 짝을 지어 주었다는 것을 보면 其女가 '阿老'가 아닌지도 모를 일이다. 오
　　직 '阿老'는 뒷날 改作된 것은 아닐까. 再考를 要한다.

室의 世系 1.

國				中國		日本	
東史年表		朝鮮史大系年表		註의 史料 參照		註의 史料 參照	
王	妃	王	妃	王	妃	王	妃
				***			
蘇伐公 聖母(娑蘇)							

3代: *'儒理'의 次子는 '婆娑'가 아닌 '柰老'가 옳을 것 같으며 '婆娑'는 '儒理'의 孫子벌이 되고 '柰老'의 子가 곧 '婆娑'이다.
逸聖 或 '日知葛文王'의 子라 함.(三國史記 卷1 新羅本紀1 逸聖尼師今 卽位年條) '弩禮'의 兄? '祇磨 兄?(三國遺事 王曆 逸聖尼叱今條)
**'弩礼'는 '弩理'로 고쳐져야 할 것이다. '弩'一字로서 王名을 지녔다는 것은 우스운 일이다. 原本에는 그 脫落된 痕跡이 없으나 이것은 '遺事王曆'을 避하고라도 本文 中에는 '弩理'라는 名稱이 나오고 있으니만큼 '弩理'로 써야 할 것이다. '遺事'의 記錄에는 '儒理' '弩礼(禮)' '儒禮' '努□' '奴禮' 等의 名稱이 보이고 있다.

4代: *'三國史節要'에 실려 있는 '脫解'의 記事가 (出身에 대한) '三國史記 本紀' '三國遺事 本文' 同 駕洛國 記'의 內容과 相違되는 點이 있으므로 그 첫 部分만 引用한다.
"殊異傳 龍城國王妃生大卵 怪之置卵小櫃 以奴婢七寶文貼載船泛海來至阿珍浦 村長阿珍等開櫃出卵 忽 有鵲來啄卵 開有童男自稱脫解 … 遂降長公主 龍城國在倭國東北在二千里"(三國史節要 卷2)
二千里는 一千里로 되어 있다.(三國史記, 三國遺事)
**'琓夏國'의 名稱은 '龍成國', '正明國', '花夏國', '花厦國'으로 나타나고 있다.(三國遺事)

172

國別		韓					
出處		三國史記		三國遺事		紀年兒覽	
王代 續柄		王	妃	王	妃	王	妃
5	①	婆娑〈朴〉	史省〈金〉		史肖〈?〉		
	② F	儒理		努禮			
	② M	日知葛文王女		辭要王女			
	③ S	祇摩					
	③ D						
6	①	祇摩(祇味)〈朴〉	□禮(*愛禮)〈金〉	**祇摩(祇味)〈朴〉	□禮(愛禮)〈?〉		愛禮〈金〉
	② F	婆娑	磨帝國王女	婆娑	磨帝國王女		
	② M	史省		史肖			
	② S						
	③ D	內禮夫人		□□禮夫人			
7	①	逸聖〈朴〉	〈朴〉		□禮〈朴〉	□□禮〈朴〉	
	② F	儒理 或日知葛文王	支所禮王	努禮王兄 或祇摩王	日知葛文王	祇摩王	
	② M			伊刊(利)生夫人 或.□王夫人			
	③ S	阿達羅					
	③ D						
8	①	阿達羅	內禮〈朴〉		?		
	② F	逸聖	祇摩				
	② M	支所禮王女				朴氏	
	③ S	*無嗣					
	③ D						
9	①	伐休(發暉)〈昔〉	?	伐休			
	② F	仇鄒角干				世系圖作角 干康造**	
	② M	只珍內禮夫人〈金〉					
	③ S	*骨正(忽爭), 伊買					
	③ D						
10	①	奈解	〈昔〉助賁妹	***奈解			骨正女
	② F	伊買					
	② M	*內禮夫人〈金〉					
	③ S	于老, 利音(奈音)					
	③ D	**阿爾兮夫人					

6代: *'愛禮夫人'이 '憂禮夫人'이라고 쓰인 곳도 있는데 金鍾權 譯 '三國史記'와 李弘稙 編 '國史大事典' 卷下 系譜中에 보인다. 그 出處는 未詳.
　　**或은 '祇麻王'이라 함.(三國遺事 卷1)

8代: ① "伐休尼師今立 姓昔 脫解王子仇鄒角干之子也 母姓金氏 只珍內禮夫人 阿達羅薨無子 國人立之 …"(三國史記 同王 卽位年條)
　　② "謹按三國史記伐休本紀云 阿達羅無子 而神德本紀 謂其孫可怪"(紀年兒覽 卷5)
　　③ "神德王立 姓朴氏 諱景暉 阿達羅王遠孫 父父兼(一云銳謙)事定康大王爲人阿飡 … 孝恭王薨 無子 爲國人推戴卽位"(三國史記 卷12 新羅本紀12 神德王 卽位年條)
　　①②의 記錄으로 보아서는 '阿達羅王'은 儼然히 無嗣로 되어 있는데 ③의 記錄 中 53代 '神德王'이 '阿達羅'의 遠孫이라 한 것은 어떠한 까닭에서 그러했는지 모르겠다. 그리고 '神德'의 父 '父兼'이 '定康大王'을 섬기었다는 記錄은 아마도 '憲康大王'을 섬겼다는 記錄의 誤記가 아닐까 한다. 그것과 아울러 '父兼'이 '神德'의 親父 義父의 사이로 나타나는 것이 '遺事'에서 보이고 있는데 이 項目의 註는 '神德王代'에 가서 밝히려 한다.
　　或 '阿達尼師今' 阿達王(三國史記 年表, 三國遺事 王曆)

國				中國		日本	
東史年表		朝鮮史大系年表		註의 史料 參照		註의 史料 參照	
王	妃	王	妃	王	妃	王	妃
祇摩(祇磨)							

9代: *'骨正(忽爭)'은 '伐休王'의 太子, '奈解王' 때에 '世神葛文王'이라 追贈받았다.

　　**'伐休'의 父 '仇鄒'의 同音異寫 '康造'.

10代: *8代 '阿達羅'의 妃 '內禮'와 그 名稱이 같다. 混同되기 쉬운 까닭도 있으나 '阿達羅'의 妃 '內禮'는 '朴氏'라 하였고 後者의 '內禮'는 金氏라 하였으니 이 姓氏만을 分別하여 놓고 본다 하더라도 亦是 엇갈림을 느끼지 않을 수 없다. '奈解'는 '伐休'의 孫으로서 그가 卽位하게 된 까닭은 "奈解尼師今立 伐休王之孫也 … 前王太子骨正及第二子((十)＝原作)伊買告死 大孫肖少乃立伊買之子 是爲奈解尼師今 …"(三國史記 卷2 新羅本紀 12 奈解尼師今 卽位年條)이라 하였다.

　　**'阿爾兮夫人'은 舊本에서 據한 것이며 新本에는 '阿爾兮夫人'이라 되어 있다.

　　***遺事 王曆에는 '□解' 이는 脫落된 것이므로 '奈解'라고 補한 것이다.

174

王代	續柄	三國史記 王	三國史記 妃	三國遺事 王	三國遺事 妃	紀年兒覽 王	紀年兒覽 妃
		國別 出處		韓			
11	①	*助賁(諸貴, 諸賁)〈昔〉	**阿爾兮〈昔〉	***助圓(諸賁)	****〈朴〉		
	② F	骨正(忽正)	奈解, 或,葛文王奈音				
	② M	玉帽(仇道葛文王女)〈金〉					
	② S	儒禮(朴妃所生)		*****			
	③ D	光明夫人(味鄒妃) 命元夫人(于老角干妻)					
12	①	沾解(助賁王同母弟)		理解〈昔〉(詁解)	?		
	② F	骨正					
	② M	玉帽〈金〉		玉帽〈金〉			
	③ S	無嗣					
	③ D						
13	①	味鄒(味照)〈金〉	光明〈昔〉	**味鄒(味炤,未祖,未召,未古)	光明娘		
	② F	*葛文王仇道	助賁	仇道葛文王	諸賁		
	② M	〈朴〉		生乎(述禮)〈朴〉			朴氏葛文王伊漆女
	② S						
	③ D	休禮(保反, 內禮, 吉怖)夫人		阿留夫人(實聖妃) 內禮希夫人(奈勿妃)		內留(阿留)夫人	
14	①	*儒禮(儒理)〈昔〉	?	儒禮〈昔〉(世里智王)			
	② F	助賁		諸賁王			
	② M	**〈朴〉		□召夫人(朴), 阿爾兮夫人			
	③ S						
	③ D						

11代: *'助貴王'이라고도 나와 있다.(三國史記 卷2 助賁尼師今條, 儒禮尼師今條)
  **'遺事 王曆 儒禮代에는 '□召夫人 朴氏'라 이르고, 同 '基臨代엔 '阿爾兮夫人'이라 하였다.
  ***'助圓' 補闕. '助賁'이 或 '城賁'으로 '國史大事典' 卷下 系譜에 나타나 있다.
  ****14代 '儒禮王代에 보면 妃 '朴氏'가 한 사람이 더 보인다. '遺事'의 '□召夫人朴氏'가 그것이다.
  *****'儒禮'와 '基臨'이라 하였다.(三國遺事 王曆 儒禮, 基臨)

13代: *'葛文王仇道'는 '味鄒王'의 父로서 그들의 世系는 아래와 같다.(別圖系譜 參照)
  "味鄒尼師今立 … 其先閼智 出於鷄林 脫解王得之 養於宮中 後拜爲大輔 閼智生勢漢 勢漢生阿道 阿道生首留 首留生郁甫 郁甫生仇道 仇道則味鄒之考也"(三國史記 卷2 新羅本紀2 味鄒尼師今 卽位年條)
  •熱漢: (遺事 卷1 金閼智 脫解王代)
  •星漢: "(上缺)十五代祖星漢王 降質圓穹 議誕靈仙岳 肇臨(中缺) … 略"(文武王陵碑銘)
  •星漢: "大師 法諱利嚴 俗姓金氏 其先鷄林人也 考其國史 實星漢之苗 …"

國				中國		日本	
東史年表		朝鮮史大系年表		註의 史料 參照		註의 史料 參照	
王	妃	王	妃	王	妃	王	妃

(崔彦僞撰廣照寺 眞空大師寶月乘空塔碑銘)
- '聖韓': "俗姓金氏 鷄林人也 其先降自聖韓興於那勿 本枝百世 貽 厥喜猷 …"(崔彦僞撰: 毗嚧庵眞空大師普法塔碑銘)

郇甫≒ '郁部'(三國遺事 卷1 金閼智 脫解王代)
"仇道一作俱道(仇刀)"(同上)
** '末郇', '末雛', '末祖'(三國遺事 卷1, 3)

14代: *"第三子儒理同諱或作儒禮"(三國史記 卷2 新羅本紀2 儒禮尼師今 卽位年條)
** '助賁'의 正妃가 누구인지 分別하기 힘들다. '阿爾兮夫人'인지 아니면 '朴妃'인지? '儒禮'는 '朴氏'의 生, 이 '朴氏'는 '遺事'에서 이르는 '□召夫人 朴氏'가 그 사람인 듯하거니와 '舊本史記'에 依하면 '朴妃'는 '村妃'라 나타나고 있는데 이것은 '朴妃'의 誤植일 것이다. '遺事'에 따른다면 15代 '基臨'은 '阿爾兮夫人'의 生으로 되었으니 오직 '史記'에는 '儒禮'가 '朴妃'의 生이라 한 것을 보면 이 두 가지의 史料를 綜合하여 兩代 王의 出生을 推立 수 있지 않을까 한다.

| 國別
出處 | | 韓 | | | | | |
| | | 三國史記 | | 三國遺事 | | 紀年兒覽 | |
王代　續柄		王	妃	王	妃	王	妃
15	①	*基臨(基丘)〈昔〉	?	基立〈昔〉			
	② F	乞淑(助賁孫, 或,子)		**諸貴			
	M			***阿爾ㄅ夫人			
	③ S						
	D						
16	①	訖解〈昔〉	?	乞解〈昔〉	?		
	② F	于老角干		于老音角干			
	M	命元夫人(助賁女)					
	③ S						
	D						
17	①	*奈勿(那密)〈金〉	〈金〉	(□□王)	內禮希夫人(味鄒王女)	(・那勿)	保反(內禮古怖)
	② F	**末仇角干(仇道葛文王子)	味鄒	仇道葛文王(***未召王弟□□角干)		味鄒姪末仇角干(末屍屈)	
	M	休禮夫人〈金〉		****[休禮夫人]	味鄒		
	③ S	訥祇, 卜好, 未斯欣		訥祇, 寶解, 美海(一作未叱喜)			
	D						
18	①	實聖	〈金〉	實聖(實主王, 寶金)	阿留夫人		內留
	② F	大西知伊湌(闕智裔孫)	味鄒	大西知角干(未鄒王弟)	味鄒		
	M	伊(企)利夫人(昔登保阿干女)		禮生夫人(*登也阿干□)〈昔〉		(伊利・企利・伊訓・武利)禮生夫人(阿干登保女)	
	③ S						
	D	訥祇妃		阿老(次老)夫人(慈悲妃)		阿老夫人(訥祇妃)	

15代: *三國史記 舊本에는 '基臨' 乃至 '基丘'라 하였는데 新本에 據한다면 '基立'이라 보이고 있다.
　　**三國遺事 王曆 原本에는 '諸貴第二子'라 한 것을 新本에는 '諸貴第二子'로 바꾸어 놓았다.
　　***原本에는 '阿爾ㄅ夫人'인데 '阿爾兮夫人'으로 新本에서 改하고 있다.
16代: *于老는 原作에 '千老'라 하고 있다. 新本 改. "于老事君有功 累以舒弗邯 …"(三國史記 卷2 新羅本紀2 訖解尼師今條)
　　**中國側 文獻으로서 '新羅' 王의 姓이 보이고 있는 例는 그 最初의 것이 '金姓'으로서 "括地志曰 新羅治金城 本三韓之敵地 … 新羅王姓金氏 其先所出未詳也 隨東藩風俗記云 金姓相承卅餘代 其先附庸於百濟征高麗 …(略)"(翰苑 卷30 東夷部 新羅)"河淸四年 二月甲寅 詔以新羅國王金眞興 爲使持節東夷校尉樂浪郡公新羅王"(北齊書 卷7 帝紀7 齊昷公 天統 元年條)
　　'三國史記' 記錄으로서는 '中國側'에서 '新羅'에 王을 封한다는 事實이 '眞平王'16年부터 나타나기 시작하는데 "十六年隋帝詔拜王 爲上開府樂浪郡公新羅王"(三國史記 卷4 新羅本紀4 眞平王 16年條) 史記와 아울러 '中國側' 記錄과 同時로 보이는 것은 이 以後이다.

國				中國		日本	
東史年表		朝鮮史大系年表		註의 史料 參照		註의 史料 參照	
王	妃	王	妃	王	妃	王	妃
				**			
(奈勿·)				*****樓寒			

17代: *'奈勿'이 或 '那勿'로 보이고 있는 것도 있다.

　"… 其先降自聖韓 興於那勿 本枝百世 貽厥嘉猷 …"(毗嚧庵眞空大師普法塔碑)

　**'末仇'는 '未仇'라고도 보인다.

　***未召王弟 □□角干은 未召王弟末仇角干의 脫落. 이 記事가 '三國史記'에서는 "末仇 味鄒尼師奈('今'의 誤)兄弟也"라고 보인다.

　****原文에는 闕. 補意.

　*****'樓寒'은 王名이 아닌 '新羅' 王號의 一인 '麻立干'의 譌인 듯하며 支那人이 그 當時의 記錄을 그대로 옮겨 놓은 것에 지나지 않는다.

　"秦書曰 符堅建元十八年(新羅奈勿王27年) 新羅國王樓寒 遣使衛頭獻美女 國在百濟東 …"

　"又曰 符堅時 新羅國王樓寒 遣使衛頭朝貢"(太平御覽 卷781 四夷部2 東夷2 新羅)

18代: *原闕. □當作'女' 意補.

國別／出處		韓					
		三國史記		三國遺事		紀年兒覽	
王代 / 續柄		王	妃	王	妃	王	妃
19 ①		訥祗〈金〉	〈金〉	訥祇(內只)〈金〉		(訥支)	阿老
19 ②	F	奈勿	實聖	奈勿			
19 ②	M	保反(內禮吉怖)夫人〈金〉(味鄒女)		內禮希夫人〈金〉(未鄒女)			
19 ③	S	慈悲		慈悲			
19 ③	D	鳥生夫人(習寶葛文王妻)		鳥生夫人(期寶葛文王妻)			
20 ①		慈悲〈金〉	〈金〉	慈悲			
20 ②	F	訥祇	奈勿孫 未斯欣	訥祇	巴胡葛文王 *□叱( )角干, **□□角干		
20 ②	M	實聖女		阿老(次老)夫人			
20 ③	S	昭知(毗處)					
20 ③	D						
21 ①		*炤知〈金〉(毗處)	善兮	毗處(**□知)	〈?〉	炤知(毗處)	善兮
21 ②	F	慈悲	乃宿伊伐飡	慈悲	期寶葛文王		奈勿孫 葛文王習寶
21 ②	M	未斯欣女		未欣角干女			
21 ③	S						
21 ③	D						
22 ①		*智證〈金〉(智大路, 智度路, 智哲老)	延帝〈朴〉	智訂(***智哲名, 智度路)	迎帝		
22 ②	F	**□勿曾孫習寶葛文王(照知王再從弟)	登欣伊飡	訥祇王弟期寶葛文王	儉攬代美只登許(□□)角干		伊飡登欣(欣登)
22 ②	M	鳥生(訥祇女)		鳥生(訥祇女)			
22 ③	S	法興		法興, 立宗葛文王			
22 ③	D						
23 ①		法興〈金〉(原宗)	保刀〈朴〉	法興(原宗)〈金〉(募秦)	巴刀(法流)		保刀(巴丑)
23 ②	F	智證		智訂			
23 ②	M	延帝		迎帝			
23 ③	S						
23 ③	D	法興弟立宗妻		*			

20代: *□叱(希)角干: 闕文 補.
　　**□ □角干: 原闕 據史記 文補.
21代: *炤知는 '史記目錄'에 '照知'라고 보인다.
　　**□知: 原闕. 據史記 文補.
22代: *智證은 原作에 '知證'이라 보인다.
　　**□勿은 原作 闕, 新本補 □勿이라 보인다.
　　***智哲名은 '智哲老(路)'의 恐誤.
23代: *所生이 或 다르게 나타남을 보는데 '法興'女가 卽 '眞興王'의 母이어야 할 것을 車梁里英末 史 角干女 只 召夫人(息道夫人)(三國遺事 王曆)이라고 덧붙인 것도 어떤 異說에 根據를 두었는지 알 수 없다. '史'는 '失'이라고도 보이고 있다.(三國遺事 卷3 原宗興法猒觸滅身)

國				中國		日本	
東史年表		朝鮮史大系年表		註의 史料 參照		註의 史料 參照	
王	妃	王	妃	王	妃	王	妃
		奈勿					
		保反(內禮吉)夫人					
		鳥生(烏生)夫人(習寶葛文王妻)					
		奈勿孫習寶		伊伐飡乃審			
				**慕(募)泰(募秦,慕,募)			

23代: **`三國史記`에서는 王의 諱`原宗` 以外에 `冊府元龜`의 `法興`의 王名(諱)을 적은 것에서 `姓募名泰`라 했는데 여기에서의 `泰`는 `秦`의 誤植이며 이는 `三國遺事`의 當該王 王曆에서도 `冊府元龜云 姓募 名秦`이라 引用하고 있음을 본다. 但 `法興`의 姓이나 名이 其와 같이 나오고 있음은 이는 단순한 어떤 잘못에서 온 誤謬가 아니었을까 적이 의심해 두고 싶다. `冊府元龜`를 비롯해 `中國` 側 文獻에서는 아래와 같은 記錄을 적어 우리에게 보여 주고 있다.

`普通二年(法興王八年) 王募名泰(殿本作名募泰 南史作姓募名秦) 始遣(冊府元龜作 `遣` 添一字)使 …`

`梁普通二年王姓募(南本殿作`泰`)`(梁書 卷54 列傳 諸夷 新羅倭) (南史 卷79 列傳69 夷貊下 新羅)

`其王至今亦姓金 按梁史云姓慕未詳中間易姓由`(通典 卷158 邊防1 新羅)

`原宗王`으로도 불리고 있다.(海東高僧傳 卷1 流通 阿道)

王代	續柄	三國史記 王	三國史記 妃	三國遺事 王	三國遺事 妃	紀年兒覽 王	紀年兒覽 妃
24	①	眞興〈金〉(彡麥宗, 深麥夫)	思道	眞興(*彡麥宗, 深□□)		(彡麥宗, 深麥夫, 深麥宗, 自號 法雲王)	
	② F	法興弟 葛文王立宗		立宗葛文王			
	② M	法興女		只召(息道)夫人 (**□□□□史 □□)			
	③ S	***眞智, 太子銅輪		眞智, 銅輪		眞智	
	③ D						
25	①	眞智〈金〉(舍輪, 金輪)	知道〈?〉	眞智(舍輪, 金輪)〈金〉	*知刀〈朴〉	知道(如刀)	
	② F	眞興		眞興	起烏公		烏公
	② M	思道		息□(色刁)夫人 (***未氏□□□ 刁女)			
	③ S	伊湌龍春(龍樹)					
	③ D						
26	①	眞平〈金〉(白淨)	摩耶〈金〉	眞平(白淨)	摩耶〈金〉 / 僧滿〈孫〉	摩耶	僧夫人
	② F	銅輪	葛文王福勝	銅輪	福盼口 / ?		
	② M	*萬呼(萬內)(葛文王立宗 女)		萬呼(萬寧)夫人, (名:行義)			
	③ S						
	③ D	善德, 天明(天命)夫人,		善德, 天明夫人, **善花公主			

24代: *原作에는 '彡麥宗, 彡麥宗은 新本에서 據한 것이다.

'深□□은 舊本에는 '深麥宗'이라 보이고 있으나 新本에서는 '深麥宗'으로 보이고 있다.(三國遺事 卷4 弥勒仙花未尸郞眞慈師條)

이러한 王의 諱 中에서는 "釋法雲 釋名 公彡宗(彡麥宗) 謚曰眞興 …"(海東高僧傳 卷1 流通 法雲)이라고도 보이고 있다.

**여기의 闕句는 車梁里英 史 角干女로 補한다. 이것은 곧 "… 妃思刀夫人朴氏 车梁里英失角干之女"(三國遺事 卷3 原宗興法猒髑滅身)을 因據한 것이며 '英史角干'과 '英失角干'은 同音 異寫로 看做해 봄이 좋겠다.

***'眞智'女가 '眞興'의 妃라 한 것은 큰 잘못이다. '眞智'는 儼然히 '眞興'의 아들로서 어찌 그의 딸이 先王(眞興)의 妻로 했다는 것은 큰 망발이다. 어떠한 錯誤에서 저지러진 重大한 誤謬이다.

25代: *原作에는 '如刀라 보인다.

**'息□'은 '息道'의 脫落이다.

***'未氏'는 '朴氏'의 誤, '□□□刁女'는 '英史角干女'의 脫落.

國				中國		日本	
東史年表		朝鮮史大系年表		註의 史料 參照		註의 史料 參照	
王	妃	王	妃	王	妃	王	妃
	***眞智女						
(伯淨)				***			

26代: *'萬呼'는 舊本에 '万呼'라 하였다.
　　　**'眞平'의 三女라 하였다. "新羅眞平王第三公主善化(一作 善花)美艶無雙 …"(三國遺事 卷2 武王條)
　　　***'眞平王'의 이름이 '中國' 側 文獻에 나타나는 것은, "其王本百濟人 自海逃入新羅 逐王其國 傳祚至
　　　金眞平 開皇十四年 遣使貢方物 高祖拜眞平爲上開府儀樂浪郡公新羅王"(隋書 卷81 列傳46 東夷 新羅)
　　　이라는 것으로서 이 기사가 비록 '眞平王' 先祖의 史實로 包含되어 있으나 其因으로서의 '金氏'가 '新
　　　羅' 王朝를 執權했다는 자체는 모순된 傍證이다. 考證을 必要로 하지 않고 轉寫된 記錄에 不外한 것
　　　이니만큼 再考를 要하여야 하겠다.

國別 出處 王代 〳 續柄	三國史記 王	三國史記 妃	三國遺事 王	三國遺事 妃(匹)	紀年兒覽 王	紀年兒覽 妃
27 ①	善德〈金〉 (*德曼) (聖祖皇姑)		善德(德曼)	〈?〉 **(飲葛文王)		
27 ② F	眞平		眞平			
27 ② M	摩耶		麻耶夫人			
27 ③ S						
27 ③ D						
28 ①	眞德〈金〉		眞德(勝曼)			
28 ② F	國飯(國芬)葛文 王(眞平同母弟)		國其安葛文王 (眞平弟)			
28 ② M	月明夫人		阿尼夫人〈朴〉(奴 追□□葛文王女) (月明, 非也)			
28 ③ S						
28 ③ D						

27代: *'德曼'은 또한 '德万'으로도 보이고 있다. (三國遺事 卷5 善德王條)
**'葛文王'의 '史記'와 '遺事'와의 頻度의 差를 보이면 下表와 같다.

項目 代	葛文王	史記所傳	遺事所傳	對照頻度 差의 表
(1)	日知	儒理王의 妃의 父(卷1) 逸聖王의 妃의 父(卷1)	逸聖王의 妃의 父(王曆)	類別 史記 遺事 祖父 1 王의 父 7 2 王의 外舅 6 4 王의 外祖 7 1 王의 弟 1 王의 同母弟 2 1 女王의 匹 1 未 詳 1 1 計 25 10
(2)	許婁	婆娑王의 妃의 父(卷1)		
(3)	摩帝	祇摩王의 妃의 父(卷1)	磨帝國 王女의 父(王曆)	
(4)	朴阿道	逸聖十五年葛文王에 封함(卷1)		
(5)	骨正(忽爭) (世神)	奈解王의 妃의 父(卷2) 助賁王의 父(卷2) 沾解王의 父(卷2)		
(6)	仇道	助賁王의 母의 父(卷2) 味鄒王의 父(卷2) 奈勿王의 祖父(卷3)	奈勿王의 父(王曆)	
(7)	伊柒	味鄒王의 母의 父(卷2)	味鄒王의 外祖父(王曆)	
(8)	奈音	助賁王의 妃의 父(卷2) 儒禮王의 母의 父(卷2)		
(9)	巴胡		慈悲王의 妃의 父(王曆)	
(10)	習寶	智證王의 父(卷4)	炤知王의 妃의 父(王曆)期玉	
(11)	立宗	法興의 弟, 眞興王의 父, 眞平 母의 父(卷4)	訥祗王의 弟(王曆)	
(12)	福勝	眞平王의 妃의 父(卷4) 善德 母의 父(卷4)		
(13)	眞正(伯飯)	眞平 同母弟(卷4)		
(14)	眞安(國飯)	眞平 同母弟(卷4), 眞德王의 父(卷5)		
(15)	飲		善德王의 匹(王曆)	
(16)	□□		眞德母의 父(王曆)	
(17)	文興		武烈王의 父(王曆)	
(18)	忠恭	僖康王의 妃의 父(卷10)		

國				中國		日本	
東史年表		朝鮮史大系年表		註의 史料 參照		註의 史料 參照	
王	妃	王	妃	王	妃	王	妃
				*德			
		金庾信妹	**				

27代: *眞德의 脫誤.(文苑英華 卷167 詩171 帝德) 그리고 舊唐書와 新唐書 通鑑의 "善德妹眞德"은 誤記.
　　"貞觀二十二年正月新羅王金善德卒以善德妹眞德爲柱國新羅 …"
　　(資治通鑑 卷198唐(紀)14 太宗下之上)
　　(舊唐書 卷199 上 列傳147 新羅 同書卷3 本(紀)3 太宗 下 唐書 卷220 列傳145 東夷 新羅)

王代	續柄	三國史記 王	三國史記 妃	三國遺事 王	三國遺事 妃	紀年兒覽 王	紀年兒覽 妃
29	①	太宗武烈(春秋)	文明〈金〉	太宗武烈(春秋)	訓帝夫人(小名:阿之)(文熙, 文姬)(謚號: 文明)(*庚信妹)		
	② F	伊飡龍春(龍樹)(眞知王子)	舒玄角飡	龍春(龍樹)卓文興葛文王		龍春(龍樹, 龍壽)	蘇判舒玄
	② M	天明(眞平王子)		天明夫人(文貞太后)		天文夫人(謚: 文眞)	
	③ S	文武, 仁問, 文王, 老旦, 仁泰, 智鏡, 愷元		法敏, 仁問, 文王, 老旦, 仁泰, 智鏡, 愷元(文明所生)皆知文, 車得令公, 馬得阿干(庶子)			
	③ D						
30	①	*文武(法敏)	慈儀王后	文武(法敏)	慈儀(訥王后)		慈儀(義)
	② F	太宗武烈王	波珍飡善品	太宗	善品海干		
	② M	文明〈金〉		訓帝夫人			
	③ S	神武					
	③ D						
31	①	神文(政明, 明之, 字: 日炤)	〈金〉廢妃 / 神穆〈金〉	神文〈金〉(政明)日炤	神穆王后		
	② F	文武	蘇判欽突 / 一吉飡欽運(雲)	文虎王	金運公		
	② M	慈儀(義)王后		慈訥王后			
	③ S	孝昭, 聖德, 欽(釿)質, 嗣宗		孝昭, 聖德			
	③ D						
32	①	孝昭〈金〉((理洪(恭)))	?	孝昭(理恭, 理洪)〈金〉			
	② F	神文		神文			
	② M	神穆王后		神穆王后			
	③ S	無嗣					
	③ D						

29代: *'庚信'은 原作에 '庚立'이라 보이고 있다.
**武烈王의 出身에 對해서 '中國側 文獻'에서는 아래의 다섯 가지의 例를 내놓고 있다.
  A. 眞德의 弟의 子에서라는 說: "永徽五年(合從本傳作元年)新羅王眞德大破百濟之衆 其弟子春秋之子法敏 以聞 …"(文苑英華 卷167 詩17 帝京)
  B. '眞德'의 弟라는 說: "永徽五年閏五月壬辰 新羅女王金眞德卒 詔立其弟春秋爲新羅王"(資治通鑑 卷199 唐紀15 高宗 上之上)
  "春秋眞德之弟也"(資治通鑑 卷198 唐紀14 太宗 下之上)
  "貞觀二十二年 眞德遣其弟國相伊替子(恐十之誤)金春秋 及其子文正"(舊唐書 卷199上 列傳149 東夷 新羅)
  C. '眞德'의 次子라는 說: "明年(貞觀二十二年) 遣子文王及弟伊贊子春秋來朝 …"(新唐書 卷220 列傳145 東夷 新羅)
  D. '法敏'이 '眞德'의 弟: 永徽元年 眞德大破百濟之衆 遣其弟法敏以聞 …"(舊唐書 卷199 上 列傳 149 東夷 新羅)
  E. '眞德'의 子라는 說: "永徽五年眞德卒 … 其子春秋嗣位"(唐會要 卷95 新羅).
  '海東高僧傳'에는 '武烈'을 一云 '王宗'이라 했는데 이는 '太宗王'의 誤일 것이다.(海東高僧傳 卷1 流通法空)

國				中國		日本	
東史年表		朝鮮史大系年表		註의 史料 參照		註의 史料 參照	
王	妃	王	妃	王	妃	王	妃
				**金 信妹			
				*欽質, 嗣宗, 忠信			

30代: *'文武王'의 兄弟는 '三國史記'와 '三國遺事' 사이에 若干의 差異가 있음을 보는데 '史記'에는 "… 春秋泰曰 臣有七子 …"라 하고 '太宗王' 2年條에 보이는 七子 '法敏' '文王' '老旦' '仁泰' '智鏡' '愷元'이 보이는데 '仁 間'이 '文王'을 이름인지는 모르겠으나 그의 이름은 보이지 않고 있다. 다만 同年 10月條에 王女 '智照'가 '庾信'에게 下嫁했다는 기록으로 보면 '遺事'에 있는 二女까지 '文武'의 누이가 꼭 이 1人만은 아닐 터인 데 當 기록은 미더운 데가 없다. 七子는 오직 '文明王后' 出生만을 일컬은 것인 듯하다.

31代: *冊府元龜 卷971 外臣部 朝貢4 張7. 同 卷975 外臣部20 褒異2 張6 同 卷973 外臣部 助國討伐 張14 參照.
'欽質', '嗣宗', '忠信'('忠信'은 史記에 보이지 않는 人物이나 '冊府元龜'에 依하면 '聖德'의 從弟 라 했는데 '史記'의 '相'이라는 것과 同等한 人物이 아닐는지 모르겠다)

國別		韓					
出處		三國史記		三國遺事		紀年兒覽	
王代 / 續柄		王	妃	王	妃	王	妃
33	①	*聖德〈金〉(本名: 隆基, 諱: 興光)(天中, 金志誠)	成(嚴)貞 ┊ 炤(紹)德	聖德(興光, 隆基)	陪昭王后(嚴貞) ┊ 占勿王后(炤德)	(隆基, 興光, 興元)	
	② F	神文	金元泰 ┊ 伊飡順元		**元大□□ ┊ 順元角干		
	② M	神穆					
	③ S	孝成, 景德, 王子守忠					
	③ D	四炤夫人		四召夫人			
34	①	孝成〈金〉承慶	*朴妃惠明 ┊ 永宗女	孝成〈金〉承慶	惠明王后	急明	
	② F	聖德	? 順貞永宗	聖德	眞宗角干		
	② M			炤德大后			
	③ S	無嗣					
	③ D						
35	①	景德〈金〉(憲英)	〈金〉滿月	景德〈金〉(憲英)	三毛夫人(出宮) ┊ 滿月夫人(景垂王后, 景穆王后)		
	② F	聖德	伊飡順貞 ┊ 舒弗邯義忠	聖德(*興光大王)	? ┊ 依忠角干		
	② M	炤德		炤德大后			
	③ S	**惠恭(嫡子, 或 次子)		惠恭			
36	①	惠恭(乾運)	新寶〈金〉 ┊ 〈金〉	惠恭〈金〉(乾運)	神巴夫人 ┊ 昌思夫人		
	② F	景德	伊飡維誠 ┊ 伊飡金璋	景德	魏正角干 ┊ 金將角干		
	② M	滿月		滿月王后			
	③ S / D	?					

33代: *金富軾이 "唐書言金志誠"이라 하여 王의 이름에 그 差異性을 내놓고 있으나 이는 '唐書'를 引用한 것이 아니고 곧 '冊府元龜'의 "新羅王金志誠遺使來朝"(冊府元龜 卷970 外臣部15 朝貢3 中宗神龍 元年 3月條)를 據한 것이다.

"聖德王 十一年 … 三月 … 大唐遣使盧元敏 勅改王名"(三國史記 卷8 新羅本紀8 聖德王 11年 3月條)

"聖德王立 諱興光 本名隆基 與玄宗同 先天中改焉"(同上即位年條) 이 記事는 '唐會要' 卷95 新羅傳을 依據한 듯하고 '舊唐書'에서는 '玄宗'에 앞서 '太宗'의 諱를 빗대어 들고 있는데 이는 誤謬다. "興光 本名 奧太宗同 先天中則天改焉(舊唐書 卷199上 列傳149 新羅)

**元大(阿田). 補文.

***'景德' 弟가 '史記' '冊府元龜' '唐會要'에 各己 보이는데 그 이름을 알 길이 없다.

"… 冬十二月 遣王弟入唐賀正"(三國史記 卷9 新羅本紀9 景德王 2年 12月條)

(冊府元龜卷971 外臣部16 朝貢4 同 卷975 外臣部20 襃異2 唐會要卷95 新羅)

34代: *'朴氏'는 잘못. '三國史記'의 '孝成王' 2年 2月條의 "… 唐遣使 詔冊王妃朴氏"라 한 이 자체는 곧 '唐書'의 '俄冊其妻朴爲妃'를 引用한 듯한데 여기에서의 '俄'를 꼭 '孝成王' 2年의 事實로 看做하기는 어렵다. 정작 2年 뒤에 冊妃(唐에서의)의 記事가 다시 '史記'에서 나오는데 이에 따라 2年의 기사는 必要 以外의 것인 동시에 '史記'의 納妃를 알리는 "三年三月 納伊飡順元女惠明 爲妃"라는 것을 '唐書'에서 3年 冊妃 3年 冊封 자체의 內容을 엇갈려 '金妃'를 '朴妃'로 잘못 認識해 가면서까지 記錄化시킨 것 같다.(唐書卷220 東夷列傳145 東夷 新羅, 唐會要 卷95 新羅. 冊府元龜 卷975 外臣部20 襃異2)

國				中國		日本	
東史年表		朝鮮史大系年表		註의 史料 參照		註의 史料 參照	
王	妃	王	妃	王	妃	王	妃
				***			
		****景德太子滿日嫡子惠恭				****韓阿飡金泰廉(長子)	

35代: *'景德'의 考가 '史記'와 共히 '遺事'도 '聖德大王'이라 한 것은 사실이지만 '史記'의 記錄에서 '聖德'을 '孝成'의 同母弟라고도 하는 것을 본다. 한편 '遺事'는 "… 安於奉德寺 寺乃孝成王開元二十六年戊寅 爲 先考聖德大王奉福所創也 故鐘銘曰 聖德大王神鐘之銘"이라 하고 그 註에서 "聖德乃景德之考 典光大王 也 鐘本景德爲先考所施之金 故稱云聖德鐘爾"(三國遺事 卷3 塔像4 皇龍寺鐘芬皇寺藥師奉德寺鐘) '景 德'의 考가 이렇게 해서 '典光大王'이란 이름도 있음을 말해 주고 있다.

**'或 '惠恭'은 次子가 아닌지 모르겠다.

***'이 記事는 或 이러한 記錄을 誤記했는지 알 수 없다. "景德太子滿月嫡子" '滿月'이 '滿日'로 記寫된 것이다.

****'續日本紀'에는 '景德王子'를 '韓阿飡金泰廉'이란 이름이 보이고 있다. '惠恭王'이 太子로 封해 받 은 것은 幼年의 3歲 時였다는 '史記'의 記錄에 앞서 '金泰廉'이 이미 '景德王' 11年(A.D. 752) '日本' 에 왔었다는 것은 오직 '日本'側에서만 보이는 것일 뿐. 或 '惠恭'이 誕生하기 전 그가 早死했는지도 알 수 없는 일이다.(續日本紀 卷18 天平勝寶4年 閏3月己丑 乙亥 6月己丑 壬辰 7月戊辰條 參照)

王代	續柄		三國史記 王	三國史記 妃	三國遺事 王	三國遺事 妃	紀年兒覽 王	紀年兒覽 妃
		國別	韓					
37	①		宣德〈金〉(良相)(奈勿十世孫)	*具足〈金〉	宣德〈金〉(亮相)	具足王后	**	
	②	F	海飡孝芳(開聖大王)	角干良品 또는 義恭阿飡	孝芳海干(開聖大王)(元訓角干子)	狼品角干		
		M	四炤(貞懿太后)		四召夫人(□懿太后)			
	③	S	周元(族子)					
		D						
38	①		*元聖〈金〉(敬信)(奈勿十二世孫)	〈金〉	元聖〈金〉(敬愼, 敬信, 敬則)	淑貞夫人	**	蓮花(淑貞)
	②	F	一吉飡孝讓(明德大王)	角干神述	孝讓大阿干(明德大王)	神述角干		
		M	繼烏〈朴〉(昭文太后)		仁□(知烏)夫人(昭文太后)(昌近伊己女)		繼烏夫人〈昌道女〉	
	③	S	仁謙(惠忠太子), 王子義英					
		D						
39	①		*昭聖(昭成)〈金〉(俊邕)	桂花〈金〉	昭聖(昭成)〈金〉(俊邕)	桂花王后		
	②	F	仁謙(惠忠)	大阿飡叔明	惠忠大子	夙明公		叔明
		M	聖穆太后(金神述女)		聖穆大后			
	③	S	哀莊, 仲恭, 體明, 秀宗		哀莊			
		D	章和夫人(定穆王后)(興德妃)		昌花夫人(興德妃)			

37代: *'元聖王'元年에 出外宮.
　　　"三月 出前妃具足王后於外宮 賜租三萬四千石"(三國史記 卷10 新羅本紀10 元聖王元年)
　　　**'紀年兒覽' 卷5를 보면
　　　"(攷異)姓譜 作武烈王十世孫恐誤" '姓譜'는 그 出處가 未詳이다.

38代: *'史記'에는 '元聖王'이 '宣德'의 弟라고도 말하고 있는데 이것은 잘못. 前王 '宣德'은 '奈勿'의 10世孫으로 考는 '孝芳', 母는 '四炤夫人'이라 했는데 新王 '元聖'을 '奈勿'의 12世孫, 考는 '孝讓' 母는 '朴氏'라 하고 있음을 보아 '孝芳' '孝讓'이라는 그 이름으로는 兄弟間이면서도 前王과 新王은 從兄弟間인지도 알 수 없다. 이러한 從兄弟라는 것은 中國側 文獻에서 이미 말해주고 있는데 "其年良相卒 立相敬信及爲 王令襲其官爵 敬信卽從兄弟也"(舊唐書 卷199上 列傳149 東夷 新羅). 이는 再考의 여지가 있지 않을까 한다.
　　　**'紀年兒覽' 卷5에는 "姓譜作 太宗王十二世孫 文獻通考作 宣德王從父弟 恐並誤"라 한 것이 있다.
　　　***'遺事'에서는 "唐書云 敬則'이라고 '王曆'에서 說明하고 있지만 '唐書'('舊 新唐書')外로 '冊府元龜' '資治通鑑' '唐會要'에까지 王의 諱가 '敬則'이라 쓰인 것이 보이지 않는다. 이는 잘못 記寫된 것일 것이다.

國				中國		日本	
東史年表		朝鮮史大系年表		註의 史料 參照		註의 史料 參照	
王	妃	王	妃	王	妃	王	妃
				*** (敬則)			
			** 桂花		**** 叔妃〈叔〉		
	叔明						
				*** 申氏			
				***** 憲章			

39代: *'昭聖'은 '元聖王'의 太子 '仁謙'의 아들인데 '元聖王' 7年에 卒. 翌年 8月에 다시 王子 '義英'을 太子로 封했으나 그도 亦是 同王 10年에 죽음으로써 11年에 '仁謙'의 子 '俊邕'을 太子로 封하여 卽位케 된 것이다.

**'桂花'는 '桂花'의 잘못일 것이다.

***王母는 분명 '金氏'이자 '金神迹'의 女인 '聖穆太后'가 옳은데 '唐書'를 비롯해 他文獻 等에서 '申氏'라 云謂하고 있는 것은 잘못이다. '舊唐書'에서는 "貞元十六年奉詔冊臣故主金俊邕爲新羅王 母申氏爲太妃"라든지 또는 "永貞元年 詔兵部郎中元季方冊命 後三年 使者金力奇來謝且言往歲冊故主俊邕王 母申太妃 …"라 한 것을 이에 대해 '金富軾'도 이 史料를 옮겨 실어 놓고서 自己의 異見이라 하여 註를 달았는데 "申氏 金神迹之女 以神爲同韻申爲氏誤"라 한 것은 신빙성이 없는 浪說에 不過하다. '李丙燾' 博士의 所見대로 이는 '新羅' 自體에서 '中國'에 對하여 自國內의 同姓 婚姻 事實을 감추기 爲한 수단에서 온 稱謂로 봄이 좋겠다. 이의 또 一例는 '昭聖'의 妃가 엄연히 '金氏'임에도 不拘하고 '叔妃'를 云謂하고 있는 것도 위의 例와 同一하다. '叔妃'는 '太平御覽'에서 '朴氏'라 했으나 이도 잘못된 것이다.

****同上

*****憲章'은 '宣德'의 族人인 '周元'의 아들이며 '舊唐書'가 '昭聖'의 王子로 한 것은 잘못이다.

王代	續柄	三國史記 王	三國史記 妃	三國遺事 王	三國遺事 妃	紀年兒覽 王	紀年兒覽 妃
40	①	哀莊〈金〉(淸明, 重熙)	〈朴〉　后宮〈金〉	哀莊〈金〉(重熙, 淸明)		(淸明, 重熙, 重幤)	
	② F	昭聖	阿飡金宙碧	昭聖			
	② M	桂花夫人		桂花			
	③ S						
	③ D						
41	①	憲德〈金〉(彦昇)	貴勝〈金〉	憲德〈金〉(彦升)	貴勝娘(皇娥王后)		
	② F	仁謙	禮英角干(孝眞：憲康大王)		忠恭角干		
	② M	聖穆太后					
	③ S	王子金昕					
	③ D						
42	①	興德〈金〉(秀宗, 秀昇, *景徽)	章和〈金〉(定穆王后)	興德〈金〉(景暉)	昌花夫人(定穆王后)		
	② F	仁謙	昭聖		昭聖		
	② M	聖穆太后					
	③ S	王子義宗					
	③ D						
43	①	僖康〈金〉(悌隆, 悌顒)	文穆〈金〉	僖康〈金〉(愷隆, 悌顒)	文穆王后		
	② F	伊飡憲貞(草奴) 葛文王忠恭		憲貞角干(興聖大王, 翌成)	忠孝角干(重恭角干)		
	② M	包道夫人		美道夫人(深乃夫人, 巴利夫人, 順成大后)〈朴〉(大阿干忠衍女)			
	③ S	啓明阿飡(懿恭王)		啓明角干		*啓明	
	③ D						
44	①	閔哀〈金〉(明)	允容王后〈金〉	閔(敏)哀〈金〉(明)	无容皇后		
	② F	大阿飡忠恭(宣康大王)		忠恭角干(宣康大王)	永公角干		
	② M	貴寶(宣懿太后)〈朴〉		貴巴夫人(宣懿王后)(惠忠王女)			
	③ S						
	③ D						
45	①	神武〈金〉(祐徵)		神虎〈金〉(佑徵)	貞從(繼大后)		眞從
	② F	上大等均貞		均貞角干(成德大王)	明海□		明海
	② M	眞矯(憲穆太后)		貞矯夫人			
	③ S	文聖(慶膺)					
	③ D			光和夫人(啓明妻)			

41代: *'舊唐書 東夷 新羅傳'에는
"… 重興卒 立其相金彦昇爲王 … 其年七月授 … 彦昇妻貞氏冊爲妃'라고 보이는데 이것 역시 '新羅 自國內의 血族婚姻 사실을 감추기 爲해 假稱 報告된 一例의 기사일 것이다.

國				中國		日本	
東史年表		朝鮮史大系年表		註의 史料 參照		註의 史料 參照	
王	妃	王	妃	王	妃	王	妃
				(重興)			
				*貞妃			
				**			
					***朴妃		
				***〈朴〉			
				質子 金允夫			

42代：*53代 '神德王'과 그 諱가 같은 까닭을 모르겠다.
　　　'舊唐書'에서의 '興德'이 '憲德'의 子라고 한 것은 잘못이다.
　　　**'… 金彦昇卒 以嗣子金景徽以 …'
　　　***그리고 王母와 妃 亦是 '朴氏'라 한 것도 誤記이다.
　　　"景徽母朴氏爲太妃 妻朴氏爲妃"(舊唐書 新羅傳)
43代：*'紀年兒覽'에는 '僖康王'의 孫이라 하고 있다.

國別 出處		韓						
		三國史記			三國遺事		紀年兒覽	
王代 / 續柄		王	妃		王	妃	王	妃
46 ①		文聖〈金〉(慶膺)	〈朴〉	〈?〉	文聖〈金〉(慶膺)	昭明王后		
②	F	神武	?	伊湌魏昕	神虎			
	M	貞繼(定宗太后)			貞從大后			
③	S							
	D							
47 ①		**憲安(誼靖,祐靖)(神武異母弟)			憲安〈金〉(誼靖,神虎弟)			
②	F	上大等均貞			均貞角干			
	M	照明(宣康王忠恭女)			昕明夫人		**昭明夫人	
③	S	善宗(弓裔)						
	D	文資(義明)王后(景文妃)			文資皇后			
48 ①		景文(膺廉,凝廉,義廉)	*寧花〈金〉(文懿王妃)	?	景文〈金〉(膺廉)	文資皇后	文懿	?
②	F	阿湌啓明(僖康子)			啓明角干(義恭大王,懿恭大王)	憲安	憲安	廉安王
	M	光和(光義)(光懿王太后)			光和夫人(神虎女)			
③	S	憲康(晸),定康,**善宗(弓裔),眞聖			憲康			
	D							
49 ①		憲康〈金〉(晸)	懿明	〈金〉	憲康〈金〉(晸)			懿明(文資)
②	F	景文			景文			
	M	文懿王后			文資皇后(義明王后)			
③	S	孝恭(庶子嶢)						
	D	義成王后(神德女)			桂娥大后(敬順妃)			
50 ①		定康王(晃)			定康王〈金〉(晃)			
②	F	景文			*閔哀母弟			
	M	?			?			
③	S							
	D							
51 ①		眞聖(曼,*坦)(憲康妹)			眞聖女王〈金〉(曼憲)(定康同母妹)	**匹 魏弘大角干(惠成大王)		
②	F	景文						
	M	?						
③	S							
	D				阿飡良貝			

47代: *一云 '情王' (長興寶林寺毗盧舍那佛造像記)
　　**'昭明'은 잘못. '神武王'의 妃가 2人이 나타나지 않고 오직 '昭明'이 王妃로 기록되어 있으니 이 분이 '憲安'의 母가 될 수 있다.
48代: *'景文王'의 妃는 '文資王后'가 옳다. '寧花' '文懿'는 誤記일 것이다.
　　**'弓裔'가 或은 '憲安'의 庶子라 한다. (三國史記 卷50 列傳10 弓裔)
　　'資治通鑑'에는 '弓裔'가 '躬乂'로 나오고 있다.

國				中國		日本	
東史年表		朝鮮史大系年表		註의 史料 參照		註의 史料 參照	
王	妃	王	妃	王	妃	王	妃

50代: '閔哀王'의 母弟라 한 것은 잘못. '景文'의 次子이어야 할 것이다.
51代: *'崔致遠文集所引'이라고 했고 이것이 옳다고 하였다.
　　 **'遺事 王曆'에는 "王之匹□□大角干"이라 보이는데 補闕한 것이다. 그리고 '魏弘'의 前妻는 '眞聖'의 乳母였던 '鳧好(伊)夫人'이라고 同書에서는 보이고 있다. (三國遺事 卷2 眞聖女大王 居陀知)

國別 出處 王代	續柄	韓					
		三國史記		三國遺事		紀年兒覽	
		王	妃	王	妃	王	妃
52	①	*孝恭〈金〉(嶢)		孝恭〈金〉(嶢)			
	② F	憲康	**伊湌乂謙	憲康			
	② M	義明太后〈金〉		文資王后			
	③ S	無嗣					
	③ D						
53	①	神德〈朴〉(*景暉)	〈金〉	神德(박)(景徽, 秀宗)	資成(懿成, 孝資)王后		義成
	② F	乂謙(銳謙)	憲康	**文元伊干(興廉大王) 義父: 銳謙角干(宣成大王)			
	② M	貞和夫人		貞花夫人			
	③ S	景明, 景哀					
	③ D						
54	①	景明(昇英)		景明〈朴〉(昇英)	長沙宅	(*金朴英)	
	② F	神德		神德			
	② M	義城王后		資成			
	③ S						
	③ D						
55	①	景哀(魏膺)		景哀〈朴〉(魏膺)			
	② F	神德					
	② M	義城王后		資成王后			
	③ S						
	③ D						
56	①	敬順(傳)		敬順〈金〉(傳)			
	② F	伊湌孝宗(神興大王)		孝宗伊干(神興大王)			
	② M	桂娥太后		桂娥大后			
	③ S	太子					
	③ D						

52代: *'孝恭'은 '憲康'의 庶子로서 王에 대한 기록은 三國史記 卷11 新羅本紀11 眞聖女王9年 10月條에 보이고 있다.
　　　 **'伊湌'乂謙'은 53代 '神德'의 父로서 '阿達羅'의 遠孫이 된다고 하는데 '阿達羅'가 無嗣였다는 것은 이미 앞에서 例擧한 바와 같다. 이는 어떠한 恐誤에서 오는 큰 오류이며, 다시 53代 '神德王代'에서 說明을 더한다.
　　　 ***이것은 恐誤. *의 內容('史記'의)을 參照할 것이다.
53代: *42代 '興德'과 同諱.
　　　 **'三國遺事' 王曆에 依하면 王의 父는 '文元伊干'이며 '銳謙'이 義父라 하였는데 이를 記錄上 '三國史記'와 견준다면 '史記'의 '乂兼(謙)'이 곧 義父가 되는 셈인데 일찍이 '乂謙'은 '孝恭王'에게 納妃한 일이 있는 바로 그 사람인 듯하다. '乂謙'은 이미 '憲康王' 元年에 大阿湌에서 侍中의 職에 이르렀고 同王 6年에 사직하였다는 '史記'의 記錄만을 보아도 오히려 '遺事'의 부연된 說明(或은 一說로 기록한 것이겠으나)에서 義父 云云은 可當치 않다.

國				中國		日本	
東史年表		朝鮮史大系年表		註의 史料 參照		註의 史料 參照	
王	妃	王	妃	王	妃	王	妃
	*** 義明太后〈金〉						

"… 父父兼(一云銳謙)事定康大王 爲大阿飡 …"(三國史記 卷12 新羅本紀12 神德王卽位年條) "六年春二月 … 侍中义謙退"(三國史記 卷11 新羅本紀11 憲康王6年 2月條)
여기에서 '定康大王'을 섬겼다는 자체는 무릇 '憲康大王'을 섬겼다는 것의 王號의 잘못임은 自明한 사실이다. 그리고 '李丙燾 博士의 譯註'三國史記' 二冊中 p.437 註에서 '义謙'이 '孝恭'의 后父라 註釋을 달아 놓은 것은 그 근거를 찾을 길이 모호하다.
54代: **'紀年兒覽' 卷5에서 '文獻通考'를 引用하고 있다.

〔附表 Ⅱ〕新羅王室의 世系 2.

第Ⅰ期. 朴姓第一王朝

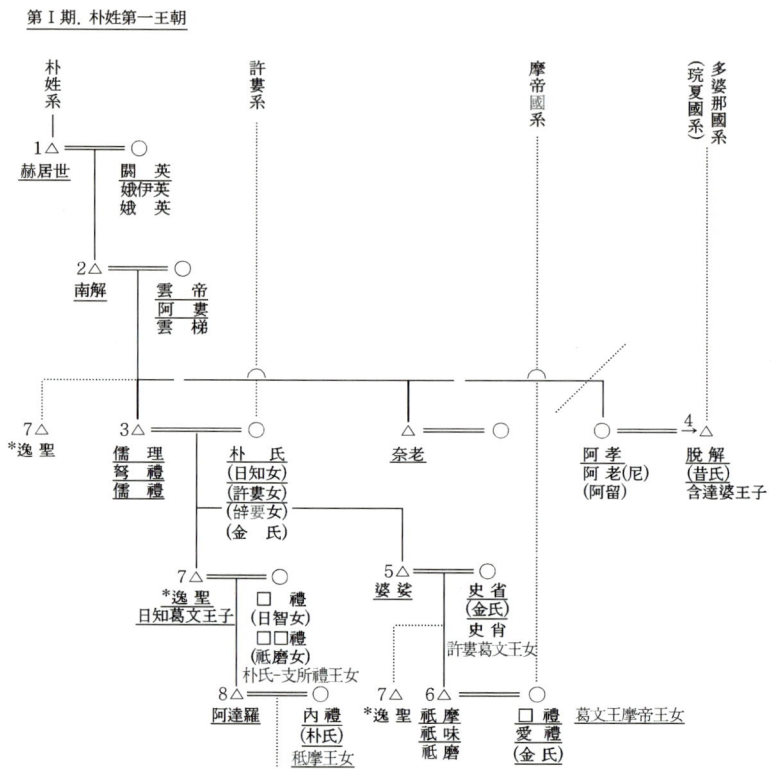

※ 밑줄 친 글자는 三國史記, 밑줄 치지 않은 글자는 三國遺事의 記錄임(以下 同)

第Ⅱ期. 昔姓王朝

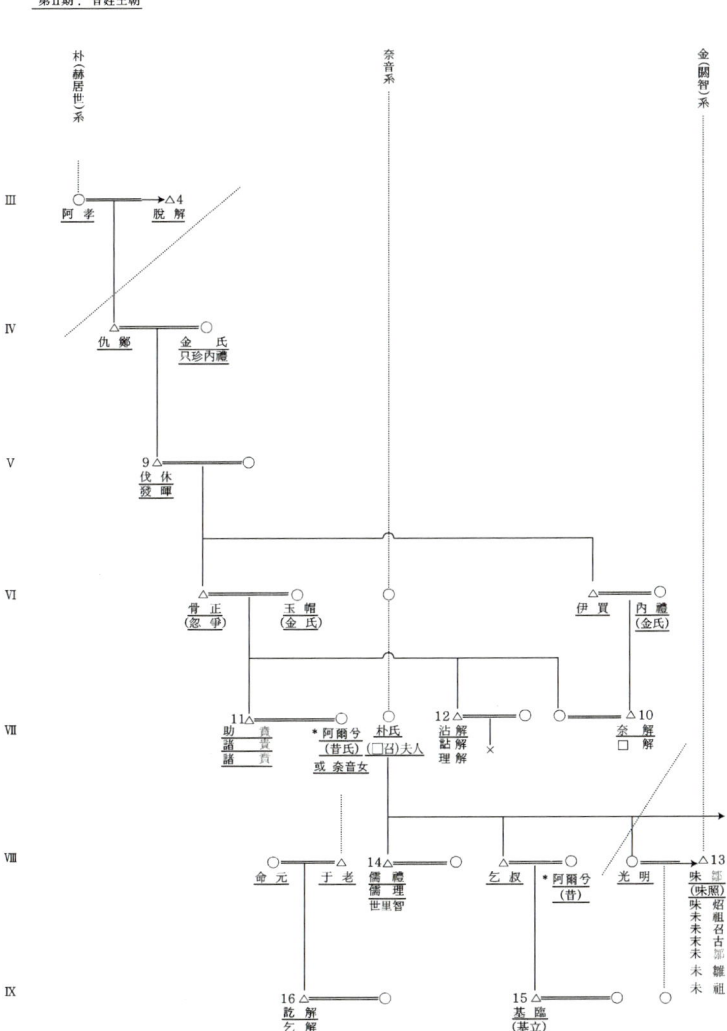

198

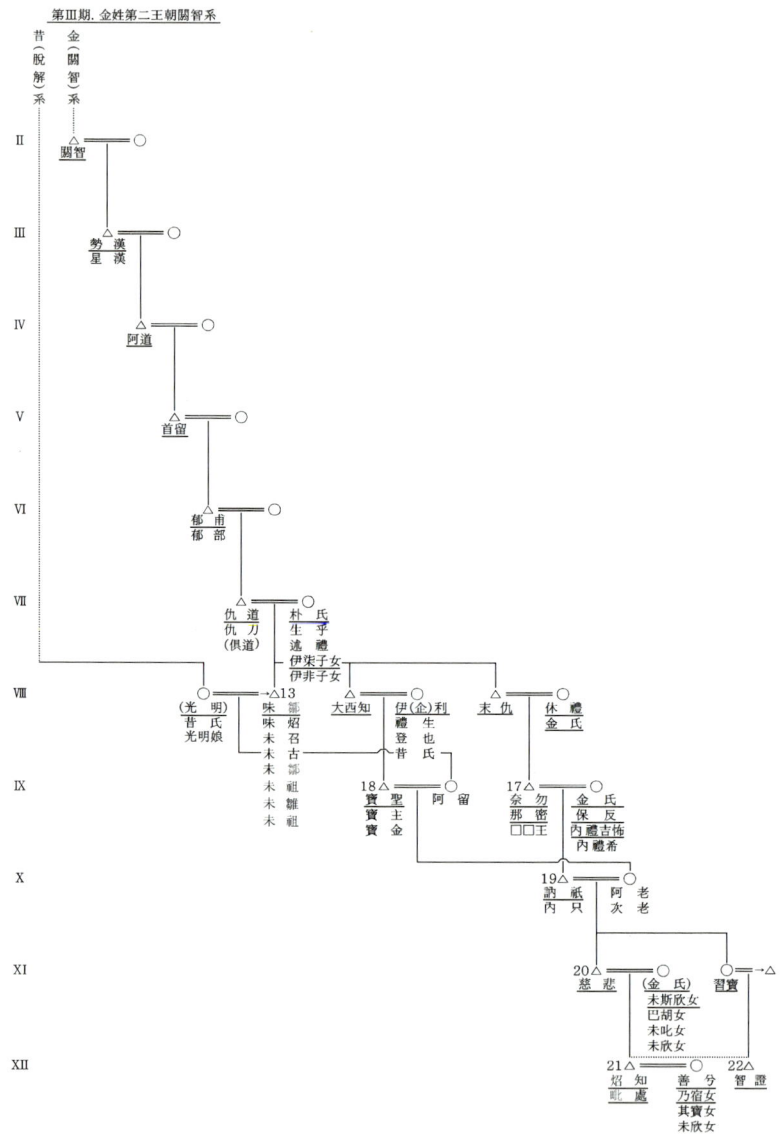

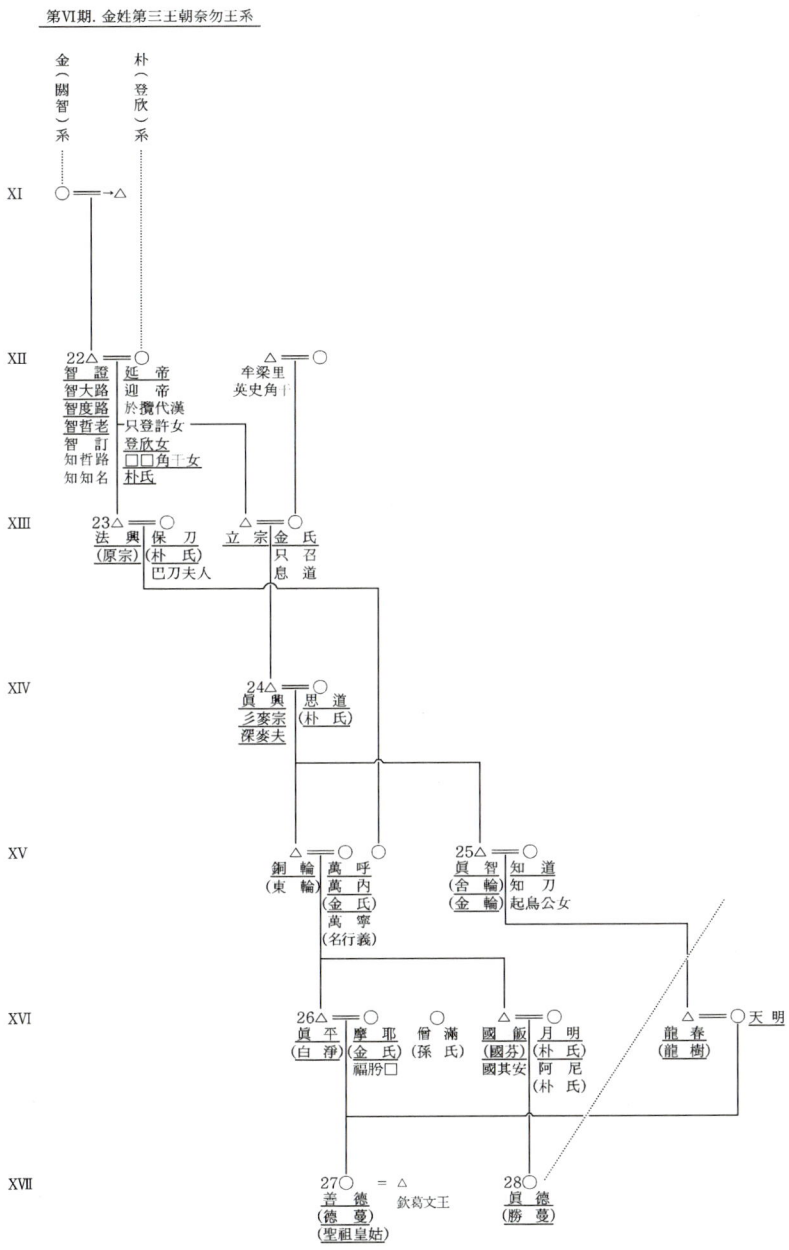

第Ⅵ期. 金姓第三王朝奈勿王系

第Ⅴ期. 金姓第四王朝武烈王系

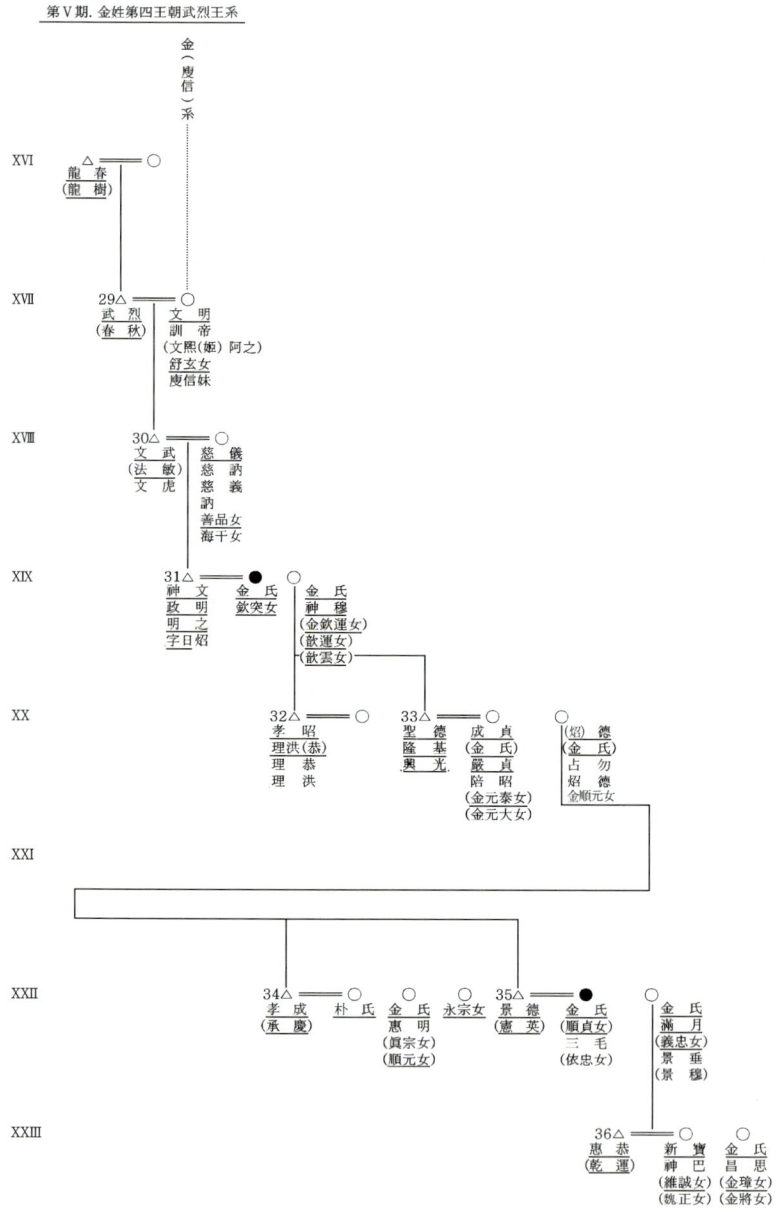

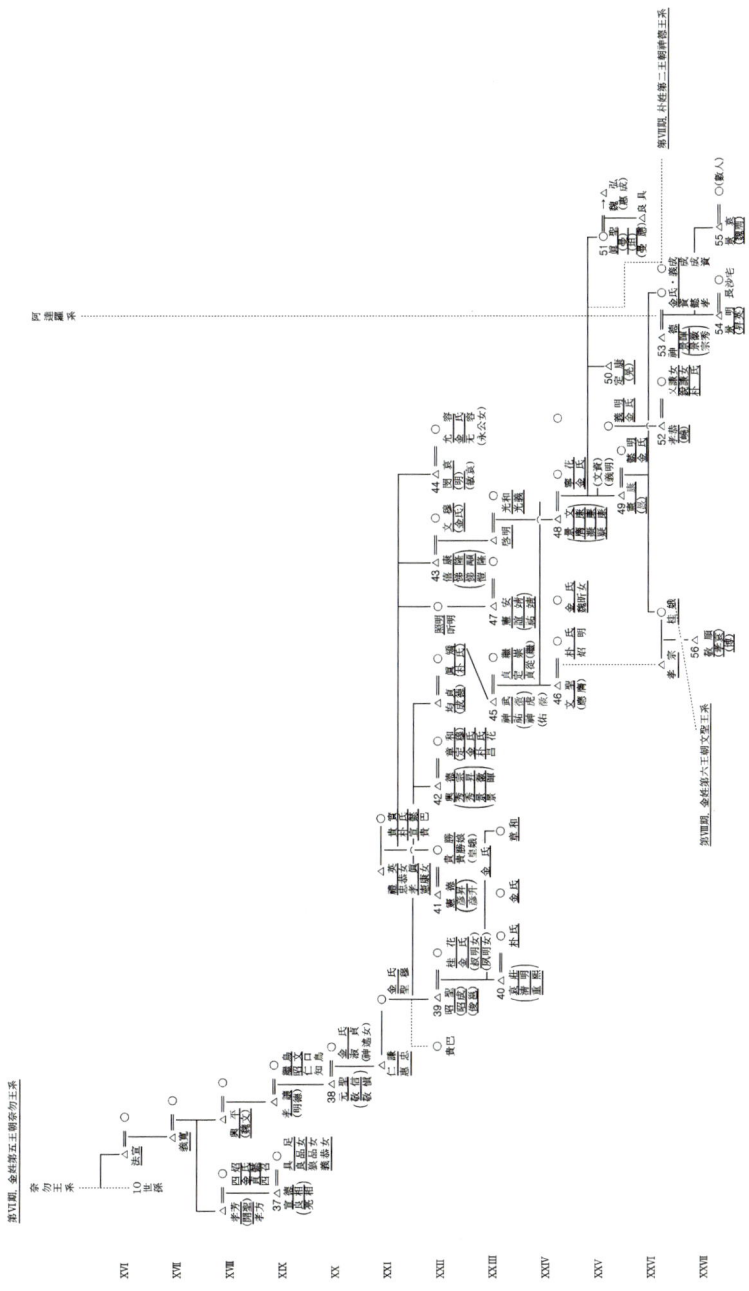

〔附表 Ⅲ〕 新羅時代의 王曆

王代	卽位年齡	在位年數	在位時期	生存年齡	卽位過程	葬地	出身系	備考
1	13	61	B.C.57~A.D.3月	74	推戴	蛇陵園(或蛇陵)	楊山	
2	?	21	~A.D.24.9月	?	推戴	蛇陵園(或蛇陵)	楊山	
3	?	34	~57.10月	?	推戴	蛇陵園(或蛇陵)	楊山	
4	62? 76?	24	B.C.5~A.D.80 B.C.19~A.D.80	85? 99?	遺訓	壇井(慶州北)	多婆那國	
5	?	33	~112.10月	?	選出	蛇陵園	楊山	
6	?	23	~134.8月	?	嫡子相續	?	楊山	
7	?	21	~154.2月	?	選出	?	楊山	
8	?	31	~184.3月	?	長子相續	?	楊山	
9	?	13	~196.4月	?	推戴	?	多婆那國	
10	?	35	~230.3月	?	推戴	?	多婆那國	
11	?	18	~247.5月	?	遺訓	?	多婆那國	
12	?	15	~261.12月28日	?	兄弟相續	?	多婆那國	
13	?	23	~284.10月	?	推戴	大陵(竹長陵)	始林村(?)	
14	?	15	~298.12月	?	長子相續	?	多婆那國	
15	?	13	~310.6月	?	?	?	多婆那國	
16	?	47	~356.4月	?	推戴	?	多婆那國	
17	?	47	~402.2月	?	?	瞻星坮西南	始林村(?)	
18	?	16	~417.5月	?	推戴	?	始林村(?)	
19	?	42	~458.8月	?	簒位	?	始林村(?)	
20	?	22	~479.2月3日	?	嫡子相續	?	始林村(?)	
21	?	22	~500.11月	?	嫡子相續	?	始林村(?)	
22	64	15	~436~514.7月	79	(再從弟)	?	始林村(?)	
23	?	27	~540.7月	?	嫡子相續	哀公寺 北峰	始林村(?)	
24	7	37	533~576.8月	44	姪系	哀公寺 北峰	始林村(?)	
25	?	4	~579.7月17日	?	次子相續	永敬寺 北쪽	始林村(?)	
26	?	54	~632(*631).1月	?	姪相續	漢只	始林村(?)	*新唐書 資治通鑑
27	?	16	~*647.1月8日	?	長女相續	狼山南	始林村(?)	*通鑑엔 貞觀 25年(651)
28	?	8	~654.3月	?	外五寸	沙梁部	始林村(?)	
29	?	8	~661.6月	59	五寸姪	永敵寺 北쪽	始林村(?)	
30	?	21	~681.7月1日	?	嫡子相續	東海口 大石上	始林村(?)	
31	?	12	~691.7月	?	嫡子相續	狼山 東쪽	始林村(?)	
32	?	11	~*702.7月27日.	60	嫡子相續	望德寺 東쪽	始林村(?)	*通鑑엔 大足 3年(703)

王代	卽位年齡	在位年數	在位時期	生存年齡	卽位過程	葬地	出身系	備考
33	?	36	~736.2月	?	推戴	移車寺(佛國寺附近)	始林村(?)	
34	?	6	~742.5月	?	次子相續	法流寺 南쪽	始林村(?)	
35	?	24	~765.6月	?	長子相續	毛祇寺의 西岑	始林村(?)	
36	8	16	758~780.4月	23	嫡子相續	?	始林村(?)	
37	?	6	~785.1月13日	?	侄相續	燒骨東海	始林村(?)	
38	?	14	~*798.12月29日	?	孫子相續	奉德寺 南쪽	始林村(?)	*通監엔 貞元16年
39	?	2	~800.6月	?	孫子相續	?	始林村(?)	
40	13	10	800~809.7月	22	嫡子相續	?	始林村(?)	
41	?	18	~826.10月	?	簒位	泉林寺 北쪽	始林村(?)	
42	?	11	~826.12月	?	兄弟相續	章和夫人陵合葬	始林村(?)	
43	?	3	~838.1月	?	簒位	蘇山	始林村(?)	
44	?	2	~839.閏正月19日	?	簒位	?	始林村(?)	
45	?	7月	~839.7月23日	?	簒位	弟兄山 西北쪽	始林村(?)	
46	?	19	~857.9月7日	?	嫡子相續	孔雀址慶州西岳南麓	始林村(?)	
47	?	5	~861.1月29日	?	顧命	孔雀址慶州西岳南麓	始林村(?)	
48	?	15	~875.7月8日	30	七寸孫 顧命	?	始林村(?)	
49	?	12	~886.7月5日	?	嫡子相續	菩提寺 東北	始林村(?)	
50	?	2	~887.7月5日	?	兄弟相續	菩提寺 東北	始林村(?)	
51	?	11	~897.12月乙巳	?	妹弟相續	黃山(梁山?)	始林村(?)	
52	?	16	~912.4月	28	庶子相續	獅子寺 北쪽	始林村(?)	
53	?	6	~917.7月	?	推戴 朴氏系(阿達羅王遠孫)	竹城	梁山村 楊山	
54	?	8	~924.8月	?	嫡子相續	黃福寺 北쪽	梁山村 楊山	
55	?	4	~927.11月	?	兄弟相續	慶州南山蟹目嶺	梁山村 楊山	
56	?	9	935(新羅亡)~987戊寅薨	?	四寸兄弟相續	在長湍	始林村(?)	

依據 '三國史記', '新 舊唐書', '資治通鑑', '紀年兒覽', '東史年表', '朝鮮史大系年表'
－筆者於1963年6月攻讀臺大考硏時所提出之論文, 拙稿乃'新羅王室之婚姻制度'中之'婚姻法則', 滯臺時承蒙先師 董作賓 恩師 李濟 芮逸夫 衛惠林 陳奇祿 宋文薰 金祥恒 諸敎授之指敎與金鐘旭學士 於百忙中惠予校正及史料對照, 謹致崇高之謝意.－

출처: 1965. 5. 新羅王室의 婚姻法則 (趙明基博士 華甲紀念 佛敎史學論叢 pp.295-362)

「三國史記」의 史料的 價値

─稀薄性 論難을 中心으로─

I

"「三國史記」의 成立은 海東三國의 歷年이 長久히 흘렀으니 마땅히 史實을 記錄하여 冊으로 남기도록 하라"[1]는 仁宗의 命이 내려지자 金富軾은 이의 命을 받들어 「三國史」를 지어 바쳤다는 것에서 비롯되며 所撰 時期는 高麗仁宗 23年 乙丑 12月 壬戌[2]로 史籍에 散見된다.

仁宗은 當時 學者들이 모두 五經 諸子書 秦·漢代의 史書에는 비교적 통한 바 있어 詳說하지만, 國內史實에 대하여는 실로 茫然하며 그 始末을 알지 못함을 심히 痛嘆한 바 있었다. 항차 新羅·高句麗·百濟가 나라를 세우고 서로 鼎立하여 中國과 文化를 交流한 까닭으로 漢書·唐書에는 모두 우리나라의 事情이 略述된 列傳은 있으나 中國 것은 詳細하고 國外의 것은 疎略하여 仔細히 실리지 않은 것이 적지 않고 또한 古記에는 文字가 거칠고 잘못되고 史籍이 빠져 없어진 것이 많았다[3]는 것이다. 仁宗 23年 12月 壬戌 金

1) 維此海東三國, 歷年長久, 宜其事實著在方策, 乃命老臣俾之編集……《金富軾 奉宣撰, 三國史記, 鉛活字本, (京城: 朝鮮研究會, 大正 3) p.1, 進三國史記表》

2) 仁宗二十三年……十二月 壬戌 金富軾所撰三國史. 《鄭麟趾等奉敎修, 高麗史, 鉛活字本(東京: 國書刊行會, 明治 41) v.17. 仁宗三, 乙丑 23年 12月 壬戌 p.259 上段》

3) … 以謂今之學士大士, 其於五經諸子之書, 秦漢歷代之史, 或有淹通而詳說之

富軾의 進箋을 보면 이러한 缺陷을 메우기 위하여 다시 精神을 가다듬고 힘을 다하여 編纂을 完成하였다고 하는 것은 纂修目的을 말하는 것이다.

그 後 상당한 時日이 흐른 뒤 李朝의 中宗朝에 이르러서는 前述의 麗刻本「三國史」는 볼 수 없었고 慶州所藏本마저도 오랜 歲月이 흐르는 동안 글자가 많이 없어져서 한 줄에 겨우 4·5字를 解得할 수 있었을 뿐 어찌할 道理가 없다가 마침 星州牧使 權公輳의 所藏完本을 求하여 慶尙監司 安相國瑭과 都事 朴候佺에게 刊行의 뜻을 말한 뒤 列邑에서 刊行된 것[4]이 즉 慶州에 所藏되었던「正德本」이었으니 이는 곧 麗刻本 以後의 李朝本으로서 原本과의 內容上 差異는 別로 없음을 李繼福의 跋文[5]에서 알 수 있다.

이미 오래전부터 提起된 일이지만 "傳來된「正德本」의 內容에 대해서 神話的이요, 事大史官의 著作이므로 史料的 價値가 稀薄하다"[6]는 說이 있다. 심지어는 "史實이 保障되지 못한 資料"[7]로까지

者, 至於吾邦之事, 却茫然不知其始末, 甚可歎也. 況維新羅氏 高句麗氏 百濟氏開基鼎崎, 能以禮通於中國, 故范曄漢書, 宋祁唐書, 皆有列傳, 而詳內略外, 不以具載, 又其古記, 文字蕪拙, 事迹闕亡 … 《金富軾奉宣撰, *op. cit* 朝鮮研究會本, 進三國史記表》

4) 吾東方三國本史, 遺事兩本, 他無所刊. 而只在本府, 歲久刓缺, 一行可解僅四五字. 余惟士生斯世, 歷觀諸史, 其於天下治亂 興亡與諸異跡, 尙欲博識, 況居是邦, 不知其國事, 可乎. 因欲改刊, 廣求完本, 閱數載不得焉, 其曾罕行于世, 人未易得見, 可知若今不改, 則將爲失傳, 東方往事, 後學竟莫聞知, 可嘆也已. 幸吾斯文星州牧使權公聞輳余之求, 求得完本送余, 余喜隻, 其告監司安相國瑭, 都事朴候佺, 僉曰善, 於是分刊列邑. 《金富軾, 奉宣撰, *op. cit* 朝鮮史學會刊行本, 李繼福跋.》

5) "星州牧使, 權公聞輳余之求, 求得完本送余, 余喜受……於是分刊列邑"이라고 하였으니, 原文과의 差가 없을 듯하다. 그러나 1913年 東京帝大에서 刊行한 活字本이「舊三國史」麗刻本을 底本으로 하였다는 說이 있으나 地震被害로 麗刻本의 內容은 알 수 없다.

6) 李弘稙博士는「三國史記」의 史料的 價値에 대하여「新羅에서는 第17代 奈

評價를 받고 있는 것이다.

이에 대하여 筆者의 생각으로는 다소 魯魚亥豕의 誤謬는 있을 듯 하나 전혀 史實과 無關한 듯한 示唆는 若干의 疑問도 없지 않다. 이에 「三國史記」의 刊行·內容·引用書 등을 通해 그 眞似의 一斷面을 分析해 보고자 한다.

II

金富軾의 「三國史記」撰進은 高麗 仁宗 23年 乙丑으로서 當時는 佛敎를 國是로 삼을 만큼 佛典의 板印이 盛行해 있을 때다. 宋의 板印의 影響에 依하여 「三國史記」도 또한 木板으로서 印刷되었을 것으로 생각되나 實物을 接하지 못한 오늘 그의 正體를 알 수는 없다.

또한 高麗를 通한 同板은 李朝初期에 이르러 없어지고 寫本을 가지고 覆刻하여 쓰였던 것은 太祖 3年 甲戌의 金居斗의 跋文에 의해 알 수 있다.

勿王(356-401), 百濟에서는 第12代 近肖古王(346-374), 高句麗에서는 第6代 太祖王(紀元前82-後145)代以後는 各各 믿을 수 있는 歷史時代로 들어가며 그 以前은 紀年이나, 記事에 대하여 믿기 어려운 部分으로 생각하여 왔다 《李弘稙, "三國史記", 新東亞 附錄, 韓國의 古典百選(서울: 東亞日報社, 1969) p.83》고 하고 「三國史記」는 「歷史的 事實이 아닌 佛家들의 緣起說話는 說話로서의 限界以上으로 넘어서서 생각할 수는 없다」. 《李弘稙, "曉城趙明基博士華甲記念佛敎史學論叢書評"(歷史學報, v.29, 서울: 歷史學會, 1965). 171》고 評하고 있다.

7) 李弘稙, *ibid.* (서울, 歷史學會, 1965) p.173.

　　"「三國史」印本의 鷄林 것은 오랜 歲月이 흘러가는 동안에 어느덧 없
어지고 지금 世上에는 그 寫本이 傳來되어 行用되고 있는데, 按廉使
沈孝生이 마침 그 한 책을 얻어 前府使 陳義貴와 같이 이를 刊行하게
되었는바 이는 李太祖 2年(癸酉) 7月 府에 牒文이 내려지자 그해 8月
에 비로소 冊版을 새기기 시작하였다.

　　그러나 얼마 아니 되어 沈孝生과 陳義貴 등 兩公의 交替를 보게 되
고, 내(金居斗)가 그해 10月 府로 赴任하게 되자 觀察使 閔開의 命을
받고 刊行의 뜻을 이어 곧 일을 돕고 施行함에 功力을 그치지 아니하
여 李太祖 3年 4月에 이르러 이의 完成을 보게 되었다. 오! 指揮의 能
事로 이의 完成을 본 것이니, 생각하면 이는 沈孝生, 陳義貴, 閔開 등
三公에게 힘을 입은 바이지, 어찌 나(金居斗)의 힘이었다고 하리오.
다만 이 일의 始終을 갖추었으므로 책의 끝에 몇 마디의 글을 적을 따
름이다."8)

　　金居斗의 跋文은 李太祖가 卽位한 시 얼마 되지 아니하여 慶尙道
에서 同書가 刊行되었던 史實을 말해 주고 있다. 이에 의하면 正德本
「三國史記」는 麗刻本의 寫本으로써 轉寫하였던 것이 오늘날의 「三國
史記」이며, 「舊三國史」와의 差異는 알 수 없다. 다만 이에 의하면,

"慶尙道	按察使	沈孝生
慶尙道	都觀察陟黜	閔 開
	前府使	陳義貴
	府 使	金居斗
	權知經歷	崔得冏"9)

8) 三國史印本之在鷄林者, 歲久而泯, 世以寫本行, 按廉使沈公孝生得一本與前
　府使陳公義貴圖所以刊行, 於癸酉七月, 下牒于府, 八月始鋟諸梓. 未幾二公
　見代, 余以其年冬十月至府, 承觀察使閔相公之命, 因繼其志, 乃助之施令,
　工不斷乎, 至甲戌夏四月告成, 烏呼指揮能事, 以至於成, 惟三公是賴, 余何
　力之有焉. 但且事之終始, 書于卷末耳. (金富軾 奉宣撰, *op. cit*. 影印本.
　《京城: 古典刊行會, 昭和 6) 金居斗 跋》

等의 人名이 나오나 그 중에서 閔開와 崔得罔은 「慶尙道營先生案」[10]
에 있고 陳義貴와 金居斗의 이름은 「府尹判官先生案」[11]에는 보이지
않고 있으니 아마도 洪武甲戌에는 다른 府尹에 在任하였던 것이 아
닌가 한다.

「三國史記」에 나타난 人物, 金居斗와 陳義貴가 慶州府尹 府使가
아니라고 한다면 과연 이의 府는 어디서 充當할까, 더욱이 陳義貴
는 「輿地勝覽」 益山郡名宦條에 "有政聲"[12]이라고 있으니 益山郡守
였음이 분명하다. 慶尙道의 「府」라고 稱讚한 것으로 李朝開國初期
에 나타나는 것으로는 둘이 있다. 하나는 「慶州府」요, 하나는 「安
東都護府」이다.

慶州府: 高麗 忠烈王時에 「鷄林府」라고 稱하여 高麗末에 이르렀
으며 「高麗史地理志」에는 "忠烈王 三十四年, 改稱鷄林府, 辛禑二年,
府與金州爭使營, 都評議使奏……移置鷄林, 禑從之"[13]라고 하였으니
「太祖 3年 鷄林府」라고 稱하였던 것은 確實하다.

安東大都護府: 「輿地勝覽」에 "忠烈王改福州牧, 恭愍王……復陞爲
安東大都護府"[14]라고 한 것도 또한 보이고 있는 것이다.

———————————

9) 金居斗의 跋文 속에 沈孝生과 陳義貴의 이름이 보이고, 署名 속에 閔開·
崔得罔·金居斗 등이 있다《金富軾 奉宣撰 loc. cit.》

10) 太祖康獻大王卽位年 癸酉 10月條에 "日都觀察黜陟使嘉靖大夫兼監倉安集轉
輸管學事提調刑獄兵馬公事同知中樞院事 閔開"와 "經歷前奉正大夫三司右咨
議 崔得罔"이라고 記載된 것이 보이고 있다. 《金止男, 道先生案〈慶尙道營
主題名記, 一名: 慶尙道營先生案〉影印本, (서울: 國會圖書館, 1970)
p.25 左》

11) 府尹判官先生案 參照.

12) 〔名宦〕〔本朝〕陳義貴 有政聲, 《李荇等受命撰, 新增東國輿地勝覽. 影印
本.(서울; 東國文化社, 4291) v.33. 益山郡名宦條 p.585》

13) 鄭麟趾 奉敎修, 高麗史(中), 影印本, 《서울: 延世大東方學硏究所, 1972),
高麗史 57. 志 11. 地理 2. 丁. 2 b.》

14) ibid. 安東大都護府建置沿革條, p.400, 上下段

이와 같이 魯魚亥豕의 誤謬를 犯한 것도 없지는 않으나 그렇다고 하여 全面的인 史料價値를 否定해 버릴 것인가. 그의 價値觀에 대하여는 「成宗實錄」 成化 18年 壬寅條에 "請令典校署, 便宜用之, 以印諸書"[15]라고 있으니 刊行의 必要性은 價値 내지 有用性이 있음을 말해주고 있다. 刊行의 切實性을 말해주는 記錄으로 成宗年間에 나타난 것으로는,

經筵에서 講訖領事 韓明澮의 啓에

"世祖朝, 慮文籍眇少, 令刊經都監, 廣刊諸書, 此盛意也. 今典校署所儲布帛, 戶曹主之使, 不得擅用臣意以爲不可"[16]

라고 하였으니 이와 같이 刊行計劃의 不進性을 指摘하였던 것은 그 裏面에 內在的인 緊要問題가 含有되어 있음이 確實하다.

또한 徐居正도 이와 같은 事情에 대하여 "吾東方, 自箕子受封以來, 年紀雖久而文籍不傳"[17]이라고 하였음은 「三國史」의 刊行以前을 말한 것으로 「三國史記」와 같은 文籍出刊의 必要性을 뜻하는 것이다.

그리고 價値에 대한 具體的인 論證을 提示한 記錄으로는, 역시 徐居正의 말에 依하면, "箕子朝鮮 以來 新羅가 1,000年, 高句麗가 700年, 百濟가 600年이란 긴 歲月이 흘러 文籍이 전해진 바 없었다[18]고 하였음은, 旣述한 바이지만, 「成宗實錄」에 "金富軾掇拾三國史"[19]라고 하였으니, 이는 國史로서 처음 나온 史籍임은 確實하나,

15) 成宗康靖大王實錄, 影印本, (서울: 國史編纂委員會, 1968) v.147, 成宗 13年 10月 9日 甲戌條, 丁. 3. p.400 下段.

16) *loc. cit.*

17) *loc. cit.*

18) *loc. cit.*

19) *loc. cit.*

이것이 成宗年間에 國民에게 充足한 史籍으로 認定을 받은 것 같지는 않았던 것은, 또한 "我世祖嘗命儒臣, 編輯而未就, 若前後漢書通鑑等書"[20]로서 그 增補經緯를 보아 알 수 있다.

그 밖에도 「中宗實錄」에 나타난 金富軾의 「三國史記」를 俎上에 놓고 他書와 比較한 論으로는, 中宗年間에 이미 慶州에서 刊行한 「三國史」의 板은 남아 있으나, 「高麗史節要」는 鑄字로 刊行되어 頒布는 되었지만 世間 또는 學者들에게는 入手되지 않았다[21]는 것으로서 이 兩本은 모두 "文章簡古, 今不可贊一辭, 而居正史論, (東國通鑑)不及金權, 遠矣[22]라 하였으니, 徐居正이 史局 設置 뒤 撰述한 「東國通鑑」보다는 古今의 史實을 낱낱이 알 만큼 詳細치는 못하였던 것이 分明하다.

III

「三國史記」는 新羅, 高句麗, 百濟의 建國으로부터 高麗의 統一에 이르기까지 약 1,000年間의 政政的 興亡을 中心으로 쓴 三國史이

---

20) loc. cit.

21) 冬十二月丁巳⋯⋯門下侍中致仕金富軾上所撰新羅高句麗百濟三國史, 王遣內侍崔山甫, 就第獎諭, 賜花酒優厚, 《徐居正奉命編. 東國通鑑, 重刊本, (京城: 朝鮮光文會, 明治 44.) 高麗紀, 仁宗三, 仁宗 23年 乙丑 12月. 冊 3, p.16(仁宗)》
東國史記, 有三國史, 高麗史節要三國史刊行慶州, 其板尙在, 麗史節要鑄字印頒, 儒者罕見, 近世徐居正, 揚裁史局, 撰東國通鑑, 至爲該博, 鑄字印頒, 亦罕於芒, 《中宗恭僖徽文昭武欽仁誠孝大王實錄, v.98. (朝鮮王朝實錄 18, 서울: 國史編纂委員會, 1969) 丁. 77. p.604 上段》

22) loc. cit.

기는 하나, 그 內容은 實로 疎略하고 粗雜하기 그지없으며 한 卷도 10數面에 不過하다. 전부 50卷을 紀·表·志·傳으로 나눠 中國의 正史를 模倣하여 紀傳體로 쓴 것이며, 中國의 三國志 形式에 依하여 各紀로 分立한 것은 보기에 容易하다. 對外交涉關係를 이곳저곳에 並記한 것이 不無하고, 志類에 이르러서도 거의 전부가 新羅記事라고 보아 無妨할 것이다. 事實上, 本紀에 있어서도 新羅의 史實이 三分의 二를 占有하고, 高句麗, 百濟 것에는 至極히 僅少하여 겨우 中國史籍에 依하여 補綴되어 있는 形便이다.

「三國史記」의 內容에 관해서는 史學들의 論考가 없지 않으며 解題類에도 比較的 詳述[23]되어 있다.

---

23) 이제까지 「三國史記」 중에서 特定事實을 主題로 삼아 硏究된 論文과 解題類는 다음과 같다.
〈特定主題〉 ① 三國史記高句麗紀의 批判, 津田左右吉, 南鮮地理歷史研究報告, 第 9. 1922. ② 三國史記ノ日蝕記事ニシイテ飯島忠夫, 東洋學報 15-3, 1926. ③ 三國史記新羅紀結末の疑義, 荻山秀雄, 東洋學報, 10-3, 1920. ④ 三國史記の批判, 稻葉岩吉, 朝鮮, 192, 1931, ⑤ 三國史記の新羅本紀に就いて, 津田左右吉, 古事紀及日本書紀の研究, 日本古典の研究附錄, 1950. ⑥ 三國史記地理志, 史料批判, 井上秀雄, 朝鮮學報, 21. 22, 合併號, 1961. ⑦ 舊三國史と三國史記, 末松保和. 朝鮮學報, 39-40, 1966. ⑧ 曹魏の東方經略附毋丘儉の高句麗征伐に關する三國史記の記事, 池內宏, 滿鮮地理歷史報告, 第12冊. 1930. ⑨ 三國史記の 租의 用法, 李弘稙, 서울大學校論文集, 人文社會科學, 2. 1955. ⑩ 三國史記に現れた 讖緯的記事, 李弘稙, 朝鮮學報, 25. 1962. ⑪ 三國史記地理志의 研究, 辛兌鉉, 新興大學校論文集 1. ⑫ 三國史記의 地名研究, 金享奎, 震壇學報, 16. 1949. ⑬ 三國史記地理志索引, 村上四男, 朝鮮學報, 11. 1957. ⑭ 三國史記地理志の史料批判, 井上秀雄, 朝鮮學報, 21. 22, 1962. ⑮ 三國史記地理志의 研究抄, 辛兌鉉, 高凰, 1-1. ⑯ 三國史記にあらわれた新羅の中央行政官制について井上秀雄, 朝鮮學報, 56. 1969. ⑰ 三國史記高句麗紀の原典批判, 三品彰英, 大谷大學研究年報, 6. 1953. ⑱ 三國史記の原典をもとめて, 井上秀雄, 朝鮮學報, 48, 1968. ⑲ 三國史記에 나타난 女性像: 列傳篇을 中心으로……許回淑, 文理學叢(慶熙大) 4. 1967. ⑳ 三國史記にあらわれた麥と麥作について, 鑄方貞亮, 朝鮮學報, 48, 1968.
〈解題書〉 解題類를 보면 影印時에 卷首에서 簡略히 紹介 勸讀하는 글과 書

新羅本紀	第 1-12,	卷 1-12
高句麗本紀	第 1-10,	卷 13-22
百濟本紀	第 1-6,	卷 23-28
年　表	上・中・下	卷 29-30
志	第 1-9,	卷 32-40

祭祀・樂　　第 1

色服・車騎
器用・屋舍 第 2

地理(1-4)　　第 3-6

職官, 上・中・下　第 7-9

列傳　　　　　第 1-10　　　　卷 41-50

始祖 朴赫居世干으로부터 末王 敬順王에 이르기까지의 56代를 紀年的으로 든 新羅本紀는 三國의 첫머리에 놓여져 있으며 三國並記의 公平한 記述法을 取하면서도 實은 新羅로 하여금 正統的인 春秋史論의 影響을 입음이 顯著하다. 中國式 修史法을 適用한 潛在性이 濃厚함은 아마도 中國文化의 攝取와 模倣에서 온 것이 아닌가 한다. 新羅에 關한 記述은 가장 詳述되었으며 高句麗나 百濟에 比해서도 材料가 比較的 많고 그중에서도 특히 顯著한 것은 太宗以前에 비해 文武王 以後가 詳述되어 있다. 그러나 「三國史記」의 記述은 지나칠 程度로 略述되어 있으며 24史에 비해서도 簡略하다. 다음 章에서 引用되는 文籍으로 보아 中國史籍과 羅末文集類에 依해 修飾된 것이 아닌가 한다. 그리고 羅末의 後百濟 泰封 등의 記述은

目에 略記한 案內文을 除外하고는 最近「新東亞」(1969年 1月 附錄)에 실린 李弘稙博士의 「三國史記解題」 등이 보인다. 同書에서는 「三國史記」를 評하여, (1) 中國史料를 많이 採錄하고, (2) 儒敎的 立場을 强調하였고, (3) 新羅를 爲主로 하며, (4) 高麗王室과 新羅王室과의 關係를 明示한 것으로 보는 說이 近者에 나오고 있다고 指摘하면서 이는 大略 맞는 說로 보고 있다.

전혀 보이지 않고 있으며 다만 高麗와의 關係만을 들고 있으나 「高麗史」와 비추어 좀 詳述된 듯하지만 역시 簡略하다.

高句麗本紀 역시 始祖 朱蒙王傳說로 비롯하여 寶藏王에 이르기까지 28王朝의 業績을 歷代順으로 엮었고 그 內容은 中國史籍에 의한 것이 적지 않으며 高句麗 本來의 全貌를 詳述한 듯한 印象을 주지 않고 있다. 그러나 朱蒙以下 好太王記事類는 好太王碑文과 비교해 보면 矛盾이 있으며 歷代年代記와 같은 것은 後世에 전하여져서 「舊三國史」의 片貌나마 짐작할 수 있다.

百濟本紀도 또한 지극히 簡單하며 蓋鹵王以下는 비교적 詳述되어 있다. 「日本書紀」와 比較해 볼 때 百濟에 관한 記述은 斷片的일지라도 正確을 期했으며 百濟文化의 傳播相도 볼 수 있다.

年表는 上·中·下 3卷으로서 「作三國年表」라는 序頭文에서 비롯하여 中·羅·麗·濟로 區分하고 三國各本紀를 마련하였다.

上欄에는 干支를 들어 年代를 表示하고 中國을 처음에 놓은 뒤, 新羅와 高句麗, 百濟順으로 各王의 在位年을 對比시켰으며 前王의 末年과 新王의 元年을 한 欄에 並記하여 「卽位 稱元」을 밝히고 있는 것이다.

三國의 稱元法에 대해서는 小田 省吾, 今西 龍 씨의 論述이 있으며 當時의 稱元法은 "卽位稱元法을 쓰고 있었다"[24]고 하나. 實際上 踰月稱元法이 아닌가 한다.

---

24) 高麗以下 朝鮮史는 前王薨去의 경우 次王의 元年은 所謂 春秋의 法에 依하여 中國例를 遵守하여 踰年制를 取하여 翌年으로 定하고 있으나 「三國史記」는 이와 틀리게 薨年稱元法을 取하고 있다. 卽 前王의 終年으로써 바로 次王의 元年으로 하고 있는 것이다. 《管野銀八述, 朝鮮史關係圖書解題, 朝鮮史講座特別講義, (京城: 朝鮮史學會), 三國史記條, pp.35.36》 이와 같은 論은 管野 씨의 記述에 앞서 小田省吾, 今西龍 兩 씨의 論及이 벌써 있었던 것으로 看做된다. 《小田省吾, 朝鮮上世史, 朝鮮一般史, (京城: 朝鮮史學會, 昭和), p.78》

百濟 東城王은 辛巳(23年) 12月에 薨하였는데 武寧王을 같이 "辛巳 元年"[25)]이라고 한 것은 그 一例이다.

年表는 新羅 文武王 8年以後는 新羅와 中國만의 對照年表로 되었으며 眞聖王 5年에 弓裔를, 翌 6年에 後百濟를 들고 다시금 三國의 對照年表로 하고 弓裔의 泰封은 景明王 2年 高麗太祖 卽位의 年으로 끊고, 後百濟는 敬順王을 高麗에 내려와 翌年까지 記載하고 있다.

高麗太祖에 대하여는 表 中에 省略되어 있으나, 新羅本紀의 景明王以後는 實은 高麗 王建을 主로 하여 記述된 것이었으며 「高麗史」와 一致되는 곳이 많을 것이다.

三國年表는 前漢宣帝 五鳳元年 甲子에 비롯되어 新羅始祖 卽位年을 表示하고 高句麗는 20年 뒤떨어져 元帝 建昭 2年 甲申으로 하고, 百濟는 다시금 20年後의 成帝 鴻嘉 3年 癸卯를 建國으로 하고 있다.

漢代의 朝鮮成立은 高句麗뿐이며 中國文獻에 依하면 新羅, 百濟의 建國이 高句麗에 뒤떨어지고 있다.[26)] 그러나 新羅建國이 이와 같이 된 것은 결코 金富軾의 創意가 아니고, 新羅時代에 이미 생각되어진 것으로서 이를 五鳳元年 甲子로 놓게 된 것에 대해 今西 龍

---

25) 二十三年……十一月, 十一月獵於熊川北原, 又田於泗沘西原, 阻大雪, 宿於馬浦村. 初王以苩加鎭加林城. 加不欲往, 辭以疾, 王不辭, 是以怨王, 至是使人刺王, 至十二月乃薨, 謚曰東城王, 《金富軾 奉宣撰, 三國史記, 影印本(京城: 古典刊行會, 昭和6) v.26. 丁.6, 東城王條》武寧王, 諱斯摩(或云隆) 牟大王之第二子也. 身長八尺, 眉目如畫, 仁慈寬厚, 民心歸附, 牟在位二十三年薨, 卽位. 春正月, 佐平苩加據加林城叛, 王師兵馬至牛頭城, 命扞率解明討之, 苩加出降, 王斬之, 投於白江 《loc. cit》

　　以上의 兩記錄을 對比해 볼 때 이제까지의 「卽位稱元法」을 믿기 어렵다. 東城王이 죽은 해가 「在位二十三年 12月」이고, 그의 둘째 아들 式寧王이 卽位한 해는 「그 다음해 正月」이다. 다른 記事가 薨年을 卽位一年으로 한 것은 薨後卽時가 아니라 그 달을 넘기고 다음 달에 卽位한 것을 뜻한다.

26) 范曄 撰, 章懷太子賢注, 後漢書, 影印本, (臺北: 啓明書局, 民國50)下冊 p.508, 東夷傳 第 75.

씨는 "高句麗의 建國傳說의 甲申에 根據해 그 甲子의 처음에 놓은 것"27)이라고 생각하고 있다. 百濟는 東明 朱蒙의 아들 溫祚로서 시작, 第1代 朱蒙, 第2代 溫祚로 생각한 것도 「新撰姓氏錄」 등에 依하여 알려진 것28)으로 생각된다. 따라서 이 紀年은 歷史의 實際에는 符合되지 않고, 新羅에 있어서는 昭智王 以後 百濟에서는 小獸林王 以後의 紀年을 믿고 있는 것이 先學의 定說이다.

中國紀年의 實際와 若干의 差跌이 생긴 것은 高麗에 있어서 中國資料의 不充分에 起因되며 通鑑類에 의하여 年紀를 세운 까닭이다.

志類는 祭祀·樂·車服·屋舍·地理·職官이 있으나 中國紀傳體의 五行律曆·天文陰陽도 없고, 食貨·藝文도 싣지 않고 있는 것이다. 어느 것이든 新羅가 詳述되었으며 그 殆半은 新羅統一時代의 일로서 高句麗, 百濟의 것은 新羅의 資料에 依한 一部 外에는 中國史籍의 拔萃에 不過하다. 地理志는 新羅景德王 以後의 九州를 中心으로 한 古名과 高麗中期의 名을 並記하고 있으며 韓國古代의 地理書로서 基本的인 資料이다. 또한 言語의 變遷 등 硏究資料로서도 貴重한 資料이다. 高句麗, 百濟의 史實은 地理志 4 중에 部分的으로 列記되고 있다. 職官志는 新羅의 官位職制를 敍述하고 있으며 末尾에 高句麗, 百濟의 일은 中國史籍에 依하여 附載하고 있는 것이다.

---

27) 高句麗·百濟·新羅 三國中에 中國과 가장 이르게 交涉하고 文化를 받아들여 가장 이르게 國史를 지은 것은 高句麗이니, 新羅로서는 競爭치 않을 수 없었다. 거기에다가 高句麗에서는 그 始初 東明王의 建國을 漢孝元帝 建昭 2年 甲申으로 推定되었다. 이 해로서 왜 推定하였는지는 아직 考究되어 있지 않지만, 아마도 後世 史家들의 中國과의 交涉時期가 實證으로 나타나서 그런 것이 아닌가 한다. … 新羅에서는 高句麗·百濟보다 짧은 歷史를 가진다는 것은 名譽를 毀損한다 하여 … 高句麗의 建國紀年과 同一의 一周年內에 있는 最初年 卽 20年前의 五鳳元年 甲子로 한 것이다. 《今西龍 著, 新羅史硏究. (京城: 近澤學店, 昭和 8.) pp.8-10》

28) *loc. cit.*

列傳 16卷 중의 金庾信傳은 3卷을 占하고 있으며 그 밖에도 新
羅人이 그 大部分을 차지하고 高句麗人은 乙之文德, 乙巴素, 密友,
紐由, 明臨答夫, 溫達, 倉助利, 蓋蘇文의 8人으로서 그 記事의 殆
半은 本記의 것과 重複되고 있으며 다른 資料에서 딴 것은 아니다.
百濟는 黑齒常之, 階伯, 都彌의 3人뿐으로서 都彌, 溫達은 新羅의
薛氏傳과 아울러 新羅의 小說類에 依한 것으로서 傳記的 人物인 것
이다. 末卷은 弓裔, 甄萱傳으로서 그 記述은 高麗太祖條와 多少의
一致性도 없지 않다. 아마도 同一史料가 아닌가 한다.

Ⅳ

新羅와 高句麗, 百濟 등 三國은 제각기 國史를 가지고 있는 것이
다. 高句麗는 國初에 「留記」[29]가 있었으며 嬰陽王 때에 刪修하여
「新集」[30] 5卷을 撰하였다고 하고, 百濟에도 近肖古王代에 「書記」[31]
가 있었으며, 新羅도 또한 眞興王 6年에 「新羅國記」[32]를 撰하였다는

29) 十一年春正月, 遣使入隋朝貢. 詔大學博士李文眞, 約古史爲新集五卷. 國初始
　　用文字時, 有人記事一百卷, 名曰, 留記, 至是刪修. 《金富軾 奉宣撰, op.
　　cit. 影印本, (京城: 古典刊行會, 昭和 6) v.20, 高句麗本紀, 第 8, 嬰陽王
　　11年 1月 丁. 2》

30) op. cit.

31) 古記云, 百濟開國已來, 未有以文字記事, 至是得博士高興, 始有書記, 《金富軾
　　奉宣撰, 三國史記, 影印本, (京城: 古典刊行會, 昭和 6) v.24. 百濟本紀, 第
　　2, 近肖古王 30年 11月條 丁.9》

32) 唐會孤澄新羅國記曰, 擇貴人子弟之美者, 傅粉粧飾之, 名曰花郞, 國人皆尊
　　事之也. 《金富軾 奉宣撰, ibid. v.4 眞興王 37年條 丁.11a.》

記錄이 있다. 그러나 以上의 史籍이 高麗에 전해진 形跡은 없다. 新羅統一時代에 編纂된 것이 基礎가 되었으리라고는 생각되지만, 「三國史記」에 引用된 것과 어느 것이 더 比重을 차지하였는가에 대하여는 역시 速斷을 不許한다. 「三韓古記」, 「海東古記」, 「古典記」, 「新羅傳記」類도 引用되어진 듯하나 오늘날 그 性質을 알기 어렵다.

新羅統一時代에 이르러 金富軾의 三國史編纂의 史料로 推定된 것으로는 崔致遠의 「帝王年代曆」, 「四六集」「桂苑筆耕」「文集」과 金大問의 「花郎世紀」「鷄林雜傳」「高僧傳」「樂本」「漢山記」, 崔承祐의 「餬本集」, 金淸長의 「金庾信行錄」類의 引用은 顯著하다.

金石文에 있어서는, 崔致遠의 「鸞朗碑序」, 「新撰國子博士」, 薛因宣의 「金庾信碑」, 「韓奈麻」, 金用行의 「我道和尚碑」, 朴居勿의 「三郎寺碑」類도 引用되어 있는 것이다. 그 밖에 佛典도 많이 發見된다. 「釋氏經論」「腧迦經」「勝蔓經」「仁王經」「金剛三昧經」「最勝王經」「高僧傳」「道德經」類가 즉 그것이다.

中國史料로 引用된 것으로는, 相當한 分量을 차지하고 있다. 그중에는 「雜記」「春秋」「孝經」「爾雅」「孟子」 등의 經書가 가끔 發見되고, 史類에는 「史記」를 비롯하여 「前後漢書」, 「晋・齊・梁・魏・隋・唐・舊唐書」 등과 「冊府元龜」「資治通鑑」「通典」「文選」「括地志」「賈耽四夷述」「古今郡國志」「文館詞林」類를 主로 하고 있는 것이다.

V

以上은 「三國史記」의 刊行과 그 內容 및 引用書로서 이를 綜合整

理解해 보면 다음과 같은 推論을 얻을 수 있다.

첫째, 金富軾이 撰進한 高麗仁宗 23年의 「舊三國史」「麗刻本」은 李朝初期에 이미 없어졌고, 轉寫한 것을 底本으로 한 「正德本」이 現傳되고 있다.

轉寫本인 故로 역시 失手하여 本意 아닌 魯魚焉馬의 誤謬를 犯치 않았을까 疑心스럽고, 이러한 痕跡이 또한 전혀 없는 것도 아니다. 그러나 成化 18年의 刊行本은 增補版으로서 原意를 그대로 살렸다 하며 근간 活字本 역시 이 점은 留意한 것으로 斟酌된다.

둘째, 金富軾 自身이 設使 自己의 이름 「軾」字를 蘇軾의 「軾」字에서 따왔고, 佛教의 全盛期였음에도 불구하고 列傳 중에 僧傳이 빠졌고, 義湘이나 慧超, 元曉 같은 著名한 佛教人士들의 言及이 없었으며 三國史를 엮으면서도 新羅만을 正統視한 事實은 一面 생각하면 대단히 偏見일 것으로 思慮된다. 그러나 高句麗, 百濟의 史實이 虛構로 엮어졌다고는 볼 수 없다. 그것은 當時만 하더라도 史筆을 움직이는 것이 曲筆이 아니었다는 것은 正史體를 模倣하고 文章이 簡潔하며 史實만의 記錄을 爲主로 한 까닭이다.

셋째, 社會事情을 描寫한 食貨志·藝文志가 빠졌고, 또한 當時에 引用 내지 參考되었으리라고 推測되는 文獻가운데「留記」「新集」「書紀」「新羅國紀」「三韓古記」「海東古記」「古典記」「新羅傳記」類가 現傳되지 아니하여 이들 史料와의 比較를 할 수 없는 흠이 있고, 또한 記事自體가 너무 疎略하고 粗雜한 점 등은 缺陷을 피할 수 없다. 그러나 文集을 비롯하여 碑文, 佛典, 經書類 等 韓中史籍이 많이 引用되었다는 점은 史料의 價値를 높이는 一面이라 하겠다. 따라서 "史實이 保障되지 못한 資料"까지의 一蹴 酷評에는 愼重을 要할 듯하다.

넷째, 同書 중에서 六村이 構成된 後에 몇 가지 說話(赫·閼英·脫

解)가 當時의 史實과 距離가 있다고 하나, 이와 같은 傳說은 新羅貴族 基盤의 「出自를 明示」해 주는 同時에 當時의 社會相과 民族信仰은 물론, 英雄의 誕生神話에 대한 韓國的 表現을 잘 나타내고[33], 오히려 古代人의 觀念推理와 아울러 民族學研究에 좋은 資料로 取扱되어야 할 것이 아닌가 한다.

출처: 「三國史記」의 史料的 價値 -稀薄性 論難을 中心으로-
　　　(國會圖書館報 제10권 제9호, 1973. 11. pp.7-14)

---

33) 沈堣俊, 羅代神話의 새로운 解釋(中大論文集 v.16. 서울: 中央大學校, 1971) pp.161-171.

一然의 『三國遺事』에 대하여

I

「三國遺事」는 일찍이 今西 龍 씨의 藏本과 安鼎福의 手澤本 對校에 依해서 오래전부터 考察되기 시작, 그 후 많은 分析을 거쳐 韓國古代史의 研究에 利用되어 왔다. 이의 價值에 대해서는 學者에 따라서는 韓國古代語研究에 寄與될 수 있다는 論도 있고, 「三國史記」가 官撰書인 데 비해 野史의 祖로서 一翼을 擔當할 遺聞奇事도 雜載하고 特히 佛教關係의 研究에는 없어서는 안 된다고 하는 學者도 있다. 「駕洛國記」의 收載는 任那社會를 理解하는 데 좋은 資料로 提供될 수 있다는 論도 있다.

이 책이 世上에 알려지기 전에는 모두 散逸되었으며, 宣祖以後에도 겨우 稀貴本임을 알 수 있을 듯한 記錄이 있다. "우리나라 歷史책이 한둘이 아니지만 이 「三國遺事」야말로 鋟梓가 半千年이 되어도 崑山片玉이요, 塵埃에 파묻혀 사람들의 눈에 띄지 않았다" 하는 것이 그 稀貴性을 이름이다. 아마도 僧傳이나 寺刹의 事蹟을 除하고 遺事의 引用이 적은 것은 流布本의 稀有에서 오는 原因으로도 斟酌된다.

이 책은 新羅·百濟·高句麗 三國의 遺事를 모은 것으로 「三國史記」의 補遺는 아니다. 「三國史記」와 同一의 史料에 依據한 것이 많기는 하나 '本史' 또는 '本紀'로써 「舊三國史」의 文을 引用하였고,

또 「古記」 其他의 이름을 가지고서 今日에 잃어진 史籍을 밝힌 것
도 적지 않다. 그러나 그 編述은 要컨대 野史類를 모으고 特히 釋
傳에 比重을 둔 史實에 遼遠한 奇異를 즐겨 收載했으나 風俗·言
語·其他의 參考로서 매우 貴重한 것이다. 이제 安鼎福의 이 책에
대한 態度를 「東史綱目」의 凡例 중의 採據書目에 의해서 보면,

　　"高麗中葉에 僧 無極 一然이 지은 것이 5卷이다. 그 책이 本來 佛家
　　의 立敎에 대한 源流를 위하여 지었으므로 間或 年代를 考究할 만한
　　價値는 있으나 오로지 異端에 屬하는 虛誕의 말이다. 그러나 뒤에 지
　　은 「通鑑」에도 이를 採錄한 것이 많고, 「輿地勝覽」에도 地名을 많이
　　引用했다. 이 책은 다만 異流와 怪說인데도 이것이 傳來되었으나, 그
　　때에 어찌 붓을 잡고 史實을 記錄할 사람이 없어 다 빼놓고 世事를 傳
　　한 것이 없는가. 大體로 이 책은 僧家의 所傳이므로 岩穴 속에 潛在되
　　어서 兵燹에도 保存이 되어 後人이 알아 왔다. 東國文獻이 泯絶함이
　　이 같은 데 이르렀으니 古人의 纂史를 반드시 名山石室 중에 감춘 것
　　은 그 慮患의 뜻이 깊다"

는 것으로 보아 그 傳來의 片貌를 알 수 있다.

Ⅱ

　이 책의 編者는 「三國遺事」 卷 5의 "卷首에 國尊曹溪宗迦智山下
麟角寺住持圓鏡冲照大禪師一然撰"이라고 題해 있으므로 이로써 一然
의 著述임을 알 수 있고, 本來 卷 1-4의 卷首에도 이 같은 記述이 있

었을 것으로 思慮되나 後世에 脫逸된 것이 아닌가 한다. 「義興麟角寺碑」에 의하면 一然은 姓이 金, 初名은 見明, 字는 晦然이라고 하였고, 「興地勝覽」에는 "忠肅王이 國師인 一然을 縣令으로 昇進시키었다"고 되어 있다. 一然은 高麗熙宗 2年 丙寅(1206)에 出生, 9歲時에 出家, 22歲時에 禪科에 登第, 高宗時에 定林寺에서 살고 있었다. 己酉年(44)에는 南海의 定材社主가 되었으며, 大禪師를 加하였고, 辛酉(56)에는 詔에 依해서 京에 가서 禪月社에 있으면서 牧牛和尙의 法을 이었다. 至元 元年 가을에는 南還해서 吾魚寺에 있었고, 仁弘社主禪師를 辭讓하고 여기서 살기를 11年, 社를 復修해서 仁興社라고 고치었다. 忠烈王 丁丑(72)에는 雲門寺에 있었고, 忠烈王 癸未年에는 國尊에 冊封되었고, 圓徑冲照의 號를 받았다. 翌 甲申에는 麟角寺에 내려와서 忠烈王 15年 己丑 7月에 示寂했다. 壽 84, 臘 71, 普覺으로 諡號를 받고 塔은 靜照라고 하였다. 그의 碑文을 보면 語錄(2卷) 祖國(2卷) 大藏須知錄(3卷) 諸乘法數(7卷) 祖庭事苑(30卷) 禪門拈頌事苑(30卷) 등 百餘卷의 著述이 世上에 나왔다고 한다. 碑文에는 「三國遺事」가 있지 않으나 卷頭의 題署를 보면 一然의 著述이 틀림없다. 80餘生이었으나, 軍威南端의 麟角寺에 내려온 때가 甲申이니 그의 生時를 헤아려 보면 70餘歲인 晚年에 들어서의 隱退의 著作이 「三國遺事」가 아닌가 생각되며, 忠烈王時에 만들어진 것을 同內容으로 보아 알 수 있다. 「三國前史」나 「駕洛國記」 같은 것은 이미 高麗의 忠烈王代에 있었던 文獻이라고 생각된다.

Ⅲ

이 책은 全卷을 5卷으로 하고 다시금 內容에 따라 이를 9部로
나누고 있다. 그러나 正德刊本을 보면 卷首에 '王曆第一'이라고 되
어 있고 王曆을 들고 있으며, 다음에 '紀異卷第一'로써 本文을 머리
에 놓고 文字를 내려서 紀異의 叙를 記述, 古朝鮮부터 本文으로 하
고 있다. 그러나 9部의 編成을 보면,

```
王歷　第一　　　　　義解第五(卷第四)　避隱　第八(卷第五)
紀異　第一　(卷第一)　神呪第六(卷第五)　孝善　第九(卷第五)
興法　第三　(卷第三)　感通第七(卷第五)
```

라고 하여 次序가 틀리고 있다. 이것은 或

```
卷第一　王曆第一　　卷第三　興法　第三自順道肇麗　　卷第四　義解　第五
　　　　紀異第二　　　　　　　　　　至普德移庵　　　卷第五　神呪　第六
卷第一　紀異第三(續)　塔像　第四自東京興寺金堂十聖　　　　感通　第七
　　　　　　　　　　　　至五台山文珠寺石塔記　　　　　　　避隱　第八
　　　　　　　　　　　　　　　　　　　　　　　　　　　　孝善　第九
```

라고 해야 할 것이다. 그 理由로는 '王歷'이 '王曆'의 誤일 것이며,
興法의 內容 중에 들어가 있는 '東京興輪寺金堂十聖'과 '迦葉佛宴坐
石'의 두 項目은 塔象의 內容이기 때문이다.

「三國遺事」의 卷 1, 2는 主로 上古以來 高麗太祖統三에 이르기까
지 自由로이 記述하고 있다. 旣述한 바와 같이 이는 野史의 立場을

取하고 있으며, 經傳野語도 取하여 修羅하고 奇異怪談도 避하지 않고 있다. 卷1의 머리에 "叙曰大抵古之聖人, 方其禮樂興邦, 仁義說教, 則怪力亂神在所不語" "然而帝王之將興也, 膺符命受圖錄, 必有以異於人者"라 하고 中國三代以下의 異事를 들어 "然則三國之始祖, 皆發乎神異何足怪哉, 此紀異之所以慚諸篇也, 意在斯焉"이라고 하고 金富軾의 「三國史記」의 態度와는 全혀 反對되지만 興味 깊다. 따라서 「舊三國史」 以外의 傳說, 鄕譚도 섞여 言語・風俗 등에 좋은 資料를 주고, 高麗에 있어서의 文獻도 이것에 依해 傳해진 것이 적지 않다.

'王曆 第一'은 「三國史記」 年表에 比해서 매우 簡單하기는 하지만, 또한 王名, 其他에도 틀리는 것이 있어 더욱 貴重한 史料이다. 卽, 新羅條만 보더라도 第3, 弩禮尼叱今(尼叱今 或 尼師今), 第4, 脫解(一作 吐解)尼師今, 第17奈勿麻立干, 第18, 實聖麻立干(一作實主王, 又 寶金 父 未鄒王弟 大西知角干), 第27, 善德女王(名 德曼, 父 眞平王母 麻耶夫人金氏 聖骨男盡, 故女王立, 王之匹欽 葛文王), 第28, 眞德女王(名 勝曼金氏, 父 眞平王之弟, 國其安 葛文王母 阿尼夫人朴氏……大和(戊申) 6. 已上中古聖骨, 已下下古眞骨) 등은 「三國史記」에 比해서 參考할 만한 것이 적지 않다. 또한 異說, 異傳이 많음도 알 수 있다. 紀異 第2 속에서 特히 注目할 것은 檀君傳說을 卷頭에 두고, 이를 '古朝鮮(王儉朝鮮)'이라고 題해 놓고 詳述하였으니, 이것이 아마도 最初로 朝鮮開國을 '檀君朝鮮'이라 한 것이 아닌가 한다. 堯와 同時라고 主張하고 있는 것으로 보아 '箕子朝鮮' 傳說 같은 것은 附記에 그치었을 뿐이다. 또한 2府(平州都督府, 東部都督府) 72國, 樂浪國, 北帶方, 南帶方 등 史實에 먼 事項을 들어 後世史家의 誤膠를 犯하도록 한 點도 있는 듯하고 卷2의 末尾에 駕洛國記를 收

載한 것은 任那研究에도 좋은 資料이다.

卷3 以上 5卷의 佛敎傳來·流傳·造寺建塔·功德·信仰 등의 各方面에 亘하여 이를 分類해서 興法·塔像·義解·神呪·感通·避隱·孝善 등의 7項目으로 記述하였는데 이는 모두 佛敎의 功德神異를 力說한 것이다. 이에 依하여 「三國史記」를 비롯,「東國通鑑」「東國史略」「高麗史」 등에 省略되어진 佛敎의 沿革·僧傳·寺刹의 建廢 등을 알 수 있겠고, 文化史的인 面에서도 좋은 資料를 提供하고 있다. 卷 2, 3, 4, 5의 14首의 鄕歌 亦是 歌謠로서만이 아니고 新羅古語의 硏究에 貴重한 資料이다.

IV

遺事의 引用書에 대해서는 崔南善 씨의 「三國遺事解題」가 있었고, 이를 補足한 末松保和 씨의 「高麗文獻小錄」도 있어 이 兩書가 널리 알려지고 있다.

「三國遺事」는 相當히 많은 史料에 依據해서 史實을 엮었는데 이를 대충 類別해 보면 다음과 같다.

特히 史書에 屬하는 史料이지만 金富軾의 「三國史記」가 여러 곳에서 引用되고 있으나, 그중에서도 金富軾의 舊史로 한 「三國史」도 取한 것이 있으며, 「前三國史」라고 明示한 것도 卷5, 信忠掛冠條에 보이고 있다. 그러나 이것을 引用함에 있어서는 「三國史」「三國史記」「三國本記」「國史」「東史新羅本紀」「高麗本紀」「百濟本紀」「本

紀」「地理志」「史論」「年表」「東明記」등의 이름을 가지고서 하였
으니「三國史記」가 引用된 語句는 一定치 않다.

經書:

周禮

論語正義

史書:

史記

漢書(前漢書)

後漢書(後漢傳)

魏志

魏書(後魏書)

北史・南史

新唐書(唐史・唐書高紀・唐衰矩傳)

舊唐書

通典

冊府元龜

賈耽郡圖志

東波指掌圖

纂古圖

日本帝紀

子類:

淮南子注

安國兵談

道德經

佛書

大藏經 遼本大藏經

觀佛三昧經 元曉安身事心論

阿含經 華口口疏

金光經 三昧經疏

華嚴經 初章觀文

占察善惡業報經 法界圖書印并略疏

地藏經 千歲龜鏡

捏槃經 括盡一乘樞要

佛報恩經 競所珍佩

藥師經 錐洞記

金石:

我道本碑 阿道碑

觸香墳禮佛結社文

溟州花郎國仙碑

三郎寺碑

勝詮法師碑

鵠寺碑

浮石本碑

太宗大王碑

有德寺碑

南月山甘山寺金堂主彌勒尊像火光後記

月山甘山寺金堂主彌陀佛火光後記

五臺山文珠石塔記

關東楓岳鉢淵藪石記

史書(雜著)

王代宗錄 金寬說

開皇曆

賀國記 同贊

高得宗詠史詩

神詞秘詞

檀君記

大覺國師實錄

大一曆法 全希寧

帝王年代曆 崔致遠

海東安弘記

東都成立記 安弘

本朝史略

李磾家記

王龍集

語法集

大文類

歷代歌

討論三韓集

三寶感通錄 心源章　　　　　　　新羅殊異傳(新羅異傳)
沙彌 戒法傳教第供養次秘法　　　**古記‧古傳**
僧傳(唐僧傳‧高僧傳……　　　　新羅古記‧新羅古傳‧高慮古記‧鄕記
法現西域傳‧西域記‧觸珠琳傳 등)　‧鄕傳‧鄕古傳‧百濟古記‧別記‧別本 등
寺誌‧寺中記　　　　　　　　　　所夫里軍田丁栍貼
(省略)　　　　　　　　　　　　餘州功德大寺繡張繡文
古文書:　　　　　　　　　　　林州圖籍
壬辰年移御時紫門舊記 高宗 19年　淳化二年金海府量田使中大夫趙文善申省狀
雲門寺古傳諸寺納田記　　　　　　侍中崔齊顔信賴願文
丹金傳尙文誥　　　　　　　　　　閏運三年丙午十月廿九日康州界任道大監栍貼
量田帳籍　　　　　　　　　　　　庚寅年晋陽府貼形止審檢記

등 許多하다. 이와 같이 많은 文獻에 根據해서 史實을 實證한 것으
로 設使 怪說이 混有하나 이것들은 그 나름대로 展開된 史實이어서
多少 史實의 發生時期와 記錄年代의 差가 距離는 있기는 하나 어느
程度 古文獻에 依據한 것이므로 信憑性이 全혀 없는 것은 아니다.
오히려 事大主義에 立脚한 新羅中心의 史實을 밝혀 논「三國史記」
보다는「三國遺事」가 史料的 價値가 있는 點도 없지 않다. 이와 같
이 엮어진「三國遺事」는 初版이 發刊된 以來 果然 오늘날까지 얼마
나 많은 板本이 傳來되었는가.

V

「三國遺事」의 編纂은 忠烈王時에 進陟되었으나 果然 어느 때에

刊行되었는지 未詳이다. 다만 正德刊本을 만들 때, "星州牧使 權公
轃의 周旋으로 完本을 求해서 列邑에서 나누어 改刊했다"는 李繼福
의 跋에서 正德本以前에 이미 刊印이 있었던 것임을 알 수 있다.
跋文 중에 改刊의 必要性을 强調한 대목 즉, "歲久刓缺, 一行可解僅
四五字"라고 되었으니 이것이 木板本인지 活字本인지 그 遺存에 대
해서는 明白치 않다. 그러나 위의 跋은 遺事의 跋임과 同時에 「三
國史記」의 印行의 跋이기도 하니 或 「三國遺事」의 初刊本도 「三國
史記」와 아울러 刊行된 것이 아닌가 한다. 그렇다면 「三國史記」의
跋文 중에 "三國史印本之在鷄林者, 歲久泯生, 以寫本行"이란 記事로
보아 처음에는 手澤本을 底本으로 하여 印本이 있었다가 이것이 없
어진 뒤 寫本이 있지 않았는가. 「三國史記」의 跋은 金居斗의 것으
로 洪武 二七年 甲戌 四月刊板으로 되어 있다.
그렇다면 或 「三國遺事」의 初印本도 洪武以前에 있었던 것이 아닌가.
　다음으로 問題되는 것은 慶州府尹 李繼福이 星州牧使인 權轃의
所贈本에 依하여 諸邑에서 分刊刻板하였다는 慶州府의 藏板은 어느
때의 것인가. 이때에 參與한 사람 慶尙道觀察使 安塘, 同都事 朴佺,
慶州府尹 李繼福, 府判官 李溜 등의 이름과 그 推定, 그리고 慶州
營先生案의 記事 "正德七年壬申五月初一日"의 明示로 다음 板本이
正德壬申에 木板本으로 나왔다는 것을 알 수 있다. 이 木板本은 日
本의 경우, 今西春秋文庫·神田孝平男舊藏·尾州德川家·檢岾寺와
우리나라에서는 橘雨館·서울大·六堂文庫 등에 있고, 그의 後刷本
으로 光文會本, 그 뒤에 훨씬 늦게 나온 鉛活字本(1904)으로 高大
哈佛大學·東洋文庫·日岩瀨·靜嘉堂·內閣文庫·梨花大·國立圖書
館·東京敎大 등에 있고, 1926年에 나온 東京帝大文學部의 活字本
과 1921年에 나온 朝鮮硏究叢書本을 비롯하여 여러 곳에서 나온

刊本이 目錄에 散見되나 實査가 아직 끝나지 못했으므로, 板本에 대한 卑見은 後考로 미룬다. (1977. 4. 25)

출처: 一然의 『三國遺事』에 대하여 (韓國學 제13집 永信아카데미 韓國學硏究所. 1977.4 pp.33-38)

「三國史節要」에 대한 編史考

Ⅰ. 緒 言

「編年體를 가지고 三國史의 要點을 얻은 것을 編纂하려고 世祖가 局을 열고 長編體로써 編纂에 着手했으나 이루지 못하고, 成宗이 先賢의 뜻을 이어 盧思愼·徐居正·李坡·金季昌·崔淑精 등에 命해서 이를 大成했다. 그 記事는 立國의 前後를 따라서 新羅의 赫居世元年부터 시작, 高句麗·百濟의 事歷을 錯綜하고 新羅의 敬順王 9年에 이르기까지 모두 992年間의 通史이다. 紀年은 新羅의 初期 19年間과 그 統一 以後는 전혀 新羅를 主로 하고 그 밑에 年紀를 分注하고 三國鼎峙의 時代는 勢가 고루 力敵하므로 注로써 列書하고 中國의 年紀를 덧붙여 이를 表示한 紀事는 一代에 그치지만 書名을 通鑑으로 하지 않고 節要라고 했으며, 箋序에는 15卷을 編纂한다고 해 놓고 目錄에는 14卷으로 끝맺었다.」[1]

---

1) 朝鮮總督府 編, 朝鮮圖書解題, 京城 : 同府, 昭和7. p.38. 三國史節要解題條.

이 記事는 朝鮮總督府에서 發行한 「朝鮮圖書解題」의 「三國史節要」
에 대한 解題全文이다. 이것을 거의 그대로 要略해서 轉載한 것이
最近에 나온 「國立中央圖書館善本解題」2)와 高大民族文化硏究所에서
나온 「韓國圖書解題」3)이다. 寡聞의 탓인지는 몰라도 이 以外 또 다
른 解題나 論文은 아직까지 發表되지 않고 있는 것으로 안다. 史料
가 收錄된 範圍와 그 時期의 距離는 그렇게 멀지는 않았으나 「三國
史節要」가 「高麗史節要」보다는 널리 알려져 있지 않고, 이에 대한
書誌學者들의 關心도 거의 疎外되고 있는 感을 준다. 따라서 史料로
서의 引用도 極히 드물거나 또는 전혀 引用되지 않고 있는 實情이다.
그것은 資料의 量이 적은 데 있지만 아직 그 稀貴性이 世上에 周知
되지 않았고 보다 具體的인 硏究의 進陟이 缺如된 탓으로 看做된다.
더욱이 紹介된 記事마저 原資料와 對比해서 精査해 보면 問題로 提
起되는 것이 없지 않다.

卽 ① 刊行된 著述의 板本에 대한 아무런 論及이 없었고, ② 15

---

2) 國立圖書館에서 刊行한 「善本解題」에는 「三國史節要」를 다음과 같이 解題
하고 있다.
　　원래 14권 7책 중의 영본으로 삼국사(신라·고구려·백제)의 요점을
편년체로 쓴 책이다. 세조 때 착수한 것을 성종이 이어 노사신(盧思愼),
서거정(徐居正), 이파(李坡), 김계창(金季昌), 최숙정(崔淑精)에게 명하여
완성하였다. 신라 경순왕 9년 신라가 망할 때까지(B.C. 57 - A.D. 935)
992년간의 통사이다. 국립중앙도서관편, 국립중앙도서관, 선본해제1, 서
울 : p.227. 1970.

3) 高麗大學校 附屬 民族文化硏究所에서 發刊한 「韓國圖書解題」에는 「三國史
節要」를 다음과 같이 解題하고 있다.
　　세조의 뜻을 이어 성종이 盧思愼·徐居正·李坡·金季昌·崔淑精 等에
命하여 三國史의 要點을 編年體로 記述한 것이다. 高句麗·百濟의 建國에
서 滅亡까지의 史蹟을 記述한 992年間의 通史이다. 紀年은 新羅의 初期
19年間과 그 統一以後는 新羅를 主로 하여 그 밑에는 中國의 年紀를 달
고, 三國鼎立時代는 勢力의 均衡이 잡혔던 關係로 註로써 열서하여 中國
年紀를 表示하였다.(高大民族文化硏究所 編, 韓國圖書解題, 서울 : 同所,
1971. p.248).

卷을 엮는다 해 놓고 14卷으로 이루어졌다는 일도 아직 밝혀지지
않았으며 ③ 世祖 때 編纂에 着手, 成宗時에 完成하였다는 年代도
漠然하게 推定으로만 그치었고 ④ 記事가 一代에 그치면서도 通鑑
이라고 하지 않고 節要라고 命名한 理由와 ⑤ 三國史라는 標題下에
그 收錄範圍를 上古에 올리고 高麗로 내리어 넓힌 일 等等4)이다.
編史問題와 함께 이러한 問題들은 밝혀져야 할 일로 생각된다.

Ⅱ. 板本·卷數 및 刊年問題

「三國史節要」의 現存本은 奎章閣圖書에 세부가 있다. 그중 한 部
는 完帙이고, 나머지 두 部는 모두 落帙되어 있는 셈이다. 한 部는
7冊 중 2冊이 缺하고 있다. 마침 缺本 중 한 冊(3·4卷 合本)은
華山文庫本으로 高麗大學圖書館에 所藏되어 있고, 나머지 한 책은
金完燮氏가 所藏(11·12卷合本)하고 있다. 또 한 部는 亦是 金完
燮氏가 卷4부터 卷12까지를 가지고 있고 卷13·14는 國立中央圖
書館에 所藏되어 있으니 一版以外에 또한 다른 板本이 있다는 記錄
은 아직 없으며 實物이 傳해지고 있는 것도 없다. 다만 旣述한 板
本 奎章閣本·華山文庫本·金完燮氏所藏本·國立中央圖書館藏本을
보면 다음과 같다.

---

4) 朝鮮總督府 編, *loc. cit.* 古鮮冊譜에도 成宗 때에 大成한 「三國史節要」가
  箋序에 15卷을 編成하였다고 하였지만 卷首의 目錄에는 14卷으로 되어
  있다 하였다.(前間恭作 編, 古鮮冊譜 第2冊. 京城 : 東洋文庫, 昭和31.
  p.675)

〈奎章閣所藏本〉14卷 7冊 (卷首合本) 중 第2·6冊缺, (圖書記號 奎 7115)5)

板式: 四周單邊. 半郭 21.6×14.7㎝, 有界 半葉 9行. 17字. 字徑 大字

        1.2×1.5㎝. 小字 0.8×0.7㎝, 注雙行 內向黑魚尾.

字體: 乙亥字. 楷書. 姜希顔體.

標點: 中國年號陰刻. 旁抹表示○, 書眉干支入刻. 間有陰刻.

標記: 板心題. 卷次. 葉次入刻.

紙質: 古楮紙

裝幀: 線裝. 高廣 28.6×19.2㎝

〈華山文庫所藏本〉14卷 7冊 중 第2冊6) 卷3·4合本(7冊中 第2冊) 奎章閣本과 同一本.

〈金完燮氏所藏本〉14卷 7冊 중 第6冊7) 卷11 (7冊中 第6冊 p.1-12 缺) 奎章閣本과 同一本. 卷4-12(4冊) 同上. 高廣 31.6×18.9㎝. 卷9. 10(改裝 2冊) 高廣31.9×19.3㎝.

〈國立中央圖書館所藏本〉 卷13. 14(1冊). 奎章閣本과 同一本. 高廣 30.6×19.2㎝.

---

5) 盧思愼 等編, 三國史節要〔成宗年間〕, 奎章閣所藏本, 圖書記號 奎 7115. 參照. 調査方法은 于震寰氏의 善本圖書編目法(圖書館季刊 7卷 4期 p.584- 594)과 筆者의 論文 저자를 표목으로 하는 선본도서편목 Skeleton card form을 適用시켰다.(拙稿, 저자를 표목으로 하는 선본편목 Skeleton card form 에 대하여 (도서관, vol.26. no.6) p.16-17.

6) ibid., vol.3-4. (第2冊) 華山文庫所藏本 參照. 檀紀4291年 8月 15日 華山李聖儀氏가 表裝을 고치었는데 이것은 花綾黃色厚褙表紙를 씌우고, 監色絲로 綴해서 傳來되고 있다.

7) ibid., vol.11-12. (第6冊) 金完燮氏所藏本 參照. 이 밖에도 普成高校에 1卷 1冊이 있으나 第6葉이 缺하고 第8葉이 汚損되어 있으며 109葉만이 傳해지고 있다.

奎藏閣所藏本「三國史節要」

어느 版을 莫論하고 乙亥字本이며 다만 數種의 종이로 印刷했고, 切斷을 고르지 않게 하였기 때문에 高廣이 各各 틀릴 뿐이다.

板心中 上·下魚尾사이에「三國史節要二 廿一」[8] (例) 등이 있다. 또한 書眉에는 干支가 있으며 어느 것이든지 小活字를 入刻하고 間或 陰刻한 것도 있다. 字體는 劃이 바르고 옆으로 퍼졌으며, 한편으로 若干 쏠린 듯한 느낌을 주는 것으로 보아 姜希顔體를 印行한 乙亥字임이 確實하다. 初刊本인 奎章閣本(奎 7115)[9]은

箋 第4葉 汚損
序
目

---

8) *ibid.* vol.2. p.21 奎章閣所藏本, 奎 7115 參照.

9) *ibid.*, vol.1-14. 奎章閣所藏本. 奎 7115. 參照.

外紀

　　第1冊 卷1 第1-3葉 中國年號別刷 卷2 第4葉 汚損. 第41葉缺.

　　第2冊 卷3·4 缺本 新補寫

　　第3冊 卷5·6

　　第4冊 卷7·8 卷8 末尾 第40·41葉 汚損.

　　第5冊 卷9·10

　　第6冊 卷11·12 缺本. 新補寫.

　　第7冊 卷13·14 卷13中 第35葉缺. 新補寫.

이다. 原來 2卷씩을 1冊에 製本한 것으로서 第2冊. 第3冊을 除하고는 各冊 卷首 첫葉에 「弘文館」의 長方朱印 및 鑑定하기 어려운 官印 자욱이 稀微하게 남아 있다. 第3冊 및 7冊에는 官方印이 찍힌 위에 「寧邊校上」 4字가 半草書로 墨書되어 있고, 官方印의 文字는 무엇을 뜻하는지 알 수 없다. 紀年의 表示는

　　〔甲子〕　　新羅始祖元年〔漢宣帝五鳳元年〕10)

　　壬午　　　十九年漢永光五年11)

　　丙辰　　　〔漢建平二年〕新羅始祖五十三年
　　　　　　　高句麗瑠璃王十五年 百濟始祖十四年12)

　　己巳　　　新羅文武王九年〔唐惣章三年〕13)

으로 되어 있다.

　　朝鮮總督府의 「朝鮮圖書解題」中「三國史節要」解題와 같이 新羅의 初期 19年間과 統一以後는 전혀 新羅를 主로 하고 中國의 年紀만

---

10) *ibid.*, vol.1. p.1.

11) *ibid.*, vol.1. p.4.

12) *ibid.*, vol.1. p.19.

13) *ibid.*, vol.10. p.23.

을 分注하고 있어 實上 後三國은 史實만을 論及했을 뿐이다. 現存의
「三國史節要」는 7冊으로 分冊되었으며, 14卷[14])으로 되어 있으나,
序와 箋에는 15卷[15])이라 하였으니 맞지 않는다. 目錄을 보아도 14
卷으로 되어 있고, 徐居正의 「四佳文集」에도 14卷[16])으로 되어 있으
니 무엇에 根據를 두었는지 分明치 않다. 다만 疑心스러운 것은

第1冊　箋・序・目・外紀[17])．卷1．卷2.……
第7冊　卷13．卷14.

로 되어 있으니, 1卷 앞에 進箋 序와 아울러 外紀가 있는 것으로
보아 卷首로 하여 別冊으로 할 것을 合本하여 都合 15卷으로 하지
않았는가 한다.

　이 책은 成宗 7年 丙申(1476) 12月進上時에는 精鈔本[18])이었던
것을 序에 明白히 밝히고 있으나, 이것을 活字印刷에 붙인 해는 明
白치 않다. 그러나 庚午字(1450)를 없애고 乙亥字(1455)를 썼다
는 點에서 時期는 適宜하다 하겠으나 成宗 7年 丙申이 1476年이고
보면 乙酉字(1465)가 나온 뒤에 該當된다. 이것이 或 乙酉字를 써
야 마땅할 듯 解釋되나 乙酉字는 「圓覺經」을 만들 手段으로 이루어
진 것으로 印書活字로서는 좋지 못하다는 評이 있고 또한 남은 것

---

14) *ibid.*, vol.14. p.135.
15) *ibid.*, vol. p.3 箋 參照.
　　ibid., vol.1. p.5. 序 參照.
16) 徐居正, 四佳文集, 鉛活字本. 京畿 ： 高陽正觀齋壽昌世家, 1929. vol.12
　　pp.13-16.
17) 盧思愼, *op. cit* 箋 pp.1-4. 序. pp.1-6, 外紀 pp.1-4.
18) *ibid.*, vol.1., 序 p.4

도 없는 것으로 보아 或 乙酉字가 나왔을 무렵 乙亥字도 並用된 것이 아닌가 한다. 다른 例를 보아도 大槪 箋進後 얼마 안 있어 行해지는 것임은 틀림없다. 따라서 「三國史節要」의 精鈔本進上時期가 成宗 7年 12月이니 아마도 15卷 7册을 刊行하려면 적어도 한해는 걸렸을 것으로 보아 成宗8年(1477)頃에 刊行된 것이 아닌가 한다.

Ⅲ. 編史의 特殊性 및 收錄範圍

序 및 箋에 徐居正이 明記한 바와 같이, 「三國史記」가 紀傳體[19]여서 重疊煩瑣[20]의 點이 많음을 指摘하고, 이의 不便을 除去하기 위하여 「春秋綱目의 遺旨」[21]에 따른 編年體[22]를 쓰고 있다. 다만 綱目을 내 세우지 않고서 長編의 例에 따르고 있는 것이다. 또한 通鑑[23]을 模倣하면서도 알맞지 않은 記事는 通鑑이 正統을 세워서 그 紀年에 따라서 通載方法[24]에 따르지 않고 있다. 오히려 三國을 各各 獨立시켜서 上・下 主從의 關係를 두고 公平한 立場에서 編纂을 하고 있어 어디까지나 三國史記의 本領을 繼承해서 三國倂記의 態度를 取하고 있는 것이다.[25] 節要라고 한 것은 그 册의 本旨를

---

19) 金富軾 奉宣撰, 三國史記, 影印本, 京城 : 古典刊行會, 昭和6, 目錄, pp.1-16.

20) 盧思愼 等奉宣撰, *ibid.* vol.11, 序 p.3.

21) *ibid.*, 序 p.6.

22) *ibid.*, 序 p.3.

23) 徐居正 等奉命撰, 東國通鑑, 〔n・p〕目錄, pp.1-13.

24) 盧思愼 等奉宣撰, *ibid.*, 序 pp.4. 5.

잘 나타내고 있다. 序에,

『이제 이 編은 三國時代에 그치었으므로 이름을 「三國史節要」라고 하였으며, 또한 「資治通鑑」 卷首에도 반드시 「某紀」라고 하였다. 이제 이 「節要」를 「紀」라고 하지 않은 것은 三國의 勢力이 均等하므로 어느 나라를 主로 하여 이름을 붙일 수는 없는 것이다. 立國에 先後가 있고, 亡國에도 遲速이 있으며 또한 一國紀 二國紀 三國紀라고 여러 번 이름을 고칠 수 없는 것이기 때문에 이로써 「朱子綱目」의 例를 본떠서 「紀」라 일컫지 않았다. 新羅가 獨存하였다면 그해 記事를 쓰고, 三國이 아울러 있었다면 나누어 적고, 그 敵國을 明示하였다. 먼저 新羅를 앞세우고 다음 高句麗를 두고 끝으로 百濟를 놓은 것은 立國의 次序에 따랐기 때문이며 해마다 반드시 中國年號로 쓴 것은 中國(天子)을 尊崇함이다. 新羅가 스스로 年號를 썼음에도 不拘하고 記錄하지 않은 것은 그 僭濫을 免해 보고저 함이다.』[26]

로 되어 있는데 이것에 依하여 主된 뜻을 明白히 알 수 있다.

따라서 이 資料는 序에 『「舊史」와 「史略」을 取하고 「遺事」 중에서 特殊한 傳記를 따서 長編으로 엮었다』[27]만 되어 있고, 그 大部分은 「三國史記」의 文 그대로이며, 編史의 方法은 權近의 「東國史略」을 模倣[28]한 것이 많으며, 遺事 殊異傳에 依하여 外紀 一篇을 붙이고, 檀君朝鮮 以下를 붙인 것은 特色임[29]과 同時에 蛇足이다. 標題에는 '羅·麗·濟의 三國史를 節要한다'해 놓고 實相은 先代를 遡及[30]해서 論述하고 있는 것은 編纂範圍를 擴大한 것이라 하겠

---

25) *ibid.*, 序. p.5
26) *ibid.*, 序. pp.4-5.
27) *ibid.*, 序. p.4
28) *ibid.*, 序. p.3
29) *ibid.*, 紀. pp.1-4.
30) *ioc., cit.*

다. 外紀는 不過 3葉半을 차지하고 있으나 目錄에는 싣지 않고 있다. 이제 그 編纂體制를 다시금 훑어보면 다음과 같다.

〈奎章閣所藏本〉三國史節要, 14卷, 7冊, (奎 4539)[31]

進三國史節要箋	4枚	成化12年丙申	盧思慎等箋
三國史節要 序	6枚	成化12年丙申	徐居正序
目錄	11枚		
外紀	4枚	檀君朝鮮, 箕子朝鮮, 衛滿朝鮮, 四郡, 二府, 三韓

卷1 新羅始祖－儒理
　　　高句麗始祖－大武神
　　　百濟始祖－多婁
卷13 新羅 昭聖－孝恭 附甄萱
卷14 新羅 孝恭－敬順 附甄萱 弓裔

進箋은 成化12年12月 盧思慎・徐居正・李坡의 이름으로 하고[32], 四佳先生集 「文集」 속에도 卷12에 이를 取해서 '바른지음'[33]이라고 하고 있다.

序는 「成化十二年 蒼龍丙申 徐居正 韓拜手稽首謹序」[34]라고 明記하고, 「四佳文集」卷4에도 이를 採記하고 있다[35]. 그러나 序에 依하면 撰進員은 居正等 3人의 外에도 金季昌・崔淑精 등의 이름이 있는 것[36]으로 보아 受命協力者는 都合 5人으로 看做된다.

目錄은 編年目次가 아니고[37] 三國을 列記하고 長篇의 編年 속에

---

31) *ibid.* 目, pp.1-11.

32) *ibid.* 箋 p.4.

33) 徐居正 等奉命撰, *op. cit.*, vol.12, pp.13-16.

34) 盧思慎 等奉宣撰, *op. cit.*, vol.12, 序. p.6.

35) 徐居正 等奉命撰, *op. cit.*, vol.4.

36) 盧思慎 等奉宣撰, *op. cit.*, 序. p.4.

三國歷代王이 題目처럼 되어 있는 것은 特異한 일이다. 卷11以後는 新羅뿐이고, 卷13末에는 孝恭王下에 「附甄萱」이라고 하였고, 卷14의 敬順王下에 「附甄萱弓裔」라고 하여, 新三國의 對立은 이를 認定하지 않고 있으며, 여기에는 新羅의 正統觀을 暴露하고 高麗가 이를 받는 뜻을 表示한 것은 史略에 依한 것38)으로 생각된다. 目錄에는 箋·序·外紀를 들고 있지 않고39) 또한 敬順王까지를 採錄하고 있으며40) 卷14末에 敬順王 降後의 一年을 加하고 있는 것41)이 그의 一致를 缺하고 있다.

外紀는 四葉에 不過하나 檀君朝鮮·箕子朝鮮·衛滿朝鮮·四郡·二府·三韓은 全혀 「遺事」의 說에 根據를 두었으며42), 權近의 整理修飾을 採錄한 것으로 「壇君」을 「檀君」으로 하고43), 二府·三韓의 說을 踏襲하고 있는 것이다44).

Ⅳ. 結 言

아직까지 「三國史節要」에 대하여는 傳來板本에 대한 具體的인 檢

---

37) *ibid.*, 目, p.1.

38) 〔權近〕等奉命撰, 東國史略, 覆刻本, 〔n·p〕開國504(乙未) vol.1., pp.2-35.

39) 盧思愼 等奉宣撰, *op. cit.*, 目, p.1.

40) *ibid.*, 目, p.11.

41) *ibid.*, vol.14, p.32.

42) 一然 著, 三國遺事, 鉛活字本. 京城 : 朝鮮史學會, 昭和4, 紀異 pp.1-4.

43) 權近 等奉命撰, *op. cit.*, vol.1., pp.1-2., vol.6., p.43.

44) 一然, 著. *op. cit.*, p.5, 12, 13.

討가 없었을 뿐 아니라 編史에 있어서도 世祖가 命해서 成宗 때에 이루어진 것으로 알 뿐 確實한 年代는 밝혀지지 않고 있다. 더욱이 卷數에 있어서도 15卷 編纂計劃에서 14卷이 나온 줄만 알고 있고, 體制도 節要가 아니라, 通鑑이라고 하며 新羅·高句麗·百濟에 대한 三國史만이 論及된 것으로 알고 있다.

　筆者는 이 論及이 모두 그릇된 것임을 本論에서 旣述한바, 이를 要略하면 다음과 같다.

　1) 板本에 대한 問題: 傳來板本은 세 部 14卷 7冊이 있는데, 그 것은 모두 乙亥字本이다. 한 部는 完帙이고, 나머지는 모두 落帙이며 그중 한 部는 7冊 중에서 5冊(1.3.4.5.7)이 奎章閣 에 所藏되어 있고, 1冊(2)이 華山文庫에, 나머지 1冊(6)은 金完燮氏가 所藏하고 있다. 그러나 奎章閣本에는 汚損·落帙 이 적지 않다. 나머지 한 部는 金完燮氏가 卷4~12까지 所藏 하고, 卷13. 14는 中央圖書館에 所藏되고 있다.

　2) 卷數問題: 目錄에는 14卷으로 되어 있으나 目錄 앞에 箋· 序·外紀가 있다. 이것은 14卷 속에는 들지 않았으며, 卷首 를 別冊으로 하려던 것을 1, 2卷과 合本한 것으로 1卷이 未 刊된 것이 아니라 15卷이 計劃대로 完刊된 것이다.

　3) 刊年問題: 世祖 때에 着手, 成宗 때에 14卷을 刊行한 것이 아니라, 世祖 때에 着手 成宗 7年(1476 A.D)에 精鈔本을 成宗에게 올려 그 翌年(1477)에 15卷 (한卷은 箋序·外紀) 을 完刊했던 것으로 看做된다.

　4) 通鑑·節要與否: 一代를 敍述한 것으로 보아서는 通鑑에 가까 우나 三國을 各各 獨立시켜 上·下 主從의 關係를 두고 公平 한 立場에서 編纂된 것으로 보아서는 節要임이 確實하다.

5) 收錄範圍: 標題에는 「三國史」라고 하고 序에도 이를 밝히고 있으나, 外紀라는 項目을 두고 檀君時代부터 論及하기 始作, 敬順王이 世上을 떠난 翌年인 高麗初까지가 論及되어 있으니 新羅·高句麗·百濟만의 記事는 아니다. 오히려 收錄範圍는 더 넓게 論及되어 있다.

  2) 3) 4)는 先人들도 問題를 삼은 바 있었으나 이에 대한 解決方案을 摸索한 論考는 全혀 없었고, 1) 5)는 筆者가 「三國史節要」를 調査하는 가운데서 問題로 삼아 본 것임을 아울러 밝혀 두는 바이다.

參考文獻

朝鮮總督府 編, 朝鮮圖書解題, 京城 : 同府, 昭和 7. p.38.

于震寰, 善本圖書編目法(圖書館季刊, 7卷, 4期) pp.584~594.

前間泰作, 古鮮冊譜, 第2冊, 京城 : 東洋文庫, 昭和 31.

徐居正 四佳文集, 鉛活字本, 京畿 : 高陽正觀齋壽昌世家, 1929.

金富軾 奉宣撰, 三國史記, 影印本, 京城: 古典刊行會. 昭和 6.

盧思愼 等奉宣撰, 三國史節要, 〔n·p〕, 〔成宗年間〕

徐居正 等奉命撰, 東國通鑑, 〔n·p〕, 〔成宗年間〕

〔權近〕等奉命撰, 東國史略, 覆刻本, 〔n·p〕, 開國 504.

一然, 三國遺事, 鉛活字本, 京城 : 朝鮮史學會, 昭和, 4.

−*Summary*−

A Study on the Arrangement of Samguksa Cholyo

by Shim, Woo Choon*

No clearcut examination of the existing editions of Samguksa-cholyo has been made so far, and also no exact date of its compilation has been known except the already established fact that compilation of the book was started by order of King Sejo(世祖) and completed during the reign of King Songjong(成宗). Moreover, it is believed that only 14 volumes out of 15 volumes by its original plan were published, and it has been maintained that its arrangement is rather in the form of Tongham(通鑑) than Cholyo(節要). It is further believed that each history of only the three kingdoms: The history of Silla(新羅), Koguryo(高句麗) and Paekche(百済) is described in the book.[1]

that the above facts are all incorrect is proved by the following;

1) On editions: The existing editions are three-each consists of 14 kwon 7 chaek (14 vols in 7). They are all Eul-hae-style prints. One set is perfectly kept even without one Volume of loss. But the rests are not in that way partly missing some to

* Assist. Prof., College of Liberal Arts.

1) Chosen Soudokuhu comp., *Chosen dosyogaidai*, geichyo, 1934, p.38.

be regretted. One of the rests embraces only 5 ch'aek (ch'aeks 1, 3, 4, 5, 7) out of total 7. They are now kept at Kyuchanggak(奎章閣) and one ch'aek(ch'aek 2) is held in Hwasan-munko(華山文庫) and Mr. Kim Wan-Sop(金完燮) holds the other (ch'aek 6). However, the edition in Kyuchangkuk is much stained and damaged; especially some of the pages are destroyed. The other set, Volumes 4 to 12 are Kept by Mr. Kim Wan-sop as noted. Volume 13 and 14 are at National Central Library.

2) On the number of volumes: The list of the contents of the book is composed of 14 volumes. Chon(箋), So(序) and Oegi(外紀) which are never included in the 14 volumes, however, are published before the list.

The beginning of the book was published as a separate volume, but this was bound together as one chaek(vol.1-2), therefore it can be said that the whole of 15 volumes as originally planned had been published without missing any volume.

3) On the date of publication: The compilation was undertaken during the period of King Sejo and completed in the seventh year of King Songjong's rule(1476 A.D.) and the manuscript was rendered to the king in the same year, and finally published in the following year(1477 A.D.)

4) Tonggam or Cholyo: Though the compiling of the book looks like, regarding its description of a generation, very closely resembles to Tongkam, it is quite certain that they were published as cholyo treating the 3 Kingdoms independently and dealing with the relationship between the 3 Kingdoms adequately with upper-lower relationship.

5) Scope: They have titled Samguksa(三國史) and in the

preface either.

In Oeki, however, they have dealt with from Dankun period to the following year of King Kyungsoon's death, which is the early of Koryo. Here it means that it isn't a description for merely Kokuryo Silla and Paekchae the scope of which is obviously wide.

Problems 2) 3) 4) had been raised by earlier scholars but absolutely no arguments were made about those ploblems and both 1 and 5 were raised as problems by the author in the course of examining Samguksa-cholyo.

출처: 三國史節要에 대한 編史考 (중앙대학교 논문집 제17집 인문사회과학편, 1972. pp.115-125)

光海朝의 對明派兵數의 問題

I

光海朝가 彌滿山野戰에 派兵한 問題는 오래前부터 宗主國으로 삼아 오던 明과 新興의 淸과의 對決에서 不可避하였다.

따라서 明末 淸初의 轉換期的 過程과 光海朝와의 關係를 理解하는데 있어서는 반드시 이 派兵關係가 論議되어야 하는 것은 韓·中交涉史의 叙述에 있어 漏落될 수 없는 問題이며, 이 朝·明·淸 三國間에 展開된 外交政治的 關係만을 對象으로 한 硏究도 發表되고 있다.

特히 稻葉岩吉 博士는 일찍이 그의 「光海君時代의 滿鮮關係」에 關한 全般的인 硏究에 있어서 다른 問題를 다루는 가운데 派兵事情을 抽出하여 三國間에 이루어진 外交關係의 一面을 釋明한 것은 確實히 過去의 平面的인 韓·中史硏究에 新生面을 開拓한 多大한 功績이며 全般的이고 統一的인 理解体系를 樹立하였다는 데에 큰 意義가 있는 것이라 하겠다.

그러나 이와 같은 燦爛한 成果를 거둔 大硏究도 이를 史料와 對照하여 詳細히 보면, 亦是 釋然치 못한 點이 發見되거니와 特히 여러 史料에 나타나는 派兵數의 問題에 對한 說明은 全혀 없으며[1],

---

1) 西紀1932年(昭和 7年 6月) 京都帝國大學에 提出한 稻葉岩吉 博士의 學位論文 「光海君時代의 滿鮮關係」 (京城, 大阪屋號書店刊行) 111~186頁에서 言及되어야 할 일이지만 同博士는 이 問題와 聯關되는 問題를 同書에서 直接 다루기는 하였으면서도 兵數問題에 限하여는 何等 言及이 없었다.

이를 問題로 取扱하지도 않고 있는 것이다.

盲蛇之誹가 될 憂慮도 없지 않으나 本稿에서는 外見上 數字에 若干의 差가 무슨 큰 歷史的 意義를 內包하고 있을 것인가에 對한 懷疑를 檢討해 보고자 하는 意圖는 主로 先學諸賢의 多大한 努力으로 이루어진 光海朝의 對明政策에 있어 아직도 未解決을 품고 있던 몇 가지 疑問이 있어 이를 提示해 보고 그의 解決의 端緒나마 模索해 보고자 試圖하는 데 不過함을 밝혀 두는 바이다.

II

光海朝의 派兵이 一時 光海君의 支配下에서 많은 動員이 있었다는 것은 널리 알려져 있으며, 그것이 어떤 意味에서 派兵되었는가에 對하여는 徐徐히 說明할 겨를이 있을 것이라고 믿어지지만, 同兵이 어느 程度의 數가 되며, 參戰하였는가에 對하여는 그 가장 顯著한 例가 바로 Khalkha의 戰況報告이다.

戰況에 對하여는 老檔中, 光海君十一年(天命 4年 明萬曆 47年) 三月 一日 Khalkha의 五部諸王에게 보낸 咨文에,

> 「明・朝鮮의 兵 二十七萬과 싸워서 二十萬數兵을 죽였을 때, Josen 國의 Genggiyen Han의 兵士가 죽은 것은 不過 二百」[2]

이라 하여 朝鮮軍의 戰死者가 「不過二百」으로 되어 있으며, 다시

2) 滿文老檔 卷15. 光海君11年 3月1日條. p.138

同書 三月五日條의 咨文에도,

> 「Amda Beile은 溪谷에서 侵入한 五萬의 敵兵을 沒殺시키고 朝鮮兵
> 五千을 降服시키었다.」[3]

하여, 前揭咨文에 보이던 二百餘戰死者 外에도 五千의 捕虜가 있었
고, 또다시 同書 四月十七日條에도,

> 「三萬의 朝鮮兵을 죽이고 그 將 都元帥 姜弘立과 副元帥 및 小官 二
> 十餘人을 모두 生捕」[4]

하였다는 것으로 보아 旣述한 數 밖에도 三萬의 戰死者와 二十餘의
生捕者가 나타난 것으로 前後 約 一個月餘에 걸치어 光海朝의 命에
依하여 姜弘立 都元帥가 거느린 朝鮮軍은 淸兵과의 對戰에서 三萬
二百餘가 戰死하고, 五千의 兵士가 投降, 二十餘人이 生捕됨으로써
彌滿山野戰에 「三萬五千二百二十餘人」(其他未詳)이 參加한 것으로
되어 있으나, 그 數가 어느 程度의 正確性을 지니고 있는지는 亦是
疑問이다.

다시 光海君日記에 나타난 兵士數를 보면,

> 「戌卒之數, 多至三萬, 而朝官宗室以下軍職人員, 及功臣嫡長, 三醫司
> 祿官, 通共計之, 則一千八百餘員」[5]

이라고 되어 있어 前述의 「三萬五千二百二十餘」와 本記事의 「三萬

---

3) 滿文老檔 卷15. 光海君11年 3月5日條. p.135
4) 滿文老檔 卷15. 光海君11年 4月17日條. p.231
5) 光海君日記 卷135. 2丁. 光海君10年戊午 12月9日 丙辰條.(鼎足山本)

「一千八百」을 比較해 보면 于先 나타난 數字만으로도 「三千四百二十
餘」의 數字上 差가 있다. 이것을 돌이켜보면 前者는 「戰況報告」요,
後者는 派兵當時 光海君時代 朝鮮政府의 「保有兵 總數」로서 그 保
有兵의 實數를 超過할 수 있었을까.

이러한 見地에서 「備邊司謄錄」과 「光海君日記」를 精査하면서 派
兵前의 緣由를 살펴보면, 光海君十年 閏四月十八日條에,

「奴酋兵勢 日肆猖獗 天朝禦兵之擧 必不但已 … 若懸重賞 廣加募集」[6]

이라고 하였다. 이것을 보면 光海朝廷은 이미 戰時態勢에 들어가
對備한 것 같고 다시 同 閏四月十九日條를 보면,

「伊賊已有蠢動之形 … 將領可合 表表武士 如金邊階 李寅卿 元士立
崔震立等 及其他可用武士 退在鄕曲者 令兵曹 一一知會 聚集京中」[7]

이라 한 것은 明의 請兵이 必然的으로 있을 것을 豫測하고, 合勢하는
氣色을 보이고 있지만, 이것이 隣近國의 戰亂으로 外勢侵入의 「彊域
之患」에 對한 「國防施策」인지는 알 수 없다. 그러나 明에서의 「援兵
之事」를 問議해 올 때는 이미 態勢를 轉換시켰었는데 그 內容으로는,

「不敎之卒 無益於應援 而小邦自守之兵 尤極削弱 恐貽天朝東顧之憂」[8]

라고 하였으며 그 理由를 보면,

---

6) 備邊司謄錄 一.(國史編纂委員會, 檀紀4292〔1959〕, 東國文化社 印刷. 이
   하 생략) 第二冊. p.92. 下段, 光海君10年戊午 閏4月18日條.
7) 備邊司謄錄 一. 第二冊. p.95. 上段, 光海君10年戊午 閏4月19日條.
8) 備邊司謄錄 一. 第二冊. p.97. 下段, 光海君10年戊午 閏4月19日條.

「積弱之餘 南倭北虜不備 常患不贍 此外調出 數千之卒 勢極不易」[9]

인 것이다.

以上과 같은 光海朝廷의 態度는 어디까지나 派兵에 對한 廻避策을 企圖하였음을 알 수 있으며, 外交上 相對國에 對한 禮文으로서의 潤色도 憶測되는바, 果然 어느 程度로 信憑하여야 할는지는 至極히 疑問이나, 同書 四月二十一日條의

「小邦本無兵農區分之規 調選之間 爲日必多」[10]

라고 한 것과 實權을 掌握한 楊 經略에게 賄物(具備禮物, 措辭送帖)[11]을 준 事實을 미루어 보아 「廻避策」乃至 「遲延戰術」을 썼던 것만은 首肯할 수 있다. 그러나 光海朝가 明과의 紐帶에서 이와 같은 間隔이 생기게 된 理由에 對하여는 當時의 情形이 그로 하여금 不可避하게끔 한 것으로 믿어지나 오랫동안 宗主國으로 섬겨오던 朝鮮이 갑자기 「背明策」의 一斷을 보이게 된 裡面의 變質에 對하여는 鮮明한 記錄이 보이지 않고, 備邊司謄錄에는 다음의 두 가지 記事가 보이는데 첫째 理由를 보면,

「草樹茂密 盛夏潦雨之時 欲擧重兵 深入虎穴」[12]

이라 한 것을 보면 光海 朝廷에서는 派兵을 해서 淸과 싸워도 季節的으로 아무 勝算이 없다는 것을 指摘한 듯하나, 地理的으로 隣接

---

9) 同上
10) 備邊司謄錄 一. 第二冊. p.98. 上段, 光海君10年戊午 閏4月21日條.
11) 同上
12) 備邊司謄錄 一. 第二冊. p.109. 上段, 光海君10年戊午 閏4月29日條. 秘密.

地인 兩個國의 立地條件이 어느 便에 「有利」하고 「不利」한지를 알 수 없으므로, 그 戰略을 理解할 수는 없으나, 둘째 理由로서의

「此賊非如建州衛 李滿住等胡種」[13]

이라는 記事로 보아 當時 淸軍은 建州衛 李滿住 等의 만주족과는 달리 훨씬 强力했음을 推測할 수 있으며 明과 合勢해도 當해 낼 道理가 없음을 豫測했던 탓이 아닌가 한다. 어떻든 守備에 盡力하면서도 親淸은 하지 않았던 光海君은 初期에는 勿論 中期 末期에 이르기까지에도 明의 援兵要請에 派兵의 뜻을 表示한 바는 全혀 없었던 것 같고, 設使 있었더라도 至極히 消極的임을 알 수 있는 것이다. 軍門과 撫院으로부터의 徵兵咨文을 받았지만[14], 回咨 없이 「臥病」임을 造作하기로 하고 咨文을 가지고 온 楊 經略의 差官 于承恩을 稟劃使 李慶全으로 하여금 定川에서 만나서 「銀二百兩으로 買收」할 것을 指示[15]하였는데, 그러면 이와 같은 「買收政策」이 請兵을 斷念하여 달라는 것일까. 咨文 中에는 兵數가 밝혀져 있지 않는 것이다. 다만 業男과 察院衙門과의 對談一部를 보면 察院에서는

「當初邊事不急之時 酌定以七千之數 … 爾國當依督府咨會 急撥數萬軍兵 依期聽候」[16]

라고 說明한 것을 보면 第一次 請兵數는 「七千」으로서 邊事가 不急할 때의 것으로 斟酌되며, 後者의 「數萬」은

---

13) 備邊司謄錄 一. 第二冊. p.107下段, 光海君10年戊午 閏4月29日條. 秘密
14) 備邊司謄錄 一. 第二冊. p.116下段, 光海君10年戊午 5月初5日條. 秘密.
15) 光海君日記 卷130. 28丁. b. 光海君10年戊午 7月16日 壬寅條.
16) 光海君日記 卷129. 23丁. a. 光海君10年戊午 6月19日 丙子條.

「目今奴賊孔熾 方爲動天下之兵 大擧征勦」17)과 「只以七千 欲爲塞責
之計 在爾國分義 何敢乃爾 辭色甚峻」18)

라는 句節로 보아 한 叱責語調의 派生語일 것임이 틀림이 없다. 더욱이

「數萬之兵 雖不得充備 以整梁一萬 聽候境上之意 具咨回報 云云」19)

을 보면 「數萬」은 公式的인 請兵이 아님은 確實하며 「一萬」에 對하
여도 前者 「七千」과 別途의 것인지 아닌지는 疑問이라 하겠다. 다
시 同 對話를 보면 業男이 經略에게 反問한 內容 中,

「旣以七千分付 而老爺緣何 更添三千乎」20)

라고 하여 前者에 添한 事實을 알 수 있다. 그렇다고 하면 光海君
十年 六月十九日 現在로 一次에 「七千」, 二次에 「三千」을 더하여
都合 萬兵을 要請한 것만은 事實이라 하겠다. 그러나 派兵에 對하
여 躊躇해오던 光海朝側에서의 請兵令에 對한 以後의 處理는 어떻
게 하였을까?

이의 發兵을 爲하여 光海君朝廷에서는 援兵與否는 分明치 않으나
同年 七月十四日付로 다음과 같이 動員令을 내리었고,

都元帥	議政府 左參贊	姜弘立	文職
中軍	原任節度使	李繼先	武職

---

17) 光海君日記 卷129. 23丁. a. 光海君10年戊午 6月19日 丙子條.
18) 同上
19) 光海君日記 卷129. 24丁. b. 光海君10年戊午 6月19日 丙子條.
20) 光海君日記 卷129. 25丁. b. 光海君10年戊午 6月19日 丙子條.

總領大將	副元帥 平安道節度使	金景瑞	武職
中軍官	盧候	安汝訥	武職
分領褊裨	防禦使	文希聖	武職
左助防將		金應河	武職
右助防將		李元一	武職21)

等은 指揮官으로 任命되고 그 아래에 「砲手」「射手」「殺手」 等을 三 個 部門으로 四道에 配定하여 兵士를 徵集하였음을 볼 수 있는데,

道 別	砲 手	射 手	殺 手	計
平安道	1,000	1,500	1,000	3,500
全羅道	1,000	500	1,000	2,500
忠淸道	1,000	500	500	2,000
黃海道	500	1,000	500	2,000
小 計	3,500	3,500	3,000	10,00022)

等 이들 「萬兵」은 일곱 指揮官의 領導下에 「江界」「上土」「滿浦」 「高山里」「渭源」「理山」「阿耳」「碧潼」「昌洲」「昌城」「朔州」「義 州」 等 12 個處의 把守要衝에 派遣하여 待期시켰음을 알 수 있으 며, 其間 光海君 朝廷에서는 李慶全을 시켜 「僅備馬七百餘匹 略爲 封進」23) 等 갖은 手段으로 「懷柔策」을 썼으나 淸의 「撫順」과 「奉 天」 兩 地帶의 攻擊이 있었을 때에는 이미 「一萬」의 軍隊를 境上에 派兵하여 待期시키라는 通告를 받고도 否復치 않고 있었음은 確實 히 光海朝가 「請兵」에 對한 派兵의 誠意가 不足하였거나 「徵兵令」 이라면 明朝에 對한 協助가 적었다고 하겠다. 그러나 明은 明대로,

21) 光海君日記 卷130. 12丁. b. 光海君10年戊午 7月4日 庚寅條.
22) 光海君日記 卷130. 12丁. b. - 13丁. a. 光海君10年戊午 7月4日 庚寅條.
23) 光海君日記 卷130. 26丁. b. 光海君10年戊午 7月13日 己亥條.

「除前項預選兵馬一萬外 再選精兵五六千或三四千渡江設伏」24)

을 제안한 것을 보면 光海朝는 光海朝대로 固執을 撤回하고 順應態
勢로 方向을 轉換하기는 하였으나, 旣述한 바와 같이 躊躇로서 積極
的이 아니었을 것으로 믿어진다. 이 事實에 對하여는 下章에서 再論
하겠지만 어떻든 明의 請兵令을 拒逆하지는 않고 「右營砲手 二千名」
「左營砲手一千五百名」 「中營砲手一千五百名」 都合五千砲手의 入送
과 「軍餉一萬二千石」의 供給을 命하고25) 金萬鎰의 私屯馬一千匹中
「一, 二百匹」의 「雄馬」를 入送케 한 바 있었으나26) 結局 이를 綜合
해 보면,

砲手	8,500
射手	3,500
殺手	3,000
備馬	700
私屯馬	100餘

로서 「兵馬一萬五千八百餘」를 보낼 것을 命한 바 있음이 顯著하다고
하겠다. 그러나 實際 派遣되었다고 斷定지어도 無妨할 記錄으로는,

「渡遼三營將卒 通共一萬一千五百餘人」27)

---

24) 光海君日記 卷130. 29丁. a. 光海君10年 7月16日 壬寅條.
25) 光海君日記 卷137. 1丁. a. 光海君11年 2月3日 丁巳條.
26) 光海君日記 卷130. 13丁. a. b. 光海君10年 10月13日條.
27) 當時의 紀錄을 보면 "渡遼軍 三營의 將卒은 모두 11,500餘人인데 廣木을
一人當 一疋씩 주자면 11,500餘 疋이 필요합니다. 그런데 兩京의 坊民 중
에서 鰥寡孤獨・老病篤疾・禁軍・砲手・殺手・內人・의원・기생 등의 家
口를 除外하고나면 위로는 士大夫・儒生으로부터 아래로는 吏胥・坊民에

「三營兵馬 一萬三千人 自昌城渡江」[28)

이라는 兩 記錄으로서 어느 程度의 數는 나왔으나 實際上 派兵된 「兵數」와 「馬數」에 對한 確實한 記錄은 보이지 않고 있다. 따라서 前者가 軍用의 徵收[29) 記錄이라면 裝備에서 供出數를 需要數보다 적게 할 理는 없을 것이고 後者를 引繼數字로 보면 「兵數」와 「馬數」가 問題되고 있다고 하겠다. 그뿐 아니라 나타난 記事마저도 疎略한 筆致와 零細한 史料, 無体系하고도 錯雜한 記錄들이 散見된다.

　以上과 같은 觀點에서 明이 朝鮮에 要請한 兵數를 살펴보면 아래와 같은 다섯 가지의 說이 있다. 어느 것이나 理由 있는 記錄으로 旣述한 老檔實錄의 「三萬五千二百二十餘」說을 信憑하느냐, 光海朝의 渡江令을 내린 「一萬五千八百餘」說을 信憑하느냐, 「渡遼三營將卒一萬一千五百餘人」說을 信憑하느냐, 「兵과 馬 都合一萬三千」說을 信憑하느냐, 그 밖에도 入送한 雄馬數通算與否等 자못 複雜한 問題가 介在되고 있으므로, 이의 擇一 問題가 速斷을 不許하고 있다.

이르기까지 모두 11,395戶인데 一疋씩 徵收하면 200餘疋이 不足한 즉 士大夫 中에서 有職人員에게 宮闕都監의 助工例에 依하여 收布한다면 너무 번잡할 듯합니다. 二品以上은 四疋, 三·四品은 三疋, 五·六品은 二疋, 七品 以下는 一疋로 규정하여 거두십시오"(光海君日記 卷136. 1丁. 光海君 11年 1月6日 庚寅條)한 것으로 보아 많아도 當時의 派兵數는 11,500은 超過하지 않았을 것이다.

28) 光海君日記 卷137. 10丁. a. 光海君11年 2月21日 乙亥條.

29) 光海君日記 卷136. 1丁. a, b. 光海君11年1月6日條備邊司啓.

III

上記한 바와 같은 諸問題를 解決하는 데에 있어서 먼저 檢討되어야 할 것은 光海朝의 派兵이 「請에 依한 援兵인가」,「命에 依한 徵兵인가」이다. 이 두 가지의 問題는 곧 兵數를 推測해 낼 수 있음과 同時에 朝·明 兩國間의 從屬與否도 어느 程度 알 수 있을 他山之石이라고 하겠다.

于先 光海朝가 明의 要請에 依하여 彌滿山野戰에 派兵하였다는 記錄은 散見되거니와 그 中 普遍化의 것을 抽出해 보면 光海君日記의 所載,

「都元帥 姜弘立 副元帥 金景瑞 領三營兵馬 … 自昌城渡江 會天將于大瓦洞 卽華夷界也 天朝遊擊將 喬一琦從行 承經略命 來護我師者也」[30]

라는 記錄이 보인다. 光海君十年 四月부터 明의 請願(?)은 있었으나 오랫동안 是非를 論難해 오던 나머지 드디어 派兵한 바, 그 理由는 「壬辰亂時 報恩으로 義理上 하는 수 없이 出兵」[31]한 것이라고 瀨野馬熊氏는 究明한 바 있다.

그것은 아마도 欽差征虜前將軍鎭守遼東地方並備倭統兵官 李가 倭의 정세에 관한 일로 보내온 咨文 中,

「況本國昔遭倭亂 天朝發兵五六萬 費帑金八百萬 歷寒署三四年 頓令本國 三畿底定 八道澄淸 此興滅繼絶 雪恥除兇之恩 千百世所難忘者 近

---

30) 光海君日記 卷137. 10丁. a. 光海君11年2月21日乙亥條.

31) 瀨野馬熊述 「朝鮮近世史編」 p.182. 朝鮮史學會刊 「朝鮮史講座一般史」 第三編 參照.

當王師伐罪之時 本國豈可座視乎 請照咨內事理 徵選精兵三四萬 …」32)

라는 句節에서 壬辰倭亂時의 救援을 想起시킨 內容과, 淸兵이 朝鮮兵을 攻擊해 올 때 宏立(弘立)이 놀라면서 通譯을 보내 參戰의 理由를 釋明한 가운데,

「昔倭侵我國 據我城郭 奪我疆土 急難之時 賴明助我 獲退倭兵 今以報德之故」33)

라는 기록을 보아 조선의 파병이 明의 令인 것과 亦是 「壬辰倭亂時의 報恩」임을 明示했고, 또한 光海君日記 卷百三十에는 光海君이 楊 經略에게 보내는 回咨에도

「小邦積弱之餘 力艱自衛 分義所激 志篤敵愾 報德除兇 在此一擧 當悉敝賦 轇合萬數」34)

라 하여 「義理」를 主張한 바 여기서 義理上 問題가 提起되어 있어 이러한 기록에 根據한 듯하나, 이는 어디까지나 外交上의 文書 或은 外交上의 言行에 不過한 것이니 額面 그대로 받아들일 수는 없는 것이라 하겠다. 그러나 備邊司謄錄의 援兵에 對한 論議중에,

「小邦積弱之餘 南倭北虜之備 常患不瞻 此外調出數千之卒 勢極不易 況此虜巢穴 密通我國 天兵征勦之日 其勢必當乘虛奔迸于小邦 顧此形勢必也 嚴兵關守 可免隳突之患 今若分兵遠赴則 … 恐貽 天朝東顧之憂」35)

32) 光海君日記 卷130. p.27. b. - 28. a. 光海君10年 7月14日 庚子條.

33) 淸太祖實錄 卷6. p.13. b. (光海君11年 3月2日)

34) 光海君日記 卷130. p.11. b. 光海君10年 7月4日 庚寅條.

35) 備邊司謄錄 一. 第二冊. p.97. 下段. 光海君10年戊午 閏4月19日條.

라는 것을 爲始해서 光海君日記에서도 懷疑를 가질 만한 記錄들이 散見된다. 이는 旣述한 바와 같이 派兵을 躊躇하는 記錄으로서 「援兵에 對한 請」을 斷念해 주기를 呼訴한다는 것은 「道義上 問題」나 「報恩의 問題」와는 너무나 距離 있는 相反句라 하겠으며, 이 밖에도 光海君日記 卷百二九 光海君十年 六月六日 癸亥條에서도 類似한 內容을 살필 수 있다.36)

따라서 위의 「義理」 與否의 同事異說에 對한 眞僞의 鑑別은 亦是 內外의 前後事情을 미루어 보는 데서 解明되지 않을까.

淸國을 創建한 太祖 奴兒哈赤가 建州를 中心으로 勢力을 떨치기 시작한 것은 宣祖十六年(西紀一五八三年 明萬曆十一年) 塔克世(父親)가 남겨준 十三萬의 兵力을 물려받아 「金國女眞族의 後裔」라고 일컬으며 圖倫城을 칠 때는 이미 明의 國力이 기울어지기 始作, 明으로서도 相當한 頭痛거리였으며 「懷柔策」을 쓴 바 있었으나 明·淸兩國間에는 危機一髮이 持續되었음을 다음에서 알 수 있다. 淸太祖實錄에,

(1) 明의 萬石帝가 淸朝의 國勢隆盛을 거리끼어 使臣을 보내어 「爾何故伐哈達 而取其國耶 …」인가라고 하는 것을 보면 哈達 關係로 因하여 明과 紛爭을37) 惹起한 것이고, 다시 同書에,

(2) 葉赫國은 明의 壓制下에 있으므로 金台石 布揚古는 그 使臣으로 하여금 淸에 陳告해 말하기를, 「哈達 輝發 烏喇三國 滿洲已盡取之」하고 이제 다시 葉赫까지 侵犯하니 그 뜻은 諸國을 倂呑하고 明을 侵犯38)하고자 함이라고 指摘한 바 있고

---

36) 光海君日記에는 「我國軍兵單弱 三邊防守外 所餘若干殘卒 而不敎而疲弱 恐必臨陣先動 致損天威」(光海君日記 卷129. 5丁. b. 光海君10年 6月6日 癸亥條)라고 記錄되어 있다.

37) 淸太祖實錄 卷3 p.5. b.(西紀1601年辛丑 春正月)

38) 淸太祖實錄 卷4 p.10. a.(西紀1613年癸丑秋九月)

또다시 同書에,

(3) 明이 淸에 葉赫國을 侵犯하지 말 것을 强調하면서 違反하게 되면 「勢將及吾矣」라 여겨 遊擊 馬時楠과 周大岐를 보내어 火器를 訓練한 兵士 千人을 거느리고 葉赫 二城을 守衛하겠다고 警告39)한 바 있음도 亦是 明의 威脅임을 알 수 있고,

(4) 明이 蕭伯芝를 淸에 보내왔을 때 「僞稱大臣」하였을 뿐 아니라 書中에는 不遜한 語句가 많은 關係로 淸 太祖가 보지도 않고 돌려보내는40) 等 實로 明·淸 兩國間의 國交는 惡化一路에 있었다.

如斯히 惡化된 兩國間의 外交는 드디어 「各者 邊境을 서로 지키고 滿洲 漢人을 莫論하고 이를 보면 容恕 없이 「死刑」에 處할 것이며 萬一에 보고도 死刑에 處하지 않은 者는 도리어 죽이지 않은 者에게 벌을 줄 것」41) 等을 誓約하는 等 極端的인 一面이 보이는가 하면 白馬를 잡아 祭祀를 지내고 盟誓의 碑까지 세웠었고 이를 無視하고 犯境하여 「淸의 國蔘과 礦을 비롯하여 樹木·茱蔬등을 盜採」42)한

---

39) 同上.

40) 淸太祖實錄 卷4. p.11.(西紀1614年夏四月)

41) 同 誓約은 兩國間에 協議되었는데, 碑文에 彫刻된 內容을 보면 「… 兩國各守邊境 敢有竊踰者 無論滿洲漢人 見之 殺無赦 若見而不殺 殃及不殺之人 明若渝盟 其廣寧巡撫總兵 遼東道副將 開原道參將等官 均受其殃 滿洲渝盟 殃亦及之 誓畢遂建碑於沿邊諸地」〔淸太祖實錄 卷3. p.15. a.(西紀 1608年 春三月)〕이다.

42) 이때에 明의 沿邊民은 每年 越境하여 淸의 國蔘과 礦 및 樹木과 茱蔬等屬을 盜採하였으므로 그 被害가 자못 커서 淸太祖는 지난 날 明과 協議하여 犯境하지 말 것을 誓約하는 碑文까지 세웠음에도 불구하고 明人들의 侵入이 자주 있어, 達爾漢侍偉 扈爾漢에게 命하여 越境하는 採蔘者를 發見하여 죽인 것이 無慮 50人이나 達하였다.〔淸太祖實錄 卷5. p.5.(西紀 1616年 夏六月) 參照〕

것이 禍因이 되었거니와, 採蔘으로 外貨를 獲得하여 富强해진 淸은 이를 容納치 않았으므로 「征明決意」에까지 飛火되었다고 하겠다.

淸의 「征明決意」는 自體內의 富强에서였으며 自體內의 富强은 곧 國土擴張에 轉換되었으므로 犯境은 하나의 導火에 不過하였고 勝算이 瀰然하였던 탓으로 七大恨[43]을 내걸고 宣戰함으로써 兩國間의 接戰은 不可避 勃發되었음은 勿論이다.

問題는 이 極端的인 軋轢과 危機에 處하였을 때 光海朝의 立場이 如何하였을까. 이에 對하여는 淸太祖實錄中 淸太祖가 明에 보내는 글에 朝鮮에 隣接해 사는 瓦爾喀部들은 自己(淸)의 屬國이라 하고,

「明 遣使諭朝鮮國歸我千餘戶」

라는 것을 보면 當時의 淸人이 朝鮮에 千餘戶가 居住하여도 이의 索出權과 召還權을 明과 議論[44]하였던 것은 當時의 朝鮮 卽 光海君의 主權을 擧皆는 明이 掌握하였던 것을 알 수 있다. 特히 그 顯著한 例로는 業男이 察院을 訪問하였을 때에 一國의 使臣을 「三日後」에 오라고 命令[45]한 事實이나 小通事가 業男과 같이 衙門에 갔

---

43) 七大恨은 淸의 對明宣戰布告의 하나로서 ① 祖父 해침의 恨 ② 葉赫援助의 恨 ③ 廣寧使臣 被殺의 恨 ④ 招聘女人 蒙古壓送의 恨 ⑤ 柴河・三岔・撫安民 耕作防害의 恨 ⑥ 明使臣 肆行陵侮의 恨 ⑦ 明이 葉赫을 도와 天意를 배반하여 倒置是非 妄爲剖斷한 恨 等이다〔淸太祖實錄 卷5 .p.12.(1618年4月 壬寅) 參照〕

44) 淸太祖實錄 卷3. p.16. a.(西紀1609年己酉 春二月)

45) 業男과 察院의 對談前의 節次中에서 一國의 使臣이 察院을 對面하는 데도 初日에 만날 수 없었으며 三日後에 오라고까지 命令을 받은 經緯를 보면 大略 다음과 같다. 業男이 光海君十年 五月二十五日에 遼東에 이르자 豫告狀啓 二通을 먼저 부친 일이 있고, 同 二十六日 小路를 經由한 後에 牛家壯을 向壯하고 同 二十九日 高平, 三十日 廣寧에 이르러 察院衙門에 가서 偵探한 바 察院의 얼굴은 보았으나 緊急事務를 告하자 三日後인 同

을 때 「爾國軍馬 幾許調發乎」 하니 聲色을 組厲하고 「依老爺咨會僅
調七千云」 한 즉 察院의 얼굴 色이 확 달라지며 그가 大怒하여 呼
令46)하였다는 것으로 보아 一國의 使臣이 一經略에게 如斯히 蔑視
를 當한다는 것은 對等國의 使臣이나 貴賓의 待接은 姑捨하고 在來
의 隋性과 潛在意識의 舊穀을 脫皮치 못했음은 發露된 階級差로 알
수 있거니와,

　　一. 有鼓舞朝鮮 二. 辭若觀望 意不堅貞 倘助順 三. 勦奴之擧 亦爲國王
　　　　封享安枕之福 貴國豈難於扨其背 四. 屢數王之臣之不忠 五. 內斷於
　　　　心 一朝可決 六. 四海一心 北關二酋 尙且備馬兵 七. 談虎色變 勿
　　　　爲鼠首

라는 字句가 記載된 咨文을 보내어 叱責47)하는 한편 勅書 內에
「鼓舞朝鮮」 四字는 「鼓而不動 舞而不起」 하니 웬일인가라고 脅迫하
면서 答辯을 좀 躊躇하는 氣色이자 「何其含糊 如是耶」라고 하면서
助兵與否를 明白히 하라48)고 고래고래 소리를 질렀다는 것은 그
當時 朝·明 兩國의 階級差를 實證해 주는 것으로 朝鮮의 態度로서
도 當然하듯이 大臣들은 一個 經略에게서의 侮辱보다도 이 點에 順
應한 記錄이 보이는 것이다.

　聖人이 생각하는 바는 百姓을 爲한다고 하고 臣들이 相爭하는 바
는 徇義를 따르고저 한다는 觀念에 젖은 光海朝廷의 臣下들은 當時
이와 같은 侮辱에 對하여

　　六月初三日에 오라고 한 바 있다.(光海君日記 卷139. 22-23丁. 光海君
　　　10年 6月19日 丙子條 參照)
46) 光海君日記 卷129. 23丁. a. 光海君10年 6月19日條.
47) 光海君日記 卷129. 光海君10年 6月20日 丁丑條.
48) 光海君日記 卷130. 31-32丁. 光海君10年 7月23日 己酉條.

「… 寧得罪於聖明 而終不能力辨極陳 使君臣上下 俱被莫大詬責」

이라 하여 當然之事[49]로 여겨왔으나 애당초 派兵을 躊躇해 오던 光海君으로서는 大臣들의 말에 順應하기에 앞서 撫摩할 施策으로 要求해 온 貢馬 千匹 中에서 七百匹을 于先「封進」[50]함으로써 宥和策을 試圖한 바 經略에게서「不滿萬 聲言一萬」의 뜻으로 報告하기로 하고「調用與否在於我」의 應答을 받고 온 것도[51] 外交의 成果이기는 하지만 明의「和平論」이 淸에 依한 無理한 要求로[52] 挫折되었을 때는 이미 戰勢가 日益激化하였으나 기능이 떨어지는 火砲와 火器等 武器를 가진 明側으로서는 到底히 當해낼 道理 없음을 기화로 從來의 經略과의 協議도 撤回하고 「三百萬幣金과 十數萬壯丁」[53]을 動員하는 데 積極 힘써 주기를 바라고[54] 있는가 하면 朝

---

49) 光海君日記 卷129. 29丁. a. 光海君10年 6月20日 丁丑條.

50) 光海君日記 卷130. 26丁. b. 光海君10年 7月13日 己亥條.

51) 察院과의 對談에서는 叱責하는 語調의 記錄이 많으나(光海君日記 卷129. 22-23丁. 光海君10年 10月19日 丙子條 參照) 經略과의 對談을 보면「… 我見爾國王文書及陪臣呈稟文 俱不欲進步遼上 爾國雖以精兵一萬 否報軍門 指揮便宜 都在我手 爾國沿江 可駐處 速爲咨報 則我當聽爾所願云云」(光海君日記 卷129. 24-25丁.)으로 當時의 兵數調整의 權限은 明의 王室에 있는 것이 아니라 楊 經略에게 있었음을 알 수 있으며 業男의 同 外交에도 成果를 거둔 것으로 보이고 있다.

52) 明의 和平願을 받은 淸은 拒否의 手段으로서 貴金 300, 百金 3,000을 줄 것을 要求한 바(淸太祖實錄 卷5. 23-24丁. 丙辰年 六月) 있었으나, 巨額의 것으로 不得已 停戰은 되지 못하였던 것이다.

53) 欽差巡撫遼東地方贊理軍務兼官備倭都察院右僉都御使 李가 오랑캐에 관한 일로 咨文을 보내기를, 奴酋가 天祖를 叛逆하고 撫順을 侵犯하여 王이 奮怒하고 있으니 三百萬 帑金과 十數萬 精兵을 調鍊하여 對敵코저 하니 貴國은 우리(明) 울타리(藩籬)가 되어 兵馬를 義州에 駐屯시켜 保守토록 하라(光海君日記 卷129. 22丁. 光海君10年 6月19日 丙子條)고만 하였을 뿐 請兵數는 밝혀지고 있지 않다.

54) 前述한 經略의 咨文에는 兵馬 一萬 外에 五,六千 或은 三,四千을 再選하

鮮兵營에 依持하고 兵馬를 强要하였음은 注目의 對象이 되어 있다.

　淸國의 立場을 밝힌 記錄으로는 淸帝가 朝鮮降將 姜宏立 部曲 張應京 및 官屬 三名과 通事 一名을 보내어 還國하고 또 使臣 二名에게 보내온 글에,

　　「昔者 金元之主 曾服三四與國 歸於一統 然亦未得亨國長久」

라고 說明[55]하면서 「禍는 남을 지나치게 蔑視하는 데서부터이니 어느 나라이고 同調하면 他國과 怨讐가 된다」는 것을 明示하였음을 볼 때 從來의 朝・明 兩國間의 友好에 對하여 離間策을 쓴 것이라 하겠거니와, 옛적 金나라가 大定하였을 때를 想起시키면서,

　　「朕征宋徽欽二帝時 爾朝鮮王 不助宋 亦不助朕 乃持公之國也」

라고 하여 嚴正中立[56]을 지켜 왔던 것으로 앞으로도 親明을 斷念하고 「中立」을 지켜줄 것을 希願하였던 것은 戰略上 淸의 利點을 企圖한 것이라 하겠다. 그러나 다시 淸太祖實錄 卷七에

　　「爾若納我已附遼民 匿而不還 惟明是助 異日勿我怨也」

라고 하여 淸人으로서 朝鮮에 避難해 간 遼의 還付를 拒絕할 때에는 容恕 없이 後日의 怨讐가 될 것이라[57]고 하였다.

　光海君으로서는 從來의 友好였던 明과의 對立도 不可避하고 實質

_____

여 渡邊遼시키라고 되어 있다.(註24 參照)

55) 淸太祖實錄 卷6. p.15 b.(西紀1619年 3月甲辰21日條)

56) 同上.

57) 淸太祖實錄 卷7. p.22.b.(西紀1621年. 光海君10年 3月21日 癸亥條.)

的으로 明의 支配를 받아 오던 處地에서 忽然 그 覊胖을 벗어날 수
도 不易하였거니와 任意로 遼民의 送還도 不可하여 兩面受難을 받
아 왔던 것이며 한편으로는,

「以倭書契久不回答之故 倭發怒入去云 極爲可慮」

로서 南倭의 繼續的 蠢動58)도 있었음을 볼 수 있다.

　以上에서 明이 朝鮮을 支配했고 支配를 받는 朝鮮은 南으로 倭,
北으로는 淸의 牽制를 받지 않으면 안 되었으므로 光海朝는 派兵與
否에 對하여 明의 令에 順從하느냐 淸의 中立要請을 받아들이느냐
의 擇一問題가 當時의 課題였던 것으로 看做된다. 따라서 이와 같
은 問題는 光海朝로 하여금 派兵을 躊躇하게 한 動機의 一部로 보
이지만, 그러나 結果的으로 派兵하였으니 여기에는 深刻한 理由가
있을 것으로, 痂皮的인 對外의 事情에 局限됨이 없이 對內의 事情
까지를 包含하여 살펴보는 것이 賢策이 아닐까.

　備邊司膽錄 一. 第一冊 光海君九年 九月一日條, 北兵使 李守一의
啓狀을 보면 이 해에 오리알만큼한 크기의 雨雹이 내려서 凶年으로
秋收의 可望이 없었으며, 饑饉으로 餓死하거나 流離의 放浪客이 路
邊에 遍滿하였고59), 六鎭의 藩胡가 散在하였으며 守令의 掠奪과
紀綱의 解弛로60) 人心을 安定시킬 수 없었다고 하며 雪上加霜으로

---

58) 備邊司膽錄 一. 第一冊, 光海君9年 1月3日 秘密條, 同條以外에 倭人의 些
　少한 衝突도 不無함이 散見된다.

59) 近年 以來로 처음 보는 凶年이 들어 聊生할 수 없었으며 南北의 廩皆가
　空虛하고 秋收의 可望도 없었거니와 孑遺軍民들을 眠恤하지 않는 限 糊口
　之策이 없었다고 한다.(備邊司膽錄 一. 第一冊. 光海君9年丁巳 8月15日條)

60) 軍民의 流亡이 甚한 것은 歲凶에 있지 않고 守令邊將들의 掠奪에 있었다
　고 指摘하여 藩胡가 六鎭에 퍼졌으며 進告하는 者에 賞物이나 賞職을 주
　었지만 穩城 胡仁必 같은 者가 逮捕되지 않고 있었다 한다.(備邊司膽錄

對外의 年例 進上物이 엄청나게 配定되어 道當 貂皮 400 令, 鼠皮 1,000 令, 赤狐皮 100 令과 人蔘 40 斤[61])씩을 義務的으로 供出해서 資納(銀 700 兩 該當)하였던 것은 李朝의 失政이었다고 하겠으며, 그 밖의 徵木[62])과 元貢作米[63]) 그리고 典僕代身의 買入雇之[64]) 等의 民弊는 日益 甚하여 農民들은 苦役 속에 있었음을 알 수 있다. 또다시 同書 一. 第二冊. 光海君十年 五月二十二日條를 보면,

「出站支應의 弊」「皂隷日守의 害」「館學魚稅의 事」「石灰磚石卜定의 患」「士大夫 石物 被侵의 苦」「都監僧軍 難得의 狀」「諸衙門의 求請」「士大夫家에서의 稱念」(人情上의 비락질) 等 八個條[65])에

一. 第一冊. 光海君9年丁巳 9月初1日條 參照)

61) 年例의 進上品인 貂, 鼠皮, 赤狐皮 等 兩界所의 賞貢物로서 一千百令은 市民의 義務的인 貿納이었으며 市民은 銀七百兩을 釀出하며 그 값에 充當하였다(備邊司謄錄 一. 第一冊, 光海君9年 10月23日條 參照)는 것을 알 수 있다. 人蔘은 明에의 進獻物로서 朝鮮의 所産이기는 하지만, 市場에 흔히 있는 것이 아니므로 進獻할 때마다 市民들의 被害가 莫甚하였다는 記錄(同上)이 보이고 있다.

62) 當時 諸上司들의 私貿品이 平時에 있어서 經筵官 所啓로 因하여 市民들의 「一切勿侵」은 傳令된 바 있었으나 經亂 以後 다시금 侵擾하니 民間이 騷然하며 上司 및 諸都監은 「塗褙軍」이라고 自稱하면서 平時署로 하여금 多數를 定選하고 上司 下輩들은 每人當 「徵木」 一疋씩을 하며 「使勿侵徵」은 口號에 그치었다 한다.(備邊司謄錄 一. 第二冊. 光海君9年 10月23日條 參照)

63) 元貢作米는 비록 때에 따른 制度라고는 하지만 各項雜物이 乏絶되면 市民 貿易의 弊를 끼치고 있었다고 한다.(同上)

64) 平時署에는 典僕이 없고 또한 書吏도 없어 最末殘司로서 模樣을 이루지 못하고 있으니 本署에서 任命한 下人들은 亦是 市民等의 「買人雇立」한 者라고 하여 吏曹는 書吏 있는 衙門과 같이 보나 虛名으로 定選함이 九名에 이르고 每一名에 正木 三疋씩 給價하며 雇立하기 때문에 一年貰立의 計額은 300疋에 이르고 있다는데 이는 모두 前古에 없던 弊端이라는 것으로 보아(備邊司謄錄 一. 第一冊 光海君9年 10月23日條 參照) 典僕 代身의 「買人雇立」의 弊도 甚하였다 하겠다.

65) 八個條에 肯한 民弊를 提訴한 것은 江華品官 韓崒 等 110餘名이 聯名한 것으로서 備邊司謄錄 一. 第二冊. 光海君10年 5月22日條의 記錄에 依據하면

걸친 民弊와 兩宮의 建築材로서 「材木 5,720餘 條」「椽木 28,060餘 條」66)를 徵發한 것은 모두 民弊에 屬한다 하겠으며, 抄兵도 各官들의 不動한 탓으로 束伍壯丁67) 等을 爭相圖免할 形便이었으니, 結局은 老弱한 農夫만이 選拔되는 不公平性이 慣習的으로 내려오고 賂賄의 非行으로 代役하는 不當性68)이 頻發함과 同時 各 帖의 兵馬조차 없어 道步로 出張하였던 것은 金汝默의 報告69)에서도 알 수 있거니와, 國事에 承旨 三四名이 缺席하여 會議가 流會되었다70)는 痛嘆之事는 外人의 侵略을 받을 好機會의 하나로서 國家將來가 至極히 暗澹하여 마치 風前燈火格의 事實이었다는 것으로 미루어 볼 때 實로 寒心千萬이었던 것을 알 수 있다.

　　成均館의 魚稅가 民弊를 가장 많이 끼쳤으므로 「魚稅侵徵」을 革罷할 것을 論議한 바 있거니와 그 밖에도 「士大夫 石物被侵의 苦」와 「諸衙門의 求請」 그리고 「士大夫家에서의 稱念」 卽 人情上 비락질이 甚하였던 것을 알 수 있다.

66) 新闕營建都監의 啓를 보면 上年의 變으로 不得已 兩宮을 짓는 데 所要되는 物資는 材木 25,720餘 條와 各種의 椽木 28,160餘 帳으로서 徵木에 負役하는 者들이 苦役으로 流離되는 일이 不少하다는 것이다. (光海君日記 卷133. 7丁. b. 光海君10年 5月7日條 參照)

67) 江華府使 李安訥의 啓를 보면 束伍軍은 私賤이 半數를 占하고 그 主人이 任意로 捉去해 練習을 싫어하여 忌避하는 者가 相繼逃散하여 隊伍가 萎縮됨으로 成哨치 못한다는 嘆辭(備邊司謄錄 一. 第一冊 光海君9年 11月2日條 參照)가 보이고 있다. 또다시 同書를 보면 束伍軍으로서 他境에 逃避한 者는 兩界移民例에 依據하여 所在各官으로부터 一一이 刷還하고 萬一 곧 刷還하지 않은 者가 있으면 그 道監司로 하여금 狀啓罷黜하고 私賤이 그 主에 捉去된 者는 家長을 一一이 啓聞하며 恪別히 推考重治할 것을 指示한 記錄(同上)이 보이고 있으며 그 밖의 民怨의 하나를 다시 例擧하면 營建都監이 薄石一萬張과 石灰 500餘石을 配定하는데 勞貨을 주지 않고 役事를 시키었다(同上)는 것 等은 모두 民怨의 一例라 하겠다.

68) 備邊司謄錄 一. 第二冊. 光海君10年 5月7日條.

69) 同上.

70) 當時 光海朝는 會議에 不參 34 名의 臣下에게 「自聞徵兵之報 豫對案廢病 當夜不寢者久矣 宜體豫意勿意稱病」(光海君日記 卷129. 41丁. 光海君10年 6月24日 辛巳條)이라고 하면서 自己의 派兵에 對한 苦悶相을 말한 바 있다.

또한 光海君日記 卷三十一에 逆賊 許筠, 河仁俊, 玄應旻, 禹慶邦,
金胤黃 外에 九十名의 南大門 凶榜事件71)과 「海浪賊 朝夕出沒 如
視無之境」72)과 京畿沿岸의 海浪賊과 靈光住民 金論乙 等의 總曹營
建助工魚物船被襲等의 事件73)을 熟考해 볼 때 이는 些少한 盜賊蠢
動이 아니었음을 알 수 있다.

또다시 同書 一. 第二冊 光海君十年 一月六日條에,

---

71) 流球에서 復讐兵이 海島에 왔다고 煽動하는 삐라를 붙여 民心을 攪亂시킨
일이 있는 것이다.
當時 主謀者는 許筠, 河仁俊, 玄應旻, 禹慶邦, 金胤黃 等으로서 西京에서
處刑하고 百官에 命하여 序立하였는데 裁判文을 보면 許筠은 처음에 刑을
하지 않고 訊問하였으나 默秘權을 行事하여 結審하지 못했으며 仁俊의 말
에 審問에서 金胤黃이 凶檄을 화살에 감아서 慶運宮 안에 던지고 南大門
榜은 仁俊의 告白에 依하면 許筠이 했다는 것을 指摘하였으며 秘密裡에
僧徒를 모아 謀略하되 「都市에서 避難하라 流球에서 復讐兵이 와서 海島
에 있다」고 하였다. 仁俊은 凶榜에 同調한 罪를 졌으며 應旻은 許筠과 作
黨하여 南大門 凶榜을 썼다는 것을 筠의 妾의 問招에서 알았으며 慶邦은
軍目을 列書하고 同黨의 姓名을 記錄하여 名單을 만들었으며 胤黃은 筠의
指嗾를 듣고 兇計를 꾸며냈으며 兇檄을 화살에 싸서 慶運宮에 던진 罪인
것이다. 以上 關聯者는 모두 財産을 沒收하고 除職하였으며 邑號를 降等한
바 있다.(光海君日記 卷131. 24丁. 光海君10年 8月24日 庚辰條 參照)

72) 京畿沿海岸 各浦의 防禦가 緊急한 것은 西南에 比할 바가 아니었으며 內
衙外捍의 策은 他道의 倍에 該當되고 海浪賊들이 朝夕으로 出沒하여 無人
之境에 이르렀다는 것으로 보아 閑漫無事의 땅은 아니었다 하겠다.(備邊
司謄錄 一. 第一冊 光海君9年 9月9日條) 따라서 當時 賊들의 蠢動과 犯
境의 例가 頻發함으로 事故의 有無를 莫論하고 二個月에 一次씩 定期的으
로 鎭江衙門에 咨報하기로 되어 있다.(備邊司謄錄 一. 第一冊 光海君9年
4月23日條 參照)

73) 禮曹의 啓를 보면 靈光에 居住하는 向化 金論乙 等은 本曹營 建助工魚物
을 싣고 오다가 八月二十九日 瑞瑤山僉浦에 이르렀을 때에 밤을 틈타 海
賊들이 出沒하여 全舡을 掠奪 당하고 舡隻과 所載한 雜物一切를 喪失한
나머지 赤身으로 모를 島嶼에 漂流하였다는 記錄이 보이고 있다.(備邊司
謄錄 一. 第一冊. 光海君9年 10月13日條 秘密) 또한 同啓를 보면 當時의
論乙은 本是 北胡에서 靈光으로, 投化된 것이라고 한다.(同上 參照)

　　「賊人 李應眞招辭 現出京中居炮手 金得男等七名 令捕廳捕捉 廣州居
　　炮手 李得男 黃彦已 崔永男 安城居 朴大雄等 令其道 登時捕捉 …」

의 記事와 다시 同書 一. 第一冊 光海君九年 十月十五日條의

　　「賊徒成黨 打破官家獄門 奪出同類 刃殺守直之人」

의 事態74)는 平凡한 賊團들의 行爲가 아니었다 하겠고, 官家 破壞는
勿論 寧邊 所在 兵營의 放火武器로서 「弓至二千餘張 矢過千部」75)
其他는 不知其數로 政局의 混亂과 國內民心을 騷亂시킨 것은 實로
普通 賊들의 行爲가 아니었으며 더욱 可恐할 일은 이런 匪賊76)들이
淸과 內通하거나 倭의 煽動이었다는 點에서 對明派兵의 政策을 轉換
시킨 것이 아닐까.
　　또한 請兵을 해왔을 때는 이미 明淸冷戰이 激烈하였으며 이러한
事實은 「淸太祖實錄」「光海君日記」「備邊司謄錄」「老檔」 等에 散見
되거니와 이를 集計해 보면 明淸戰은 淸側의 被害에 比하여 明側의
被害가 훨씬 많았던 것이다.77)

---

74) 公洪監司狀啓에 나타난 實情을 보면 砲手들의 叛亂氣勢가 事前發覺된 것
　　같고(備邊司謄錄 一. 第一冊. 光海君10年 1月6日條 參照), 賊徒가 많이
　　일어나서 官家와 獄門을 부수고 守直者들을 殺害하는 일도 적지 않았던
　　것(備邊司謄錄 一. 第一冊. 光海君9年 10月15日條)을 알 수 있다.

75) 寧邊의 兵器와 軍需는 火變을 만나 燒失되었는데 그 數를 보면 二千餘張
　　과 矢千餘部라고 한다. 따라서 武器 以外의 것도 많이 燒失된 것으로 豫
　　想되며 朦朧錯雜하여 領略하기는 쉽지 못하나 火藥庫를 除外한 武器의 燒
　　失은 많았다고 하거니와 火因에 對하여 駭怪하다고 한다.(備邊司謄錄 一.
　　第一冊 光海君9年 9月13日條 參照)

76) 嶺南 湖西의 書狀에서 報告文이 連續 들어왔다고 하거니와 이와 같은 賊
　　들은 普通 火賊이 아니라고 밝힌 바 있다(備邊司謄錄 一. 第一冊 光海君
　　9年 11月4日 批答下 參照)

따라서 上述한 諸事實이 派兵問題와 關聯이 될 수 있다면 光海君
이 明의 請兵에 對한 躊躇는 至極히 當然한 일이었다고 하겠다. 그
러나 結局은 派兵하지 아니치 못하였으니 그 緣由는 盲目的일 수는
없겠다. 國內外의 事情이 微妙하게 展開되었던 것은 備邊司謄錄
一. 第二冊 光海君十年 三月十一日條에

「盜直假家 雖因有旨而設 而所當於唐人所不見之處 略造軍人避雨雪之
幕 以爲巡邏守直之所 而乃於沿江上下 列造草房 華人之致駭固其所也 至
於春秋習陳非克信所自創立」

에서도 볼 수 있다. 卽 冬至使 및 平安監司 義州府尹 狀啓에서 明
이 보이지 않을 沿邊에 雨雪을 避할 幕을 지어 巡邏守直의 哨所로

_____

77) 十五日에 벌써 清軍이 撫順, 東州, 馬根單, 臺堡寨에 侵入하여 500名의
歸順者를 내고〔清太祖實錄 卷5. p.16.(西紀 1618年 4月甲辰條 參照)〕
十六日에는 山東, 山西, 河東, 河西, 蘇杭 等地에 侵入하여 貿易者 16 人
을 시켜 써 붙인 七大恨에 依據해서 六萬의 兵馬를 잃게 되고〔清太祖實
錄 卷5. p.16(西紀 1618年 4月甲辰條 參照)〕同 二十一日에는 總兵 張
承廕, 副將 頗廷相 參將 蒲世芳, 遊擊 5 人, 千把總 50餘 人을 陣斬하고
馬 九千匹, 甲衣 七千副 兵仗器械를 노획한 것이 不知其數였는데 殺傷 당
한 清兵數는 겨우 但 二名에 不過하였으니〔清太祖實錄 卷5. p.18.(西紀
1618年 4月21日 參照)〕親明思想이 濃厚하던 光海君 朝廷에서도 注視하
지 않을 수 없었으며 明側은 戰勢가 不利하여 清에 和盟을 請했으나 計劃
性이 있었던 清側은 利己主義가 前提되어 이를 듣지도 않았던 것이라 하
겠다. 戰況에 있어서도 明의 總兵 李如柏 軍에 依해 刈穫人 70名(清太祖
實錄 卷5 p.25. 天命三年 九月己丑條)을 살해했을 뿐, 光海君이 明에 派
兵하기 直前인 光海君十一年 一月二十二日에는 清太祖가 明에 要求한 請
求條件에 同意할 것을 通告했었으나 그 要求의 前提條件으로서는, ① 佔
兵全員撤收要求 ② 勅書百枚撤布 ③ 書籍千通進上 ④ 綵幣三千疋進上 ⑤
黃金三百兩進上 ⑥ 白金三千兩進上 等〔清太祖實錄 卷6 p.2(西紀 1619
年 春正月)〕實로 莫大한 分量이어서 明은 敢히 受諾할 수 없었던 것으로
보아 그 때의 勝負도 亦是 推測의 境地는 아니었던 것이라 하겠다. 清은
計劃的이요, 오래前부터 勢力의 擴大와 版圖의 擴張을 企圖했고 明이 墮
性의 舊穀을 脫皮치 못했던 歸結은 너무나 當然之事라 하겠다.

서 使用하였으므로 明人을 驚愕케 한 事實이라든지[78] 同書 光海君
十年 四月十二日 秘密條에

「頃日 平安兵使 成佑吉子婿 多率其父軍官輩 會獵於昌洲 因馳突上國境界」

라는 「越境會獵事件」[79] 같은 것은 父子之間을 云謂하는 光海君 朝
廷으로서 取할 態度가 아니어서 그 輕擧가 明에 對하여 侵略의 氣
勢를 보이어 明・朝 親善을 惡化시켰고, 銀・蔘 等의 賄物을 바쳐
서 무마하기는 했으나 「關市 大利所在 華人旣已生心 …」의 關市를
革罷하고 明의 馬市計劃을 促成[80]하는 것조차 一蹴하여 버렸으니
明의 脾胃를 極度로 傷하게 한 端이 不無하였음을 알 수 있다.

---

78) 冬至使 및 平安監司 義州府尹 狀啓를 보면 李克信의 駭怪한 所行으로서
假家의 建立은 盜賊을 지키는 데 뜻이 있었으며 唐人들이 보이지 않는 곳
과 雨雪을 避할 곳을 擇하여 幕을 짓고 巡邏守直의 處所로 삼았으나 華人
들의 驚愕을 자아내어 後에 訛言의 源이 되어 承文院으로 하여금 指辭를
移咨하는 等 同 問題가 兩國間의 神經을 날카롭게 한 記錄이 보이고 있
다.(備邊司謄錄 一. 第二冊. 光海君10年 3月11日條 參照)

79) 平安兵使 成佑吉의 사위가 父親의 部下 軍官들을 引率하고 昌寧에 사냥을
갔다가 越境한 「會獵犯境事件」은 後에 克信의 處罰과 더불어 明에 銀・蔘
等 賄物로 撫摩하는 施策을 썼으나 鎭江人에게 傳播되어 反明思想으로 誤
解되었으므로 光海 朝廷에서는 本意 아닌 事實에 對하여 派兵問題가 더욱
惡化되지 않았는가 한다.(備邊司謄錄 一. 第二冊. 光海君10年 4月12日
秘密條 參照)

80) 中江開市 鎭江開市 馬市 問題는 華人들의 利益되는 바가 많았으나 密貿易
等 其他의 弊端이 있어 光海 朝廷에서는 이를 革罷하였던 것으로서 後患
은 派兵問題에 反明的 誤解를 살 수 있을 口實을 惹起시키었던 것(備邊司
謄錄 一. 第一冊. 光海君9年 7月27日條 參照)으로 臆測되기는 한다. 한편
義州府尹 狀啓에 나타난 遊擊의(崔屹에 諭帖) 馬市計劃의 促成 (只是催馬
市之計也 遊擊以此事 節節生嗔 前後生事於我國者 不一而足)(備邊司謄錄
一. 第二冊. 光海君10年 閏4月19日條)의 句節에서도 不滿이며 徵兵의 擧
動에 對하여도 從前과 貌變하였다고 하였으나 光海君이 開市案을 一蹴한
것은 明에 있어서는 極度로 脾胃를 傷하게 한 端이 되지 않았을까 한다.

그러므로 三次나 請兵令을 내리며 從屬國으로 看做해오던 明側은 再三 督促도 當然하려니와 訓戒와 叱責을 내리고 援兵을 强要할 수 있었던 것도 自然스러운 일이며, 弱勢인 光海 朝廷에서는 以上의 要件으로써 派兵치 않을 수 없었으니 이에서 事實은 躊躇하면서도 强要를 물리치지 못하고 派兵한 것이 아닌가 推測된다. 그러므로 前後의 事情을 미루어 보아 形式上으로는 「援兵」이라 하겠으나, 其 實은 「徵兵」이라함이 妥當하겠다. 如何튼 이와 같은 不可避한 事情 으로 派兵을 命한 光海君으로서는 勝利의 戰果가 眼中에 있었다기 보다도 無事히 歸兵할 것을 心祝하며 그 劃策을 企圖하였던 것이 아닌가 한다. 그러므로 光海君은 當初 軍門咨激이 왔을 때에 이에 戰敗의 禍端을 豫見하였으므로 添兵傾向 等을 論議한 然後에 形勢 를 보아 量處하라는 一派兵意思가 없으면서도— 示唆를 주고 派兵 으로써 虎穴에 들어가면 不敎의 卒은 반드시 潰裂하고 말 것이니 境上에 머물러 있다가 機會를 봐서 進退하라는 密令文을 보냈으며 胡差가 境上에 왔을 때 포로로 잡혔던 從事官인 鄭應井(武官) 等이 함께 왔는데, 姜弘立 等이 職名을 써서 狀啓를 올린 內容에,

　　「臣至背 東關嶺 先遣胡譯河瑞國 密通于虜云」

이라는 것도 不自然한 일이 아니라 하겠다.

　大体로 臣下는 派兵論을 提起하며 明側에 加擔하여 父國인 明에 미움을 받지 말고 運命을 같이 하라는 데 始終一貫 意見의 一致를 보였으나, 光海君은 當初부터 以上 諸情形에서 뜻이 없어 派兵을 躊躇하였으므로 「密旨」[81]까지 보냈던 것으로 보아 疑心이 없겠다.

　設使 派兵하였더라도 不戰의 態度였음은 禹致績의 狀啓에 譯官

---

81) 光海君日記 卷139. 2丁. a. 光海君11年 4月2日條 參照.

李承允의 報告 中,

> 「軍門大小之人 互相私語曰 朝鮮元帥 旣已降賊 韓參政亦言 汝元帥不
> 戰降賊 其情叵測」[82]

에서 알 수 있고 不戰(?)投降도 이에 緣由된 것이니 從來에 다른
問題를 다루는 가운데에 往往 「道義的 援兵」이나 「明國에 對한 盲
從的 援兵」이었다는 것은 再考의 餘地가 있지 않을까.

IV

以上에서 우리는 光海朝의 派兵이 決코 「壬辰亂의 도움을 받은
바 있어 義理上 하는 수 없이 出兵 乃至 諸臣의 主張에 依하여 드
디어 出兵했다」는 것과는 달리 「明의 壓力과 國內外의 避치 못할
事情에 못 이겨 하는 수 없이 出兵」되었다고 함이 自然스러울 것이
다. 따라서 派兵數에 있어서도 光海朝는 可能한 限, 最少數를 보냈
을 것이며, 보낸 數마저도 不戰 無事히 歸國할 것을 바랐던 것은
投降의 密令으로 보아 알 수 있으므로 史書 老檔의 三萬五千二百二
十餘說은 荒唐無稽한 것으로 思慮되고 砲手數를 五千三百餘[83]로
通算한 것이나 「三營兵馬 一萬三千人」을 「一萬三千餘兵士」로 解釋
하고 出兵數로 看做[84]하는 諸說은 旣述한 바와 같이 當時의 兵數

---

82) 光海君日記 卷139. 2丁. 光海君11年4月2日條.

83) 稻葉岩吉 著 「光海君時代의 滿鮮關係」 p.168-169 參照.

를 任意로 左右했던 楊經略과 民族思想이 强烈하고 外交에 能熟한
光海朝의 政治的 護國手案을 分析해 보기 前에는 派兵數를 알 수
없는 問題라 하겠다.

　이와 같이 본다면 交涉에 所要된 進上馬 (900 匹)를 除外하고 最
少數인 「一萬一千五百餘」가 渡遼된 것으로 보이나 記錄에 依하면
「姜宏立率兵五千下山降」85)이라 했으니 其餘數의 有無와 戰死, 逃亡
與否도 아울러 생각할 問題이다.

　〔附記〕

　本稿는 1961年3月18日 서울大學校 32講義室에서 開催된 歷史學
會 第86回 定期月例研究發表會에서 「光海朝의 派滿兵力의 數」라는
論題로 이미 問題 提起한 바 있었으나 「兵力의 數」에 對하여 瞭然
한 數를 確定하기 難하였으므로 其間 다른 史籍을 涉獵할 機會를
얻으려 紙上의 發表를 躊躇하였지만 아직까지 이렇다 할 史料를 發
見치 못하여 未備한 대로 于先 文字化시켜 놓은 뒤에 先輩諸賢의
下敎에 依하여 是正하려는 것입니다.

---

84) 光海君日記 卷137. 10丁. 光海君11年 2月22日條.

85) 淸太祖實錄 卷六. p.14. b. 西紀 1619年 3月甲申條.
　　補註1. 平安監司馳啓에 天朝大兵과 및 우리의 三營兵은 初四日 深河에서
　　　　　敗績할 때, 遊擊 喬一琦는 軍을 이끌고 前進하였으며 都督은 中間
　　　　　에 있었고, 朝鮮軍은 左右營에 繼進하는 中, 淸은 패한 開鐵 撫順
　　　　　두 방면의 군대를 회군하여 동쪽으로 나라 산골짜기에 군사를 잠
　　　　　복시키고 있었는데 喬遊擊이 갑자기 富車 지방에서 奴伏을 만나
　　　　　전군이 패하고 혼자만 겨우 살았다. 都督이 선봉 군대가 불리한 것
　　　　　을 보고 전진했으나 淸의 기세를 당해낼 수 없었다.(光海君日記 卷
　　　　　138. 8-9丁, 光海君 11年3月12日己未條)또한 我國左營將軍 金應
　　　　　河도 平野에서 對敵할 때 西北風이 크게 일어 射砲치 못하여 敗한
　　　　　바 있었다고 記錄되어 있다.
　　　補註2. 滿文老檔 太祖9. 天命4年 3月 p.138. 參照.

　論題를 「光海朝의 對明派兵數의 問題」라고 改題한 것은 戰地인 彌滿山野」(補註1)가 光海君日記에 보이기는 하나 이것이 「薩爾許山」 (撫順 東쪽)(補註2)으로 周知되어 있고 對明派兵의 性格도 아울러 問題삼는 데 緣由된 것임을 밝혀 두는 바입니다.

출처: 光海朝의 對明派兵數의 問題 (東國史學 제7집, 1963. pp.83-106)

丙子胡亂과 우리의 受難

활 하나 쏘지 않고 堂堂 數千里 길을 질풍처럼 몰려온 淸의
軍馬, 韓民族은 또 하나의 汚點을 그 歷史에 記錄해야 했다

I

人間의 安逸을 빼앗아가고, 孤獨에 잠겨 六尺도 못 되는 短軀를
大地 위에 놓을 곳이 없을 만큼 생활에 피로하고 경험과 학문이 擴
張하여 자기의 확신했던 지식에 회의를 가져올 때일수록 空白을 메
우기 위한 수단으로 前進을 期約하는 의미에서도 過去를 돌이켜 보
며, 問題意識과 認識을 위해 社會構造를 해명해 보려는 욕구가 생
긴다. 近年 人間이 처해 있는 社會構造에 대하여는 考證學이 발달
되고 先進文明이 涵化되면서부터 學的으로 규명되고 과거를 거울삼
아 改過遷善의 實用性을 提高시키려는 것이 현실이다. 이러한 風潮
下에서 불과 四十餘日의 短期間이나마 뼈저렸던 수난의 일단면을
一考해 보는 것도 결코 무의미한 것은 아니다.

오! 丙子의 羞恥는 開國以來 처음의 禍變이오, 君臣上下 모두 孤
城의 不安 五十日, 敢히 활 하나도 쏘지 않고, 堂堂 數千里의 땅을
밟아 온 淸의 씻을 수 없는 侮辱을 免치 못했으니, 오늘에 이르러
뜻이 있는 人士, 아직도 當時의 歎息과 痛恨을 않는 者가 있을까.1)

  仁祖十四年(一六三六) 十二月 十四日부터 翌年 一月 二十八日까
지 四十七日間 籠城한 羅萬甲의 「丙子日記 寫本珍藏者序文」의 一節
이다. 「書는 語에 不過하고, 語에는 責함이 있으니 그 責한 바는
意이며 意에는 따르는 바 있으니, 意에 따르는 바는 言으로서 傳達
하지 않을 수 없고, 言이 責함으로 하여 書를 傳한다(莊子外篇大
道)고, 하였으니, 이 글에서 뜻을 알려면 于先 著者의 來歷부터 알
아야 한다. 羅萬甲은 字를 夢賚, 號를 歐浦라고 稱하고, 安定人으
로서 羅級의 아들이다. 일찍이 文科에 登第한 秀才로서 丙子胡亂의
前年 刑曹參議에 拔擢되었으나, 陳疏數千言, 直言者로서 仁祖의 怒
念을 사고 罷職, 亂이 일자 다시금 左議政에 登用된 斥和派의 一人
이다. 따라서 그는 大臣中에서도 比較的 重職을 맡았으나 大臣들과
의 의견은 가끔 相馳된바 不無한 것으로 看做된다. 文脈에서도 자
못 興奮한 語調가 보일 듯하나, 「仁祖實錄」과 비교해 보면 誇張이
나 陰謀나 排除의 感情은 그다지 甚하지는 않다. 比較的 「있는 그
대로의 事實」을 冷徹簡略하게 諷刺的으로 描寫한 기록으로서 사실
의 지나친 置重으로 말미암아 오히려 體系 없는 感을 준다. 이와
같이 본다면 「丙子의 羞恥」는 李朝三百年間 보기 드문 受難으로 推
測되고도 남음이 있으니, 「史實」 以前의 「存在」(Sein)에 對하여 一
瞥해 보고자 한다.

  丁卯胡亂以後 十年 만에 일어난 事變으로서 仁祖五年 淸이 明을
滅하고, 滿淸帝國을 建設할려고 할 때에 仁祖 朝廷은 明의 外藩으
로서 섬긴 關係로부터 淸을 敵으로 삼았다. 明과 加擔하여 아무런
利害 없이 兄弟之國의 同盟을 締結하였다는 點도 좀더 性格을 糾明
할 餘地가 있거니와, 그 以前, 光海君時, 明의 强勸發動에 못 이겨

---

1) 羅萬甲著 「丙子日記」 p一, 寫本珍藏者序文.

明清戰에 介入, 形式上으로는 明의 援兵이면서도 內容上으로는 光海朝의 「密旨」에 따라 事勢를 보는 것2) 等은 弱少國의 悲哀가 아닐 수 없다. 이와 같은 事實에 대하여, 日本史家들은 韓國民族이 本來 「面從腹背의 心術을 看破」하고 있다고 史實에 違背되는 臆測으로 흔히 國家威信을 墜落시키고 있지만, 이는 單純한 蘇人墨客의 作亂이오, 島國根性의 헐뜯는 一面이 아닐 수 없는 것은, 近代韓國史家들의 深奧한 研究로 「史實」이 漸次 밝혀지고 있는 것이다. 光海朝 뒤를 繼承한 仁祖에 對해서도 清太祖는 激怒하여 問罪의 兵을 八道에 보내어 王을 江都에 내쫓고, 軍門을 降服시킨 일이나, 表面에 恭順을 띠우고 清에 臣事하였지만, 속으로는 明과 提携하지나 않는가 하여 清太祖가 杞憂로 再侵을 企圖하였다고 보는 것이다. 그러나 이는 모두 强大國이오, 勝利國들의 解釋들이다. 筆者는 어디까지나 侵略, 또는 離間에서의 施政이 아니고, 침략을 항상 받아 오고야 말 어떤 弱少國의 悲哀가 潛在하고 있기 때문에 侵略當하고 만다는 것을 再强調하고 싶다. 다만 탄식과 痛恨이 어디서부터 必然的으로 오지 않을 수 없었는가, 이것은 四十七日間의 受難記를 장황하나마 훑어보기 前에는 알 수 없다.

II

開城留守로부터 清軍이 이미 松都를 지나 쳐들어오고, 있다는 報告3)가 들어오자 廟堂의 重臣들은 唐慌하였다.

2) 拙稿 「光海朝의 對明派兵의 數」 東國史學七輯 p.105

밤에 王駕를 움직이자 하니, 太僕人들은 모두 흩어졌다. 內乘 李
星男이 御馬를 이끌어 와 王駕가 崇禮門에 이르렀을 때다. 淸兵은
이미 麻浦對岸, 良鐵坪에 이르렀다, 崔鳴吉은 營에 뛰어가 緩計를
꾸몄다. 王은 水口門(光熙門)을 나와 南漢山城을 向하였다, 때에
變이 너무 倉卒하였다. 侍臣들은 걸어 王의 뒤를 따르고 城中人,
父子, 兄弟, 夫婦는 서로 잃어 哭聲이 하늘을 뒤흔들었다. 初更後
王駕가 南漢山城에 이르자 金鎏는 王에게 江都로 避難할 것을 勸하
였고, 洪瑞鳳, 李聖求가 또한 이를 贊成하였으나, 執義 蔡裕後는
이를 反對하였다.[4]

〈병자호란도〉

御前會議를 開催한 것이 十二月 十四日, 이곳에선 淸軍을 어떻게
하면 擊退시키느냐의 對策은 別問題로 取扱하고 于先 그보다 如何한
方法으로 重臣自身들이 무난히 避難을 할 수 있을 것인가에 대한 계
책의 謀議였다. 국민은 가두에서 彷徨하며, 痛哭 속에서 恐怖와 不安

---

3) 「仁祖實錄」 二三, 仁祖 一四, 一二, 一四 甲申.
4) 「承政院日記」 崇禎 九, 一二, 一四 甲申.

의 도가니 속에 있었지만 君臣들 間에는 江華避難에 대한 「贊」「否」가 激論되었음을 알 수 있다. 贊論者는 그 理由를 들어 孤城은 外援의 길이 없고, 蒭糧도 없고, 江都는 우리 側에서는 便한 反面에 淸이 侵犯하기 어려울 것이며, 本來 淸國의 뜻은 반드시 朝・明兩國間의 宗屬關係가 오래가지 못할 것이라는5) 點을 들고 있다. 그의 反對論은 承政院日記에는 明示되지 않았지만 羅萬甲의 「丙子日記」를 보면, 金藎國이 江都보다는 南方이 安全하다고 主張하고 龍門山은 防禦하기에 훨씬 便하다6)는 것이어서 或是 反對論의 主論이 아니었는가 한다. 어떻든 南漢山城은 柴草가 적어 軍馬凍餒의 患도 있을 듯하다는 論까지 나와 結局 移駕의 計를 定하지 않을 수 없었다. 鍙는 果川・陽川의 經由江華行을 主張하고, 金自點은 仁川經由江華行을 主張하였으나, 當時의 承旨는 地理를 알지 못하였다고 한다. 따라서 經由地는 밝혀진 기록이 보이지 않고 있다. 翌日, 山城을 떠난 王駕는 山路冰滑로 馬足을 부치지 못하여 王은 馬를 버리고, 道步로 江都를 向했으나, 뜻을 이루지 못하였다. 兩司에서는 「犯境 不過 五・六日에 廟社蒙塵・乘輿播越이니 防禦의 責任者 都元師 金自點, 副元師 申景瑗, 平安兵使 柳琳, 義州府尹 林慶業은 罰을 주어 마땅하고, 京畿監司 徐景雨의 出奔을 責하자고 하였으니, 벌써 首都는 掠奪當한 듯하다. 淸營에서 돌아온 崔鳴吉의 啓陳에 依하여 「王弟 및 大臣을 質로」삼으려는 要求에 「綾峯守稱」을 「假王弟」로 부르고, 判書 「沈諿」을 「假大臣」으로 하여 淸營에 보낸 바 있다. 事勢가 이처럼 惡化되었다. 避難의 朝廷에서는 다시금 江華避難對策이 論議되어,

　　　諸臣을 버리고 大將十餘人을 이끌고 江都로 向해야 한다는 것이다.

---

5) 羅萬甲 著, 「丙子日記」仁祖 一四, 一二, 一四 甲申.
6) 羅萬甲 著, 「丙子日記」仁祖 一四, 一二, 一四 甲申.

이미 士大夫, 宗族이 入城하였으니, 王이 어찌 홀로 살 것인가, 聖求
는 數十騎로써 世子가 江都를 向할 수 있다 할 때에 옆에 앉았던 世子
는 발을 뻗고 땅을 치며 울었다.[7]

는 것이다. 大臣이 고개를 들지 못하였다고 하였으니 倫理 있은 然
後에 生이 있는 것은 東洋만이 가질 수 있는 자랑 Consanguineal
family의 所行이라[8] 할 수 있다. 이런 눈물 앞에서도 悲劇은 더욱
事情없이 演出되어 事態는 惡化一路, 鎭靜을 不許하였다. 그러는
속에서 使臣은 淸營에 이르렀다. 綾峯君과 沈詻가 淸營에 가서 和
事를 議論할 때,

清將은 너의 나라는 지난 丁卯年에 「假王子」를 보내 우리를 속였는
데 이번에는 「眞王弟」인가? 詻의 對答이 없자 자네는 「眞大臣」인가,
하자 蘭英이 綾峯을 보고 「眞王弟」요, 詻을 가리켜 어찌 「眞大臣」 아
니겠는가, 하자 淸將은 大怒하며 欺瞞하였다는 理由로 蘭英의 숨을 끊
었다[9]

事必歸正, 良心의 人間에게는 거짓이 나오지 않아서일까, 어떻든
密旨를 實現시키지 못하고, 沈詻은 侮辱當하였다. 蘭英은 草露와
같이 祭壇 위에서 祖國을 서러워하며 사라졌다. 이러한 鮮血이 땅
을 적셨으나 冷靜한 淸側은 『世子를 出送하기 以前에는 和議란 決
코 있을 수 없으며, 「世子」出頭然後에 議論해 보자』[10]는 것이었다.
凶計를 꾸며 보낸 朝廷에서는 「世子人質論」이 再燃되어 王은 大臣
과 備局堂을 引見하고,

---

7) 「仁祖實錄」 三三, 仁祖 一四, 一二, 一五 乙酉
8) Felix M. Keesing: Cultural Anthropology p.266.
9) 「南漢日記」 一, 崇禎 九, 一二, 一六 丙戌.
10) 「南漢日記」 一, 崇禎 九, 一二, 一六 丙戌.

私情에 父兄百官, 滿城軍民을 論陷시키고, 國家民福을 그르치지 않을 것이며, 群議만 採擇되면, 世子를 人質로 보내는 데는 躊躇않는다.[11]

고 悲壯한 覺悟와 態度를 밝히자, 世子 亦是 「여기서 죽던, 淸營에 가서 죽던 죽는 것은 마찬가지」이니 가도 無妨하다고 沈痛한 決意를 표명하여 분위기는 자못 憂爵 속에 깃들었다. 「활 하나도 쏘지 못하고 이런 羞恥를 當하다니」하면서 「옛에 亡한 國家는 있어도 이와 같이 恥辱을 當하는 꼴은 없을 것」이라고 悲痛한 心情을 吐하는 大臣도 있었지만, 鳴吉의 見解는 「羞恥 그것이 아니라는 것」이었다. 그의 主張은 國家의 義理를 지키는 데서의 所以를 被瀝하고 張維 亦是 和議以外에 아무 道理 없음을 말하고, 塗는 世子가 淸側에 갔다고 해서 반드시 迫害를 받는다는 것은 아니라는 交質論을 제기하였으나, 東陽申翊聖 같은 분들의 挽留로 入遣치 못하였다. 문제는 「和」인가 「斥和」인가에 따라 世子入遣與否가 決定될 性格이었으나, 始終論爭을 거듭하다가 仁祖의 斷案으로 「主戰絶和」論을 採擇하여 戰鬪態勢로 사태는 轉換되었다.

III

總府의 兵曹는 犯法者가 있더라도 問罪나 罰責이 없었음은 非常時局에 處하였기 때문이며, 一軍의 將師로서 出戰한 安大仁 等 五品職으로 昇進시키고, 二級以上을 죽인 金武臣 等에게는 要職을 주었고,

11)「南漢日記」仁祖 一四, 一二, 一八 戊子.

一級을 죽인 安貴生 等 軍官으로서 出戰한 黃義男 等은 官位에 오르게 하고, 其他 柳尙立 等에게는 各銀三兩, 軍馬를 죽인 金弘立 等에게는 各銀六兩, 水原의 步哨官 金繼男은 自己의 家畜中 農牛를 屠殺하여 軍에 報給하였다고 하여 嘉賞하고 榮進[12]시켰던 것은,

中軍以下 아직 六品이 되지 않은 者에게 六品實職을 陞授시키고, 五品以上은 次次 實堂上에 陞하여 嘉善에는 卽, 實職을 除授시키는 한편, 軍卒은 十年一結을 限定으로 復戶시키고, 內酒房의 銀을 兵曹에 보내 賞格에 쓰도록[13]

한 데서의 措置로 보여 진다. 이뿐만 아니라 「城內의 住民은 五年을 限定으로 一結免稅復戶가 있었고, 勤勞한 者는, 賤人은 免賤, 良人은 別途로 論賞」이[14] 있었으며, 蠟書로써 都留江守 張紳, 檢察使 金慶徵, 副使 李敏求에 諭하여 都元師 및 諸道監兵使에 傳諭하여 星終來援시키고 江華府의 防備를 檢飭하고, 津頭渡涉의 識禁을 嚴加[15]시킨 것이다. 城中亂을 避한 者나 所屬이 없는 壯丁을 物色하고, 各司의 使設下人은 한두 사람을 남기고 全部를, 士大夫의 奴子는 한 사람을 남기고 모두 送營[16]시킨 것은 戰鬪準備의 一面이라 할 수 있다.

御營廳啓에 따르면, 本廳砲手三百, 射手百으로 一隊는 北門으로 나가고, 一隊는 聯珠峯의 暗門을 나가 左翼軍의 山麓에 防壁을 設하고, 屯營한 淸兵 五十人을 射殺하고, 胡箭 一百四個, 胡弓四張, 劍一

---

12) 羅萬甲 著, 「丙子日記」仁祖 一四, 一二, 二二 壬辰.

13) 「仁祖實錄」三三, 仁祖 一四, 一二, 一八 戊子.

14) 「承政院日記」崇禎 九, 一二, 一九 己丑.

15) 「仁祖實錄」三三, 仁祖 一四, 一二, 一九 己丑.

16) 羅萬甲 著, 「丙子日記」仁祖 一四, 一二, 二二 壬辰

柄, 弓俗一部, 甲胄一部, 羊裘一領 等[17] 鹵獲物도 없지 않고, 자못 戰鬪態勢로 들어간 듯하나, 湖西의 軍이 四息할 程度로 來到하여 觀望할 수 없을 뿐만 아니라 兩南의 軍數가 적지 않더라도 一戰을 하기에는 不足하고, 西北軍의 消息은 全혀 없고, 恃할 만한 것은 다만 城中의 士心에 不沮할 뿐[18], 日寒에 催傷은 자못 많으니, 實은 確信할 만한 戰鬪準備라고는 할 수 없지 않을까 한다. 物論 李曙의 말에 따른다면, 二三日 하루에도 戰況을 보면 六, 七百名 出戰에서 損害, 死者三, 武士一, 箭中死者 二〇餘이고, 敵의 死傷者가 相當히 많았다고 하나 後의 交戰相에 對한 記錄은 보이지 않으며 敵은 村家의 棺材로써 지붕을 만들고 그 속에 屍體를 運搬한 듯하다고는 하나, 鮮血의 자국은 있어도 屍體는 보지 못했다[19]는 것으로 보아 果然 戰果는 어느 程度인지 未詳이다. 어떻든 別로 大規模的인 應戰이 없었음은 裏面에 무슨 緣由가 或是 介在되지 않았을까. 勿論 精神面에 있어서 一致團結이 어려웠던 것은 아래에서 다시 論難의 대상으로 삼으려 하거니와 作戰에 있어서 報給問題가 途外視될 수는 없지 않을까 한다. 當時의 南漢山城 儲糧의 數를 보면

쌀과 콩 一八,〇〇〇石, 皮穀 五,八〇〇餘石,

으로서 一三,八〇〇의 壯兵에 對한 五〇日間의 軍糧으로서 士大夫에게 一日 五合 乃至 七合을 配給해 준다고 하면 六十日分에 不過하며, 軍兵의 數를 一四,〇〇〇宰臣以上 七十餘, 堂上以上 五十餘, 堂下以下 二七〇餘[20]에게 各各 給與한다고 보면 長期戰은 亦是 不

17) 「仁祖實錄」 三三, 仁祖 一四, 一二, 二三, 二四 癸巳.
18) 「承政院日記」 崇禎 九, 一二, 二六 丙申.
19) 羅萬甲 著, 「丙子日記」 仁祖 一四, 一二, 二三 癸巳.

可能하였을 것으로 믿어진다.

內部的인 分裂, 軍糧의 不足으로 開戰 二週日도 못되어 그나마도 應戰準備 不過 一旬에 牛酒를 淸營에 보내려는 論이 再燃되고, 李箕男을 시켜, 牛二, 猪三酒十瓶을 보내기로 하였으나, 淸의 물리침을 받고 侮辱만 當하였다[21]는 것이다. 그 侮辱의 緣由는 어디에 있었을까, 하나는 强國 對 弱少國의 蔑視요, 또 하나는 拙劣한 贈賄에서가 아닐까. 出發以前의 閣僚들의 論議點을 보면, 「十年來, 相好의 國이오, 貴國은 이미 軍事를 일으켜 盟을 깨뜨렸지만, 我國은 前日 相好의 誼를 버릴 수 없으므로 牛酒를 마련하여 舊交를 따뜻이 할 뜻으로 왔다」고 하면서 和議를 請한 것으로 믿어진다. 그러나 亦是 旣述한 바와 같이 뜻을 이루지 못한 仁祖朝廷에서는 贈賄策을 撤回하지 않고, 오히려 그 量을 더 할 것을 論議한 일이 있다. 數次에 거듭하여 長時間 論議된 結果, 金鄭(金荩屎, 鄭命壽)의 兩胡에게 「各五百兩」을 「千兩」으로 하고, 龍·馬(龍骨大·馬夫大)의 兩胡에는 各「千兩」을 「三千兩」[22]으로 增額하여 바치라는 論이 있었는가 하면 通譯과의 對話에서 龍·馬兩胡에 「萬兩」, 그 以下者에겐 「三千兩」을 보내야 한다는 것으로 이는 書面에까지 밝히자는 論이 擡頭되었다. 이와 같은 論이 進展됨에 따라 그동안 斥和側에서도 仁祖의 朝廷中 和議側에 對한 辛辣하고 銳利한 批判과 攻擊이 不無하였으니, 援兵은 싸움에 힘쓰고 臣은 「和」로써 힘쓰고, 城中에는 「城守」로써 하여 三策을 倂用[23]하자는 主和側 鳴吉의 主張에 反하여 極端的인 斥和側은 「王은 國書를 許하려면 臣을 誅하라 城中에는 아직 五○日의 兵

20) 「承政院日記」, 崇禎 九, 一二, 二○ 丙子.

21) 大東野乘 三三, 繪雜錄 丙子.

22) 「仁祖實錄」 三四, 仁祖 一五, 一, 一三 癸丑.

23) 羅萬甲 著, 「丙子日記」 仁祖 一五, 一, 一九, 一七, 二六.

糧이 있다」고 외치면서 諸臣, 殿下를 爲하여 國家가 存在하는 것은 아니라는 것을 力說하면서, 「淸이 世子를 質로 삼을 것을 請해도 좋다. 歲幣를 增하고, 土地를 割해도 또한 좋다. 그렇게 하지 않고, 出城으로써 責하며, 一屈後에 君臣의 義로써 肆默하여 號令하게 된다면 이 나라는 어찌 될 것인가, 金尙憲 같은 大臣은 强堅히 「和議論」과 「屈辱外交」에 叛旗를 들었으니24) 切迫한 時局에 處하였는데도 國內에서는 意見의 一致를 못보고 曰可曰否였음은, 混亂時의 收拾策일 수는 없는 것이 當然하다 하겠다. 朝廷에서는 「和」・「斥和」問題가 深刻히 論難되고 있는데, 周圍에서는 尙憲의 兄, 前議政府 右議政, 金尙容이 自焚하고 곧 뒤를 이어 前右承旨 洪命亨, 生員 金益兼, 別座 權順長, 司僕寺主簿 宋時榮, 前司憲府掌令 李時稷, 敦寧府都正 沈說, 前司憲府 掌令 鄭百亨 前工曹判書 李尙吉, 驪陽君 仁伯의 아들 閔垶도 自焚하였으며, 當時의 禮曹判書 金尙憲도 官職을 헌신짝처럼 내버렸다. 이처럼 險惡한 雰圍氣 속에서도 主和論者들은 國家의 興亡이 和議與否에 달렸다는 觀念 밑에서 「君臣上下危且急」을 改撰하여 「孤城에 窘處함」으로로 고치고 「寬溫」을 改撰하여 淸을 魅誘케 하자는 論과, 「淸國皇帝陛下」와 「年號」, 그리고 「點竄」 「臣」字의 記入, 「髮을 擢人」25)으로 하여 謝罪의 뜻을 表하는 國書를 前後 두 차례에 걸치어 請에 보냈으나 回書는 없었고 切迫한 時局收拾을 爲해 重臣들은 凝議하였다. 드디어 江都陷沒, 嬪宮의 兩大君은 拉致의 悲報가 들어와 滿廷愕然으로 失色하고, 王의 涕泣, 不過四日 만에 降服26)하고 凶惡 無道하며 不平等의 條件을 들어주는 條約에 署名을 하였으니, 이때부터 朝鮮은 淸의 强要를 받아 「淸太宗頌德碑」를 三

24) 羅萬甲 著, 「丙子日記」 仁祖 一五, 一, 一九, 一七, 二六.

25) 羅萬甲 著, 「丙子日記」 仁祖 一五, 一, 一九, 一七, 二六.

26) 「仁祖實錄」, 三三, 仁祖 一五, 一, 二八 戊辰.

田渡에 建立(二年後)하는 等 明을 떠나 淸의 屬國으로 나라 아닌 나
라의 行勢를 하게 되었으니, 千秋의 恨이 여기에 있었다. 羞恥의 條
約 내용을 보면 다음과 같다.

一, 朝鮮은 淸에 對하여 臣의 禮를 行할 것,

二, 朝鮮은 明의 年號를 廢止하고, 交通을 끊고, 明에서 받은 誥
   命, 冊印을 獻納할 것,

三, 朝鮮은 王의 長子와 第二子, 그리고 大臣의 子女를 人質로
   보낼 것,

四, 淸國이 明을 征伐할 때는 期日을 어기지 않고, 援軍數萬을
   派遣할 것,

五, 內外 諸臣과 婚姻을 맺고 和好를 굳게 할 것,

六, 城郭의 增築, 修理는 事前의 許諾을 얻을 것,

七, 黃金百兩, 白銀千兩을 비롯한 二十二種의 物品을 歲幣로 바칠 것,

八, 聖節, 正朔, 冬至, 慶弔의 使臣은 明나라의 舊例를 따를 것,

九, 椵島를 攻擊할 때는 兵船 五〇隻을 보낼 것,

一〇, 逋逃를 숨기지 말 것,

一一, 日本과의 貿易을 許諾할 것,

細部的인 案도 不無하나 要컨대 明의 屬國에서 淸의 屬國으로 轉
換했다고 본다면 그리 큰 問題가 提起될 것 같지 않고, 瞬息의 官
僚間의 受難이라고 解釋한다면, 그리 큰 問題가 또한 되지 않을는
지 모른다. 그러나 李朝의 歷代가 恒常 屬國으로 國家의 떳떳한 行
勢를 못했다면 이와 같은 問題가 어찌 問題로서 取扱되지 않을 수
있으며, 屬國의 緩和는 姑捨하고 더욱 隸屬될 때에 어찌 自己를 돌
이켜 보지 않을 것인가.

Ⅳ

丙子胡亂은 始終受難으로 一貫되었다. 숨가쁜 四十七日, 죽느냐 사느냐의 生死를 앞에 놓고도 朝廷에서는 하나의 決斷力도 없이 是非만을 거듭하였다. 땅을 치고 목놓아 우는 일이 있는가 하면 옅은 꾀의 卑屈한 贈賄로 撫摩하려는 對照的인 現象도 있었다. 優柔不斷 시원한 對敵策 하나 없이 南漢山城에 갇혀 痛哭으로 呻吟하기만 하였던 것은 우리만이 겪을 수 있는 先祖들의 受難이다. 우리는 이 受難을 몇 가지의 傳說처럼 흘러 넘기기에는 現實이 容納하지 않는다. 여기서 우리는 數없이 侵略을 받아 올 때마다 이것이 어떤 海賊이나 오랑캐의 殘惡無道한 한낱 蠻行이라고만 하여 相對方에게 잘못을 轉嫁하는 일이 非一非再하다. 바로 이 思考方式에 우리의 缺陷은 是正되지 않고 되풀이만 되는 수가 많지 않는가 한다.

丙子胡亂이 勃發되자 不過 몇 日도 못 되어 十萬大軍이 千里遠程을 走破하고도 一週日도 못 되어 首都가 占領當하고, 몇 個의 활촉도 겨눌 새 없이 王 및 閣僚들이 山城에도 제대로 避難할 곳이 없었다면, 果然 都元帥와 諸道監兵師는「무엇하는 存在」이며, 指揮者의 行方마저도 杳然하였다니 國家의 忠臣인지 私身의 忠臣인지 曖昧한 當時요, 갇힌 避難生活을 하면서도 不過 몇 大臣들 間에도「應戰」하느니,「戰守」하느니,「和議」하느니, 하여 갈피를 못 잡고, 鄕村을 根据로 한 文士들 間의 자리다툼, 발뺌, 是非 아닌 攻擊, 理性 잃은 醜雜한 行實이 있었으니 國家는 누구를 爲하여 存在하며「主權在民」의 觀念은 그렇게도 아랑곳없었던지 알 수 없다. 國家의 存亡이 風前의 燈火 같다 할 때처럼 救國의 指導者가 아쉬울 적은 없다. 大勢는 이미 기울어져 新興의 淸國이 明과 雌雄을 하고 있다면 事大思想에도 轉換의 變質이 있어야 하였거늘 國際情勢에 어두운 君臣들은 自己들만이 天下에 存在하고 君臨하는 式의 고질的 觀念이 仁祖의 忠臣이오, 困窮에 빠져 防備할 겨를은 姑捨하고, 國防에 對한 아무런 對策도 講究되지 않은 채 應戰論을 主張하는 것도 無謀하다 아니 할 수 없는 것이다. 元勳의 大臣 자리에 있는 金瑬는 軍官을 私室의 종으로 여기고, 六·七〇駄의 財産과, 嬪宮元孫을 江華津頭에 避難시키기에 血眼이었다 하니 宗社의 危亡, 生民의 塗炭이 그들의 頭腦 속에 있을 理 없고, 淸軍이 凱旋歌를 부르며 들어 올 程度로 防備 하나 없이 開放하는 右道京畿監司 李敏永 같은 者가 執權者요, 防備의 指揮官이었으니 揮下의 軍人이 設使 있었던들 어찌 그의 命에 服從할 것인가 疑心스럽다. 世祖의 核心閣僚의 典型的인 人物이 바로 이들이었기에 「假王弟」를 보낸다, 「假大臣」을 보낸다, 聲勢誇張의 「假文書」를 捏造하여 城外에 떨어뜨린다. 牛酒, 金銀 等 贈賄로서 對敵하는 拙劣性이 露呈되는 것이다.

따라서 이러한 國家가 東西古今을 通하여 존재하는 것만도 天心이오, 奇蹟이라 하겠거늘, 羞恥의 苦杯를 드는 것은 너무나 當然하다 하겠다. 한걸음 더 나가 생각해 본다면 全智力, 全能力, 全勇力 全擔力을 傾注하여 薄冰을 깨뜨리지 않고 그 위를 걸어가려는 忠誠이 論爭이오, 民意의 反映이었다고 한다면, 그는 死後藥方文(處方)이오, 社會의 喘息을 外面하는 處事라 아니 할 수 없으며, 國論과 作戰을 論議하는 데 주먹구구식으로 하였다는 것도 受難의 原因中의 하나였겠지만, 보다 根本的인 問題는 國基가 튼튼하여야만 富强으로 防禦할 것이오, 視野가 넓고, 每事에 分析的이어야만 이러한 受難을 當하지 않았을는지 모르는 것은 後世人들에게 커다란 敎訓

의 標本이 될 수 있다. 自省을 하는 곳에 前進이 있으며 沈着, 緻密, 分析하는 데서만이 未來가 있다고 한다면, 좋은 方向으로서의 成長도 바로 이곳에서 期約되는 것을 잊어서는 안 될 줄 믿는다.
(筆者・東國大講師)

출처: 丙子胡亂과 우리의 受難 (靑脈 創刊號, 靑脈社, 1964.8.
　　　pp.20-28)

大祚榮

– 滿州에 심은 祖國光復

Ⅰ. 彷徨하는 亡國民

당나라 측천무후(則天武后)의 연간(698~700)은 동양사에 특기할 만한 연대이다. 이는 동부 만주의 밀림지대에, 대조영(大祚榮)이 해동의 성국이라고 불리던 발해 왕국을 건설하여 이후 15대, 약 230년간이나 계속되게 하였던 까닭이다.

발해 왕국에 대하여는 석학 유득공(柳得恭)이

『그 대(大)씨는 누구였던가, 곧 고구려 사람이었다. 또 그들이 차지하고 있던 땅은 어디였던가, 곧 우리의 고구려였다.』

고 외치면서 우리가 고구려의 옛 땅을 회복하는 명분을 상실한 것은 국사에서 발해 왕조의 흥망이 제외되고 있는 데 있다고 비분강

개하고 있다.

그러나 고구려의 유민과 말갈 백성을 규합하여 당당히 대당제국을 상대로 영광스러운 반항을 하여 조국 광복에 성공하였던 대조영의 전기와 그 웅대한 판도(版圖)가 명백치 않음은 유감스러운 일이다.

그가 동양사의 표면에 두각을 나타내게 된 것은 측천무후의 만세통천(萬歲通天) 원년(696)에 영주(營州-지금의 朝陽)에 강제로 끌려와 거주하던 글안의 추장 이진충(李盡忠)의 반란 후부터였다. 그러나 그의 일족이 언제부터 영주에 옮겨 와서 살게 되었는지는 확실치 않다.

당나라는 고종의 총장(總章) 원년(668) 9월에 고구려의 국도 평양을 공함하여 남부 만주와 한반도 북부에 걸친 일대를 그 세력권 내에 넣고 평양에 안동도호부를 두었음에도 마음이 놓이지 않아서 그 다음해(669) 4월에는 고구려 유민 중 유력한 자 4만여 호를 강회(江淮)의 남쪽과 산남(山南) 등지에 강제로 옮기는 사민(徙民) 정책을 강행하기도 하였다.

당나라는 고구려민의 재기에 두려움을 느끼고 있었다. 고구려 유민에 대한 당나라의 가혹한 처사는 그러한 까닭이었을 것이다. 그러나 고구려의 입장에서 보면 망국의 설움이 채 가시기도 전에 그리운 내 땅과 친지들과 헤어져 넓은 대륙의 어느 구석인지도 모를 이역에 끌려가야만 하였던 것이니, 그 울분이 어떠하였을까. 대조영의 일가가 영주로 옮겨 오게 된 것도 이러한 당나라의 무자비한 고구려 유민의 이민정책에 휩쓸려 들었기 때문이었을 것이다.

이와 같이 일단 고구려를 산산이 분산시켰다 하더라도 주로 섬서(陝西)·하남(河南)의 물산과 인호(人戶)를 기반으로 건설하였던 당나라가 동북의 변벽(邊僻)에 지나지 않는 만주나 한반도의 침략에 무제한 인력을 동원시켜 나갈 수는 없었다.

즉 고구려를 정복한 뒤 그 지방의 토민들이 자치적으로 움직이던 부현(府縣)을 감독할 목적으로 평양에 두었던 안동도호부만 하더라도 신라의 통일정책에 부딪쳐 공격을 받게 되어 설치된 지 불과 8년 만인 고종 의봉(儀鳳) 원년(676) 2월에 요동(遼東－지금의 遼陽)으로 옮기지 않으면 안 되었고, 다음해 의봉(儀鳳) 2년(677)에는 다시 통치의 편의상이라는 명분 아래 고구려 신성(新城－지금의 撫順)으로 옮기게 되었으니, 이는 모두 당나라의 국내 사정 때문이었다.

대조영이 망국의 쓰라림과 온 고구려민이 겪었던 굴욕적 처사를 박차고 조국의 광복을 이루어 보려는 신념을 가지게 되었던 것은 당나라의 동북정책에 이와 같은 약점이 있었기 때문이다.

Ⅱ. 滿州에 雄志를 펼치고

대조영이 당나라에 대한 항거를 꾀한 것은 바로 요서지방의 영주를 발판으로 굳힌 뒤의 일이었다. 이곳은 전국시대에 연(燕)나라 진개(秦開)가 동으로 2천 리나 되는 땅을 빼앗아 이 지방을 거점으로 동북지방을 추요지(樞要地)로 삼았던 이후 당대(唐代)에 이르기까지 약 9세기 동안이나 역대 중국왕조의 동북 경영의 책동지(策動地)였다.

안사(安史)의 난 때 곽자의(郭子儀)와 더불어 분전하여 양경(兩京)을 회복하였던 공으로 호부상서곽국공(戶部尙書霍國公)의 봉을 받았던 왕사례(王思禮)도 당서(唐書)의 「재상세계표-宰相世系表」
에 「영주 왕(王) 씨는 원래 고구려 민족이라」하였고, 그의 아버지
왕건위(王虔威)가 외몽고 지방의 변경을 수비하는 대장이었던 것으
로 보아도 대조영 일가뿐 아니라 영주 부근에는 많은 고구려 출신
의 군장들이 강제로 끌려가 살고 있었던 것 같다.

당나라가 변역(邊域)으로서는 비교적 그 세력기반이 확고하였던
고구려의 군장들을 영주 부근으로 몰아온 것은 외관상으로는 동북
정책의 성공이었던 것임에 틀림없다. 그러나 이것이 오히려 큰 화
근이 될 줄을 그 누가 알았으랴!

바로 영주의 북쪽은 흥안령계(興安嶺系)의 산악지대를 뚫고 동류
하여 요하 본류에 유입하는 서자목륜(西剌木倫)강과 노합하(老哈
河)가 흐르고 있어 고대의 선비(鮮卑)·오환(烏桓) 등 소위 동호족
(東胡族)의 근원지로 되어 있던 곳이었다. 또한 7세기에는 외몽고
에서 투르크족 돌궐(突厥)이 이 지역으로 뚫고 나와, 서진의 기세
를 떨치던 고구려와 요서 영주의 수나라의 세력과 맞서 요하선(遼
河線)의 지배를 둘러싸고 혈투를 되풀이한 곳이기도 하였다.

3 대국 사이에 벌어진 요하 상류의 이 혈투에서 가장 미묘한 움
직임을 보이고 있던 것은 동호족의 후예로서 토착민의 주류를 이루
고 있던 글안족이었다. 이 글안족의 향배에 따라 요서와 열하(熱
河)지방의 주도권이 적지 않게 변모하는 것이었다.

대조영이 그의 생애뿐 아니라 고구려 유민의 운명을 결정하는 중
대한 기회를 맞이하게 된 것은 이 글안인이 대당(對唐)반란을 일으
켰을 때였다. 즉 당나라의 변방정책의 일환으로 영주 부근에 강제
로 이주케 하였던 글안 부중(部衆)의 추장 송막도호(松漠都護) 이
진충과 귀성주자사(歸誠州刺史) 손만영(孫萬榮)이 영주도독(營州都

督) 조회에 반기를 들고 만세통천(萬歲通天) 원년 5월에 영주 성을 공략하여 조회를 죽인 사건이 바로 불세출의 영웅 대조영을 낳게 한 천여(天與)의 기회가 되었던 것이다.

이와 같은 글안족의 반란이 폭발하자 당나라는 즉시 토벌군을 파견하여 진압하도록 하였으나 글안군은 그리 만만치는 않았다. 그 해 10월에 이진충은 죽었지만 손만영은 나머지 무리를 이끌고 다음해인 신공(神功) 원년(697) 3월에는 왕효걸(王孝傑)이 지휘하는 당나라의 대군을 하북 영평(永平) 부근에서 대파하고 유주(幽州—지금의 北京)를 공위(攻圍)하였던 것이다. 이 난은 그 달에 돌궐의 응원을 얻은 당군에 의해 1년여 만에 평정되었지만 이 사건은 당나라의 동북 변강(邊疆)에 대한 방어체제의 약점을 그대로 노출시킨 것이 되었다.

영주에서 벌어진 이러한 글안족의 반란은 당의 영주도독 조회가 본국의 동북 방어책에 대한 커다란 약점이 있는 것도 모르고 배짱만으로 글안족을 다스리며 기근에도 아무 대책 없이 이족(異族) 출신의 추장들을 노예 취급한 데 대한 반발이었다. 이진충이나 글안 부장(部長)들이 받았던 이와 같은 냉대는 망국민이었던 고구려 유민들에게도 예외가 될 수는 없었다.

대조영이 뼈에 사무친 망국민으로서의 원한과 가슴에 맺혔던 울분을 터뜨리고 과감히 일어선 것은 바로 이 글안족의 반란으로 당나라의 동북지방 경영이 혼란의 와중에 빠져 있을 때였다.

글안족이 이 반란에 자극을 받아 영주를 떠났던 것은 고구려의 유민뿐만이 아니고, 고구려에 가세하였기 때문에 당나라의 미움을 받아 영주 부근에의 이주를 강요당했던 말갈족도 그 수령 걸사비우(乞四比羽)에 인솔되어 행동을 같이 하였다. 이 거사(巨事)를 일으킨 고구려 측의 지도자가 과연 누구였는지는 분명치 않다. 즉 「구당서-舊唐書」에는 그 지도자가 대조영으로 되어 있으나, 「신당서-新唐書」에는 대조영의 아버지 걸걸중상(乞乞仲象)이 거사한 것으로 되어 있다.

따라서 이 문제는 발해사를 전문으로 연구하는 학자들 사이에도 많은 이견을 보이고 있으나, 문제는 이 조국 광복운동의 선구자를 대조영의 아버지로 보고 있는 「신당서」에도 걸걸중상은 당나라의 쇠사슬을 끊고 도주하다 도중에서 죽은 것으로 되어 있다. 험난한 행군 도중에 쓰러질 정도로 노쇠하였던 그가 과연 생명을 건 거사를 감행할 용기가 있었을까.

물론 당나라의 약점을 간파하는 안식과 기회를 재빨리 포착하는 데 있어서는 걸걸중상의 노련한 경험이 도움이 되었을는지 모르나, 전도의 기구한 운명과 험로를 각오하고까지 일으킨 거사의 결행은 조국 광복의 일념과 정의감에 불타는 대조영의 젊음과 그 의지력으로서만 가능하였을 것이다.

또 옛 땅으로 돌아가는 길잡이로서는 고구려의 지리에 밝은 걸걸중상이 적절하였을 것이지만, 시각을 다투는 신속과 만난을 제거하는 굳은 의지력을 가지고 앞장서서 흩어져 있는 유중(遺衆)을 직접 지휘하는 데는 청장년(靑壯年)인 대조영의 과감과 그 믿음직한 용기가 아니면 안 되었을 것이다. 이렇게 볼 때 최초의 봉기 경과는 어떠하였든 고구려 유민들이 당나라의 쇠사슬을 끊고 자립하는 데 있어서 그 지도자의 영관은 활동력이 왕성하고 젊은 대조영에게로 돌리는 것이 당연하다고 본다.

Ⅲ. 고구려의 血脈이 뛰는 大地

젊은 대조영은 쾌연(快然)히 일어섰다. 옛터를 찾고 동양사의 방향을 돌려 보려는 이 청년 지도자는 안일의 길을 버리고 가시밭과도 같은 험난한 반항의 길을 택하였던 것이다. 이때는 이미 조국 고구려가 망국의 쓰라림을 겪은 지 어느새 30여 년이나 지난 뒤였다.

글안족의 반란에 이어 일어난 고구려 유민과 말갈족의 이탈에 놀란 것은 당나라였다. 측천무후는 곧 걸걸중상에게 진국공(震國公)을, 그리고 말갈 추장 걸사비우(乞四比羽)에게는 허국공(許國公)을 봉하는 등 무마정책을 써보았으나 때는 이미 늦었다.

물론 개인의 운명뿐 아니라 민족의 운명을 짊어지고 이와 같은 거사를 일으키기까지의 고뇌는 이루 말 못할 벅찬 것이었을 것이다. 대조영도 타협과 반항의 기로에서 주저도 하였을 것이고 또 어떻게 될지도 모르는 장래의 운명에 두려움도 없지 않았을 것이다.

무마에 실패한 당나라는 즉시로 옥검위대장군(玉鈐衛大將軍) 이해고(李楷固)를 보내어 대조영과 걸사비우를 치는 강경책을 세우게 되었다. 이해고는 이진충과 같이 당나라에 대한 반란을 일으켰다가 중도에서 변절하여 옛 동지인 손만영 정벌에 공을 세워 영달의 길을 달린 사람이었다.

영주에서부터 함께 탈출한 말갈의 걸사비우가 패전의 고배를 마시고 참살(斬殺)당하게 되자 대조영은 고군분투하여 용장 이해고가 지휘하는 추격군과 맞서야 했다. 대조영은 운명을 판가름하는 이해고와의 결전에 앞서, 수령을 잃고 방황하는 말갈의 패잔병과 합세하여 동쪽 천문령(天門嶺)을 넘었다. 천문령은 휘발하(輝發河)와

혼하(渾河)와의 분수령인 장령자(長嶺子) 부근으로서, 고구려 국가의 발상지와도 인연 깊은 소악(小嶽)과 밀림에 둘러싸인 지대였다.

당나라의 동북 경영의 전초지였던 요동성에서 멀리 떨어졌고, 또 고구려 신성(新城)과도 교통이 좋지 못한 이곳까지 이해고가 끌려 들어온 것은 대조영을 패잔군의 수령으로밖에 생각지 않은 데서 온 실수였다.

말갈의 패잔병까지 손에 넣고 고구려의 옛 땅에 발을 들여놓게 된 대조영은 이미 당나라의 쇠사슬에 얽매여 있던 영주에서의 초라한 모습과는 달랐다. 고국에 들어왔다는 사실이 직접 혹은 간접으로 사졸들의 사기를 북돋우었을 것이고, 또 당나라에 반항의식을 가졌던 토착민들의 응원도 있어 이해고는 이 전투에서 참패하고 겨우 몸을 피하여 돌아갈 정도였다.

고구려 유민과 말갈민의 운명을 판가름하는 이 천문령에서의 혈전은, 수령을 잃은 말갈의 패잔병을 재빨리 거두었던 기민(機敏)과 넓은 포용력, 그리고 이해고를 천문령 너머까지 유도하여 섬멸하는 교묘한 용병의 재질을 겸비한 대조영의 쾌승이었다. 이제 그에게 무서운 것이라고는 아무것도 없었다.

그러나 대조영은 전승 후에도 그것에 만족하지 않고, 곧 태백산 동쪽으로 이동하여 동모산(東牟山) 기슭에 영광된 왕국의 터전을 잡았다. 제三대 문왕(文王) 대흠모(大欽慕)가 상경용천부(上京龍泉府)로 천도할 때까지의 국초의 수도이며, 그 뒤 중경현덕부(中京顯德府)로서 국말(國末)까지 번영했던 이곳은 오늘날 동간도(東間島) 서편에서 두만강으로 흐르는 해란하(海蘭河) 기슭의 서고성자(西古城子)이다.

전승한 대조영이 그 무리를 이끌고 장구(長驅) 동간도의 밀림지대로 동행(東行)한 것은 얼핏 생각하면 매우 괴상한 처사 같으나 깊이 따지고 보면 다분히 요행도 없지 않았던 전공과는 달리, 여기에는 그의 왕국을 번영의 길로 이끌고 나갈 도읍으로 정하려는 원대한 뜻이 깃들어 있었다.

비록 패전의 고배는 마셨으나 역시 제국적인 거체(巨體)를 가진 당나라였다. 어느 때 또 어떠한 규모의 반격이 있을지도 모르는 당나라를 적으로 대하고 있는 대조영으로서는 우선 그 나라의 정치와 군사세력권에서 멀리 떨어져 산악과 밀림에 싸인 이 지대에서 왕국의 기틀을 충실히 닦을 만한 시간적 여유를 가져야 할 것은 당연한 일이었다.

이 지역은 군사 면에만 이점이 있었던 것은 아니었다. 당나라에까지 알려지고 있던 현주(顯州)의 포(布), 옥주(沃州)의 솜, 위성(位城)의 철, 용주(龍州)의 명주 등은 모두 동간도와 함경도의 중요한 산출품이었다.

고구려가 강성하였던 것은 그 국민의 굳은 결속력에도 있었으나 북만주의 〈치치할—齊齊哈爾〉을 중심으로 흥안령(興安嶺) 동쪽 기슭 일대에까지 수출하였던 요동의 철 생산력이 있었던 사실을 잊어서는 안 된다. 제철 기술에 능하였던 고구려의 후예들이 위성(位城—지금의 茂山 부근)의 철을 개발하게 되었으니 그 눈부신 약진은 이미 약속된 것이었다.

한편 대조영이 고구려 유민과 말갈의 부중(部衆)을 모아 동모산 기슭에서 희망에 찬 새 나라 진국(震國)을 세웠던 성력(聖曆) 연간의 당나라의 동북 방비 상황은 매우 비관적인 것이었다.

글안의 반란을 진압하는 데 돌궐의 지원을 얻어 성공은 하였으나 글안이 돌궐에 항부(降附)하였던 까닭에 당나라의 본토에서 요동

방면을 연결짓던 교통로마저 두절되어 이에 부득이 안동도호부를 폐하여 도독부(都督府)로 하고(699), 고구려왕의 후예로 하여금 그 구호(舊戶)를 통치케 하지 않을 수 없었다.

당제국의 이와 같은 동북 경영의 차질은 또 대조영에게는 둘도 없는 천여(天與)의 기회였다. 청장년기를 영주에서 지내면서 당나라의 대외정책의 약점을 잘 알고 있던 대조영이 이 기회를 놓칠 리 없었다. 대조영이 돌궐과 손을 잡은 것은 배후에서 돌궐을 뒷받침하여 당나라와 겨루게 하고 새 왕국 건설의 시간적 여유를 얻는 한편 국제적 고립에서 벗어나 호전적인 돌궐의 명분 없는 동침(東侵)을 사전에 방지하려는 외교적인 포석이었던 것이다.

중국인의 전통적인 대이민정책(對異民政策)이었던 「야만민끼리 싸움을 붙여 야만민의 세력을 꺾는다」는 이른바 이이제이(以夷制夷)의 간계를 뻔히 알고 있는 대조영의 이 외교적 포석은 마침내 적중하고야 말았다. 대조영의 이와 같은 움직임을 간파한 당나라에서는 그에 대한 태도를 바꾸어 회유책을 쓰기로 하고 중종(中宗)이 복위하자 신룡(神龍) 원년(705)에 시어사(侍御史) 장행급(張行岌)을 보내어 화해를 청해 왔던 것이다.

당나라의 화해 요청에 접하자 대조영은 서슴지 않고 받아들여 그 아들 대문예(大門藝)를 당나라에 보내어 입시케 하였던 것은 국제적 고립에서 벗어나 성당(盛唐)의 찬란한 문화를 받아들여 새로 이룩된 왕국의 국기를 튼튼히 하려는 거시적인 관점에서였다.

그 뒤 당나라는 현종(玄宗)의 천선(天先) 2년(713)에 이르러 홍려경 최흔(崔忻)을 동모산에 보내어 대조영을 발해군왕(渤海郡王)으로 책봉함으로써 그의 진국(震國)은 발해국으로 부르게 되었다.

대조영이 당나라의 사슬에서 벗어났던 성력 연간에서 그가 몰(沒)

하는 719년(개원 7)까지의 20년 동안의 생애는 모험에 찬 험준한
고비로 일관하였으나, 이 시대는 또한 망국민의 기구한 운명 속에
방황하던 고구려 유민을 다시 조국광복의 역군으로 내세워 극동사의
방향을 찬란한 내용으로 전환시킨 시기이기도 한 것이다.

참고문헌

舊唐書
新唐書

출처: 大祚榮 – 滿洲에 심은 祖國光復 (韓國人物大系 1 – 古代의
      人物, 博友社 1972. pp.461-468)

金昌淑

- 대쪽같은 儒林의 義人

Ⅰ. 僞儒부터 없애자

김창숙의 90 평생을 조국광복과 독재타도 그리고 대유학자로 있게 하였던 이면에는 남다른 각고와 숨은 노력이 있었다. 원래 그의 집안은 완고한 유가였다. 그는 선조 때에 이조참판과 대사성(大司成)을 지낸 동강(東岡) 김우옹(金宇顒)의 후예이다. 김우옹은 남인이었지만 서인인 이율곡으로부터 대단한 경탄을 받았던 석학이었다.

심산 김창숙은 경북 성주군 대가면(大家面) 칠봉동(七峰洞)에서 아버지 김호림(金護林)과 어머니 장 씨와의 사이에서 장남으로 태어났다.

김호림은 젊은 나이로 세상을 떠났기 때문인지 알려진 바가 적다. 다만 그의 유기(遺記)를 보면, 당시의 시국에 대하여 남보다

한 걸음 앞서 내다보는 선견지명이 있은 듯하다. 농번기에는 서당에서 글을 읽고 있는 학우를 권유해서, 들에 나가서 일을 거들기도 하고 들에서 상놈과 함께 식사도 했다. 이것은 양반·상민의 계급이 엄격했던 당시로서는 파격적인 일이다. 불평하는 서당 학우들에게 김호림은 이렇게 타일렀다.

『오늘의 시국을 어제와 오늘에서만 근시안적으로 보아서는 안 된다. 바야흐로 천하가 크게 변동해 가고 있다는 것을 알아야 한다. 앞으로 내 말을 몇 번이고 새겨 깊이 명심하여서 처세의 방도를 새로 강구하는 것이 옳을 것이다.』

과연 몇 해 뒤에 세상은 변하여 갑오경장으로 문벌의 타파와 상민 처우에 관한 법과 제도가 차례로 공포되고 수정되기 시작하자, 사람들은 그의 아버지 김호림을 예언의 천동이라고 감탄해 마지않았다.

김창숙은 이와 같이 전통적인 유림의 후예이면서 또한 개화사상을 가진 가정에 태어났다. 그는 성질이 매우 강직하여 가식과 양보가 없었다. 어려서부터 이웃 아이들이나 다른 벗들도 함께 놀기를 꺼려했을 정도이다.

그는 여섯 살 때 글을 배우기 시작했다. 한번 배우고 난 후 하루종일 다시 들여다보는 일이 없어도 능히 외웠으며, 여덟 살 때 사서(四書-논어·맹자·중용·대학)를 떼었다. 그러나 역시 놀기에만 바쁘고 글에는 마음을 쓰지 않았으니 아버지 김호림은 그가 이렇게 학문에 태만한 것을 염려하여 벗 이대계(李大溪)의 문하에서 철저한 교육을 받도록 주선하였으나, 성리설(性理說)을 즐기지 않았기 때문에 가르침도 쉽게 전수치 못하였다. 이 무렵 그는 아버지

를 여의고, 한편 공부는 아예 팽개치고 술까지 마시는 등 행실이
아주 타락했다. 어머니 장 씨는

> 『너도 이젠 한낱 홀어미의 자식이다. 네가 선비의 집안의 종손으로
> 거상(居喪)에서 예절에 벗어나게 하니, 네 아버지 영혼이 계신다면 어
> 찌 자식이 있다고 즐거워하겠는가.』

하고 준엄하게 나무랐다. 이에 김창숙은 크게 각성하여 마음을 엄
숙히 하고, 학문에 힘을 썼다고 한다. 김창숙은 이대계 외에도 여
러 스승들(李鍾起・郭鍾錫・李承熙・張錫英)의 문하를 드나들며,
경의(經義)를 익힌 후론 느낀 것이 많았다. 그중에서도 특히 이대
계의 심설(心說)에서 많은 가르침을 얻었다.

이때(1896년경) 국제정세는 바야흐로 약육강식의 이른바 제국주
의 정책으로 식민지 쟁탈에 혈안이 된 일본의 마수가 우리나라에까
지 뻗쳐왔으나 우리나라의 조야는 이를 외면하고 성리설의 고담준
론만 전개할 뿐 구국의 급무에는 속수무책이었다.

이러한 시대 풍조 속에서 김창숙은 개탄했다.

> 『성인의 글을 읽고서도 성인의 구시(求是)라는 참뜻을 체득치 못한
> 다면 이는 위유(僞儒)에 불과하다. 오늘날 국정을 담당한 사람은 우선
> 이러한 위유부터 제거해야 그 뒤에 비로소 치국평천하(治國平天下)의
> 정책을 운운할 수 있을 것이다.』

II. 倭에 왜 그렇게 畏怯한가

1905년 일본은 5조약(을사조약)을 강제로 체결하여 통감 정치를 폈다. 이때 심산 김창숙은 스승 이대계를 따라 서울로 올라와 을사오적(乙巳五賊－李完用·李址鎔·朴齊純·李根澤·權重顯)을 처단하라고 상소했으나 묵살당했다. 울분을 금치 못한 이대계는 만주로 망명하고, 심산은 귀향했다. 나라의 운명이 결정적으로 기울어지자 항일운동단체가 많이 나왔으나 그 가운데 안창호 등을 중심한 「신민회」, 김가진(金嘉鎭) 등을 중심한 「대한협회」가 두드러졌다.

신민회가 적극적인 비밀결사로서 배일구국운동에 선봉을 선 데 대하여, 대한협회는 다소 온건한 애국운동의 성격을 지녔으므로 일본의 직접적인 탄압을 벗어나 지구적인 단체로 성장하였다. 회원이 무려 4, 5만을 헤아렸으며, 친일 분자를 타도하는 데 앞장을 나섰는데, 심산은 그 일익을 담당했다. 심산은 동지(李德厚·朴議東·金元熙·李晉錫·都甲模·李恒柱·崔羽東·裵相洛)와 모의한 끝에 성주(星州) 향사당(鄕射堂)에 대한협회 지부를 세웠다. 총무직에 추대된 그는 연설을 통하여 동지들에게

『구습을 혁신하여야 하며 구습을 혁신하려면 우선 계급을 타파하지 않으면 안 된다.』

하고 불같은 의기를 뿜으니 박수갈채와 동시에 질성노매(疾聲怒罵)의 소리가 엇갈렸다. 그는 노매하는 자에게 다시 이렇게 외쳤다.

『일본경찰들은 칼을 겨누고 문 앞에 있으니 이는 곧 강도행위가 아

니고 무엇인가. 강도를 공손히 맞아들이려는 그 이유가 나변에 있는
가. 바른 말을 외치는 나에게는 그렇게 용감하면서 왜놈에게는 그렇게
외겁(畏怯)한가. 그 용맹을 저 바다 건너에서 온 오랑캐와 그들과 결
탁하는 무서운 도둑을 몰아내는 데 이용(移用)할 용의는 없는가.』

한편 일본의 앞잡이인 일진회(一進會)의 역당 송병준(宋秉畯)·이
용구(李容九)는 1909년 일본인 통감 〈이토오-伊藤博文〉의 사수를
받아 한국조정과 일본정부에 대해 한일합방론을 상소의 형식으로 제
기했다. 그러나 대세가 기울어진 뒤라 한국인은 호소할 길이 막히고
「벙어리 냉가슴 앓듯」할 뿐이었다. 이때를 당하여 김창숙은 분연히
일어났다.

『이런 역적들을 치지 않는 사람 또한 역적이다.』

라고 격문을 써서 일향에 고하니 많은 사람들이 심산의 뒤를 따랐
다. 그는 성주 향교에 모인 70여 명에게 간곡히 호소했다.

『우리들은 모든 힘을 다하여도 이들 역도들과 겨눌 힘과 방도가 없
을 뿐만 아니라, 위로는 조정에서마저 유생들의 상소를 불허하니 우리
가 토역할 수 있는 길은 중추원(中樞院)에 건의하는 도리밖에 없다.』

이 호소는 모든 사람의 즉각적인 지지를 받았으나 그가 소매 속
에서 꺼낸 건의서는 내용이 신랄·가혹·과격한 것이었다. 이것을
본 사람들은 찬부의 결정을 못 내렸다. 그래도 김원희·이진석·최
우동 등 세 굳건한 동지들의 서명은 얻었다. 건의서가 중추원에 보
내지고 신문에 보도되자 일본인은 물론 세간의 놀라움과 그 반향이
대단히 컸다. 일본헌병(星州日本憲兵分遣所)은 체포령을 내려 심산

등 네 명을 일시에 구속했다. 이로써 김창숙의 파란 많은 구국에의
가시밭길이 펼쳐지기 시작했다.

이때 성주 일본헌병소장 〈아시다－廬田彌之介〉는 심산에게 회유
의 말을 하기를

　　『현하의 국제정세를 관망해 볼 때 한국의 정치·경제는 극도로 피폐되
　어 파탄의 지경에까지 빠졌다. 일본의 보호와 원조 없이는 도저히 자립
　하기 어려운 실정에 처해 있으므로 이러한 상태에서 한국을 구해내기 위
　한 최후의 수단으로 송병준·이용구 등이 한일합병을 제창한 것이다.』

라고 말하니 그는 더욱 격노를 금치 못했다.

　　『만약 일인들이 송병준·이용구 등을 가리켜서 대세를 정시한 달사
　(達士)라고 본다면 나는 일본의 운명도 멀지 않을 것으로 본다. 미국
　과 같은 강국이 많은 병력과 새로운 무기를 동원함으로 해서 마침내
　일본의 운명이 촌각에 달렸다고 할 때 「미일합방론」을 들고 나서는 사
　람이 있다면 이것도 대세를 올바르게 판단할 수 있는 안목을 가진 달
　사로 볼 것인가.』

　심산은 또 성주 경찰서장 〈우에다－上田憲〉의 강압적이고도 혹독
한 문초를 받았으나 역시

　　『우리들의 굳건한 결심은 너희들의 하찮은 위협이나 공갈로 변경시
　킬 수가 없다.』

고 하였다. 이튿날 다시 아시다 헌병소장에게 인계되었으나 심산의
소신은 시종여일 굽혀지지 않았다. 그리하여 금족령까지 받았으며
그때부터 심산의 뒤에는 항상 경찰의 밀정이 그림자처럼 따랐다.

심산은 1909년 이 사건으로 8 개월간의 옥고를 치러야만 했다.

일본이 한국을 병탄(1910)하자 정성을 기울이던 사립성명(私立
星明)학교가 문을 닫게 되니 그는 실의에 빠지다가 겨우 마음을 가
다듬고 독서로 소일했다.

Ⅲ. 光復을 向한 一以貫之

(1) 儒林의 長書를 품고 上海로

1919년 1월에 고종황제가 붕어, 그 국상을 기해서 3·1운동이
일어났다. 심산은 독립선언의 거사를 위해서 성태영(成泰英)으로부
터 상경하라는 연락을 받고 25일에 상경했다. 3월 1일, 그는 성태
영·김정호(金丁鎬) 등 십수 인과 더불어 11시부터 탑골공원 북문
을 지켰다. 정각 2시 드디어 독립선언서는 낭독되고 만세삼창이 천
지를 뒤흔들었다.

그러나 독립선언에 서명된 민족대표 33 인 중에는 유림이 하나도
없었다. 그것은 유교의 정통을 고수한 나머지 천도교·기독교·불교
인들과의 병렬(並列)을 피했기 때문에 거사에는 참여하되 서명은 보
류한다는 것이 당시 유림들의 입장이었다. 그러나 이유야 어떻든 간
에 유교와 유림단의 서명이 독립선언문에 빠졌던 것은 그들에게 있
어 참으로 침통한 일이 아닐 수 없었다.

함께 동행했던 김정호가 심산을 붙들고 울음을 터뜨리자 구경삼

아 웅기중기 모여 섰던 군중들은 그들이 유림단임을 알고 야유를
퍼붓는 것이었다. 야유를 받으면서 김창숙은 김정호와 마주 앉아
말했다.

『이번에는 우리나라의 사정을 밖으로 호소하는 국제운동을 펼침이
어떨까 하오. 그러려면 우선 대외 선전기관을 창설하고, 안으로는 손
병희 등과 제휴하여 국내운동을 펼쳐야 하며, 세상 없어도 이번 파리
강화회의에는 우리 유림대표를 파견하여 국제적인 여론을 일으켜 한국
의 독립을 인정받게 해야겠소.』

구체적인 행동을 옮기는 방안으로, 우선 거유(巨儒) 곽종석·전
우 등을 추대하고 그들과의 연락을 자기들이 맡는 한편 안창호 등
과의 연락은 이관명(李觀命)·유만식(柳萬植)에게, 허계(許溪)·임
천(臨川)과의 연락은 이중엽(李中葉)에게 맡기도록 작정했다. 그리
하여 전국을 총망라한 유림단을 구성하여서 거족적인 운동을 전개
하는 한편 파리강화회의에도 3,4명의 대표를 선발하기로 했다.
3월 3일 심산은 김정호를 동반하고 이중엽과 유만식을 각각 찾
았다. 이중엽은 흔연히 승낙했지만, 유만식은 이미 다른 계획을 세
우고 있었다. 즉

『국상 때 융희황제가 3년복을 채 아니하고 기년(朞年)으로 단상(短
喪)하려 하니 이것은 만세예경대의(萬世禮經大儀)에 비춰 봐도 필히
용납될 수 없는 일이므로 많은 유림을 규합, 융희황제께 상소하자.』

는 것이었다. 심산은 유만식을 향해

『어찌 그것이 융희황제의 뜻인가. 일본의 강압적인 의사에 따른 이

풍이속(移風移俗)에 불과한 것임은 지자(智者)가 아니더라도 능히 알 일이다.』

라고 하였으나, 이미 진행 중이므로 어쩔 수 없다는 것이다. 심산은 발길을 돌려 유준근(柳濬根) 김정호를 만나, 유준근을 전라도의 전우에게, 이중엽을 충북과 강원도로 각각 보내고, 심산 자신은 고향인 경북으로 가기로 작정했다.

그는 다음날 서북의 여러 도와의 연락을 위해서 동지(尹忠夏·李憲敎·李鉉德·金槐叔)들을 만나 거사를 협의했다. 파리강화회의에 보낼 서한은 장회당(張晦堂)이 초고, 곽종석의 개고를 거쳐 완성되었는데, 이것은 모두 심산의 주선에 의해 이루어진 것으로 보인다. 그는 초안을 받는 자리에서 곽종석으로부터 훈령을 받은 일이 있다.

이후로 유림운동의 모든 책임이 군의 양 어깨에 내렸으니 군은 모름지기 천만자중(千萬自重)하여 매사를 어린 싹을 보호하듯 하라. 그리고 운동방책에 관해서는 해외에 파견할 책임자로는 군이 가장 적임자로 보이니 군이 수석대표가 되고, 군의 보좌로는 이현덕(李鉉德) 군을 보내겠으니 현덕 군과 더불어 불일 파리로 출발하여야 한다. (중략) 행동방안에 대해 계속해서 중국이나 노령(露領) 및 미주(美洲) 각지에 있는 지사들(李東寧·李始榮·李承晚·朴殷植·安昌浩)과 협의할 것. 중국인 손일선(孫逸仙)·이문치(李文治)·이대계(李大溪)·육훈신(陸勛臣)을 만나 중국 국민당과 제휴하여 북경 또는 상해에 확고한 근거지를 탄탄히 하고 국내외의 비밀연락을 취해야 한다.

김창숙은 이와 같은 곽종석의 권유를 받은 바 있다. 이번 거사에는 영남·기호 등지에서 137명의 대표가 서명했다. 이에 심산은 해외사정에 밝은 박돈서(朴敦緒)를 대동하고 일본관헌의 감시를 피해(副代表 李鉉德을 기다릴 새 없이) 24일 용산역을 떠나 중국행 기차에 올랐다. 한편 그는 봉천(奉天–지금의 瀋陽)에서 주한(駐韓) 중국 공관에 있는 이덕위(李德委)의 협조를 얻어 본국으로부터 보내온 자금을 받게 되었다.

이때부터 그는 일본관헌의 감시로부터 자유로이 행동을 하기 위하여 중국에서는 중국모자와 중국옷으로 갈아입었다. 상해에 닿은 것은 3월 28일 정오였다. 그는 이곳에서 이미 와있던 애국지사(李始榮·曹成煥·申圭植·趙琬九)와 만나 파리로 가는 문제를 협의했다.

그러나 이때는 이미 우리대표로 파리평화회의에 김규식(金奎植) 등이 가 있다는 점, 그리고 그의 일행이 갈 여비가 반액(소요 여비 15만 원 중에서)밖에 되지 못한다는 점에서 파리로 간다는 것은 문제가 아닐 수 없었다. 이동녕·조성환·신채호 등이 참석한 2차 회합에서는 여비가 거액이어서 상해에서는 그 조달이 막연하고 본국과의 연락은 시일이 요하므로 부득이 중지할 수밖에 없다는 결론에 이르렀다.

파리평화회의에 보낼 이른바 「파리장서(長書)–儒敎徒呈巴黎和會書」는 김규식을 통하지 않고 상해에서 직접 평화회의의 의장 앞으로 우송하는 편법을 택하기로 결정되었다. 윤현진(尹顯振)에 의하여 영역된 서한을 그가 3천 부를 인쇄하여 파리평화회의 의장과, 파리에 있는 우리 대표부 그리고 국내 및 외국기관에 모두 우송했다. 이에 일제는 유림에 대해 대투옥사건을 벌였던 것이다. 김창숙의 주변인물, 스승과 교우는 물론 곽종석 이하 파리장서에 연서한 137명이 모두 투옥되었다.

　　이 중에는 심한 고문에 이기지 못하여 郭鍾錫을 비롯한 柳必永·河龍齊·金福漢 등은 옥사. 연서한 137명 이외에도, 이 운동에 가담했

던 여러 사람 중 안동의 李中葉, 거창의 郭大淵, 서울의 兪鎭泰·李德
委, 대구의 崔海潤·趙重憲·李潤·金佑林, 공주의 林敏鎬, 원주의 成
泰英, 영주의 李敎仁·李弼鎬, 합천의 尹中洙·裵錫夏, 창원의 金昌澤,
영천의 安鍾然도 옥고를 치렀다.

(2) 臨政一員으로 중국 要人과 접촉

1919년 4월 10일 10시, 상해 법조계에서 임시정부 의정원(議政
院)을 조직, 제1회 임시의정원회의가 열렸다. 이로써 대한민국 임시
정부는 수립되었다. 제1회 임시의정원 회의에 참석자는 다음과 같다.

金東三·孫貞道·申翼熙·曺成煥·李光洙·崔謹愚·白南七·趙素昂·
全大地·南亨祐·李會榮·李始榮·李東寧·趙琬九·申采浩·金　徹·
鮮于爀·韓鎭敎·秦熙昌·申　鐵·李漢根·申錫雨·趙東珍·趙東祐·
呂運亨·呂運弘·玄彰運·玄　楯

김창숙은 임시정부 초대 의정원 의원으로 피선되었는데 특히 그는
국내 유림과의 연락임무를 맡게 되었다. 당시 임시정부로서는 독립
운동을 하는 데 있어 무엇보다 중국의 협조를 필요로 했다. 김창숙
은 앞서 곽종석으로부터 중국의 현직 참의원(參議員)인 이문치(李
文治)를 소개받는 것이 현명하다는 권유를 받은 바 있었기 때문에,
그는 이에 광동(廣東)에 있는 이문치를 찾아가서, 자기와 곽종석과
의 관계를 밝히고 중국에 망명하게 된 동기를 설명하고 나서,

『앞으로 우리나라의 독립운동에 대해 협조를 바란다. 우선 손문(孫
文)을 비롯한 중국의 지도자들과 손을 잡을 수 있도록 주선해 달라.』

고 간청했다. 어느 날, 김창숙이 거처하는 곳으로 중국 상의원(上議員) 능월(淩鉞)이 찾아왔다. 언어가 잘 소통되지 못했기 때문에 필담을 통해, 능월은 자기소개를 이렇게 했다.

『이문치(李文治)는 내가 존경하는 선배이므로 매우 친숙한 사이인데, 얼마 전에 띄운 선생(心山)의 편지를 본 다음 일간 찾아오려고 했으나 항상 국사에 시달려 조금도 여가를 낼 수 없기 때문에 부득이 대신 왔습니다.』

그리고는 할 수 있는 대로 모든 편의를 보아 드리라는 부탁을 받았다고 덧붙였다. 그 후 능월이 베푸는 회식과 심산이 답례하는 회식의 자리에서는 손문(孫逸仙)과의 회견 교섭이 싹텄다.

손문은 1911년 신해혁명(辛亥革命) 이후 초대 임시 대통령으로 피선되었으나, 제2혁명 다음에 정권은 원세개(袁世凱)에게 넘어갔다. 원세개는 독재화하고 손문의 국민당에 압력을 가하였지만 국민의 신망을 얻지 못하여 제3혁명으로 원세개는 실각되었다.

이처럼 중국의 정권이 엎치락뒤치락 교체되는 실로 복잡다단한 때에 손문은 북벌군(北伐軍) 사령부를 설치하고, 몸소 총리 겸 북벌군 대원수가 되어 국부(國父)라는 경칭을 받으면서 반동적인 북경정부를 공격할 준비를 갖추고 있었다.

이때 김창숙은 손진형(孫晋衡)과 함께 손문을 찾아갈 수 있었다. 그는 3·1운동, 유림의 「파리장서」 사건과 일제의 잔학무도한 폭정에 대해서 말한 다음 임시정부 수립 이래의 사정을 설명했다.

손문은 자세히 듣고 나서

『세계 대세와 비교하더라도 동양의 한국은 흡사 유럽의 전단(戰端)이 항상 발칸부터 비롯하므로 〈발칸〉이 불안하고는 유럽의 평화가 있을 수 없듯이 동양의 발칸은 한국인 것입니다. 우리 중국인들이 한국의 독립을 원조하는 것은 실상 우리 중국의 독립을 위해서 하는 것이기도 합니다.』

라고 전제하고 나서 다시 다음과 같이 말을 이었다.

『광동(廣東)에 있는 참의원·중의원, 양원의 의원들과 협의하고 앞으로 국민당 동지와 제휴해서 양국 혁명운동의 진행방법을 강구하면 어떨까 합니다.』

심산은 광주에 도착하여 국민당 지도자의 하나인 이문치의 집에 거처를 정했다. 광주에서 그는 남경정부의 외무부 차관 오산(吳山), 그리고 능월, 참의원 의장 임삼(林森), 중의원 의장 오경렴(吳景濂), 동 부의장 저보성(褚輔成) 등과 만났다.

이로부터 그는 중국의 정계·군벌·교육계의 각층 지도자와 접촉하는 것이 유일한 일과였다. 그중에도 가장 두드러진 유력한 실력자는 다음의 인물들이었다.

군정부 총재(總宰) 오정방(吳廷芳), 참모총장 이열균(李烈鈞), 참의원 의원 주염조(朱念祖)·장추백·이증경(李曾庚), 중의원 의원 황원백(黃元白)·경정성(景定成), 조폐창장 공정(龔政), 진(陳)교육회장, 조(趙)성장 등이다.

그는 이와 같은 각계 요원과 그 밖의 수많은 저명인사들과 사귀면서 조국의 독립에 힘이 되고자 임시정부의 요원들과 횡적인 관계를 가지며 동분서주하였다.

그러던 어느 날 오산(吳山)·능월·이문치가 함께 그를 찾아왔다.

『우리들은 「한국독립후원회」를 결성코자 하는바, 그 뜻은 이미 참·
중(參·衆) 양 의원으로부터 제창된 바 있다. 이에 군정·교육 각 방
면의 적극적인 호응을 받았다.』

라는 소식을 전해왔다. 얼마 후에 드디어 「한국독립후원회」가 결성
되었던 것이다.

1930년 3월 중순경, 오산(吳山)과 능월이 함께 그를 찾아와서

『한국독립후원회에서 그동안 모은 의연금을 우리들의 손을 거쳐 이
문치에게 수교했다. 그 액수가 이미 20여만 원 이상에 달했는데, 또
이문치 자신도 직접 모금한 액수가 10만 원이 되었다.』

고 전했다. 그러나 중국의 정국(政局)은 미묘한 바가 있었다. 그해
3월 광동군정부의 참모총장 이열균이 그의 부하 이근원(李根源)과
정견이 대립되어 전쟁으로 번지고, 드디어 4월 초에는 국민당 군정
부가 완전히 이열균의 손에 들어가고 말았다. 광동군정부의 요인과
참의원·중의원 요인들은 모두 상해나 홍콩으로 달아나 버렸다.

광동군정부가 해체되고, 독립후원회 회계위원 이문치도 행방이
묘연한 상태였다. 이에 김창숙의 그간의 노력은 모두가 수포로 돌
아갔다. 그는 실망을 안고 상해로 돌아오는 수밖에 없었다. 항상
재정난에 봉착했던 임시정부로서는 큰 타격이 아닐 수 없었다.

(3) 信託統治의 妄倡을 탄핵하며

상해에는 또한 큰 소용돌이가 기다리고 있었다. 3·1선언이 있기
직전에 이승만이 숨겨둔 「신탁통치 청원서」가 북미에 있는 동포의

통신에 의하여 상해임시정부에 알려졌다. 조선민족 대표단 이름으로 미국 대통령 윌슨 앞으로 낸 이 청원서의 내용은

『독일 영토를 영국과 불란서 양국이 위임 통치하듯이 우리나라를 위임 통치해 달라.』

는 것이었다. 심산은 유진태(兪鎭泰) · 신채호 등 여러 동지들과 상의한 뒤에

『이승만이 조선민족대표단 이름으로써 미국의 노예되기를 원한 것인즉 우리 독립운동사 상 큰 치욕을 끼친 것이니, 곧 이승만에게 그 청원서를 취소하는 동시에 전 민족에게 공개사과를 하도록 하라.』

고 이승만에게 요구했다. 그러나 이런 요구에 대하여 이승만으로부터의 회답은 전연 없었다. 분노한 신채호 · 유진태 · 김창숙 등은 「이승만 대통령 탄핵」을 준비했다. 그런데 이동녕 · 이시영 · 김구 · 안창호 등 여러 사람은

『이런 성토로써 문제가 대두되면 임시정부가 붕괴될 위험성이 많다.』

하여 일제의 압정에서 독립을 탈취하는 것만이 시급하므로 대를 위하여 소를 덮어두자는 의견에 따라 탄핵만은 잠시 주춤하였다. 그러나 묵과할 수 없다고 본 김창숙 등은 우선 연서로 성토문을 내기로 했다. 그 내용은

『이승만이 민족대표의 이름으로 발한 청원서의 내용은 민족전체의 소망이 아니요, 이승만의 의사에 불과하니 그의 효력이 국내외에 미쳐

　서는 안 된다.』

고 이승만의 행위를 규탄하는 것이었다.

　이러한 소용돌이 속에서 임시정부 내부에는 이승만 반대파와 그를 따르는 파로 갈라졌다. 이승만을 따르는 측은 슬픈 일이나 이 사실을 확대하지는 말자는 것이었고 반대파는 아무리 사건을 안에서 무마하려 애쓰고 또한 실상 망명하여 광복운동에 몸을 던진 동지들끼리의 충돌과 분열이란 타국인에게 조소를 살 만한 일임을 모르는 바 아니었지만, 기왕 드러난 문제이므로 재판을 하자는 것이었다.

　이승만 사건은 드디어 재판에 넘어가 나창헌(羅昌憲)이 검사가 되고 최창식(崔昌植)이 재판장이 되어 탄핵재판소가 개정되었다. 검사는 위임 통치를 망창(妄倡)한 죄명으로 이승만을 기소하였으며, 따라서 대통령직도 파면선고를 내렸다. 그 후 미국의 윌슨 대통령에게 보낸 위임 통치를 희망한 이승만의 청원서가 취소되었는지는 몰라도 표면상으로는 잠잠해졌다.

　10월 중순쯤의 어느 날 뜻밖에도 오산(吳山) 등이 그를 찾아왔다. 그는 이들을 우리 임정 요원들에게 소개하고 광동군정부의 외교총장이던 서겸(徐謙)이 마침 파리에서 돌아왔으므로, 김창숙은 마침내 「중한호조회 – 中韓互助會」를 만들었다. 그는 무력적인 투쟁과 아울러 언론을 통한 투쟁이 효과적인 것에 착상하였다. 그래서 또 어느 날 중국의 재벌로 알려진 임복성(林福成)을 찾아가 언론기관을 창설해서 중한혁명정신을 고취시킴을 권유해서 「사민일보 – 四民日報」를 발간케 했다. 임복성이 사장이 되고 백암과 박병강(朴炳疆)은 편집인이 되어 일을 시작해서 중국뿐만 아니라 유럽 일대까지 우송하고 우리나라에도 2천 부(3만 부 중)를 우송했다. 심산은 북경에서 또 신채호가 발간한 「천고 – 天鼓」의 편집인이 되어 날카로운 붓을 들어 민족정신을 고취시켰던 것이다.

(4) 國民議會 조직에 參與

불운한 가운데 역경과 온갖 고초를 감수해야 했던 민족주의자들의 독립운동이 전개되는 마당에 또한 분열이 생기었다. 이동휘・여운형・안병찬(安秉瓚)・김두봉 등의 좌경이다. 이동휘는 상해를 무대로, 안병찬은 〈일크츠크-Irkutsk〉를 근거지로 공산당을 조직하였다.

사상적인 대립은 물론 공금사취도 분열 원인의 하나였다. 상해 임시정부와 소련정부 사이에 3천만 원 차관이 협정되었는데, 이를 놓고 당시 국무총리인 이동휘와 그 비서였던 김립(金立)에 대한 의혹사건이 전파되자 소련과의 차관협정은 완전히 깨어졌고 국제적인 체면은 땅에 떨어졌다. 따라서 여러 파벌로 나누어져 한 가지 일을 결정할 때도 좀처럼 의견의 합치를 가져오지 못했다. 심산은 악화상태를 완화시켜 보려고 노력했으나 파쟁은 그치지 않았고, 중국 전역과 소련 일대에 있는 동포들 간에 불신을 사게 되었다.

이러한 상황에서 현 정부를 개조하자는 측과 새로이 조직하자는 창조론이 제기되어 마침내 국민대회를 소집하게 되었다. 개조파에는 이동녕・이시영・김구・조완구 등을 들 수 있고, 창조파로는 김동삼(金東三)・안창호 등이었다. 창조파의 주장에 따라 국민의회를 새로 조직하고 김동삼・안창호 등을 비롯하여 30여 명의 대의원을 선출하게 되었는데 김창숙도 대의원으로 피선되었다.

장차 블라디보스톡에 임시정부를 설치키로 합의를 보고 김창숙 역시 그곳으로 가도록 되었으나 블라디보스톡이 지리적으로 입지조건이 마땅치 않았던 까닭으로 그는 이를 거절했다. 창조파 역시 서로 보조의 일치를 보지 못해 해체해 버리고 말았다.

심산은 이시영의 형인 이회영과 앞으로의 문제를 의논하여 장차의 독립운동을 농지 개간·교육 등 실력을 양성해 놓은 다음, 시기를 기다려서 거사함이 가장 좋겠다는 것으로 뜻을 모아 중국 정계 요인과 친분이 두터운 김창숙이 앞장서서 자금을 마련키로 하였다. 이에 심산은 중국 참의원 이몽경(李夢庚)을 찾아 원조를 청했더니

『열하(熱河)의 정권이 풍옥상(馮玉祥) 장군의 손에 달려 있다.』

고 말하는 것이었다. 이에 이회영이 다시 전 외교부 총장이었던 서겸(徐謙)을 통해 풍옥상에게서 비옥한 유원(綏遠)·포두(包頭) 등지의 땅 3만 정보를 얻는 데 성공하여 이 땅을 개간하게 되었으나, 개간 및 이주에 소요되는 자금을 마련할 길이 없어 고민거리가 아닐 수 없었다.

이때 마침 서울에서 곽종석의 문집을 간행하기 위하여 국내 여러 인사들이 서울에 모이게 되었다는 소식을 전해 들었다. 심산은 절호의 기회라 믿고 송영호(宋永祜)를 먼저 귀국시키고 이봉노(李鳳魯)로 하여금 호신용 권총 2 정을 구입케 하고, 이를 김화식(金華植)으로 하여금 휴대시켜 귀국케 하였다. 이번 모의는 출동되는 인물 이외에 신채호밖에는 몰랐다. 심산은 이 일을 진행시키기 위하여 아들에게도

『북만주 등지에 일이 있어 간다.』

고만 하고서 준비가 끝난 8월 초순 북경을 떠나 귀국길에 올랐다. 길림(吉林)에 내린 그는 변장을 하고 안동까지 기차로 온 다음 도

보로 압록강 철교를 넘었다.

서울로 다시 온 그는 적선동 어느 깊숙한 골목집에 하숙을 정해 놓고 곽윤·김황(金榥)·송영호·김화식 등 네 사람에게만 거처를 알렸다. 그는 도착 즉시 선발대인 송영호와 김화식을 불러서 「면우집－俛宇集·곽종석 文集」 간행소로 보내 곽윤과 김황을 불러와서 귀국한 뜻을 말했다. 당시 모금을 주선한 인사들은 다음과 같다.

곽 윤·金 榥·孫晋洙·孫厚益·金昌百·李吉浩·하장환·정수기·
이호대·金華植·宋永祜·李源泰·李在洛·金憲植·李永春·李壽麟·
洪 默·李棟欽·李棕欽

그러나 모금은 김창숙의 계획액보다는 절반도 못 되었다. 그것은 부호들이 모금 요청에 응하지 않아도 결코 나쁜 결과가 생기지 않을 것이라는 단정을 하여서였다.

그는 8개월이란 오랜 시일을 두고 모은 돈이기는 하지만 개간사업에 쓰기에는 너무나 적은 액수여서 의열단 결사대에 이 돈을 주어 일제 침략기관의 파괴와 친일파 부호들을 박멸함으로써 민족정기를 앙양해 볼 속셈이어서 다시 중국으로 향했다.

(5) 「東拓」과 「殖銀」 폭파를 主導

1926년 4월 상해에 도착한 그는 이동녕과 김구를 만나 국내의 여러 가지 일들과 정세를 소상하게 알려 주고 국내 인심의 퇴폐를 시정할 수단으로

『국내에서 구해 온 금액으로써는 만주의 개간이 어려우니 차라리 이
돈을 청년결사대에 내주어 무기를 지니고 귀국한 뒤, 왜인의 기관을
습격하고 친일파 부유층을 박멸하여 잠잠해진 민족혼을 일깨워 줌으로
써 겨레의 사기를 고무시켜야 하겠다.』

는 뜻을 밝히자 김구도 이를 찬성했다. 이에 그는 김구의 의견에
따라 유자명에게 폭탄과 권총을, 그리고 기타 무기의 입수에 필요
한 자금을 내주었다.

그리하여 5월 초순 유자명・한봉근(韓鳳根)・유우환(柳友環) 등
의 조력을 받아 폭탄 세 개, 권총 일곱 정, 실탄 490 발을 구하여 유
자명과 나누어 휴대하고 북경으로 떠났다. 거기서 김구가 말하던 나
석주(羅錫疇)와 이승춘(李承春) 등을 만나 무기와 비용을 내주면서

『제군늘이 생명을 초개와 같이 가볍게 알고 의리를 태산같이 무겁게
취하는 기개와 정신은 후일에 길이 빛날 것이오..』

라고 격려하며, 12월 24일에는 그들 가운데 나석주만을 우선 선발
대로 고국에 보냈다.

나석주는 12월 26일 인천항에 도착, 중국인 20여 명과 인천 지
나정 38번지 중국여관 원화관에 묵고 8시 40분 서울행 열차로 드
디어 서울에 당도했다. 나석주는 28일 오전에 「동척ー東拓」과 「식
은ー殖銀」 두 곳을 찾아가 현장을 확인했다. 28일 2시에 드디어
일제의 흡혈(吸血) 본부인 식산은행과 동양척식회사(東洋拓殖會社)
에 폭탄을 던져 파괴했고, 또 권총으로 척식회사원과 일본경찰 일
곱 명을 사살하고, 자신의 가슴을 쏘아 자결했으니, 이로써 깜박이
던 민족의 의식과 항일 정신은 다시 전국에 불붙기 시작했다.

깜짝 놀란 일본경찰은 보도를 관제하고, 범인의 배후 수사를 편 자가 무려 1만여 명, 통신 조회가 2백 회가 되었으나 백주에 돌발한 사건이어서 오리무중일 수밖에 없었으며, 이것으로 보아 중적을 무찌르고 산화(散華)한 사람으로는 나석주를 첫째로 꼽지 않을 수 없다.

당시 상해임시정부는 1926년부터 종래의 임원이 정비되어 실정에 알맞지 못한 제도와 정책 등의 개혁에 착수하였다. (주동인물로서는 이동구·김구·윤기섭·이규홍(李圭洪)·오영선(吳永善)·김갑(金甲)·김철) 12월 27일에는 의장에 이동녕, 부의장에 김창숙이 선출되었다.

그간 국내에서는 김창숙이 국내에 잠입하였을 때 군자금을 조달해 간 것이 탄로되어 전국적으로 6백여 명의 유림이 검거되었다. 이는 「파리장서사건」 이후 두 번째 겪는 수난이다. (경북경찰서 수감자 : 손후익·김황·하장환·강필·김뇌식·이기원·이재락·김창근·김홍기·이원태·권상경·송영호·김화식)

일본경찰은 이러한 사건들이 모두가 김창숙의 배후조종이 아닌가 하고 신경을 곤두세울 때, 공교롭게도 그는 치질이 악화되어 상해 공제병원에서 수술을 받았다.

공제병원은 당시 영국인의 병원이었기 때문에 신변도 안전할 것으로 알았다. 그러나 어느 날 유세백(劉世佰)과 박겸(朴謙) 두 사람이 문병차 다녀갔다. 이 두 사람은 항주에 있을 때와 상해에 있을 때, 그가 의식(衣食)을 제공하고 있던 터라 배신할 줄은 몰랐다. 이들이 다녀간 불과 몇 시간 후인 이튿날 새벽 영국인 경찰 한 사람이 일본 총사령관 소속 형사 여섯 사람을 데리고 느닷없이 병실에 들이닥쳐 영국총영사가 발행한 체포영장을 불쑥 내밀며 심산을 체포해 갔으니 이날이 바로 1927년 5월 11일의 일이다.

심산은 일경에 체포되어 병상에 누운 채 상해에 있는 일본영사관 감옥에서 8일, 〈나가사키-長崎〉와 〈시모노세키-下關〉를 경유, 부산형무소에 수감된 지 사흘 만에 앉은뱅이가 되도록 고문을 받았다.

대구에서 재판에 계류되어 있을 때 그의 심정을 읊은 다음의 시에서 당시의 정황을 짐작할 수 있다.

> 병든 몸 구차히 살려고 안 했는데
> 달성 감옥에 몇 해를 묶여 있구나
> 어머니 가시고 아이는 죽으니 집은 망했고
> 아내는 흐느끼고 며느리는 통곡하니 꿈결에도 놀라는구나
> 病夫非是苟求生
> 豈料經年繫達城
> 母沒兒亡家已覆
> 妻啼婦哭夢猶驚

그러나 이처럼 악랄한 고문에 추호도 굽히지 않은 채 1년 이상 끌어오던 이 사건은 결국 「살인 및 폭발물취체(大正 8년 제정 법령 제7조) 위반」 등의 혐의로 기소되어 무기징역으로 구형되었다가 1928년 10월 19일 대구 지방법원 제2호 형사법원에서 변호인 한 사람 없이 비공개 재판 끝에 14년으로 언도되어 대전형무소에 이감되었다.

그러나 7년을 지난 1934년 9월에 병세가 악화되어 형이 정지되어 대구병원과 남산동 집으로, 1936년에는 일양사(日楊寺-울산)로 전전하며 요양하다가 1940년 62세 때에 비로소 고향으로 돌아올 수 있었다.

형이 정지되고 앉은뱅이가 된 불구의 몸이었지만, 일제에 항거하는 기개는 누구에게 비할 바 없었으며, 민족 말살의 하나로 창씨

(創氏)를 강요당했으나 그는 완강히 거부하고 고령임에도 불구하고
비밀지하조직에 가담하여 1945년 8월 초에는 「건국동맹 남조선책」
으로 항거하니 다시금 일본경찰에 구금되었다. 심산의 끈질긴 항일
투쟁은 전생을 거의 바쳤다 해도 과언이 아니었다.

1945년 8월 15일 정오, 한국인 간수 한 사람이 그가 갇힌 감방
에 들어와

『오늘 돌연 정전이 됐다고 밖에서 야단이다.』

라는 소식을 알렸다. 심산은 좌중을 향해 외쳤다.

『이것은 반드시 일본의 패전을 의미하는 것일게요.』

(6) 民主共和國이냐 警察國이냐

심산은 서울로 오던 중 대구에서 여운형과・안재홍 등이 「건국준
비위원회」 조직을 서두르고 있다는 소식을 들었다. 서울에 도착하
자마자 제일 먼저 찾아온 사람이 여운형이었다. 그는 준비의 진행
과정과 실황 등에 대하여 상세히 알려줬다. 지도자가 없는 혼란기
로서 각파 정당이 무려 60여 개가 출현되었음을 알았다. 또 공산당
(朴憲永・李觀述・李英・崔益煥 등)까지 끼어들어 정계는 일대 난
맥상이었다.

호서・영남 인사들이 많이 모여 「민중당」을 조직하고 당수로 그
를 추대하면서 매일같이 취임을 촉구하였다. 그러나 심산은 완강히
거부했다.

『국가의 강토를 완전히 회복하지 못하고 정부도 서지 못한 이 마당에 정당의 난투가 이같이 치열한가. 나를 당수로 추대하겠다지만 나는 허영에 움직이어 당수에 취임함으로써 많은 정당들과 난투하여 실신부국(失身負國)하는 사람이 되고 싶지 않다.』

이렇게 그는 사정(私情)과 공사를 혼동하지 않았다. 그런데 해방된 지 2주 남짓한 9월 6일 밤 여운형·박헌영·허헌 등 공산당원 수십 명이 시내 모처에서 밀회하고 「조선인민공화국」을 창립, 부서를 정했는데 이 중에는 김창숙이 고문으로 들어 있었다. 실로 하룻밤 사이에 정당도 아닌 정부가 서고 본인도 모르게 부서가 결정되는 일이 있는가. 심산은 울컥 피가 솟았다.

『이렇게 어리고 이렇게 비루한 민족이었단 말인가.』

10월 16일에 이승만이 또한 귀국하니 그로부터 갖가지 단체의 수가 급증하여 430여 개의 단체가 생기었을 때, 그는 오직 매사를 뿌리치고 초연하였다. 이승만의 인기가 올라 전 국민이 떠들썩하던 어느 날 심산을 방문해 온 한 친척이 그에게 이승만을 찾지 않는 이유를 물었다. 심산은

『허명무실이란 내가 가장 싫어하고 부끄러워하는 것이므로 구태여 단체대표란 것을 만들어 찾아가 보기가 싫기 때문이다.』

라고 심정을 밝히었다. 또 며칠인가 지난 어느 날 「민족통신」에 미국무성 극동국장의 담화문이 발표되었는데, 한국에 대하여 「신탁통치」를 실시할 것이라는 내용이었다. 심산은 상해 시절의 사건이 언뜻 머리를 스쳤다. 주위 사람들의 권고도 있고 해서 그는 이승만을

찾았다. 이승만은 웃음으로 가볍게 넘기면서

『내가 미국에 있을 때에도 이런 설이 떠돌곤 하였는데 아직 미국정부의 확정된 정책이라고는 보이지 않으니까 크게 걱정할 단계는 아니라고 보오.』

하며 일단 그 문제는 밀어 놓고는 심산을 보고

『이제 건국사업에서 가장 급한 것은 무엇보다도 재정이니 대처할 금력이 있소.』

하고 동문서답으로 화제를 돌렸다. 심산은

『돈도 없지만, 설사 돈을 얻는다 하더라도 단결도 없이 금력만 가지고 있으면 더욱 난투만 벌어질 터이고 건국사업에는 별로 도움이 되지 않을 것이오.』

라고 이승만의 물음에 항변했다.

어느 날 「서울신문사」 기자 서병곤(徐炳坤)이 찾아와서 인터뷰를 청했다. 심산은 자기의 정견을 이렇게 밝혔다.

『민족의 단결만이 제일 급선무이다. 그 단결의 방법으로서는 먼저 「조선인민공화국」을 해체하고 좌익·우익할 것 없이 모두 「대한민국임시정부」 깃발 아래로 뭉쳐 그 당면정책 14개 조항을 받아들여 실천한다면 실로 오늘의 우리 국가 민족의 다행으로 생각한다.』

이 해 12월 28일 모스크바로부터 라디오 방송에 의하여, 미·영·소 3국 외상회의의 결정에 따라 미·영·소·중 4개국이 한국에 「신탁통치」를 실시한다는 뉴우스가 전해졌다. 대한민국 임시정부에서는 즉각적으로 신탁통치를 반대하고 그 명령으로 미 군정청에 근무하던 한인들도 파업하게 했다. 그리고 반대운동에 나섰다.

김구는 임시정부요인들과 비상회의를 소집하고 혁명운동에 공로가 있는 사람을 망라하여 정부를 수립하는 일을 토의하려 했다. 그때 민중의 지도자 8 인(李承晩・金九・金奎植・金昌淑・權東鎭・吳世昌・曹晩植・洪命憙) 가운데 한 사람이 심산이었다. 그리고 정부수립의 모체기관인 최고 「정무위원」 28 인이 선출되었는데 이 중의 한 사람 역시 심산이었다.

그러나 불행히도 이 「정무위원」은 결국 〈하아지〉의 고문인 「민주의원」으로 개편 변질되고 말았다. 그는 2월 14일 미군정청 회의실에서 열리는 회의에는 불참하고, 18일 덕수궁 석조전에서 열리는 「민주의원 정무회의」에 나아가 의장 이승만을 통박했고 이어서 의원 전원에게 호소했다.

내가 오늘 여기 참석한 것은 결코 외국에 소속된 기관인 「민주의원」을 승인하려는 것이 아니오. 다만 이 박사를 대하여 나라를 그릇되게 한 죄를 성토하기 위하여 왔소이다. 귀하는 지난 2월 1일 비상국민대회 석상에서 백범과 함께 최고 「정무위원」의 위임을 받았는데, 마침내 「민주의원」을 조직하고 이를 하아지 장군의 자문기관이라고 발표하였으니, 귀하는 국민회의 위임을 어디다 두고 이처럼 국민을 기만하는 행동을 감행하오. 귀하는 이미 민족을 판 것이니 앞으로 국가를 팔아먹지 않으리라는 것을 누가 보장하겠소.

그는 책상을 치며 언성을 높이어 회의를 중단시키었다. 또한 19일 창덕궁 인정전(仁政殿)에서 열린 민주의원에서도 김창숙은 다음과 같이 격렬히 발언했다.

평소 신탁통치 반대를 그렇게 열렬히 절규하던 여러분이 이제 별안 간 정권을 차지하기 위하여 탁치(託治)를 찬성하던 좌익계열의 뒤꽁무니를 따라가니 도대체 어찌된 일이오. 탁치를 찬성한다는 것은 곧 매국하는 것이라고 통매하던 여러분들이 이제는 태연스럽게 머리를 숙이고, 미소공위의 군문에, 아첨을 떨고 있으니 무슨 말로써 찬탁하지 않는다는 것을 변명할 수 있으며 매국노가 되지 않는다는 것을 보증할 수 있겠소.

2 년간의 미·소공위도 결렬되고 한국 문제는 유엔에 상정되어 43 대 0으로 가결되자 유엔 한국위원단이 1948년 1월에 내한하여 총선업무를 개시하였다. 그러나 소련측은 끝내 위원단의 북한 입국을 거부하고 나왔다. 김구·김규식 등 일부 우익 정계 인사들은 남한만의 총선거가 남북분단을 항구화하는 처사라고 민족자결주의 원칙에 의거, 북한과의 협상에 나섰다.

심산은 협상의 길을 모색하는 데 누구보다도 앞장을 섰다. 심산은 1948년 2월 5일 성명을 통해 「유엔한국위원회」에 대해서 이렇게 말했다.

첫째, 내정을 간섭말고 총선에 있어서 외세의 부당성을 제거할 것.
둘째, 단독선거는 국토분단과 민족분열을 조장하고 북한 지방을 소련에 허여하는 것.
셋째, 외군 주둔군으로는 자유로운 선거가 있을 수 없고, 이에 연립되는 정부는 괴뢰정부라는 것.
넷째, 남북정치요인 회담으로 통일정부를 세울 것.

김창숙 등은 이와 같이 민족자결주의 원칙에 의거, 입장을 선명히 하였다. 또 김구·김규식·홍명희·조소앙·조성환(曺成煥)·조완구 및 김창숙 등 7인은 1948년 3월 12일자로 남북협상 통일정부수립을 목적으로 하는 공동성명서를 발표하였으며 이는 김일성의 짜여진 계획에 농락되는 결과를 가져 왔으나 그의 민족통일에의 염원은, 오늘까지도 이를 고대하는 전 민족의 가슴속에 영원히 새겨져 있는 것이다.

상해임시정부 때부터 이승만의 독선적인 성격을 잘 알고 있던 그는, 당시의 정치분위기로 보아 이승만이 여하한 수단을 써서라도 정권을 잡으려 할 것이며, 그렇게 되면 독재를 할 것이 분명할 것이라고 예견했다. 사실 이와 같은 예견은 이승만의 제1회 총선거 때 동대문구 출마에서 상대후보를 「자격미비」라고 취소시킨 일, 「내각책임제헌법안」을 하룻밤 사이에 뜯어고쳐 대통령 중심제로 한 것 등에서 그대로 적중했다.

6·25 동란 때의 독재경향은 더욱 심해졌으므로, 1951년에 그는 결연히 「이대통령하야경고문」을 냈다. 이것이 문제되어 노구의 그는 또다시 부산형무소에 수감당하여 옥고를 치러야 했다.

1951년 1월 18일 정부측에서 양원제 개헌안을 국회에 상정시킬 때 그는 81명의 야당의원을 중심으로 「내각책임제개헌」을 서둘렀다. 그때 국제구락부(國際俱樂部)에서 최종적인 합의를 보려는 날, 심산은 의장이 되어 사회를 보던 중 정치깡패들이 벽돌장을 던져 부상을 당하고, 이 사건으로 오히려 심산은 40일간의 옥고를 겪었다.

그러는 동안 불쑥 「발췌개헌안」이 극적으로 통과되고 「직선제」로 되어 다시 이승만이 3대 대통령으로 피선되었다. 1956년 5월 심산은 이승만에게 「대통령삼선취임에 일언을 전함」이란 글을 발표하여 8년간의 실정(失政)을 공박하였다.

1958년 12월 24일 소위 「24파동」을 듣고 심산은 강경하게

『보안법이란 민족을 억압하는 망국법이며, 대한민국은 「민주공화국」이
아니라 「경찰국」이다. 대통령은 국민 앞에 사과하고 하야(下野)하라.』

는 성명서를 발표하였다.

　마침내 4·19를 맞이했다. 독재는 일단 막을 내리고 심산은 이를 통
쾌히 여기며 정치생활을 떠났다. 그러나 심산의 정치생활과 동시에
「유도회－儒道會」 조직과 「교육」에 대한 공적도 빼놓을 수 없다.

Ⅳ. 儒道會에 바친 衷情

　해방이 되자 성균관 및 전국의 향교(鄕校)를 중심한 유림(儒林)
들도 혼미하던 정계와 다름없이 성균관 내에 여섯 개의 유림단체가
난립했는가 하면, 성균관 밖에도 십여 개의 유림단체가 저마다 행
세하려는 판국이었다. 심산은 이러한 실정을 개탄하면서 전국 유림
의 단결과 향교 재산관리 및 유림 본연의 정신으로 돌아가 국가 대
흥에 이바지할 것을 호소하였다.

　유림의 「유도회총본부」의 위원장에 추대를 받은 심산은 1946년
5월 유도회총본부인 성균관에서 총회를 소집하고 유교부흥운동에
대한 각종 사업을 논의하였다. 제일 중요한 문제는 성균관의 불순
자들에 대한 숙청과 그 유지책이었는데 성균관은 곧 역대국조(歷代
國朝)에서 경영해 오던 국립대학이었다.

　그런데 일제는 이를 「경학원」으로 개칭하고, 대제학·부제학·사
성 등을 두면서 친일파로서 유림의 명색뿐인 사람들을 자리에 앉혀

두었던 것이었다. 우선 이를 숙청하는 의미에서 「경학원」의 명칭을
없애고 「성균관」으로 복원케 하였다. 이에 유림대표를 선출한 결과
심산이 피선되었다.

그는 종래에 유림을 탄압하기 위한 정책으로 되었던 향교재산관
리의 규정을 없애고, 향교재산을 환원해 줄 것을 문교부에 호소하
고 교섭에 나서, 1946년 6월 문교부장관 유억겸(兪億兼), 차관 오
천석(吳天錫), 과장 윤세구(尹世九)를 처소인 금화장(金華莊)으로
초청하여 그 실현을 간청했다. 유억겸은

『재산을 유림에게 돌려주면 또다시 사유비유(似儒非儒)들의 난투원
　(亂鬪源)이 된다.』

고 말하니 심산은 사이비 유학자를 향교에서 제거하고 「재단법인」
을 만들어서 유교문화를 크게 진흥시킬 것을 다짐하였다. 이렇게
하여 심산은 군정청 문교부 당국에 교섭을 계속하여 마침내 심산이
뜻한 대로 관철되어 이로써 향교재산 및 성균관을 재단법인 「성균
관」으로 인정하게 되었다. 여기서 심산은 유도회총본부 위원장 겸
성균관장이 되었다.

다음, 심산은 성균관의 명칭은 고려 말기부터 시작되어 조선왕조
에도 그대로 습용된 국립대학이었으므로, 이것을 오늘날의 현실에
알맞은 대학으로 설치하려고 노력을 기울였다. 1946년 초 어느 날
그는 제자(李命同)의 등에 업히어 문교부장관 관저로 찾아갔다. 유
억겸을 만나서 대학인가를 간청했던 것이다. 한두 번으로 쉽사리
허가될 문제가 아니어서 여러 번 가던 어느 날 밤 계동으로 가던
도중 언덕길을 기어오르다가 심산은 땅바닥에 구르기까지 했다. 다
시 제자에게 업힌 심산이 유장관의 집으로 들어가자 유장관도 진흙

땅에 뒹군 심산의 모습을 보고 미안하였던지 다음과 같이 말했다.

『이제는 심산께서 안 오셔도 됩니다. 근일 안으로 결재될 것입니다.』

이래서 「성균관대학」은 창설되었다. 심산은 동대학의 초대 학장 그 다음에는 초대 총장에 취임되었다.

일생을 대쪽같은 지조와 강직한 행동으로 시종한 그는 민족의 사표이며 후세의 귀감이 아닐 수 없다.

심산은 마침내 1962년 5월 10일 중앙의료원에서 노환 끝에 84세를 일기로 서거하였다.

그의 저술로는 대전형무소의 옥중에서 엮은 「자서종요-字書綜要」 1 책과, 일생의 자서전적인 「벽옹 70 년 회상기-躄翁七〇年回想記」 3 책이 있고, 이외 「심산만초-心山謾艸」 4 책, 「벽옹만초-躄翁謾艸」 1 책 및 수필과 비문 등이 있다.

참고문헌

騎驢隨筆
韓國獨立運動史
韓國獨立運動之血史
三・一運動秘史
朝鮮民族運動年鑑

출처: 金昌淑 - 대쪽같은 儒林의 義人 (韓國人物大系 8 - 現代의 人物 1 博友社 1972. p59-78)

부　록

韩国所藏稀贵本汉籍研究

-尤其以高丽与朝鲜朝前期为主-

沈喁俊（Shim Woo-Choon）*

◁ 目 次 ▷

* 前任韩国中央大学教授、韩国学中央研究院客员教授、韩国国家文化财厅文化
财委员.

〈提　要〉

这篇论文是论及关于韩国高丽时期与朝鲜朝前期在韩国所出版韩国版汉籍的。其收象范围是从1988年至1998年约10年间被指定为国宝、宝物等现存稀贵本典籍文化财中选定的，但不包括名家的笔迹或古文书类，在典籍中形成主流的写经和刻本及活字本为研究对象。

研究内容为分高丽时期与朝鲜朝前期，把各个稀贵本分类以系统化以后，再解释的。高丽时期则先概括地叙述佛书与其他书自从中国与其他韩国域外传入状况，再述及高丽时期出版的书籍。然后把典籍文化财按类别分析，佛书分10类与其他书分3类。把这些属于各类之各个汉籍解释其成书渊源与内容等之后，再从文献学的角度解释的，共32种。

朝鲜朝前期则先把佛书分5类与其辞书，其他书就分经史子集4类以分析。把这些属于各类之各个汉籍简单地解题其成书渊源与内容等之后，主要述及在韩国内注释或谚解（韩译）及其出版状况，再从文献学的角度解释的，共58种。

透过这篇论文，可推知中国典籍传到韩国之后，如何影响韩国形成典籍文化。

关键词：高丽版汉籍，朝鲜版汉籍，写经，刻本，活字本

序 言

韩国的典籍文化是由原本，或基于原本，在韩国典籍文化史上具有贵重的、历史的、系统的传存物等一切有学术价值的典籍来组成。笔者在由国家文化财厅指定为国宝、宝物、文化财等的典籍文化财中选定高丽时期（918-1392）与朝鲜朝（1392-1910）前期（1392-1592）的韩国版汉籍，并且把它不是以价值为中心，而是以解释中心来叙述。之所以试图这种研究，是因为笔者认为这样的叙述也为了解中国典籍传到韩国之后，对韩国形成典籍文化产生如何影响，会有意义的。

朝鲜朝后期（1592-1910）则継承前期的书籍出版政策，一直到朝鲜朝末期，与前期没什么大的变化。壬辰倭乱（1592-1598）后，随着经济恢夏，活字印刷也是重新应用于书籍印刷，刻板也是与其并用。故透过前期的情况，可推知朝鲜朝全般的书籍文化特点。

遗憾的是因为缺少对中国本土古典文物书籍的资料，所以很难叙述如下典籍的其他特征。然而，在中国域外，在韩国所保存的这些汉籍，对今后的研究，能够起到基础的作用。本论文只把国家公认的文物书籍作为介绍和研究的对象，还不清楚是否反映了韩国的重要典籍，但肯定的是介绍的书籍不是全部的汉籍。对这一方面的研究，仅仅是个开始，我想需要在今后很长时间，在原有的基础上，加强专题研究和深层次研究。

第 I 篇 高丽时期篇

I. 佛书和其他书的传入

关于汉文书籍怎么传入韩国，其说法众多。其中，于高丽时期，宋朝文化传入韩国的主要是佛教文化，所以先考察一下其渊源。有天台宗、华严宗、禅宗等很多宗派，其中仅看高丽时期的禅宗，也就不简单了。有利严、丽严、庆甫、兢让、璨幽等诸师，其中利严早早进唐，依支道膺座下，得到他的心印。他回国后太祖支持下，在须弥山建立了广照寺，这个成为须弥山派的始祖，也就是今天的曹溪宗。

由此看来，韩国的禅宗受到了中国的影响。在这样的背景下，可以想象到不只是禅宗，佛书的传入或交流一定不会少。

下面通过《高丽史》与《高丽史节要》及其他史料考察一下其传入情况。表一是从韩国域外所传入书籍与书板的状况：

表一：从韩国域外传入的书籍与书板

传入书籍与书板	时期(公元.庙号年.月.日.)	出　处	传入途径
大藏经一部	928.太祖11.8.	高丽史 卷1 世家1	洪庆自後唐将来
大藏经	928.太祖11.	三国遗事 卷3 前後所将舍利	默和尚自宋将来
日历	933.太祖16.3.5.辛巳	高丽史 卷2 世家2	後唐下赐
大庙堂图	983.成宗2.5.9.甲子	高丽史 卷3 世家3	任老成自宋将来
大庙堂记	983.成宗2.5.9.甲子	高丽史 卷3 世家3	任老成自宋将来
社稷堂图	983.成宗2.5.9.甲子	高丽史 卷3 世家3	任老成自宋将来
社稷堂记	983.成宗2.5.9.甲子	高丽史 卷3 世家3	任老成自宋将来
文宣王庙图	983.成宗2.5.9.甲子	高丽史 卷3 世家3	任老成自宋将来
祭器图	983.成宗2.5.9.甲子	高丽史 卷3 世家3	任老成自宋将来
七十二贤赞记	983.成宗2.5.9.甲子	高丽史 卷3 世家3	任老成自宋将来
大藏经	989.成宗8.	宋史 卷487 列传246 外国3 高丽端拱2年	宋帝下赐
大藏经(481函,2,500卷)	991.成宗10.4.21.庚寅	高丽史 卷3 世家3	宋帝下赐
御制秘藏诠	991.成宗10.	高丽史 卷93 列传6 韩彦恭 宋史 卷487 高丽传 淳化2年	宋帝下赐
逍遥咏	991.成宗10.	高丽史 卷93 列传6 韩彦恭 宋史 卷487 高丽传 淳化2年	宋帝下赐
莲华心轮	991.成宗10.	高丽史 卷93 列传6 韩彦恭 宋史 卷487 高丽传 淳化2年	宋帝下赐
金字大藏经	1019.显宗10.11.己未	续资治通鉴长编 卷94 11月 朝鲜金石总览 上 73 开城玄化寺碑	从宋购入
圣惠方	1022.显宗13.5.8.丙子	高丽史 卷4 世家4	宋帝下赐
阴阳二宅书	1022.显宗13.5.8.丙子	高丽史 卷4 世家4	宋帝下赐
乾兴历	1022.显宗13.5.8.丙子	高丽史 卷4 世家4	宋帝下赐
释典一藏	1022.显宗13.5.8.丙子	高丽史 卷4 世家4	宋帝下赐
书册597卷	1027.显宗18.8.20.丁亥	高丽史 卷5 世家5	李文通 (宋) 献上
契丹大藏经	1063.文宗17.3.4.丙午	高丽史 卷8 世家8	契丹下赐
大藏经	1083.文宗37.3.14.己丑	高丽史 卷9 世家9	宋帝下赐
释典、经书 (1,000卷)	1086.宣宗3.6.	高丽史节要 卷6 宣宗3年6月	义天将来
佛书4,000卷	1086.宣宗3.6.	高丽史节要 卷6 宣宗3年6月	义天自辽、宋、日本购入
新注华严经版	1087.宣宗4.3.22.甲戌	高丽史 卷10 世家10	宋商徐戬献上
文苑英华集	1090.宣宗7.12.2.壬辰	高丽史 卷10 世家10	宋帝下赐
宋朝开宝正礼	1098.肃宗3.12.12.丙申	高丽史 卷11 世家11	宋下赐
大藏经	1099.肃宗4.4.15.丁亥	高丽史 卷11 世家11	辽下赐

传入书籍与书板	时期(公元.庙号年.月.日.)	出　处	传入途径
释经二函	1100.肃宗5.5.16.壬午	高丽史 卷11 世家11	辽下赐
神医补救方	1101.肃宗6.5.24.甲申	高丽史 卷11 世家11	宋下赐
太平御览 (1,000卷)	1101.肃宗6.6.7.丙申	高丽史 卷11 世家11	宋下赐
大藏经	1107.睿宗2.1.3.庚寅	高丽史 卷12 世家12	辽下赐
谱诀	1114.睿宗9.6.	高丽史节要 卷8 睿宗二	宋下赐
太平御览	1192.明宗22.8.23.癸亥	高丽史 卷20 世家20	从宋购入
中统五年历日	1264.元宗5.2.21.丙寅	高丽史 卷26 世家26	蒙古下赐
至元二年历	1264.元宗5.11.18.己丑	元史 卷5本纪5	元
历日	1268.元宗9.2.21.壬寅	高丽史 卷26 世家26	蒙古下赐
海青圆牌	1279.忠烈5.9.20.甲子	高丽史 卷29 世家29	元帝下赐
(元新成) 授时历	1281.忠烈7.1.1.戊戌	高丽史 卷29 世家29	王通 (元) 将来
历日	1296.忠烈22.3.11.己卯	高丽史 卷31 世家31	元帝下赐
经籍10,800卷	1314.忠肃元.6.8.庚寅	高丽史 卷34 世家 34	自元购入
书籍17,000卷4,371册	1314.忠肃元.7.2.甲寅	高丽史 卷34 世家 34	元帝下赐
佛经	1348.忠穆4.11.1.癸巳	高丽史 卷37 世家37	吴王献上
玉海	1364.恭愍13.6.23.乙卯	高丽史 卷40 世家40	元人献上
通志	1364.恭愍13.6.23.乙卯	高丽史 卷40 世家40	元人献上
大统历	1370.恭愍19.5.26.甲寅	高丽史 卷42 世家42	明赐
洪武三年大统历	1370.恭愍19.5.26.甲寅	高丽史 卷42 世家42	明赐
六经	1370.恭愍19.5.26.甲寅	高丽史 卷42 世家42	明赐
四书	1370.恭愍19.5.26.甲寅	高丽史 卷42 世家42	明赐
通鉴	1370.恭愍19.5.26.甲寅	高丽史 卷42 世家42	明赐
汉书	1370.恭愍19.5.26.甲寅	高丽史 卷42 世家42	明赐
本国朝贺仪注	1370.恭愍19.6.16.甲戌	高丽史 卷42 世家42	明赐
经籍史书	1372.恭愍21.8.壬寅	高丽史 卷43 世家 43	自明输入
历日	1386.禑王12.3.	高丽史节要 卷32	元帝下赐

从表一中可以看出，高丽时期，宋帝下赐的大藏经与佛书类占多数，辽所下赐的也是大藏经，又有後唐与契丹的。元送来了《至元历》与《授时历》等，明代的有经书与史书，蒙古（元）、吴、日本亦有历书与佛书等。大体上，如上表一，佛书的传入占绝大多数。

另一方面，李资义从宋朝返国时，宋帝要求韩国的"善本目录"[1]；当辽朝的耶律固回国时，要求《春秋释例》和《金华瀛洲集》，于是睿宗

1)《高丽史》，卷10，世家10，宣宗8(1091)年6月18日丙午条。

下赐了各一本[2]；为了送给元朝，特意通过吴良遇等人编撰了《国史》，送给了元朝[3]；侍奉元宗的命令，为了送先代的实录185册予元，但时人皆反对而没成[4]；派赵琏到元朝，以王的名义献上了《世代编年节要》和《金镜录》[5]。

但是，元帝送来的17,000卷4,371册和柳衍等人在元购入的经书10,800卷，便不清楚是什么样的汉籍。另有宋商徐戬带来的《新注华严经》经板，根据这些传入汉籍书版所印出的到底当作中国本？还是当作高丽本？我认为根据鉴别可以确认其数量。不管怎么说，这些问题如果不像中国学者扬守敬的《日本访书志》[6]那样，不通过当地实物调查是不可能弄清楚的。

Ⅱ. 高丽时期出版的书籍

1945年8月15日光复以后，韩国也和其他国家一样，设立了文化财指定审议委员会，有了此方面硕学们当作国宝或宝物来进行调查、指定的报告书，在这里，只能引用这些，推论出高丽版汉籍。

但是又不能排除实物没传来或没人知的可能性，故先把高丽时期的印出书，包括抄本与书板以《高丽史》与其他史料及稀贵本跋等为中心进行调查收集，如下表二。

---

2)《高丽史》，卷13，世家13，睿宗二，睿宗8(1113)年2月8日庚寅条。

3)《高丽史》，卷30，世家30，忠烈王12(1286)年11月15日丁丑条。

4)《高丽史》，卷32，世家32，忠烈王33(1307)年11月25日丙戌条。

5)《高丽史》，卷33，世家33，忠宣王即位前(1308)年12月4日戊午条。

6) 杨守敬，《日本访书志》（台北：广文书局，1981年），再版。

表二：高丽时期的印出书（这次新发现的用"·"来表示）

汉籍书名或汉籍类	时期(公元.庙号.年.月.日.)	出　处	印出者
史籍	990.成宗9.12.戊申	高丽史 卷3 世家3	修书院(抄)
一切如来心秘密全身舍利 宝箧印陀罗尼经	1007.穆宗7.	同书刊记	总持寺释弘哲
·(初雕)大藏经	1011.- 1087.	高丽史 卷10 世家10	开国寺
	显宗2.- 宣宗4.2.11.甲午	东国李相国全集 卷25 末尾	
大般若经(600卷)	1022.显宗13.	朝鲜金石总览上73 开城玄化寺碑	玄化寺
三本华严经	1022.显宗13.	朝鲜金石总览 上73 开城玄化寺碑	玄化寺
金光明经	1022.显宗13.	朝鲜金石总览 上73 开城玄化寺碑	玄化寺
妙法莲华经	1022.显宗13.	朝鲜金石总览 上73 开城玄化寺碑	玄化寺
两汉书	1042.靖宗8.2.25.己亥	高丽史 卷6 世家6	东京副留守崔颢
唐书	1042.靖宗8.2.25.己亥	高丽史 卷6 世家6	东京副留守崔颢
礼记正义70本	1045.靖宗11.4.23.己酉	高丽史 卷6 世家6	秘书省
毛诗正义 40本	1045.靖宗11.4.23.己酉	高丽史 卷6 世家6	秘书省
·华严经	1051.文宗 5.1.11.癸亥	高丽史 卷7 世家7	真观寺
·般若经	1051.文宗5.1.11.癸亥	高丽史 卷7 世家7	真观寺
九经	1056.文宗10.8.10.戊辰	高丽史 卷7 世家7	有司
汉书	1056.文宗10.8.10.戊辰	高丽史 卷7 世家7	有司
晋书	1056.文宗10.8.10.戊辰	高丽史 卷7 世家7	有司
唐书	1056.文宗10.8.10.戊辰	高丽史 卷7 世家7	有司
论语	1056.文宗10.8.10.戊辰	高丽史 卷7 世家7	有司
孝经	1056.文宗10.8.10.戊辰	高丽史 卷7 世家7	有司
子史诸家文集	1056.文宗10.8.10.戊辰	高丽史 卷7 世家7	有司
医卜书	1056.文宗10.8.10.戊辰	高丽史 卷7 世家7	有司
地理律算书	1056.文宗10.8.10.戊辰	高丽史 卷7 世家7	有司
黄帝八十一难经	1058.文宗12.9.1.己巳	高丽史 卷8 世家8	忠州牧
川玉集	1058.文宗12.9.1.己巳	高丽史 卷8 世家8	忠州牧
伤寒论	1058.文宗12.9.1.己巳	高丽史 卷8 世家8	忠州牧
本草括要	1058.文宗12.9.1.己巳	高丽史 卷8 世家8	忠州牧
小儿巢氏病源	1058.文宗12.9.1.己巳	高丽史 卷8 世家8	忠州牧
小儿药证病源一十八论	1058.文宗12.9.1.己巳	高丽史 卷8 世家8	忠州牧
张仲卿五脏论(99板)	1058.文宗12.9.1.己巳	高丽史 卷8 世家8	忠州牧
藏经(缮绎)	1058.文宗12.11.庚午	高丽史 卷8 世家8	
肘后方(73板)	1059.文宗13.2.9.甲戌	高丽史 卷8 世家8	安西都护府扩使异善贞
疑狱集(11板)	1059.文宗13.2.9.甲戌	高丽史 卷8 世家8	安西都护府扩使异善贞

汉籍书名或汉籍类	日期(公元.庙号.年.月.日.)	出 处	印出者
川玉集(10板)	1059.文宗13.2.9.甲戌	高丽史 卷8 世家8	安西都护府使异善贞
隋书(680板)	1059.文宗13.2.9.甲戌	高丽史 卷8 世家8	知原山府事李成美
三礼图(54板)	1059.文宗13.4.17.庚辰	高丽史 卷8 世家8	知南原府事李靖恭
孙卿子书(92板)	1059.文宗13.4.17.庚辰	高丽史 卷8 世家8	知南原府事李靖恭
金字华严经	1077.文宗31.3.4.甲寅	高丽史 卷9 世家9	兴王寺
续藏经	1086.宣宗3.6.	高丽史节要 卷6 宣宗3年	教藏都监(义天)
·天台四教仪(重刻)	1089.宣宗6.2.	卷末刊记	海印寺
大德法藏和尚传	1092.宣宗9.	同书刊记	大兴王寺
·大乘阿毗达磨杂集论疏	1093.宣宗10.	同书刊记	大兴王寺
·大方广佛华严经随疏演义钞	1094.宣宗11.	同书刊记	大兴王寺
净名经集解	1095.献宗1.	同书刊记	大兴王寺
·金刚般若经	1095.献宗1.	同书刊记	大兴王寺
·金刚般若经略疏	1095.献宗1.	同书刊记	大兴王寺
·大方广佛华严经随疏演义钞	1095.献宗1.	同书刊记	大兴王寺
·贞元新译华严经疏	1095.献宗1.	同书刊记	大兴王寺
·妙法莲华经赞述	1095.献宗1.	同书刊记	大兴王寺
·大方广佛华严经随疏演义钞	1096.肃宗1.	同书刊记	大兴王寺
·大方广佛华严经谈玄决译	1096.肃宗1.	同书刊记	大兴王寺
·地持论义记	1097.肃宗2.	同书刊记	大兴王寺
·大方广佛华严经	1098.肃宗3.3.	同书刊记	海印寺
·金刚般若经疏开玄钞	1098.肃宗3.	同书刊记	大兴王寺
·大般涅般经疏	1099.肃宗4.	同书刊记	大兴王寺
·妙法莲华经观世音菩萨普门品三玄圆赞科	1099.肃宗4.	同书刊记	大兴王寺
释摩诃衍论赞玄疏	1099.肃宗4.	同书刊记	大兴王寺
释摩诃衍论通玄钞	1099.肃宗4.	同书刊记	大兴王寺
金字妙法莲华经	1101.肃宗6.4.18.戊申	高丽史 卷11 世家11	日月寺
·瑜伽显扬论	1102.肃宗7.5.12.丙寅	高丽史 卷11 世家11	玄化寺(银书)
金银字华严经(2部)	1156.毅宗10.4.甲午	高丽史 卷18 世家18	兴王寺
增续资治通鉴	1192.明宗22.4.11.壬子	高丽史卷20 世家20	郑国俭,崔选
六祖大师法宝坛经(重刻)	1207.熙宗3.12.	同书跋	修禅社
宗镜撮要(重雕)	1213.康宗2.2.	同书跋	修禅社
·大乘阿毗达磨杂集论疏	1213.康宗2.2.	同书跋	大兴王寺
·金刚般若波罗密经	1214.高宗1.10.	同书跋	群生寺主持
看话决疑论(重雕)	1215.高宗2.5.	同书跋	李克材
梵音总持集	1219.高宗6.7.	同书跋	金山寺
梵字大藏一部	1219.高宗6.7.	同书跋	金山寺

汉籍书名或汉籍类	时期(公元.庙号.年.月.日.)	出 处	印出者
新集御医撮要方	1226.高宗13.4.	同书跋	西京留守官
·楞严经戒环疏	1235.高宗22.7.	同书跋	晋阳侯
·妙法莲华经	1236.高宗23.12.15.	同书跋	明觉
·大字金刚般若波罗蜜经	1237.高宗24.	同书跋	崔瑀
南明泉和尚颂证道歌（重雕）	1239.高宗26.9.	同书跋	崔怡
·妙法莲华经	1240.高宗27.	同书跋	崔怡
古今详定礼文50卷	1241.高宗28.	东国李相国集 李奎报跋	
·大方广佛华严经入不思议	1245.高宗32.1.15.	同书跋	
解脱境界普贤行愿品			
·金刚般若波罗蜜经	1245.高宗32.	同书跋	
·佛说预修十王生七经	1246.高宗33.	同书跋	
东国李相国全集	1251.高宗38.	同书跋	分司大藏都监
仁王般若经(新旧译各102部)	1264.元宗5.7.27.己亥	高丽史 卷26 世家26	
地藏菩萨愿经	1269.元宗10.		东学社
·妙法莲华经观世音菩萨普门品	1275.忠烈1.2.	同书跋	（写成）
·佛说长寿灭罪陀罗尼经	1278.忠烈4.5.	同书跋	新荷寺
历代年表	1278.忠烈4.	同书跋	仁兴社
人天宝鉴	1290.忠烈16.7.	同书刊记	禅林
大悲心陀罗尼启请	1293.忠烈19.1.	同书刊记	仁兴社
·金光明经文句疏（重雕）	1296.忠烈22.3.	同书刊记	妙莲社
海东曹溪第六世圆监国师歌颂	1297.忠烈23.10.20.	同书刊记	
玉川先生诗集	1301.忠烈27.3.	同书刊记	东京官
妙法莲华经栅	1302.忠烈28.	同书刊记	南溪院址
金字藏经	1310.忠宣2.6.	高丽史节要 卷23	旻天寺(抄写)
金字藏经	1312.忠宣4.8.甲戌	高丽史 卷34 世家34	旻天寺(抄写)
白花道场发愿文集解	1328.忠肃15.10.	同书跋	海印寺
·华严经观音知识品	1331.忠惠1.10.	同书跋	海印寺
·三十八分功德疏经	1331.忠惠1.12.	同书跋	海印寺
·白花道场发愿文略解	1334.忠肃复位3.7.	同书跋	鸡林府
周易经传集程朱解附象纂注	1336.忠肃复位5.	同书跋	翠严精舍
益斋先生乱藁	1344.忠惠复位5.9.	同书跋	
·大方广佛华严经略神众	1349.忠定元.闰7.	同书刊记	居悦
拙藁千百	1354.恭愍3.8.	同书刊记	晋州
东人之文	1355.恭愍4.1.	同书刊记	福州(安东)官
人天眼目（重版）	1357.恭愍6.3.	同书跋	高丽大圣寿庆神寺
帝王韵记	1360.恭愍9.5.	同书刊记	东京官

汉籍书名或汉籍类	时期(公元.庙号年.月.日.)	出 处	印出者
·佛祖三经（四十二章经）（重刊）	1361.恭愍10.6.	同书刊记	全州圆严寺
·近思录	1370.恭愍19.	同书刊记.木记	晋阳
景德传灯录（重刊）	1372.恭愍21.3.	同书序	觉云
·金刚般若经疏论纂显要	1373.恭愍22.5.	同书跋	
助显录（重刊）			
圣元名贤播芳续集	1373.恭愍22.12.	同书跋	春秋官
·金刚般若经疏论纂要助显录	1378.禑王4.2.	同书跋	万恢，尚夷
·禅林宝训	1378.禑王4.2.	同书刊记	忠州青龙禅寺
白云和尚抄录佛祖直指心体要节	1378.禑王4.6.	同书刊记	鹫岩寺
白云和尚语录	1378.禑王4.7.	同书刊记	鹫岩寺
懒翁和尚语录	1379.禑王5.8.	同书刊记	觉玎
·佛祖三经	1384.禑王10.10.	同书跋	志峰
大惠普觉禅师书	1387.禑王13.10.	同书跋	志淡，觉全
藏乘法数（重刊）	1389.昌王元.9.	同书跋	无学大师

在这里值得注目的是，在高丽版汉籍中实物流传下来的是包括1.般若经类2.法华经类3.华严经类4.经集类5.律典类6.密教经类7.论书类8.禅宗类9.护国类10.护法论11.辞书类12.性理学书类以及13.儒家经书类等。这些就是从1988年至1998年为止所指定为文化财的高丽版汉籍。当然绝大部分是国宝或宝物。把它们类别分析如下。

Ⅲ. 按类别分析高丽版汉籍

1. 佛教经书

1）般若经类
《金刚般若波罗蜜经》简称《金刚经》。弘始4（402）年，后秦的

鸠摩罗什（344-413）在长安草堂寺意译的就是最早的汉译本。后来，直到唐朝的三百年间，共有了五种不同的翻译本，就是魏朝的天竺三藏菩提流支翻译的天监8（509）年本、陈朝的天竺三藏真谛翻译的《金刚般若蜜经》、隋朝的三藏达摩笈多翻译的《金刚能断般若波罗蜜经》、唐朝的三藏法师玄奘翻译的贞观22（648）年刊《能断金刚般若波罗蜜多经》、唐朝的三藏沙门义净翻译的《佛说能断金刚般若波罗蜜多经》等。但是现存的是鸠摩罗什的翻译本。

内容上，由"法会因由内分"第一开始，"应化非真分"第三十二为终章，"如是我闻"等诸多教理中，核心教理是"应无所住，而生其心"八个字。即为只有在没有执著的心情下，才能"到彼岸"，即达到涅盘的境界。在中国，当鸠摩罗什的翻译本一出版，僧肇的注释书《注金刚》一卷为首，陆续出现了数不清的注释。其中，传到韩国是鸠摩罗什的翻译本。

此经在世界上有三个早期印出的刻本。第一个是751年所印韩国的《无垢净光大陀罗尼经》，第二个是770年所印日本的《百万塔陀罗尼》，第三个中国的《金刚经》，是唐朝懿宗咸通9（868）年印出的。

这本《金刚经》是清末，英国的考古学家奥列尔斯塔因在敦煌石窟发现了它，现收藏在大英博物馆。对台湾大学图书馆所藏影印本（M02910）进行测验的结果，卷首有变相图，接着有〈凡欲读经先念净口业真言〉，然后是正文，卷末题后有〈真言〉，并有刊记"咸通九年四月十五日王玠为二亲敬造普施"。变相图匡廓的高约24.2公分,宽约29.1公分，正文高约23.9公分,宽约36.3公分（第一页），全体长度约为570.54公分，是释迦牟尼坐在"祇树给孤独园"（祇园精舍）对长老湏菩提进行说教的线画。关于正文，台湾的史梅岑认为有6页，日本的铃木敏夫认为有7页，但是仔细观察上下匡廓，就能发现，是连接13页的卷子本。关于纸质，本人没看原本，不可以知道，但是，史氏说纸质普

通，纸色为似灰色。其雕刻手法既庄严，又精美。它被鉴定为端楷清晰、精致典雅、墨色显亮，比起他经更精巧。有刊记的板本之中，为现存世界最古本7)。

与此相比，高丽版的《金刚般若波罗蜜经》，大体如下。

例一：是折帖装袖珍本8)，刻于高丽忠宣王3（1311：至大4）年，忠肃王夏位8（1339：至元5）年印出的刻本是后秦的鸠摩罗什翻译的小字本。卷首有护法善神像、说法像、〈金刚经启请〉、〈净口业真言〉、〈请八金刚〉像、〈请四菩萨〉像、〈发愿文〉、〈云何梵〉以及《金刚经》经文，之后有识记和用梵字写的"佛顶心陀罗尼"等6图和"如意印"等10图的符，卷末有晋城君姜金刚的印出记。识记上写着觉圆、比丘达玄、永兴等与李琦一起发愿，求来洪准写的小字《金刚经》，于忠宣王3年板刻。印出记写的是忠肃王夏位8年。求道者只要放弃对事物的执著，消灭你我的感情，才能悟道实体的空思想书。这又是护身或者读诵用的袖珍本。这本根据凤林寺木雕"如来座像"的改金记，可知是恭愍王9（1360：至正20）年改金此"如来座像"时，藏在此座像的腹部而传来至今的书籍。

例二：是卷子装9)，其他板刻特征应与例一相同。

例三：高宗15（1228：绍定元）年刻印的散叶《金刚经》（金刚般若波罗蜜经）剩下一、三、四、五叶，缺第二叶。据无衣子慧谌（1178-1234）的跋文，是根据沙门普观的跋文刊行的。这里有主张定慧双修的普照国师知讷的曹溪山修禅社第二世国师的慧心的跋。这本

7）沈喁俊，〈大英博物馆藏金刚般若波罗蜜经〉，《世界文化财新闻》，第3号（1994.12.29），第10版。

8）《（细小字）金刚般若波罗密经》，鸠摩罗什（后秦）译，折帖装，刻本，忠宣王3（1311）年刻，忠肃王夏位8（1339）年印，宝物775号。

9）同注8，卷子装，宝物1095号。

的卷末有慧归写的梵字大藏神咒10)。以上三个例子是照鸠摩罗什的翻译印出来的。

但是也有与上述的不同，以"川老金刚经"的题目印出来的11)。这是唐朝的般若翻译，澄观叙述的经，由宋朝的川老注解，加了颂，对此，有李穑的跋。也有晋原君柳珣和晋川君姜仁福启请裪王妃，于裪王13（1387：洪武20）年刊行的板本。这个板本是以宋本为底本的重刊本。中间人是山人志淡。也有化主是志成与觉台，李穑写跋，角之笔写的。

慧定述例，关于金刚经，还有慧定写的《金刚般若经疏论纂要助显录》12)。这是裪王4（1378：洪武11）年，以刻本刊行的。其内容，取来了论疏的要点，助显了破二执、现三空的讲义。《金刚般若经疏论纂要》已被人知，但是，对此加注解的"助显录"便未在大藏经编入。这个板本是信士高君听了"断疑遗执"的说法后，因欢喜，叫门人万恢、尚俤雕刻，于宣光8（1378）年戊午开刊的。这本书，以卷子本改装，只有上下匡廓。封面是用金泥做的子母线，用这个线画的四周内有题名，在其上面做了鹤立蛇横。

2）法华经类

《妙法莲华经》简称《法华经》，原名是古代印度的梵文，中国共有8本，是后秦时代鸠摩罗什翻译的。但是，留至后世的只有7本。弘始8（406）年因教法美妙，经义洁白、华丽，就把经名称为《妙法莲华经》。内容上，调和了大、小乘之说，弘揭"三乘归一"，以都能成佛的

---

10) 《金刚般若波罗蜜经》，鸠摩罗什（后秦）译，卷子装，刻本，高宗15(1228)年刻印，宝物1095号。

11) 《川老金刚经》，般若（唐）译，澄观（唐）述，线装，刻本，裪王13（1387）年刻，宝物1127号。

12) 《金刚般若经疏论纂要助显录》，2卷1册，慧定述，刻本，裪王4（1378）年刊，国宝241号。

持论，使众生信仰。越是后来印刷的书，译注越多。

在韩国也有几种译注本。这些用卷次顺序考察，如下。

例一：首先考察鸠摩罗什（后秦）的翻译本，卷1被鉴定为高丽末朝鲜初本。

例二：卷1-7，写经，禑王3（1377：洪武10）年，是河德兰为了先妣铁城君夫人李氏的往生极乐、晋城君河氏的延寿保安而写成的七卷七帖[13]。标题用金刚杵，中央画了宝相花纹，划了长方形短线，里面做了鹤立蛇横，标题为《妙法莲华经卷第几》。每卷首都有变相图，但是，结构又都稍微不同。内容写在纸质上品的白楮纸上。据卷末识记，这本经于朝鲜朝世宗25（1443）年流传到日本以后，宣祖38（1605：万历33）年再转到广大院，后来，回传了韩国。

例三：卷2，写经。用笔写内容在纸张两面的高丽末期的写经[14]。

例四：卷6，卷末没有写成期，但是从神韵来推算，可能是14世纪中叶的作品[15]。

例五：卷6，根据卷末的墨书"施主金氏夫人栋梁比丘永旦"和神韵来看，可能是高丽后期的刻经[16]。

例六：卷7，根据卷末的识记，是权图南等，为了已故的父亲和先祖的冥福，私下完成的写经[17]。

---

13) 《（白纸墨书）妙法莲华经》，卷1-7，7帖，鸠摩罗什（后秦）翻译，河德兰（高丽）写，折帖装，写经，禑王3（1377）年写，国宝211号，成保文化财团藏。

14) 《（橡纸银泥）妙法莲华经》，卷2，1帖，鸠摩罗什（后秦）译，折帖装，写本，高丽末写，宝物959-9。

15) 《（绀纸金泥）妙法莲华经》，卷6，1帖，鸠摩罗什（后秦）译，折帖装，写本，14世纪写，宝物959-10。

16) 《妙法莲华经》，卷6，1帖，鸠摩罗什（后秦）译，折帖装，刻本，高丽后期刊，宝物959-23。

17) 《（绀纸金泥）妙法莲华经》，卷7，1帖，鸠摩罗什（后秦）译，恭愍王15

354

例七：卷7，1988年被指定为宝物959-35号的这个版本是在海东全州当铃辖试卫少卿的郭有桢，陶私财写成的刻本。他生存至庚戌年，相当于恭愍王19（1370：洪武3）年。虽然正文和刊记，书体不同，但是与刊年没有太大的差距[18]。

以上是把中国后秦鸠摩罗什的翻译，照本移入，笔写印出的，都是为了活人的幸福或者已故近亲或远亲等先祖的冥福为目的的。与上述的不同，也有插入戒环（宋）解的。比如：

例一：戒环（宋）解释的有卷6和卷7，即在高宗27（1240：嘉熙4）年的刻本，也是奉崔怡的命板刻的[19]。字体端正，卷末的识记提及由前晋阳判官金氏为施主来印出了。

例二：高宗27年，苾葱四一奉崔怡的命弄到的戒环解为底本刻出来的刻本。卷末的施主名为工曹典书崔克寿、孝道、具润、金南、金环等，可以看出是高丽末的刊本[20]。

例三：同书卷1-3、4-7，从前的大字本《法华经》因体积大，感到不方便，于是禑王8（1382：洪武15）年，施主寿延君王圭等把歇了志禅笔写的刻板了[21]。其中卷4-7的4卷是有剜缺的后印本，卷1-3的3卷是鲜初的夏刻本。以上3种是有宋朝戒环的解释。

例四：此外，在编辑上觉得特殊的有科注本[22]。这是把全7卷编成合

(1366)年写，宝物1138。

18）《妙法莲华经》，卷7，1册，鸠摩罗什（后秦）译，包背装，刻本，恭愍王19（1370）年刊，宝物959-35。

19）《妙法莲华经》，卷6-7，1册，戒环（宋）解，折帖装，刻本，高宗27（1240）年刊，宝物962，李华均藏。

20）《妙法莲华经》，卷7，1帖，戒环（宋）解，折帖装，刻本，高宗27（1240）年刊，宝物977，李元基藏。

21）《妙法莲华经》，卷1-3、4-7，1帖，戒环（宋）解，折帖装，刻本，禑王8（1382）年刊，宝物960，李华均藏。

22）《（科注）妙法莲华经合部》，7卷1帖，鸠摩罗什（后秦）译，折帖装，刻

本，用薄纸把前后面都印刷装订的。字小，体积也减少了一半，特别是像系谱图一样，上端贴了科注。本人认为，这是编辑上的问题，与内容无关。这版本的形式是模仿奉明太祖的命令而成的《大报恩寺版大藏经》。

3）华严经类

《大方广佛华严经》简称《大方广佛会经》或《杂华严经》，与《十地经》相近，是在零散的佛经基础上形成的佛经总集。本经是释迦成佛以后做的第一个说法，是经过文殊菩萨和阿难结集而成的。原来是上中下三本。原来有龙树菩萨接受的下赐本，但现在已没有，现虽然疏略，只有汉文翻译的下本有3帙。第一帙是东晋时代，天竺僧人佛陀跋陀罗翻译的60卷为34品，被称为《六十华严》或《旧译华严经》。第二帙是唐朝武则天的大周时代，实叉难陀翻译的80卷本。这本是38品，被称为《八十华严》或《新译华严经》。最后一帙是唐朝僧人般诺翻译的40卷本，就是贞元年间（785-805）翻译的《贞元经》。这是《立法界品》的别译，是在中国不通行的。这本经由于世界上出现毗卢遮那佛，就提倡"缘起说"，宣扬"圆信"、"圆解"、"圆行"、"圆证"等"顿入佛地"思想。

首先，考察一下韩国收藏的60卷本。

晋本：《华严经》60卷本。先从卷次顺序来看，有大约12-13世纪的《大方广佛华严经》卷10[23]。再看卷13[24]，有关于"如来升兜率天宫一切宝殿品"的内容。第20叶末的识记上出现的"住持大师何如补书"的

本，明初刊，宝物1095。

23）《大方广佛华严经》，晋本，卷10，1帖，佛陀跋陀罗（东晋）译，折帖装，刻本，12-13世纪刊，宝物959-16。

24）《（绀纸银泥）大方广佛华严经》，晋本，卷13，佛陀跋陀罗（东晋）译，1330年顷写，宝物1103。

"何如"是《白花道场发愿文略解》、《华严经自在菩萨所说法门别行疏》及《华严经观音知识品》的著者，也是忠肃王时代（1313-1330，1332-1339）的僧侣。所以这本是高丽忠肃王17（1330：至顺元）年顷的著述。还有同书的卷38是把刻本翻刻的[25]。60卷中的卷53也是同一种情况[26]。如此，举了4卷的例子，同属于60卷本，都是晋本。

下面举例说明周本。这本是唐朝武则天证圣元（695）年，实叉难陀（652-710）与菩提流志等人一起，在大遍空寺，弄到新的梵本《华严经》，着手翻译，经过5年的时间，于圣历2（699）年完成翻译的。这本书，增译了东晋的旧译（晋本，60华严）遗落的部分，成为80卷，所以称为《八十华严》。又是因为武则天的大周时代新翻译的，所以也叫做《周本华严》或《新译周经》。这本经的实例如下。

周本：《大方广佛华严经》[27]卷第一的"一"下有"新译"两个小字，次行有小字"唐于阗三藏实叉难陀译"。卷头由弘景等的表笺文开始，以七处九会为序，收录了38品名和八十卷次，在此展开了天册金轮圣神皇帝的序文与第一会菩提场中的世主华严品第一卷的本文。卷末有"圣历二年岁次己亥（699）十月八日译毕"，并列记了三位释梵文者、二位译语者、一位笔受者、一位缀文者、九位证义者的名单。这本书有刻字精巧、墨色润泽、纸质古朴的11世纪的印出本。

卷2、13、29、30、36、74、75，也都是属于高丽初雕本《大藏经》，没有字句的出入，也没有异字，但同一字中略字多，避讳了宋太祖的祖父名"敬"字和兼避字"竟"的末笔的12世纪顷的版本[28]。

25）《大方广佛华严经》，晋本，卷38，1帖，佛陀跋陀罗（东晋）译，折帖装，刻本，13-14世纪刊，宝物1192。

26）《大方广佛华严经》，晋本，卷53，1帖，折帖装，刻本，12-13世纪刊，宝物959-17。

27）《（初雕本）大方广佛华严经》，周本，卷1，1轴，实叉难陀（唐）等译，卷子装，11世纪刊，国宝256号。

一般来说，初雕本的卷首题、卷、页、函次位于纸张的前面，页次由"丈"来表示，省略卷末刊记，缺乏宋太祖的祖父名"敬"字和兼避字"竟"的末笔，在卷首题和卷次后刻有"新译"和函次，下行有"唐于阗三藏实叉难陀译"，字数为一行14字，每页23行（但第一页有22行），没有字句的出入，内容上也没有异字，但有不少略字。这是因为以宋版的文本为底本的缘故。

在这种情况下，时期稍晚的有卷22[29]、26[30]、48[31]、55[32]、79[33]等，都比初雕本晚一些，是12-13世纪或高丽末期印出的刊本或写经。

还可以看到《华严经注疏》若干卷。这是澄观（唐）和净源（宋）述，净源彔疏及注经的。这个版本是与高丽朝大觉国师义天有亲交的净源注释的。这是利用宣宗4（1087）年宋商送来的书板印出的。这些都是高丽后期的，卷21、24[34]、30[35]、84、97[36]、100、117就是属

---

28) 《初雕本大方广佛华严经》，周本，卷2，1轴，实叉难陀（唐）译，卷子装，刻本，12世纪刊，国宝266。

29) 《大方广佛华严经》，卷22，1帖，实叉难陀（唐）译，折帖装，12-13世纪刊，宝物959-18。

30) 《大方广佛华严经》，卷26，1帖，实叉难陀（唐）译，折帖装，刻本，肃宗年间（1095-1105）刊，宝物959-13。

31) 《（绀纸银泥）大方广佛华严经》，卷48，1帖，折帖装，写经，高丽末期写，宝物1095-14。

32) 《大方广佛华严经》，卷55，1轴，实叉难陀（唐）译，卷子装，刻本，12-13世纪刊，宝物959-19。

33) 《大方广佛华严经》，卷79，1帖，实叉难陀（唐）译，折帖装，刻本，12-13世纪刊，宝物959-15。

34) 《大方广佛华严经》，卷21、24，2帖，澄观（唐）述，净源（宋）注疏，11世纪末高丽后期印，宝物1128。

35) 《大方广佛华严经》，卷30，1帖，澄观（唐）述，净源（宋）彔疏注经，高丽末期印，宝物1124。

36) 同注35，卷84、97，蝴蝶装，宝物1124。

于这种。

下面是《大方广佛华严经普贤行愿品别行疏》，这本书是般诺汉译的《华严经》40卷的，最后一卷有科文。这是高丽高宗43（1256）年为了祈祷清河相国崔瑀的寿福而刊行，于褚王13（1387：洪武20）年夏刻的[37]。

贞元本：贞元年间，般诺三藏翻译《普贤行愿品》40卷的，世称《四十华严》。40卷中弄到的资料有卷4、24、31、34等4卷。其中卷4[38]没有变相图和卷末的写成记，但从它的封面的装饰和本文的字体来看，是稍微带着高丽末的赵松雪体的写经。卷24[39]是在绀纸上以金银泥画了宝相花纹，题名由金书的装法的书写成的。还有卷31[40]和34[41]是忠肃王夏位6（1337）年，皎然和尚根据大府少监同知密直司事崔安道和他的妻子绫城夫人具氏一起，祈求已去世的父母的离苦得乐和他们自己的寿福、去灾，死后重新出生在莲花世界的祷告写成的忠肃王夏位6（1337）年的写本。

4）经集类

（1）《大佛顶如来密因修证了义诸菩萨万行首楞严经》简称《楞严经》或《大佛顶首楞严经》或《大佛顶经》。这是唐代天竺沙门般刺蜜帝翻译的，是开始修禅、耳根圆通、五蕴魔境等禅法要义的经典，是

37）《大方广佛华严经普贤行愿品别行疏》，1册，般诺（唐）译，澄观（唐）述，改装为线装，刻本，褚王13（1387）年刊，宝物1126。

38）《（橡纸银泥）大方广佛华严经》，贞元本，卷4，1帖，般诺（唐）译，折帖装，写经，高丽末写，宝物1137。

39）《大方广佛华严经》，卷24，1册，般诺（唐）译，折帖装，刻本，高丽时代14世纪刊，宝物1146。

40）《（绀纸银泥）大方广佛华严经》，贞元本，卷31，1轴，般诺（唐）译，卷子装，忠肃王夏位6（1337）年写，宝物215。

41）同注40，卷34，1轴，宝物751。

"禅"加密教思想的经书。

在韩国，在佛教专门讲院里被采纳为四教科的一个而广泛传开了。据恭愍王21（1372：洪武5）年即了写的跋文和卷末刊记，可知恭愍王时期在安城青龙寺由大将军金湖和灵严郡夫人崔氏、贞顺翁主李氏板刻了，但这本是稍有漫患的朝鲜初期印出本42)。此外，尚有在绀纸上用金泥写的《首楞严经》卷7的残本，为14世纪的写本43)，恭愍王5（1356）年李邦翰为了母亲的冥福写成的卷1044)。还有，赵明基藏的宝物698号和赵炳舜藏的宝物699号皆是卷6-10，1册，线装，恭愍王21（1372）年刊本。

（2）《佛说父母恩重经》是从《武周录》、《开元录》、《贞元录》的目录里出来，有3-4种异本。疏上引用的亮汰记是与敦煌本不同。这本经的内涵是父母的恩惠很重，要报答父母的恩惠，就要做经，焚香，恭养菩萨。和鸠摩罗什翻译的《父母恩重经》比较，这本属于异本，但是大部分内容相同，没有变相图，部分内容多了附带说明。

分3卷编辑的这本书是高丽忠烈王26（1300：大德4）年，由连山监务所仕郎良酝令李永成和满云寺三重大师又玄刊行的45)。除此之外，还有《佛说大报父母恩重经》（合缀《父母恩重经重胎骨经》）。这本是由当过输忠翊戴功臣政堂文学艺文馆大提学的韩威的施主刊行的46)。

---

42) 《大佛顶如来密因修证了义诸菩萨万行首楞严经》，卷4-6，2册，般剌蜜帝（唐）译，戒环（宋）解，线装，刻本，恭愍王21（1372）年刻，朝鲜初印，宝物939。

43) 《（绀纸金泥）大佛顶如来密因修证了义诸菩萨万行首楞严经》，卷7，1帖，弥伽释迦（唐）译，房融(唐) 笔受，折帖装，写经，14世纪写，宝物756。

44) 《（麻纸银泥）首楞严经》，卷10，1帖，弥伽释迦（唐）译，折帖装，恭愍王5（1356）年写，宝物271。

45) 《佛说父母恩重经》，卷2，1帖，丁兰，菩萨，郭巨，折帖装，刻本，忠烈王26（1300）年刊，宝物959-2。

（3）《圆觉经》，原名是《大方广圆觉修多罗了义经》，简称《圆觉了义经》。这经的中心思想是众生"圆觉清净"、"本来成佛"。也被称为《大方广圆陀罗尼》、《首多罗了义》、《秘密三昧》、《如来决定境界》、《如来藏句性差别》等，但其正名叫《大方广圆觉陀罗尼经》或《大方广圆陀罗尼了义经》。其主要内容是阐释了怎样实践大乘圆顿之理的方法。

在韩国是高丽恭愍王6（1357：至正17）年流行了佛陀多罗（唐）的翻译本。那是橡纸金泥《大方广圆觉修多罗了义经》，是写经。施主崔迪、一庄与金清、戒心一起发愿，为了持经主戒衍，在橡纸上用金泥写成的功德经[47]。这本经的疏便有《大方广圆觉略疏注经》上下卷，这是唐朝的宗密把佛陀多罗汉译的《大方广圆觉修多罗了义经》注释的，是卷首有唐朝裴休体序文的经[48]。

5）律典类

（1）关于律典类有各种戒律，其中可以举个《梵纲经》。所谓梵纲，就是因大梵天王的陀罗纲就像对症下药地对诸佛说教而命名的。这是修行的方法，是作为身、口、意三法的防非上恶的制戒的本草经。上卷的内容是关于菩萨的四十法门品阶位，即十发趣、十长养、十金刚、十地位的说法，下卷里仔细说明了十重四十八轻戒的戒相。

李幸露收藏的这本《梵纲经》是禑王13（1387：洪武20）年印出的[49]。《注梵纲经》由鸠摩罗什译注，惠因注释了《梵纲经毗卢舍那佛

46）《佛说大报父母恩重经》，（合缀《父母恩重经重胎骨经》），1帖，折帖装，刻本，禑王4（1378）年刊，宝物705。

47）《（橡纸金泥）大方广圆觉修多罗了义经》，卷上下，1帖，佛陀多罗（唐）译，折帖装，写经，恭愍王6（1357）年写，宝物753。

48）《大方广圆觉略疏注经》，卷上下，1册，佛陀多罗（唐）译，线装，刻本，丽末鲜初刊，宝物1080、963。

49）《梵纲经》，1册，鸠摩罗什（后秦）译，线装，刻本，禑王13（1387）年

说菩萨心地戒品》。这本有大德2（1298）年元朝郭天锡写的序文，这是根据元朝的板本，高丽末翻刻的[50]）。

（2）《慈悲道场忏法》[51]）。这本法书记录了读经典，忏悔罪的方法，修行它，可以获得灵验，不仅灭罪，而且得福。这本是中国版的校正本，把高丽太祖名"建"改为"健"，　把定宗的讳"尧"改为"烧"的丽末鲜初的板刻本。

（3）《佛说优婆塞五戒相经》[52]）。意译优婆塞的话，就是近事、近事男、近善男、信士、信男、清信士。即在家亲自奉仕三宝，称为五戒居士。受一戒，称一分优婆塞，受二戒，称非分优婆塞。如果受二戒以后就结束，或者破一戒，称无分优婆塞。如果受三、四戒，叫多分优婆塞，受五戒，叫满分优婆塞。《优婆塞戒经》也叫做《善生经》。本经有28品，说明菩萨的发心、立愿、修学、持戒、精进、禅定、智慧等。特别是〈受持品〉中，作为在家菩萨受五戒的经，这本书原来是北凉的云无忏翻译的，但写的是求那跋摩（刘宋）译。《优婆塞五戒相经》由"第二张入"组成。

6）密教经类

（1）《瑜伽师地论》，简称《瑜伽论》。根据调整呼吸的方法修心，谈论与正理相应的状态。这本是关于主客观与一切事物达到相应柔和的境界的理论书。这里说的是境、行、理、果、机等五种相应。这是弥勒

刊，宝物919，李幸露藏。

50）《注梵纲经》，1册，鸠摩罗什（后秦）译注，线装，刻本，丽末翻刻元本，宝物894。

51）《（详校正本）慈悲道场忏法》，卷4-6，1册，诸大法师（梁）集撰，包背装，刻本，丽末鲜初刊，宝物1143。

52）《佛说优婆塞五戒相经》，2轴，求那跋摩（刘宋）译，卷子装，刻本，12世纪刊，宝物1072。

菩萨的论述，是法相宗最重视的经典，是显宗年间（1009-1031）刻的初雕本[53]。

但也有再雕本。再雕大藏经本虽然多样，但是纸地厚的纯楮纸，卷末有刊记[54]。再雕大藏经因为是受了契丹本影响以后的，所以卷首题后面有卷次，其后面刻著者名，这与初雕本不一样（《鞞婆沙论》的初雕本，刻的是迦旃延子"造"，而再雕本刻的是阿罗汉尸陀盘尼"撰"），著者项有时把"撰"刻成"造"，但大部分以"撰"字表示。本文的行间里没有书名、卷次、页次、函次，刊记在卷末题的下一行（初雕本没有刊记）。在纸张末，刊记以后依次刻书名、卷次、页次、函次。纸末的书名也是完整的书名（而初雕本是略书名）。纸张是第一页的长度长（而初雕本的第一页短），但最后一页因为有刊记而稍短。《舍利弗阿毗昙论》是卷首题后面刻有合译者二人之名，但其名之上下安排与初雕本不同，卷末的正文内容便与初雕本相差很大。《周经七十四》则刻"幅"字表示页数，再刻刻工名（而初雕本刻了"周本"），第一页是24行17字（而初雕本每页都是23行），没有避讳（而初雕本避讳了宋太祖祖父的讳"敬、竟"），版本上也不把宋板的本文为底本，可见再雕本与初雕本截然不同[55]。

（2）《阿毗昙毗婆沙论》，一共200卷，简称《大毗婆沙论》、《婆沙论》、《婆沙》。本论的注释有印度的迦多衍尼子的《阿毗达磨发智论》。它的法义广明，有多种异说。被传为公元100年到150年间，在北印度的迦湿弥罗（现在的凯瑟米尔）编成，把部派教理集大成的是库散王朝的卡尼西卡王和胁尊者召集500阿罗汉，经过12年完成的。收集

53）《（初雕本）瑜伽师地论》，卷53，1轴，弥勒菩萨（印度）撰，玄奘（唐）译，卷子装，11世纪刊，宝物276。

54）《瑜伽师地论》，卷64，1轴，弥勒菩萨（印度）撰，玄奘（唐）译，卷子装，刻本，13-14世纪刊，宝物969。

55）金斗钟，《韩国古印刷技术史》（汉城：探究堂，1974），页67-68。

其内容的诸多论师们注释了佛教的板本圣典《发智论》，分为杂志、智业、大种、根、定、见等八蕴。这就是"说一切有部"。这一理论又分为大众部、法藏部、化身部、饮光部、犊子部、分别说部等部派，从数论、胜论、顺世论、耆那教等的观点，进行了批判。由于《毗婆沙论》的编成，部派佛教的教理终于得以宣扬，对大乘佛教产生了很大的影响。它的异译本就是《阿毗昙毗婆沙论》60卷。

这本书是其中的卷11、17。这就是成保文化财团收藏的那本56)。还有一本是初雕本《阿毗达磨身足论》，在这里省去说明了。

(3)《大乘阿毗达磨杂集论》，书名所提示的那样，《阿毗达磨》由阿毗云、阿鼻达磨、毗云组成，意译的话就是把对法、大法、无此法、胜法等统译的，是一种教理研究书。它产生于公元前后，起初是佛教的名词，后来渐渐地变成一般名词的解释57)。

(4)《弥勒三部经》，这本书原来是《弥勒菩萨六部经》，叙述了弥勒菩萨上生兜率天。兜率天成佛的时候是土、时节、种族、出家、成道、转法轮等六部经典。即1.《观弥上生经》是沮渠京声翻译的。2.《弥勒下生经》是鸠摩罗什翻译的。3.《弥勒来时经》是译者不明。4.《观弥勒菩萨下生经》是法护翻译的。5.《弥勒下生成佛经》是义净翻译的。6.《弥勒大成佛经》是鸠摩罗什翻译的。其中把1、4、6称为《弥勒三部经》58)。

可是，韩国的学者认为这《三部经》都是宋朝居士沮渠京声翻译的。

---

56) 《(初雕本)阿毗昙毗婆沙论》，卷11、17，2轴，迦旃延子撰，浮陀跋摩、道泰（北凉）合译，卷子装，刻本，12世纪刊，国宝268，成保文化财团藏。

57) 《大乘阿毗达磨杂集论》，卷14，1帖，玄奘（唐）译，折帖装，刻本，国宝251。

58) 《(绀纸银泥)弥勒三部经》，3卷1帖，沮渠京声（刘宋）、法护（西晋）、鸠摩罗什（后秦）共译，折帖装，写经，忠肃王2 (1315) 年写，国宝1098。

朴相国认为，这是译者的误记，是起因于当时的善好。这是弥勒信仰的三大经典，其内容是作为未来的救援佛，象征救援的信仰。这部经是信因为了祈愿国王的保立、国家的太平、国民的平安以及父母进入极乐世界而写成的。

(5)《宝箧印陀罗尼经》，全称《一切如来心秘密全身舍利宝箧印陀罗尼经》[59]的卷首有"高丽国总持寺主真念广济大师　释弘哲敬造宝箧印经板印施普安佛塔中供养时　统和二十五（1007）年丁未岁记"的刊记，接着有变相图。后周显德3（956）年，天下都元帅吴越国钱俶（初名：弘俶，字：文德）刊刻《宝箧印尼经》8万4000卷，供养给各宝塔的这部经也有变相图。比较这两个变相图，其类似点是：前后有山顶，左侧有房子，右侧的风财园里有旧石塔，石塔前面有佛祖为接受"无垢妙光破罗门"的供养而去那房子的途中，停下来给众徒说法的风景，这是用远近法描写的。不同点是变相图的星数不同。956年本的星数是4个，1007年本的星数有8个。经的内容是如果书写、读诵或放进塔里供养积聚了一切如来全身舍利的功德之陀罗尼经，一切如来的神力就会保护，消减一切罪，从而免遭三涂（地狱、魔鬼、畜生等三要道）的痛苦，可以长寿，获得无限的功德。

这部经是卷子本，一共49句，依次为刊记、变相图、正文，上下单边，每行8字，字体瘦劲，俊俏秀丽，字形稍长，大字也很好地表现一磔化、一磔法，但横划平行、竖划垂直，神韵比新周本漂亮。

7）论书类

(1)《显扬圣教论》，共20篇，也叫做《总苞众义论》、《弇苞众的

59) 1.　千惠凤，〈高丽初期刊行的一切如来心秘密全身舍利印陀罗尼经〉，《图书馆学报》第2辑（1973.6），页6照片上。

　　2.　沈喁俊，〈后周显德3（956）年钱俶刻本，宝箧印陀罗尼经〉，《世界文化财新闻》，第9号（1995.2.9），第10版。

论》、《显扬论》。著者是印度的无著菩萨，译者是唐朝的玄奘。内容是作为菩萨，行自利利他的行为时，获善巧，修成佛果，应尽利乐。

这本编在"庆"至"尺"函之间，从绀色的封面、金书的题签、卷绪、纸质、刻字、墨色等考察，可以推测是保持了初期原形的初雕本[60]。

（2）《不空羂索神变真言经》简称《真言经》，又名《不空羂索经》，原来有30卷。唐代的菩提流志翻译的。其内容是讲述"不空羂索观世音菩萨"的秘密修行法门。

原来的30卷中，李建熙所藏本是卷13[61]。这本写经，在卷首用金泥细腻地画了神将像，用银泥写了经文，字是三重大师安谛写的，神将图像后面有写成记，是忠烈王元（1275：至元12）年的写经。曾经流传到日本，成为岩崎家珍藏，后来，重新找回来。

8）禅宗类

（1）《佛说四十二章经》（三经中的一个禅宗类）是中国后汉时代的迦叶摩腾和法兰先共同翻译的佛书，是中国最初的经书。每章的内容只是简单地记录了要点，短的有20多字，最长的也不过100多字，是早期佛教的基本教义书。将僧侣通过修行而获得悟的证果、心证、诸欲的重点放在人生无常等的诸义上，说明出家学徒应具备的要义的佛教入门书。

这本是宋朝的守遂注释的禅宗佛祖的三经中的一本[62]。还有合装沩仰宗沩山灵佑的警策之翻刻本。

（2）《禅林宝训》，共4册是南宋的净善增编的。又名《禅门宝训

---

60) 《显扬圣教论》，卷11，1轴，无著菩萨（印度）造，玄奘译，卷子装，刻本，11世纪刊，国宝243。

61) 《（绀纸银泥）不空羂索神变真言经》，卷13，1轴，菩提流志（唐）译，安谛（高丽）书，卷子装，忠烈王元（1275）年写，国宝210，李建熙藏。

62) 《佛说四十二章经》，1册，迦叶摩腾、法兰先合译，守遂（宋）注，刻本，禑王10（1384）年刊，宝物1224。

集》。收彔了从11世的黄龙惠南到16世的佛照拙庵等宋代众多禅师的遗训300篇。各篇都明示了出典，妙喜普觉、竹庵士圭等两名禅师在江西的法门寺等地辑彔的，后来散佚，听说是南宋的淳熙年间（1174-1189）净善从老僧那里得到了这本书。可惜，虫蛀，找来前记重集，这就是通行的《禅林宝训》。

这本书在韩国也有修补的，是禑王4（1378）年的青龙寺所刻本。其内容是收集高僧的言行，作为禅家的榜样，让初学者读的禅的入门书[63]。

（3）《永嘉真觉大师证道歌》或称《证道歌》。唐朝的永嘉玄觉（665-713）撰写的。玄觉初学天台，后来听了禅宗六祖慧能的说法后，改宗进了禅门，写了本书。全文247句，大部分是每句7字，共1,814字（或267句，1,878字），体裁为古体诗，由4句或6句来编成，共有51解，揭示了其悟境的要旨。神龙元（705：新罗圣德王4）年顷撰述的，以其优美的文体，叙述了禅宗的精髓。

这本书是唐朝真觉大师的姐姐净居的注释书，于高丽宣宗6（1089：元佑4）年，菩济寺的了悟和沙门绍忠、俗人善经一起，由文宗的妃崇化宫主金氏做施主写成，于己亥年，由文林郎司宰少卿的李时茂刊行的。问题是上述的"己亥"年到底是哪一年，就不清楚了，可是如果考虑到忠烈王34（1308：至大元）年，文官从9品品阶的文林郎改为通仕郎的事实，可以推测最晚也是忠烈王25（1299：大德3）年以前了[64]。

9）护国类

《金光明经》。这本和《法华经》、《仁王经》一起，类似于保护国家

63）《禅林宝训》，卷上下，1册，净善重集，线装，刻本，禑王4（1378）年刻后印本，宝物700。

64）《永嘉真觉大师证道歌》，1册，玄觉（唐）著，净居（唐）注，线装，刻本，忠烈王25（1299）年重刊，宝物889，赵明基藏。

的三部经。如果读了这部经，国家会受到四天王的保护。这部经把重点放在〈寿量品〉以下的四品。〈寿量品〉记述了王舍城得悟过程，即说他怀疑佛的寿命，到了80岁才悟道，开始说明四方四佛佛寿的长处。〈忏悔品〉和〈赞叹品〉讲的是金鼓光明的教法和金光明忏法的功德。以后的诸品叙述了四天王的护国和现世利益的信仰，自从西域诸国崇拜四天王以后，在中国也流行了《金光明经》的禅法。

在韩国也许有过这样的信仰，因为高丽后期，印出了昙无谶（北凉）翻译的《金光明经》65)。

10）护法论

护法就是保护和维持正法。据佛陀的传说，请四大声闻和十六阿罗汉时，保护和维持佛法的。梵天、帝释、四天王、十二神将、二十八部等善神，听闻了佛陀的说法以后，都说教正法。

高丽末期，刊行过保护诸神、说教护法的《护法论》。这是对应张商英斥佛论的护法66)。

2. 辞书、性理学书、儒家经书

1）辞书类

（1）《法苑珠林》，唐代的总章元（668）年，道世（？-683）著的这本又名《法苑珠林集》。《法苑珠林》既可以成为把一切佛经综合考察的"索引"，又具有"佛教百科全书"的性格。关于佛教思想，收录了术

---

65)《金光明经》，卷1，1帖，昙无谶（北凉）译，折帖装，刻本，高丽后期刊，宝物959-27。
66)《护法论》，1册，张商英（宋）编著，线装，刻本，禑王5（1379）年刊，宝物702。

语、法数、经、律、论、纪、传等，其中有现今已没有的经典。内容不同的或分类上有问题的，不和"经文抄录"对照，也可以一眼看出其要义来。

这是一本既可以了解佛教的因果故事，又可以参考佛教史、社会风俗、掌故的"类书"，是根据高丽大藏都监板刻的版本刊行的[67]。

（2）《龙龛手镜》，这本书是印出于高丽11世纪顷的字书，为了了解佛教，可参考的工具书。著者是行均。他是僧侣，对佛教有很深的造诣。以前的字典，有按部首编成的梁朝顾野王的《玉篇》、以四声为音韵编成的隋朝陆法言的《广韵》等书。行均的这一字书采取的方法是，先用部首找，部首一样的可以用韵找的并用方法。除了正字，还解说了俗字。本字26,430字，注163,170字的庞大的字典。这是研究音韵的唯一资料。特别是对佛典里出现的字，编得更深奥。

这本书在中国早已散佚，到了南宋时代，出版了《龙龛手鉴》，唯一可以找到中国没有的《龙龛手镜》原型的孤本，就是此书。此书在江原道榆山寺有同样的版本，但是其保存状况值得担忧。书共有4卷，但是即使卷4的保存状态良好，卷3却是残破。在韩国什么时候复刻的便不能知道，但是在罗州权得龄的责任下刻出来的高丽本。辽朝灭亡的是1125年，也许是辽朝灭亡以前传到韩国的吧？从而，几乎可以确信是11世纪印出的[68]。

2）性理学书类

《近思录》是宋朝的朱熹和吕祖谦合著的，是关于道体、为学大要、格物穷理、存养、改过迁善、克己复礼、齐家之道、出处进退辞受之义、治国平天下之道、制度、君子处事之方、圣贤气象等的圣学入门

67）《法苑珠林》，卷22，1帖，道世（唐）撰，折帖装，刻本，高丽后期刊，宝物959-33。

68）《龙龛手镜》，卷3-4，1册，行均（辽）编，线装，刻本，11世纪刊，宝物130。

书，是论及性理学的书。

李鲁叔平时想要这本书，正好恭愍王19（1370：洪武3）年通过晋阳司艺朴尚衷弄到了一部原来金广远收藏本，以此为底本印出的。用张蟠的笔体板刻，郭仪出资印出的。书末端的右侧，用隶书明记了"星山李氏刊于晋阳"的刊行者名和刊行处，左侧上端有梵钟的画。画的中间有"洪武三（恭愍王19：1370）年"的刊记。再下端有香炉画，还横写了"李鲁叔"的刊行者名。刊行年号"洪武"两个字中，"武"字是为了避讳，缺末笔。卷14末有"咸阳朴氏"、"文星子奎"印记的这本书，还有朱熹、吕祖谦的淳熙3（1176）年的识记，还有淳祐12（1252）年叶采进上《近思象》1部10册的记录"进近思象表"[69]。

3）儒家经书类

《中庸朱子或问》，就像朱子所说明的那样，要做人，首先读《大学》以明白其规模，读《论语》以定其根本，读《孟子》以了解其发展，最后读《中庸》以明白古人之美妙。倪士毅因《中庸》的美妙而集释的这本书，是朱熹关于《中庸》提出的问题，叙述了其答案。

从元朝传入了这本书的原本以后，于恭愍王20（1371：洪武4）年辛亥7月，在晋州牧把原本夏刻的[70]。

69）《近思象》，卷1-3、9-14，2册，朱熹、吕祖谦（宋）共著，线装，刻本，恭愍王19（1370）年刊，宝物1077。

70）《中庸朱子或问》，1册，倪士毅（元）辑释，线装，刻本，恭愍王20（1371）年晋州牧夏刻元刻本，宝物707。

第Ⅱ篇 朝鲜朝前期篇

Ⅳ. 佛书和其辞书

通过高丽时期篇，简述了高丽时期的韩国版汉籍主要以佛教经书为主，其他书就仅占些的历史事实。到朝鲜朝，因为儒教已经成为国策的中心，所以朱子学和阳明学形成了主流。然而，以王室为中心，继续从中国吸收佛教经典和其辞书，所以当时的汉籍以《金刚般若波罗蜜经》为始，还有不少佛教经书。

在朝鲜版汉籍中实物流传下来的是包括1.佛书和其辞书2.经部书3.史部书4.子部书以及5.集部书等。这些就是从1988年至1998年为止所指定为文化财的朝鲜版汉籍。当然绝大部分是国宝或宝物，仅有几种其他本。

可特记的与高丽朝不同点是除抄本与刻本之外，常用活字印出书籍。其状况类别分析如下。

1. 佛教经书

1）般若经类

鸠摩罗什（344-413）于后秦弘始4（402）年在长安草堂寺翻译的《金刚般若波罗蜜经》是汉文版祖本，简称《金刚经》。后来到唐朝的三百年间，有了五种汉文版译本，高丽时期篇中已经记述。《金刚般若波罗蜜经》是般若思想的源泉，曾是僧睿的掌上之宝，印度曾出现了多种诠释本。主要有无着菩萨的《金刚般若论》二卷、《金刚般若波罗蜜

经论》三卷、《能断金刚般若波罗蜜多经论释》三卷、《同讼》一卷；
天亲菩萨的《金刚般若波罗蜜多经论》三卷；世观菩萨的《金刚仙论》
十卷；功德施菩萨的《金刚经破取着不坏假名论》二卷等。

中国也继罗什的译本之后，以僧肇的注释本《注金刚》一卷为始，涌
现出许多注释著作。其中主要的有隋朝智顗的《疏》一卷、吉藏的
《疏》四卷；唐朝窥基和宗密的《纂要》二卷、智俨的《略疏》二卷；
宋代子璇的《纂要刊定记》七卷；明代如玘的《注解》一卷、嘉祥的
《金刚疏》、慈恩的《会释》三卷和《玄记》十卷及《疏》二卷、道氤
的《宣演》三卷、汉光的《疏》二卷、靖迈的《疏》二卷、善熹的《纂
要钞》二卷、慧远的《疏》一卷和《论疏》三卷、真谛的《金刚般若本
纪》四卷、惠沼的《疏》二卷、遁伦的《略记》一卷、圆晖的《疏》三
卷、神英的《玄义》二卷、惠净的《疏》一卷、护命的《解节记》三
卷、智旭的《金刚破空论》等。

韩国便有元晓的《疏》三卷、道证的《疏》一卷、憬兴的《科简》三
卷、玄范的《疏》二卷和《赞述》三卷、义寂的《经论述记》和《赞》
一卷、道伦的《略记》一卷、太贤的《古迹记》一卷、大悲的《疏》一
卷等。对罗什所译，双林傅大士、六祖大监、圭峰宗密、冶父道川、豫
章宗镜等五位祖师做的注解，朝鲜初禅德涵虚堂得通的《说谊》和《决
疑》，汇编这些资料的《五家解》，于朝鲜朝太宗15年（1415：永乐
13年）乙未才上梓了。还有一本是上述五禅德的疏注中，挑选冶父道
川和豫章宗镜的《讼》和《提纲》与正文，选择得通的《说谊》和《决
疑》做为补充的《三家解》韩译版。（请参照东国大学《金刚经展观目
录》略解）

《金刚经》宣扬的是以空慧为体，专说一切法无我之理，繁简适中，
最便诵持的思想。其内容已在高丽时期篇中做了简要的说明，不再赘

述。目前韩国尚存的有《金刚经》谚解本。这一侍奉世宗的命令而谚解的是，根据鸠摩罗什的译文和唐代宗密的《纂要》、宋代宗境的《提纲》、朝鲜已和（1376-1433）的《说谊》编写的。学祖重新核对之后，于成宗13年（1482：成化18年）印出，现存卷1、5[1]和卷2-5[2]。书中的大字是世祖写底本的丁丑字本，中、小字是姜希颜写的乙亥字本。版心是"金刚经三家解"，姜希孟写了跋。卷2-5的卷首题下端有"观音"两字，表纸下端有"俗离山观音寺留镇二件"的墨书识记。跋上印有"上（高宗）之三十年癸巳（1893）夏，弟子香观卜志学虔诵敬腾私亦说轩"的字样。另外，韩国还有据唐代宗密的《纂要》、梁代傅大士的《赞》、唐代慧能的《口诀》、宋代冶父的《颂》、宋代宗境的《提纲》等编写的，统称为《金刚经五家解》。朝鲜已和把《金刚经五家解》解释的便是《说谊》。吕澂的《新编汉文大藏经》第263～268，已经在敦煌石窟被发现，还有唐朝景龙4（710）年的抄本。咸通9（868）年刻本也现保存在大英博物馆。但是韩国还没有涵虚堂已和注解的说谊本，只有省琚抄写中国本的[3]。对此我们认为是《说谊》以前的版本。

　　还有《金刚经》的集注本。据说有五十三家注解，但也有只汇集了王日休、陈雄、傅大士、颜如居士、冶父道川禅师、若讷禅师、六祖大师、茨庵僧微禅师、智者禅师等人的注释本。从内容上看，总三十二分中，只收象了从第十五持经功德分到第三十二应化非真分。卷末有〈收

　1）《金刚般若波罗蜜经》，卷1、5，4册，鸠摩罗什（后秦）译，宗密（唐）纂要，宗镜（宋）提纲，已和（朝鲜）说谊，世祖（朝鲜）奉教命韩译，学祖（朝鲜）重校，丁丑字与乙亥字合印本，成宗13（1482：成化18）年印，宝物772，世宗大王纪念事业会藏。

　2）同注1，卷2-5。

　3）《金刚般若波罗蜜经》，2卷1册，鸠摩罗什（后秦）译，线装，刻本（据省琚笔写），太宗15（1415：永乐13）年刊，宝物1082，宋成文藏。

经偈〉，说明永竣寺道颛法师的石本为注解本的底本。这本是以信珠为化主，由前都观察使禹希烈和前通善郎木州监务许寻等人，于太宗17（1417：永乐15）年，在空林寺刊行的《金刚经》注释本[4]。

除此之外，还有仲瀚嘉靖大夫仁川府尹韩继禧于世祖10（1464：天顺8）年2月谚解的刻本。唐朝的玄奘翻译了《般若波罗蜜多心经略疏》，附有宋朝的仲希编写了〈显正记〉。刻本是把这一书核校后翻译成韩文的[5-1][5-2]。卷首有〈金刚经心经笺〉。据卷末韩继禧的跋，书是侍奉王命，在孝宁大君的帮助下完成的。

《六经合部》是把朝鲜朝前期流行的《金刚般若波罗蜜经》、《大方广佛华严经入不思议解脱境界普贤行愿品》、《大佛顶首楞严神咒》、《佛说阿弥陀经》、《法华经观世音菩萨普门品》、《观世音菩萨礼文》等汇集而成的。全文用甲寅字小字印成，有成宗3（1472：成化8）年金守温写的跋文[6]。之外有成宗19（1488：弘治元）年在高山花岩寺开版的刻本，是以成达生笔体夏刻的[7]。还有世祖至明宗年间（1455-1567：景泰6-隆庆元）刊行的镇安中台寺本[8]。

---

4) 《集注金刚般若波罗蜜经》，1卷1册，鸠摩罗什（后秦）译，编者未祥，线装，刻本，太宗17（1417：永乐15）年刊，宝物1223，金赞镐藏。

5-1)《般若波罗蜜多心经略疏》，1卷1册，玄奘（唐）译，韩継禧（朝鲜）韩译，线装，刻本，世祖10（1464：天顺8）年刊，宝物1211，自在庵藏。

5-2)《妙法莲华经》，卷1-3，1册，戒环（宋）解，黄振孙笔写，刻本，世祖年间（1455-1468：景泰6-成化4）刊，宝物791-9。

6) 《金刚般若波罗蜜经》，《六经合部》之一，1册，鸠摩罗什（后秦）译，线装，甲寅字小字本，成宗3（1472：成化8）年印，宝物965，李华均藏。

7) 《金刚般若波罗蜜经》，《六经合部》之一，1卷1册，鸠摩罗什（后秦）译，线装，夏刻板，成宗19（1488：弘治元）年花岩寺刊，宝物793-14，花岩寺藏。

8) 《金刚般若波罗蜜经》，《六经合部》之一，1册，鸠摩罗什（后秦）译，线装，刻本，世祖至明宗年间（1455-1567：景泰6-隆庆元）刊，宝物793-15，花岩寺藏。

特记的是《护国般若经》。能否独立分类为"护国类"，有些争论，从书名《注仁王护国般若经》中看，确有些护国的特征，但还收录了鸠摩罗什的译文，使人产生混乱，但着重"般若经"还要排此类。这是大觉国师义天（1055-1101）的亲友净源的注解。据《义天录》记载，附有"科文"，但这本书里找不到"科文"，从字面上看，有类似于东大寺刊《续藏经》的神韵，但很难断定其同否。本书版首题为"注仁王"，表题为"护国般若经"，字体类似于欧阳询体，原来是卷子本形状，后来以十行为单位，改成线装本9）。

2) 法华经类

《法华经》有三类。第一类是原封不动地吸收鸠摩罗什的译文，把它认真抄写，并在〈序品〉里表明了发音，在〈譬喻品〉里写进了声调。有信聪大师抄写的高丽末朝鲜朝初期的刻本10）。表纸中央有"鹤立蛇横"字样，其下端标题为"妙法莲华经卷第一"，接着有变相图，还记载了一篇终南山翻译，道宣所述的〈弘传序〉之后有经文。这是在太宗元（1401：建文3）年，信聪侍奉太上王太祖的命令抄写的版本11）。还有一本是成宗元（1470：成化6）年，次子睿宗去世之后，世祖妃贞熹王后尹氏，为祭奠已故的世祖和懿敬王德宗、睿宗而出版的版本。这本书的特征是，为了便于理解原文，增加了标点。书的下边下还刻有崔今同、张莫同等刻工名12）。除了普遍广泛流行的成达生系列版本之外，还有黄

9）《注仁王护国般若经》，4卷1册，净源（宋）注解，线装，刻本，11世纪初刊，宝物890，赵明基藏。

10）《妙法莲华经》，卷2，1帖，鸠摩罗什（后秦）译，折帖装，刻本，丽末鲜初刊，宝物1194，通度寺藏。

11）《妙法莲华经》，卷1，1帖，鸠摩罗什（后秦）译，折帖装，写经，太宗元（1401：建文3）年写，宝物1145，朴赞守藏。

12）《妙法莲华经》，卷3-4、5-7，2册，鸠摩罗什（后秦）译，线装，刻本，成

振孙系列的独创版本。这本书正文里有墨写的口诀，撰写人是前注福州上主释院嗣祖沙门及南，书尾有"黄振孙书"字样。成达生的书体，稍微扁而活达，相比之下，黄振孙的书体就混有赵松雪体的圆转可爱之风[13]。

除此之外还有好多种版本。如太宗5（1405：永乐3）年，曹溪宗大选信希等人，为年长者方便阅读而用中字的版本（宝物971）；于太宗5年，道人信云为已故的两亲摆脱众苦达到永生的涅盘境界而书写的版本（宝物1139）；文宗元（1451：景泰2）年，太宗之明嫔金氏为祭奠太宗大王、世宗大王、昭宁王后以及父亲安靖公金九德、母亲壮敬公主辛氏而印出的版本（宝物1107）；成宗元（1470：成化6）年，世祖妃贞熹大王大妃尹氏为祭奠自己的次子睿宗而印出的刻本（宝物1164）；以成宗元年世祖妃贞熹大王大妃尹氏为祭奠世宗大王、睿宗大王、懿敬王而刻板为基础，于成宗13（1482：成化18）年，仁粹大妃为其独女明淑公主的前途而印出的版本（宝物936）等等。其大部分是模仿成达生和成概兄弟的笔体。

第二类是混用木活字的初铸甲寅字本。因为没有找到第七卷，所以还无法确定准确的出版年度。有为祭奠世祖3（1457：天顺1）年去世的懿敬世子（德宗）而印出的版本[14]，还有世祖年间（1455-1468：景泰6-成化4）印出的乙亥字本[15]。宣扬的都是释迦如来的久远成道和诸法实相，把声、线觉、菩萨的三乘汇入到一佛乘的二十八品一大事，在

宗元（1470：成化6）年刊，宝物1147，姜泰泳藏。

13) 《妙法莲华经》，卷1-3，1册，鸠摩罗什（后秦）译，线装，刻本，15世纪中期刊，宝物1153，金赞镐藏。

14) 《妙法莲华经》，卷2，1册，戒环解，线装，初铸甲寅字本，世祖3（1457：天顺元）年印，首尔国立大学藏。

15) 《妙法莲华经》，卷6，1册，戒环解，线装，乙亥字本，世祖年间（1455-1468：景泰6-成化4）印，宝物793-8，上院寺藏。

因缘说中，都属于比喻、信解两品的。

第三类是世祖9（1463：天顺7）年印出的译本。是刊经都监印出的"戒环解"，一如集注本，存卷1、3、4。这是尹师路等众臣制进的，加悬吐在原文傍[16]。

3）华严经类

《大方广佛华严经》简称《大方广佛会经》，又称《杂华严经》。是佛经的基础上形成的佛教丛集，属《十地经》。东晋时，天竺僧人佛陀跋陀罗翻译出六十卷本。称它为34品《六十华严》或《旧译华严经》。唐代实叉难陀翻译的八十卷本，称它为38品《八十华严》或《新译华严经》。还有一种是唐代般若翻译的四十卷本。因为这本书形成于贞元年间（785-805），所以称它为《贞元经》。虽然说是立法界品的另一种译文，影响不大，然而，韩国早在高丽时期已经有了《贞元经》。

朝鲜朝时期的版本有晋本的卷二十八和卷三十八。华严经六十卷本之卷二十八在江原道的上院寺里。这本书属佛腹藏用书，所以封面和卷末部分脱落，无法查验准确的印刷年代，大约12-13世纪的寺刹刊本[17]。庆尚南道大圣庵收藏的晋本卷三十八之二本，其卷末有音义，封皮用绀色银泥做了宝相华纹装饰，在长方形封面的鹤立蛇横下端有题名"大方广佛华严经卷第三十八"的金泥字字样。这是高丽肃宗年间（1096-1105：绍圣3-崇宁4）刻本的翻刻本[18]。

还有一种周本是白纸金泥《大方广佛华严经》，卷二十九，属于周本

---

16) 《妙法莲华经》，戒环解，一如集注，线装，刻本，世祖9（1463：天顺7）年刊，宝物1010，姜泰泳藏。

17) 《大方广佛华严经》，卷28，1帖，佛陀跋陀罗（东秦）译，折帖装，刻本，12-13世纪刊，宝物793-4，上院寺藏。

18) 《大方广佛华严经》，卷38，1帖，佛陀跋陀罗（东秦）译，折帖装，刻本，13-14世纪刊，宝物1192，金赞镐藏。

八十卷中。虽然没有写成年代，但定为宝物978号，类似于来苏寺藏本。字体厚重健实，可推为十五世纪的作品[19]。

4）经集类

（1）《楞严经》共有十卷。全称叫《大佛顶如来密因修证了义诸菩萨万行首楞严经》。简称为《大佛顶首楞严经》或《大佛顶经》。是唐代的天竺沙门般刺蜜帝翻译的。《首楞严经》指的是佛中万行的总称。

朝鲜朝前期印出了第一次《楞严经》，于太宗元（1401：建文3）年，太祖叫信聪大师抄写大字《楞严经》，御览之后把它编为十卷五册[20-1] [20-2]，是在出书过程中经历了建国过程和王子之乱，是许多生灵涂炭的见证物。第二次印刷的是世宗31（1449：正统14）年，奉世祖之命，于世祖7（1461：天顺5）年印出的乙亥字谚解本[21]，为了减少内容的理解难度而印出的。还有世祖8（1462：天顺6）年，由刊经都监印出的刻本[22-1] [22-2]，刻板精巧，字体也模仿厚重的赵松雪体，带庄严的气氛。

19）《大方广佛华严经》，卷29，1帖，实叉难陀（唐）译，折帖装，写经，15世纪初写，宝物978，李元基藏。

20-1)《大佛顶如来密因修证了义诸菩萨万行首楞严经》，卷9-10，般刺密帝（唐）译，戒环（宋）解，线装，刻本，太宗元（1401：建文3）年刊，宝物1195，通度寺藏。

20-2）同注20-1，卷1-10，宝物759，宋成文藏。

21）《大佛顶如来密因修证了义诸菩萨万行首楞严经》，卷1，1册，般刺密帝（唐）译，戒环（宋）解，线装，乙亥字本，世祖7（1461：天顺5）年印，宝物760，赵炳舜藏。

22-1)《大佛顶如来密因修证了义诸菩萨万行首楞严经》，卷1-10，般刺密帝（唐）译，戒环（宋）解，世祖命韩译，刊经都监奉教译，世祖8（1462：天顺6）年刊，国宝212，东国大学藏。

22-2)《大佛顶如来密因修证了义诸菩萨万行首楞严经》，卷2-4、6-10，般刺密帝（唐）译，戒环（宋）解，刊经都监奉教译，线装（改为包背装），刻本，世祖8（1462：天顺6）年刊，国宝764，姜泰泳藏。

（2）《圆觉经》的原名叫《大方广圆觉修多罗了义经》。简称《大方圆觉经》或《圆觉了义经》。译者是唐代的佛陀多罗，内容是大乘圆顿的道理，主要说明了实践方法。它的注释本有唐代宗密的《大疏钞》十三卷等多种版本。禅宗历来重视了《维摩经》、《楞严经》和《圆觉经》，但日本僧人道元，以《圆觉经》不同于其他大乘诸经为理由，排斥了它。《圆觉经》还收录在《开元释教录》卷九里。

在韩国便于世祖10（1464：天顺8）年甲申，刊经都监雕出了第一个刻本。后来到明宗19（1564：嘉靖43）年6月，智异山臣兴寺，用嘉靖大夫仁寿府尹姜希颜的书迹，刻出了《大方广圆觉修多罗了义经》。这是曦阳山沙门涵虚堂得通的解[23]。然而，世祖11（1465：成化元）年刻出的卷上一之二，卷下一之一～二之一是终南草堂沙门宗密（唐）之疏钞[24]。这些都是唐代的佛陀多罗的翻译。换句话说，宗密疏钞了佛陀多罗的译文，韩国的得通做了注解。还有一种世祖11（1465：成化1）年用乙酉字印出的活字本[25]。从内容上看，强调了人的善性，人人要进行不断的修炼，觉醒自己的本性等等。乙酉字本省略了原文的谚解部分，只收录了口诀部分。

（3）宝积经类中有《阿弥陀经》。这一经又叫《阿弥陀三耶三佛隆楼佛憧过道人道经》或《大阿弥陀经》。吴朝支谦（222-280）翻译的。此经是属《无量寿经》的另一种译本，是《无量寿经》的多种译本中，最早形成的一种。又称它为《一切诸佛所护念经》、《诸佛护念经》、

23）《大方广圆觉修多罗了义经》，卷上中下，1册，得通（朝鲜）解，线装，刻本，明宗19（1564：嘉靖43）年刊，宝物793-12，上院寺藏。

24）《大方广圆觉修多罗了义经》，卷上一之二、卷下一之一～二之一，佛陀多罗（唐）译，宗密（唐）疏钞，线装，刻本，世祖11（1465：成化1）年刊，宝物1219，姜泰泳藏。

25）《大方广圆觉修多罗了义经》，卷上一之三，1册，宗密（唐）疏钞，线装，乙酉字本，世祖11（1465：成化1）年印，宝物793，上院寺藏。

《小无量寿经》、《小经》或《四纸经》。这些都是《净土三部经》的一种。此经经过翻译出书之后，出现了另两种异译本。一是求那跋陀罗于刘宋孝武帝孝建（454-456）初年翻译的《小无量寿经》，但早年散失，现在只传咒文和利益文。二是玄奘于唐高宗永徽元（650）年翻译的《称赞净土摄受经》。

《佛说阿弥陀经》是鸠摩罗什译本，文笔简洁流畅，现在韩国保存的是刊经都监谚解天台智者所说的。世祖10（1464：天顺8）年，刊经都监谚解印出了《佛说阿弥陀经》初刊本。书中，经文大字字体圆滑而厚重，中字是接近于韩文黑体的初期训民正音字本。小字的字体和大字差不多26)。

（4）《佛说大报父母恩重经》有多种版本。书的内容是明确了父母的十大恩惠，并为更好地理解其恩的意思，附加了插图。书的最后，还附了《佛说父母恩重胎骨经》。

这种书有世宗14（1432：宣德7）年的刊本27)和端宗2（1454：景泰5）年的刊本28)两种。前者是世宗14年在世宗的后宫明嫔金氏的发起下刊出的。因为道人义浩参与此书的出版，又是王室的主导下进行的，所以书的质量很是精巧，而后者于端宗2年在光法寺刻出的，所以其质量远不及前者。

（5）《地藏菩萨本愿经》是唐朝实叉难陀翻译的。"地"指的是住处，"藏"有含藏的意思。从释迦牟尼入寂之后到弥勒菩萨成道为止，虽然是

---

26)　《佛说阿弥陀经》，不分卷1册，鸠摩罗什（后秦）译，天台智者说，刊经都监奉教韩译，线装，刻本，世祖10（1464：天顺8）年刊，宝物1050，崔英兰藏。

27)　《佛说大报父母恩重经》，1卷1帖，鸠摩罗什（后秦）译，折帖装，刻本，世宗14（1432：宣德7）年刊，宝物1215，宋成文藏。

28)　《佛说大报父母恩重经》，1卷1帖，鸠摩罗什（后秦）译，折帖装，刻本，端宗2（1454：景泰5）年刊，宝物920，李幸露藏。

无佛时代，但六道众生形成成佛的菩萨，其安忍不动之情犹如大地，所以叫"地藏"。经文中说，佛到忉利天上，为母亲说法，叫地藏大士当作幽冥的教主，这样天下有父母的人可以报答父母的恩德，并迁道父母升到极乐世界。

从朝鲜朝开始，只传下抄写本[29]和刻本[30]各一种。前者是禅宗寺刹玄高寺的海渊主持，于世宗22（1440：正统5）年抄写的经书，崔天景等二十二人为他提供了施主。后者是贞熹大王大妃为祭奠恭惠王后，于成宗5（1474：成化10）年刻成，再于成宗16（1485：成化21）年补刻的。

5）禅宗类

（1）《禅宗永嘉集》简称《永嘉集》或《永嘉禅宗集》，是唐朝玄觉撰写的。唐朝的庆州刺史魏静根据永嘉玄禅师生前撰述十篇，将其编集为一卷。即有慕道志撰、戒侨奢意、净修三业、奢摩他颂、毗婆舍那颂、优毕叉颂、三乘渐次、理事不二、劝友人书、发愿文等等。以修道的立志为始，讲述了努力学习，警戒骄奢、净化身心、禅定和智慧要平等，经过修道，做到理事不二，达到即事而真。最后以发愿文结束了全文。

此书的形成过程中，世祖负责口诀，信眉等人承担了谚解，由刊经都监于世祖10（1464：天顺8）年刻板的。卷上是世祖时代的初印本，卷下是燕山君元（1495：弘治8）年的后印本。贞显大妃（成宗继妃）为祭奠去世的成宗在圆觉寺印出的。卷末有用印经体木活字印刷的学祖之跋[31-1] [31-2]。

29）《地藏菩萨本愿经》，卷上中下，3帖，法灯（唐）译，海渊（朝鲜）写，折帖装，抄本，世宗22（1440：正统5）年抄，宝物940，金杰藏。

30）《地藏菩萨本愿经》，卷上中下，法灯（唐），线装，刻本，成宗5（1474：成化10）年刊，成宗16（1485：成化21）年补刻，宝物1104，成保文化财团藏。

(2)此外禅宗类里还有《蒙山和尚法语略录》[32-1) 32-2)。此书是根据蒙山德异的〈示古原上人〉、〈示圆觉上人〉、〈示惟正人〉、〈示听上人〉、〈无字十节目〉、〈休体庵主坐禅〉等六篇和附录〈示觉悟禅人〉等法文，朝鲜朝慧觉尊者信眉进行口诀和谚解的。蒙山德异同好多高丽僧人进行了交流，特别是与慧鉴国师万恒和宝鉴国师混丘交往密切。他所编辑的《六祖檀经》和法文，对佛教界有很大的影响。据末尾甲寅字小字印的金守温跋文，当时仁粹大妃为祭奠世祖、睿宗、懿敬王和仁城大君的冥福和极乐安宁及为大王大妃和主上的寿福，共印出二十九种佛经，此经书是其中的一种。还有一本里面写有〈清虚堂宝藏录〉，附有为防止宝藏录的丢失而墨写的文章。这是草衣在五十九岁时（1444：正统9）在一枝庵书写的。

（3）还有一种是专门介绍法会程序的书。书名叫《礼念弥陀道场忏法》，是王子成（元）集撰的。内容为以阿弥陀佛为中心，请十方三世诸佛，在他们面前虔诚礼拜，忏悔多种恶业和罪过，发愿极乐往生等的程序。

据金守温跋文，此书是成宗妃恭德王后韩氏去世之后，为祭奠她和世宗、昭宪王后、世祖懿敬大王、睿宗大王等先世王和王妃的冥福，并为表达怀念之情以纪念阴德，王室命令知中枢府使成任，重新书写慈悲三味忏和弥陀忏而刻板的。卷末所明示的施主主要有仁粹和仁惠大妃、公主肃义、尚宫等人，信眉、学悦、学祖等人也参与，王室也把此书的出

31-1)《禅宗永嘉集》，卷下，1册，玄觉（唐）撰，行靖（宋）注，净源（宋）修定科，黄守身（1407-1467）奉教韩译雕造，线装，刻本，世祖10（1464：天顺8）年刻印，燕山君元（1495：弘治8）年补印，宝物774，东国大学藏。

31-2) 同注31-1，宝物1163，金敏荣藏。

32-1)《蒙山和尚法语略录》，1卷1册，德异（元）著，信眉（朝鲜）译解，线装，刻本，成宗3（1472：成化8）年刊，宝物1012，金敏荣藏。

32-2)《蒙山和尚法语略录》，1卷1册，德异（元）著，信眉（朝鲜）译解，线装，刻本，世祖13（1467：成化3）年刊，宝物1172，成保文化财团藏。

版当成国家的事业加以推进的[33-1] [33-2]。还有一本是详校本《慈悲道场忏法》[33-3]。这是梁朝诸大法师的集撰。与前者不同，此书由姜戬做了序，广钧写了慈悲忏法的释本。这本同元代大都大觉寺的重刊本很相似，所以认为是成宗5（1474：成化10）年的刊本。

（4）《佛说长寿灭罪护诸童子陀罗尼经》是对文殊舍利菩萨向释尊提问一切众生长寿和灭罪之法，引用普光正见如来和颠倒比丘尼曾所说而回答的，称之为护念经。

字体属于宋本系列，无界、无版心，每页分为六行，隔一空行里写书名的头一字和页码。只有上和下，好像由原来的旋风装改为折帖装。六行为页进行了折叠，但和隔行也没有任何关系，装帧上确有特殊之处。从跋文上看，是太宗16（1416：永乐14）年的刊本[34]。

（5）《药师琉璃光如来本愿功德经》是唐代玄奘的译文。这一经书有四种不同的译本。一是宋朝孝武帝大明元（457）年丁酉，沙门释慧简在秣陵（江苏）鹿野寺翻译的《药师琉璃光经》，又称《灌顶拔除过罪生死得度经》。二是大业11（615：新罗真平王37）年，洛阳乐水南山上林园翻经馆重译，长安大慈恩寺翻经院翻译的《药师如来本愿经》。三是唐三藏玄奘的译文，四是《灌顶随愿往生十方净土经》一卷。

其中，这本书是唐代玄奘的译文。肃宗6（1101：建中靖国元）年8月，义天主持《续藏经》（即为《教藏》）刻板之中，突然发病入寂

33-1)《礼念弥陀道场忏法》，卷1-5、6-10，2册，王子成（元）集，线装，刻本，成宗5（1474：成化10）年刊，宝物949，李洋姬藏。

33-2) 同注33-1，卷6-10，1册，宝物1144，朴赞守藏。

33-3)《（详校正本）慈悲道场忏法》，5卷1册，诸大法师（梁）集撰，成宗5（1474：成化10）年刊，宝物1193，金赞镐藏。

34)《佛说长寿灭罪护诸童子陀罗尼经》，1卷1帖，佛陀波利（唐）译，折帖装，刻本，太宗16（1416：永乐14）年刊，宝物1092，金宗圭藏。

时，为给他治病而印出的。但从纸张和装帧的方法、刀刻的特征、卷首题前后追刻界线的痕迹中看，好像是朝鲜朝初期的刊本[35]。

2. 佛书的辞书

我们可以看到进入朝鲜朝之后，接着高丽王朝，宫中仍然刊行佛教经书。当时使用的工具书大概有如下几种。

（1）《佛果圆悟禅师碧严录》卷1-10。宋代重显写了颂，克勒（宋）做了评释，简称为《碧严录》，是中国佛教临济宗派的指导书。从雪窦重显的《景德传传灯录》中，挑选修禅参考的一百条案例并写了颂，克勒为此书加了垂示、短评和评唱。很难考证传入韩国的年代。

以六堂收藏高丽忠肃王4（1317：延祐4）年的刊本为底本，用乙酉字大、中、小字印出的就是这本书。这一本是从世祖11（1465：成化1）年到成宗15（1484：成化20）年间印出的活字本[36]。

（2）《人天眼目》是人间和天间一切众生眼目之意的辞书。是南宋的晦庵智昭收集中国五家禅门名宗祖师的遗书、残偈、称提、垂示和五宗的纲要之后，介绍它的宗风特征的书，南宋淳熙年间（1174-1189）编辑而成。

据李樯的跋文，是太祖4（1395：洪武28）年刊行的[37]。

（3）《五大真言》是唐代不空和佛陀波利共同翻译的。其内容是把不

35）《药师琉璃光如来本愿功德经》，1卷1册，玄奘（唐）译，线装，刻本，朝鲜初期刊，宝物140。

36）《佛果圆悟禅师碧严录》，卷1-10，重显（宋）集颂，克勒（宋）评释，线装，乙酉字本，世祖11（1465：成化1）年印，宝物1093，金宗圭藏。

37）《人天眼目》，3卷1册，智昭（宋）述，线装，刻本，太祖4（1395：洪武28）年刊，宝物1094，金宗圭藏。

空翻译的大悲心大陀罗尼1～2、根本陀罗尼3、随求陀罗尼4、大佛顶陀罗尼5和佛陀波利翻译的佛顶尊胜陀罗尼等五种陀罗尼真言,用梵文、韩文、汉文为序进行翻印的。其中1是大悲心大陀罗尼的四十二首真言,每页上端有手印图,下端有用例和经文。经文是按着韩文、汉文顺序音译的。这本书是选定五大真言灵验的经文,将其灵验略抄进行谚解后,用乙亥字小字印出来的。据成宗16(1485:成化21)年学祖跋文,是侍奉仁粹大妃之命,寻找唐本进行音译的[38]。

(4)《真实珠集》是宋朝倪妙行的文集。他收集禅师的铭、歌、心要、法语、诗和文,并把它汇编成册。

进义副蔚黄伍信书写了底本,尹弼商、卢思慎、韩継禧等人进行校对,于世祖8(1462:天顺6)年,由刊经都监刊印的[39]。

V. 经部书

1. 正经类

(1)《礼记大文》是西汉的戴圣编写的书,主要是秦汉以前的儒家礼教。东汉的郑玄写了《礼记注》,唐代的孔颖达写了《礼记正义》。是一本理解中国古代社会儒家学说和文化制度的主要参考书籍。〈王制〉、〈礼器〉、〈大传〉、〈学记〉、〈乐记〉、〈坊记〉、〈表记〉、〈儒行〉、〈大学〉

---

38)《五大真言》,1册,不空、佛陀波利(唐)共译,线装,乙亥字本,成宗16
 (1485:成化21)年印,宝物793,上院寺藏。

39)《真实珠集》,3卷1册,倪妙行(宋)集,黄伍信(朝鲜)底本,线装,刻
 本,世祖8(1462:天顺6)年刊,宝物1014,金敏荣藏。

等都是其中的一例。

这本书是朝鲜世宗年间（1418-1450）刊刻的[40]。有句读和四声表示，用东坡字体板刻的，但在韩国内的诸目录中还看不到这本书。

（2）《音注全文春秋括例始末左传句读直解》是宋代林尧叟于宣德6（1431：朝鲜世宗13）年为便于诵读而注音注释的。

全罗道观察使申概（1374-1446）翻刻家藏本的第二年，即于世宗13（1431：宣德6）年观察使徐选（1367-1433）完成了此书的出刊[41-1]。端宗2（1454：景泰5）年版[41-2]是复刻本，同国宝1208号《春秋经左氏传句解》相比，卷六十六和卷六十七是翻刻中国本的，但卷六十二是另一种书体。

（3）《春秋经左氏传句解》是春秋末期，鲁太史左丘明所撰。此书形成于公元前375年到357年间，收录了鲁朝隐、桓、庄、闵、僖、文、宣、成、襄、昭、定、哀公等十二公时代的记事，内容涉及政治、军事、外交、文化等诸方面。东汉时，贾逵和服虔等人做了注，但已经都被遗失，现在广为流传的是西晋杜预的"集解"。

这是世宗13（1431：宣德6）年在清道开版的句解。据朱邵跋，可知监事曹致和都事安质，在辛亥年，求得朴贲的家藏本之后印出此书的，然而，此书是照中国本翻刻的[42]。

（4）《书传大全》是宋代蔡沈所编。庆元5（1199）年，朱熹

40）《礼记大文》，残本4册，戴圣（汉）记，线装，刻本，朝鲜世宗年间（1418-1450）刊刻，宝物905-47，金始寅藏。

41-1）《音注全文春秋括例始末左传句读直解》，卷62-70，1册，林尧叟（宋）撰，线装，刻本，世宗13（1431：宣德6）年刊，宝物1159，宋成文藏。

41-2）《音注全文春秋括例始末左传句读直解》，残本5卷，林尧叟（宋）撰，线装，刻本，端宗2（1454：景泰5）年刊，宝物905-50，金始寅藏。

42）《春秋经左氏传句解》，卷60-70，1册，左丘明（周）传，曹致、高云识编校，线装，刻本，世宗13（1431：宣德6）年刊，宝物1208，李吉女藏。

（1130-1200）委托蔡沈给"书"做了注，于嘉定2（1209）年成书了。因为各卷区分了今文和古文，所以名叫《书传大全》。汉唐以来，省去烦琐，以简明文字做了注释。此书宣扬朱熹的心学心法理学传统，提倡的是德、仁、敬、诚。

现在韩国保存的是朝鲜朝前期的刻本[43]。

（5）《大学章句大全》是宋代朱熹的章句。《大学》记载的是正心、修身、齐家到治国、平天下的道理。因为比训诂的小学涉及的范围甚广，所以叫"大学"。《大学》本属于《礼记》，然而汉唐学者们不太欣赏它，所以到宋代司马光把它单独成书。自从朱子作了章句之后，大为流行。《大学》有三纲八条目，说明儒学的根本原理。

这本书是宣祖36（1603：万历31）年国王赐给当时的司猛竹牖吴沄的。但是，只有"大学章句"，却很少见附有"大全"二字的[44]。

（6）《论语谚解》的原文是《论语》，朱熹做了集注，谚解者未详。

这本书是宣祖（1567-1608）初期据经书体底本印出的[45]。此书的特点是每行字左侧有标点，谚解使用的文字是创制当时的韩文。

（7）《论语集注》是孔子在世时，他的弟子们多方记录了孔子的种种话语，孔子去世后，他们把这些记录整理成"论语"。《论语》有古论、齐论、鲁论。古论是古文《论语》，齐论是齐人所传《论语》，鲁论是指鲁朝人所论《论语》，此书的成书年代是战国初期。天道观上所提天命论是君子有三戒，即畏天命、畏大人、畏圣人。政治上要克己复礼，非礼勿视、非礼勿听、非礼勿行、非礼勿动。教育思想上要有教无类的

43）《书传大全》，9卷7册，蔡沈（宋）编，线装，刻本，朝鲜前期刊，宝物1019，金俊植藏。

44）《大学章句大全》，1册，朱熹（宋）章句，线装，刻本，宣祖36（1603：万历31）年刊，宝物1203，吴沄宗孙藏。

45）《论语谚解》，残本1册，朱熹（宋）集注，谚解者未详，线装，经书体字刻本，宣祖（1567-1608）初刊，宝物1004，赵诚穆藏。

学问和思想的结合。朱熹做了这本书的集注。他吸取程门诸儒十二家学说，经过梳理整理出"论语精义"，后来把集义改成集注，这就是《论语集注》。

朝鲜朝用再铸甲寅字印出了朱熹的《论语集注》十九卷三册。集注的序说是以模仿世宗时丙辰字的仿丙辰木活字印刷的便是这本书46)。

VI. 史部书

1.正史类

(1)《史记》是中国汉代太史公司马迁所撰。共有12本纪、10表、8书、33世家、70列传。本纪是记载了帝王的史迹，表是清楚地记录了历史纲要，书是详细记述了礼乐刑政、天文、货殖，世家记录的是诸侯的沿革，列传介绍的是英雄豪杰、伟人杰士的履历。

这本书是一百三十卷中有六十四卷十四册，世宗7（1425：洪熙元)年用庚子字印出的47)。除了鹤奉宗家的藏本之外，还有一山文库和诚严文库藏本，但都不是足本，各个收藏本中没有重夏的卷，可能是同一套被分散的。

(2)《前汉书》，过去叫"汉史"，现在称《汉书》。同《后汉书》相对称。后汉的班固所撰，其妹班昭进行了续写。班固是孟坚、明帝时代的人。全书共有12帝记、8表、10志、70列传。帝记是《史记》的本

---

46)《论语集注》，19卷3册，朱熹（宋）集注，线装，再铸甲寅字本，宣祖前期
　　(1568-1592：隆庆1-万历20) 印，宝物1019，金俊植藏。

47)《史记》，残本64卷14册，司马迁（汉）著，线装，庚子字本，世宗7
　　(1425：洪熙1) 年印，宝物905-2，金始寅藏。

纪，志是书，原本为100卷，后来分为长篇115卷，这就是现行本。

韩国收藏的是朝鲜朝初年用初铸甲寅字印出的[48]。书中有"丰壤赵基远进之章"的印记。

2. 编年类

（1）《资治通鉴纲目》，据说是宋代朱熹所撰，也有说是他的弟子赵师渊所撰。题目是根据宋代司马光的《资治通鉴》而取。大的为纲，小的分注为目，所以叫《资治通鉴纲目》。大字为朱熹所述，分注为叫赵师渊节约的。此书记载了从周代威烈王23（BC403）年到后周世宗显德6（959）年的1362年间的史实。此书的重点放在义理，所以史实是次要的。写书的过程中，凡例由赵师渊、后序由李方子、后语由王柏、识语由文天祐、发明序由尹起华、书法凡例由刘友益、集览叙例由王幼学、书法序由贺善和杨仆、书法后书由刘㮚、序由倪士毅、考异凡例由汪克宽、考证序由徐照文、集览正误序由陈济、序由杨士奇、质实序由冯智舒、后序由黄仲昭分别书写。

这是于朝鲜宣祖11（1578：万历6）年用甲寅字印出的[49]。

（2）《通鉴续编》是明代陈桱所撰。或认为陈桱是元代人，但实际上他是奉化人，元代末期在长洲，到明朝担任翰林编修，所以同这本书进行联系的时候，他是明代人。第一卷介绍的是盘古到高辛，金履祥为通鉴前篇做了补，第二卷介绍的是唐及五代的契丹。其它二十二卷介绍的是宋的事迹，从太祖一直到二王，可以看做续编。大字的分注与纲目例

48）《前汉书》，残本1册，班固（后汉）撰，颜师古（唐）注，线装，初铸甲寅字本，壬辰乱以前印，宝物1004，赵诚穆藏。

49）《资治通鉴纲目》，24册，朱熹（宋）撰，线装，甲寅字本，宣祖11（1578：万历6）年印，宝物905-19，金始寅藏。

一样，同样是续编。

据金斗钟的《韩国古印刷技术史》，曾经有过世宗5（1423：永乐21）年印行的《通鉴续编》。怀疑此本便是那庚子字本[50]。

（3）《续资治通鉴纲目》是明朝商辂等人奉敕撰写。内容记载的是宋太祖建隆元（960）年到元朝顺帝至正27（1367）年的事迹。此书是续写南宋朱熹《资治通鉴纲目》的。

现在韩国收藏的是初铸甲寅字本，是燕山君9（1503：弘治16）年宣赐予金寿童（1457-1511）的[51]。

（4）《纂注附音资治通鉴外纪增义》是根据宋代刘恕所撰《通鉴外纪》，宋代王逢做了释义之后，明代刘剡增校的编年类中国史书。

这是在韩国内很难找到的珍贵书籍，是用初铸甲寅字印于明宗至宣祖（1546-1608：嘉靖25-万历36）初年间的[52]。

（5）《增修附注资治通鉴节要续编》是明朝成祖（1403-1424）、宣宗年间（1426-1435）刘剡编辑，张光启订正的中国宋代的历史书籍。是继司马光《资治通鉴》续写编纂的，共有30卷15册。

其中韩国收藏的有鹤峰宗家的卷2-3、卷6-7、卷8-9、卷12-13、卷21-22，5册。卷一有宣德4年己酉（1429：朝鲜世宗11）春2月，张光启撰写的序，卷末有宣德7年壬子（1432：朝鲜世宗14）孟秋，刘剡撰写的识记。这是世宗末年到世祖初年间印出的初铸甲寅字本。书的封面是裱褙的，裱褙用纸是用写有南乙珍、洪澄等人姓名的文书[53]。

---

50) 《通鉴续编》，24卷6册，陈桱（明）编，线装，庚子字本，世宗5（1423：永乐21）年印，宝物283，孙成熏藏。

51) 《续资治通鉴纲目》，残本9册，商辂（明）奉命撰，线装，初铸甲寅字本，燕山君9（1503：弘治16）年印，宝物905-10，金始寅藏。

52) 《纂注附音资治通鉴外纪增义》，1册，王逢（宋）释义，刘剡（明）增校，线装，初铸甲寅字本，明宗至宣祖（1546-1608：嘉靖25-万历36）初年间印，宝物905-48，金始寅藏。

还有明宗到宣祖初年间，用同样的初铸甲寅字将刘文寿（明）刊行本印出的残本两册（卷16-17、卷29-30）。

VII. 子部书

1. 传记类

《（新刊标题）孔子家语句解》是元朝王广谋做了句解。书中记载了孔子在一般生活中的话语和门人之间的谈话。家语指的是孔子一家中的话语。虽然《汉书》〈艺文志〉经部论语类收录了《孔子家语》27卷，但却没有著者。之后散失了多年，后来魏朝王肃撰写了注，郑玄学形成五十年之后，才被流传圣人的故事。曾有过颜师古的注，到宋代出现王柏的家语考。句解本也有异本。

韩国曾购进了元代泰定元（1324：高丽忠肃王11）年苍严书院刊行的元本。太宗2（1402：建文4）年，江陵监营翻刻的就是这一本54）。虽然使用的纸张是混合藁精而很粗糙的楮纸，又是地方官版，但做工还是较精巧。

53）《增修附注资治通鉴节要续编》，残本5册，张光启（明）订正，刘剡（明）编辑，线装，初铸甲寅字本，世宗末期-世祖初年间印，宝物905-3、905-4，金始寅藏。

54）《（新刊标题）孔子家语句解》，6卷1册，王广谋（元）句解，线装，刻本，太宗2（1402：建文4）年夏刻元本，宝物1149，李元子藏。

2. 法制类

(1)《洪武礼制》是明太祖所撰。这是洪武14（1381：高丽褙王7）年，根据一直沿用的府、州、县的社稷、风云、雷雨、山川等各种礼仪习惯，从中剔除过去祭祀活动中武官也担任初献官的陋习，规定只有文官才能主管祭祀活动的一种礼制新书。

到了世宗朝，国王命令文臣许稠等人进行礼制改革。当时，他们参照一直沿用的《洪武礼制》，还参考《杜氏通典》、《东国古今详定礼》，到成宗5（1474：成化10）年制定出《国朝五礼仪》。当时参照的《洪武礼制》就是这一本[55]。

（2）《棠阴比事》是宋朝桂万荣所撰，田泽（宋）校正的一种刑法志。以五代和凝、和嵫的《疑狱集》及宋代郑克的《折狱龟鉴》为基础，在正史和野史及名人的笔记中挑选案例，到嘉定4（1211：高丽熙宗7）年写出了两卷书，共有144条，后来经过删补，整理出130条。本书不仅研究了古代的司法活动，还为侦破案件量罪定刑奠定了基础。这本书有嘉定4年的刻本，还有端平元（1234：高丽高宗21）年的重刻本，明代景泰年间（1450-1457）删补的《学海类编》之一。

中宗35（1540：嘉靖19）年4月，把此书的初铸甲寅字本宣赐给当时的刑曹参判李贤辅[56]。

3. 儒家类

（1）《近思录》是朱熹和吕祖谦（宋）合著。书的内容是已在高丽时

---

55)《洪武礼制》，1册（43页），明太祖撰，线装，刻本，成宗5（1474：成化10）年翻刻，宝物1079，宋成文藏。

56)《棠阴比事》，3卷1册，桂万荣（宋）编，田泽（元）校正，线装，初铸甲寅字本，中宗35（1540，嘉靖19）年印，宝物1202-1，李性源藏。

代篇中有过交代，所以不再赘述。（参照高丽时期篇注解69）。

　　传下来的此书只有卷3-5，1册，是用初铸甲寅字印于明宗至宣祖（1546-1608：嘉靖25-万历36）初年间[57]，收藏在诚严博物馆的亦是卷1-2，1册。

　　（2）《（新编音点）性理群书句解》是宋代熊节所编，熊刚大写了注。这本书分类编写了宋朝儒家各派的遗文，并编印了朱熹七弟子和他们传道支派。有赞训、戒、箴、规、铭、诗、赋、序、记、说、彖、辩、论、图、正蒙、皇极经世、通书、文等。

　　韩国出版的这本书，记载了周敦颐、程颢、程颐等宋代儒家十八人的诗文。用初铸甲寅字印出的这本书是世宗26（1444：正统9）年的[58]。前面有周敦颐、二程、张载、邵雍、司马光、朱熹等七人的肖像，并分类了传道支派，记载了七弟子的行状。有"风雷轩"的识记，即为鹤峰的孙子金是枢（1580-1640）的堂号，是印行之后墨写的。还有明宗8（1553：嘉靖32）年国王给李滉（燕山君7-宣祖3：1501-1570：弘治14-隆庆4年）的宣赐本[59]。识记上有李滉把此宣赐本赠呈给临皋书院的记载。

　　（3）《读书续彔》是明代的薛瑄所撰。编写人是他的门人阎禹锡。卷末附有甯杲编写的策目五十八道，后来其版面被漫患，到嘉靖17（1538：朝鲜中宗33）年，经郑维重新手校，再刻十卷，万历24

57）《近思彔》，1册，朱熹、吕祖谦（宋）共著，线装，初铸甲寅字本，明宗-宣祖（1546-1608：嘉靖25-万历36）初年间印，宝物1019-10，金俊植藏。

58）《（新编音点）性理群书句解前集》，卷9-13，1册，熊节（宋）编，熊刚大（宋）注，初铸甲寅字本，世宗26（1444：正统9）年印，宝物905-6，金始寅藏。

59）《（新编音点）性理群书句解》，残本6册，熊节（宋）集编，熊刚大（宋）集解，线装，初铸甲寅字本，明宗8（1553：嘉靖32）年印，宝物1109，临皋书院藏。

(1596：宣祖29）年出现第三版。

这一版本是从明宗到宣祖元（1546-1568：嘉靖25-隆庆2）年间，夏刻乙亥字本的[60]。

（4）《朱子大全》是宋代朱熹的文集，有本文100卷、续集5卷、别集7卷。朱熹的著述实不少。《诗集传》和其文学评论便代表了当时的思潮。这些文章，文笔清新，诗文有创意性，全面地评述了古今作家的成败。此书把义理作为根本，文章作为末，强调了心性。

朝鲜中宗38（1543：嘉靖22）年用乙亥字印出了明代吉水胡纬于天顺4（1460：世祖4）年季春做序的重刊本[61]。还有宣祖8（1575：万历3）年6月，由嘉善大夫工曹参判柳希春等人校对之后，用乙亥字印刷的[62]。

（5）《宋名臣言行彖》，这本书的前集和后集是朱熹撰写，续集、别集、外集是李幼武编写的，是南宋时代的朱子学派著作。前集有十卷，后集有十四卷、续集有八卷、别集有二十六卷，外集有十七卷。

明宗到宣祖（1546-1608：嘉靖25-万历36）初年间用乙亥字印出的是包括前集记载太宗、真宗、仁宗、英宗等北宋四朝名臣的言行；后集记载神宗、哲宗、徽宗等北宋三朝名臣的言行[63]。另有燕山君8（1502：弘治15）年，夏刻了庚子字本十七册。还有一本是清道郡守李胤的努力之下在清道郡印出的，是十七世纪的本，金保衡等八人参与

60）《读书续彖》，22卷5册，薛瑄（明）撰，阎禹锡编，线装，夏刻乙亥字本，明宗-宣祖元(1546-1568：嘉靖25-隆庆2)年间刊，宝物905-14，金始寅藏。

61）《朱子大全》，目录2册，朱熹撰，线装，乙亥字本，中宗38（1543，嘉靖22）年印，宝物1019-6，金始寅藏。

62）《朱子大全》，残本58册，朱熹撰，线装，乙亥字本，宣祖8（1575：万历3）年印，宝物905-16，金始寅藏。

63）《（宋）名臣言行彖》，前集10卷、后集14卷2册，朱熹撰，线装，乙亥字本，明宗-宣祖(1546-1608：嘉靖25-万历36)初年间印，宝物905-12、905-13，金始寅藏。

了此书的出版。

（6）《朱子实记》是明代戴铣编写的。他是务源人，字为宝之，弘治年间（1488-1505）及第了进士考试，被授予兵科给事，嘉靖年间（1522-1566）还追赠了光禄小卿，有记载说，此人编写了《朱子实记》。

据说，此书共有十二卷，原先在白鹿洞书院，但现存本只有金氏礼安派宗家藏的五册[64]。中国书目中可能有著录，但到现在还没找到。

（7）《宋朝名贤五百家播芳大全文粹》，这本书是宋代魏斋贤和叶棻共同编写的，收录宋代520家文章。

世宗6（1424：永乐22）年，用庚子字印刷后分赐给文臣，文宗1（1451：景泰2）年，曾命令赴明使臣，从中国购买。后来印出乙亥字本，此书中有"圣宋名贤五百家播芳大全文粹"的卷首题。金斗钟所著《韩国古印刷技术史》中，把它的出刊年代为中宗37（1542：嘉靖21）年。卷首有"真城李氏"、"景浩"的印记。"景浩"是李滉（退溪）的字。这是退溪的手泽本，是明宗（1567-1608）以前用乙亥字印行的[65]。

4. 兵家类

《唐太宗李卫公问对直解》是编写李靖同唐太宗论兵法的故事。李靖曾被封为靖卫国公，所以称之为李卫公。因为此书出现在宋代，所以陈师道、何薳、邵博等人都说是阮逸的伪撰。但指划、攻守、变易、主客等都有兵家的特征，所以叫郑瑗的非观琐言。此书有上、中、下三卷"问对"，主要是太宗提问，李靖回答的形式。

64）《朱子实记》，残本5册，戴铣（明）编，线装，刻本，中宗-明宗（1506-1567：正德1-隆庆1）年间刊，宝物1019，金俊植藏。

65）《宋朝名贤五百家播芳大全文粹》，残本1册，魏斋贤、叶棻（宋）共编，线装，乙亥字本，成宗-明宗年间（1470-1567：成化6-隆庆1）印，宝物1004，赵诚穆藏。

宣祖元（1568：隆庆2）年用乙亥字印出的便是此板本[66]。

5. 政法类

《大明律讲解》是明代的佚名撰写，高士裝（朝鲜）注了解，共有三十卷。大明律把唐诗作为唐律，共有十二篇，六百零六条，后来区分为吏、户、礼、兵、刑、工诸律。用于加强封建经济制度，分市尘、关律、田宅、钱责、邮驿、管造等三十篇、四百六十条。

中宗31（1536：嘉靖15）年在庆州府夏刻了甲寅字本[67]。是建国初期，高士裝等人为了容易理解明朝的基本刑法而编写的一种刑法典。

6. 术数类

《（新编）算学启蒙》是元朝朱世杰所撰数学书，上卷有八门，下卷有五门，其中重视了度量衡换算法。高丽朝仁宗时期（1122-1146），在国子监和京师六学留有算学博士和助教，只给八品以上的两班子弟和九品以上的子弟教了数学，到朝鲜朝时期，为选拔人才，科举考试中设了算学科目，其教材就是《算学启蒙》。

这本书是成宗年间（1470-1494：成化6-弘治7）印出的乙亥字本[68]，是到朝鲜朝，引入度量衡制度之后，解说单位的设定和换算方法的书。

66）《唐太宗李卫公问对直解》，残本1册，李靖（唐），刘寅（明）解，线装，乙亥字本，宣祖元（1568：隆庆2）年印，宝物905-2，金始寅藏。

67）《大明律讲解》，残本1册，佚名（明）撰，高士裝（朝鲜）解，线装，夏刻甲寅字本，中宗31（1536：嘉靖15）年刊，宝物905，金始寅藏。

68）《（新编）算学启蒙》，卷中，1册，朱世杰（元）撰，线装，乙亥字本，成宗年间（1470-1494：成化6-弘治7）印，宝物1217，姜泰泳藏。

7. 技术类

（1）《山居四要》是元朝王汝懋编写，陈止善校正的。这是一种农业书籍，共有四卷一册。"四要"指的是摄生、养生、卫生、治生，其中治生部分是属农业技术，用"四民月令"体裁，说明了每月的穫法、下种、扦掏、栽种、移植、收藏及其他农活。

这本既没有序和跋，出版年代也不详，但从形态文献学角度来看，是成宗年间（1470-1494：成化6-弘治7）的刊本[69]。

（2）《食物本草》是明代狄冲和姚文清共同编写的，一种利用食物预防疾病的医书。共分为水、谷、菜、菓、禽、兽、鱼、味等八类，分两卷收录。给各类食物的味、本性、益处和害处做了说明，末尾给该食物做了总评。

中宗21（1526：嘉靖5）年，明朝姚文清等人加了序后出版了此书，后来到中宗至明宗年间（1506-1567：正德元-隆庆元）用甲辰字印出了上、下两卷[70]。因为没有序文和跋文，很难判定确切的出刊年代，但从甲辰字印出之事来看，可以定为中宗至明宗年间的医书。多种目录中还没有出现，所以这是一种很珍贵的书籍。

（3）《神应经》是明朝陈会撰写，洪熙乙巳（1425：世宗7）年，经过刘瑾重校之后出版的。

成宗5（1474：成化10）年，用刻本出版了这本书，它是一种有关针灸方面的书籍。现在的藏书，序文部分已经脱落，由后人抄写补上，本文的下段也磨损，后人裱褙了[71]。还有一本是仁祖21（1643：崇祯

69）《山居四要》，4卷1册，王汝懋（元）编，陈止善（元）校正，线装，刻本，成宗年间（1470-1494：成化6-弘治7）刊，宝物1207，李吉女藏。

70）《食物本草》，2卷1册，狄冲、姚文清（明）编，线装，甲辰字本，中宗-明宗年间（1506-1567：正德1-隆庆1）印，宝物1227，李吉女藏。

16) 年, 用训炼都监字重新印行的。

Ⅷ. 集部书

1. 别集类

(1)《朱文公校昌黎先生文集》是唐朝韩愈（768-824）所撰, 宋朝朱熹（1130-1200）所校。宋朝王伯大所音释的有本集四十卷、外集十卷、遗集一卷。

这是在世宗20（1438：正统3）年第一次用初铸甲寅字出版之后, 中宗年间（1506-1544：正德元-嘉靖23）也用初铸甲寅字印出的[72]。

(2)《阳村应制诗》是汇集明太祖朱元璋赏赐给朝鲜派的使者权近（1351-1409：至正11-永乐7）的"太祖高皇帝御制诗"三首和权近奉明太祖之命, 创作的即兴诗二十四首, 由权揽加了注之后, 于世祖8（1462：天顺6）年刊行的刻本[73]。返国之后, 权近要把御制诗和应制诗传为家宝, 太宗允诺他出版。卷首有李詹的序文, 在"太祖高皇帝御制诗三首"标题下, 有题鸭绿江、高丽古京、使经辽左等三首律诗, 附录了圆庵的应制诗和权揽的应制诗。

---

71)《神应经》, 不分卷1册, 陈会（明）撰, 刘瑾（明）重校, 线装, 刻本, 成宗5（1474：成化10）年刊, 李吉女藏。

72)《朱文公校昌黎先生文集》, 韩愈（唐）著, 李韩（唐）编, 朱熹（宋）考异, 线装, 初铸甲寅字本, 中宗年间（1506-1544：正德1-嘉靖23）印。

73)《阳村应制诗》, 1册（85页）, 明太祖（朱元章）、权近（朝鲜）共著, 权揽（朝鲜）注, 线装, 刻本, 世祖8（1462：天顺6）年刊, 宝物1090, 金宗圭藏。

（3）《虞注杜律》是唐朝的杜甫（712-770）所著，元朝虞集做了注。这是一本元代学者虞集注解的唐朝诗圣杜甫的七言律诗。

成宗元（1470：成化6）年，清州牧使权至在清州牧出版了此书[74]。这本书是朴秉德书写底本，李经邦做了校正。在各种目录里，找不到这本书，韩国学中央研究院藏有《杜工部诗》，但没有跋文。

（4）《分类杜工部诗》是唐朝杜甫所著，清朝的郑沄进行校正。收录了古诗八卷、近体诗十卷、文二卷。还曾有过不少笺注，但不懂诗意的部分已经被删节。

弘文馆典翰柳允谦等人侍奉国王的命令，参考各种注解，用韩文进行编译的。此项工作从成宗12（1481：成化17）年开始，当年12月结束缮写，用乙亥字中、小字与韩文字印出的[75]。此书区分了近体和古体，按年代顺序进行排列的。

（5）《会纂宋岳鄂武穆王精忠录》是明朝麦福编写的。《精忠录》是收录宋朝忠臣岳飞精忠事迹和褒典、遗事的书籍。

这一本是宣祖18（1585：万历13）年国王给临皋书院的宣赐本[76]。

2．总集类

《（详说）古文真宝大全》是宋元年间的黄坚编写。真宝是珍宝的意思。这本书的原本是根据郑本于元朝至正16（1356：恭愍王5）年写

---

74) 《虞注杜律》，不分卷1册，杜甫（唐）著，虞集（元）注，李经邦校正，朴秉德书，线装，成宗元（1470：成化6）年刊，宝物1209，李吉女藏。

75) 《分类杜工部诗》，1册，杜甫（唐）著，柳允谦（朝鲜）奉教编译，乙亥字本，成宗年间（1470-1494：成化6-弘治7）印，宝物1051，崔英兰藏。

76) 《会纂宋岳鄂武穆王精忠录》，6卷3册，麦福（明）编，线装，初铸甲寅字本，宣祖18（1585：万历13）年印，宝物1109，临皋书院藏。

的序和青黎齐于明弘治15（1502：燕山君8）年写的跋，由黄坚编写，元朝林以正做校删的。从万历11（1583：宣祖16）年的〈明神宗编〉开始，题为《古文大全》。

世宗32（1450：景泰1）年，即为文宗即位年，用庚午字印出《详说古文真宝大全》便是这本书[77]。庚午字是以安平大君瑢的字体为底本，用铜铸造了，但是，后来因为安平大君涉及图谋端宗的夏位，由权力斗争的对手世祖很快毁掉庚午字版，改铸乙亥字，所以这活字本很珍贵。

结 论

如上所述，高丽时期，韩国的僧侣自宋朝高僧那里得到允许后回国，开了九山禅门的一门，组织了宗派。另一方面，高丽与朝鲜朝在国家范围内与宋、契丹、辽、元、明等诸朝有了不少典籍交流，一方面注释、谚解等加工已输入的典籍，产生了不少韩国固有的板本。

高丽时期的韩国版汉籍大部分是以佛教经书为主，次以性理学书与儒家经书为补的。朝鲜朝前期的便是包括不少佛教经书，属于经史子集类就更多。将以上所述高丽时期和朝鲜朝前期稀贵本汉籍的概况，摘要其特点如下。

77）《（详说）古文真宝大全》，卷7-8，1册，黄坚（宋-元）编，线装，庚午字本，世宗32（1450：景泰1）年印，宝物967，李华均藏。

表三：在高丽与朝鲜朝前期所出现韩国版汉籍的印出特征（"·"表示应重视之书籍）

高丽时期篇	朝鲜朝前期篇
〈佛教经书〉	〈佛教经书〉
1）般若经类：	1）般若经类：
1.翻刻鸠摩罗什翻译的《金刚般若波罗蜜经》。	1.《金刚般若波罗蜜经》便有以丁丑字与乙亥字合印谚解本与用省琚的字翻刻的刻本。
2.重刊般若翻译的《川老金刚经》。	2.空林寺刊行《集注金刚般若波罗蜜经》。
3.刊刻慧定述例《金刚般若经疏论纂要助显录》。	3.刊行谚解本《般若波罗蜜多心经略疏》。
2）法华经类：	4.《金刚般若波罗蜜经》（《六经合部》之一）便有甲寅字小字本、高山花岩寺用成达生的字翻刻的刻本、中台寺刊行本。
1.抄写或刊刻鸠摩罗什翻译本《妙法莲华经》，祭奠故人的冥福。	·5.刊行净源注解的《注仁王护国般若经》。
2.以戒环解为底本翻刻《妙法莲华经》，在韩国造《（科注）妙法莲华经合部》，以助理解。	2）法华经类：
3）华严经类：	1.抄写或刊刻鸠摩罗什所译本、有助于理解原文的傍点本、黄振孙字体本，其他就多用成达生、成概兄弟的字体。
·1.《大方广佛华严经》就翻刻佛陀跋陀罗翻译的60卷"东晋本"、实叉难陀新译的80卷"周本"及抄写或刊刻般若翻译的40卷"贞元本"，使之流行。	2.有各以甲寅字、乙亥字印出的活字本。
2.用宋商送来的书板，后印注疏本《大方广佛华严经》。	3.刊刻戒环解，一如集注，尹师路等悬吐的本。
3.翻刻般若翻译的《大方广佛华严经普贤行愿品别行疏》。	3）华严经类：
4）经集类：	·1.翻刻晋本与周本。
1.般刺密帝翻译的密教思想经书《楞严经》是选为四教科的教材，并抄写或翻刻。	4）经集类：
2.翻刻鸠摩罗什译本的异本《佛说父母恩重经》与《佛说大报父母恩重经》。	1.《楞严经》：有乙亥字谚解本，还有抄本与刻本。
3.抄写佛陀多罗翻译的《大方广圆觉修多罗了义经》，且翻刻《大方广圆觉略疏注经》。	2.《圆觉经》：
	（1）不管日僧排斥而印出以流行。
	（2）有得通注解的与宗密疏钞的刻本。
	·（3）有用乙酉字印出的活字本。

高丽时期篇	朝鲜朝前期篇
5) 律典类：	3.《佛说阿弥陀经》、《佛说大报父母恩
1.翻刻鸠摩罗什翻译的《梵纲经》与惠因	重经》便有刻本，《地藏菩萨本愿经》
注释的元版《注梵纲经》。	便有抄本与刻本。
2.翻刻诸大法师集撰的《慈悲道场忏	5) 禅宗类：
法》。	1.《禅宗永嘉集》便有刊经都监刻本，其
3.翻刻求那跋摩翻译的《佛说优婆塞五戒	卷末跋文就木活字印的。
相经》。	2.《蒙山和尚法语略录》、《礼念弥陀道
6) 密教经类：	场忏法》、《慈悲道场忏法》、《佛说
1.翻刻弥勒菩萨撰，玄奘翻译的《瑜伽师	长寿灭罪护诸童子陀罗尼经》、《药师
地论》。	琉璃光如来本愿功德经》等皆有刻本。
2.翻刻浮陀跋摩、道泰合译的《阿毗昙毗	〈佛书的辞书〉
婆沙论》60卷本。	1.活字本就有乙酉字本《佛果圆觉禅师碧
3.翻刻玄奘翻译的《大乘阿毗达磨杂集	严录》与乙亥字本《五大真言》。
论》。	2.翻刻《人天眼目》与《真实珠集》。
4.抄写沮渠京声、法护、鸠摩罗什合译的	〈经部书〉
《弥勒三部经》。	1.翻刻用句读、四声表示的，东坡字体
5.刊刻《宝箧印陀罗尼经》。	的《礼记大文》。
7) 论书类：	2.翻刻《音注全文春秋括例始末左传句读
1.翻刻无著菩萨造，玄奘翻译的《显扬圣	直解》、《春秋经左氏传句解》、《书
教论》。	传大全》、《大学章句大全》。
2.抄写菩提流志翻译的《不空羂索神变真	3.刊刻《论语谚解》，正文左侧有标点。
言经》。	4.用再铸甲寅字活印《论语集注》。
8) 禅宗类：	〈史部书〉
1.翻刻迦叶摩腾、法兰先合译，守遂注的	1.用庚子字活印《史记》、《通鉴续编》。
《佛说四十二章经》。	2.用初铸甲寅字活印《前汉书》、《资治
2.翻刻净善重集的《禅林宝训》。	通鉴纲目》、《续资治通鉴纲目》、
3.重刊玄觉著，净居注的《永嘉真觉大师	《纂注附音资治通鉴外纪增义》、《增
证道歌》。	修附注资治通鉴节要续编》。
9) 护国类：	〈子部书〉
1.翻刻昙无谶翻译的《金光明经》。	1) 传记类：
10) 护法论：	1.复刻元本《（新刊标题）孔子家语句
1.翻刻张商英编著的《护法论》。	解》。
〈其他书〉	2) 法制类：
1) 辞书类：	1.翻刻《洪武礼制》。
·1.刊刻道世撰的《法苑珠林》。	
2.翻刻行均编的《龙龛手镜》。	

高丽时期篇	朝鲜朝前期篇
2) 性理学书类： 1.翻刻朱熹、吕祖谦合著的《近思录》。 3) 儒家经书类： 1.翻刻倪士毅辑释的元刻本《中庸朱子或问》。	2.用初铸甲寅字活印《棠阴比事》。 3) 儒家类： 1.用初铸甲寅字活印《近思录》、《(新编音点) 性理群书句解》。 2.夏刻《读书续录》乙亥字本，《朱子实记》。 3.用乙亥字活印《朱子大全》、《(宋)名臣言行录》、《宋朝名贤五百家播芳大全文粹》。 4) 兵家类： 1.用乙亥字活印《唐太宗李卫公问对直解》。 5) 政法类： 1.夏刻甲寅字本《大明律讲解》。 6) 术数类： 1.用乙亥字活印《算学启蒙》。 7) 技术类： 1.刊刻《山居四要》、《神应经》。 2.用甲辰字活印《食物本草》。 〈集部书〉 1) 别集类： 1.用初铸甲寅字活印二次《朱文公校昌黎先生文集》、《会纂宋岳鄂武穆王精忠录》。 2.刊刻《阳村应制诗》、《虞注杜律》。 3.用乙亥字活印《分类杜工部诗》。 2) 总集类： 1.用庚午字活印《(详说)古文真宝大全》。

간행후기

선생님의 일생 학문적 자세가 많은 후학들의 귀감이 되었고 제자들에 대한 사랑이 남다르셨다는 것은 우리 간행위원들만의 생각은 아닐 것입니다. 이에 추모의 정을 모아 사정이 허락하는 여러 제자들이 모여 '逝去 1週期' 추모를 위하여 그 형식을 의논하였습니다.

상명대학교 김종천 교수, 강남대학교 양계봉, 조형진 교수, 대진대학교 윤인현, 류부현 교수, 대림대학 박재혁 교수, 광주대학교 김중권 교수 등은 선생님을 기리는 碑石을 건립할 것인가, 선생님의 全集을 간행할 것인가, 선생님을 추모하는 문집을 만들 것인가, 다각도로 검토한 끝에 追慕選集을 간행하기로 하였습니다.

먼저 선생님의 일생의 論著와 기타 여러 가지 글들 그리고 다른 분이 선생님을 위하여 쓴 기록들을 빠짐없이 조사하고자 하였습니다. 그 중에 대부분은 이미 단행본으로 간행되어 있었습니다. 조사결과에서 단행본으로 이미 成冊이 된 것과 타인이 선생님을 평한 글을 제외시키고 보니, 크게 5 부문으로 분류할 수가 있었습니다.

첫째는 선생님께서 청년시절에 신문사에 재직하시면서 쓰신 글
둘째는 역사학 분야의 논문
셋째는 선생님의 인생관이나 警句
넷째는 선생님의 타인에 대한 인물평
다섯째는 서평

첫째의 신문 기사와 셋째의 인생관이나 경구는 선생님의 청년 시절 사상과 사고를 되짚어 보기에는 좋았으나 학술적인 글은 아니며, 넷째의 인물평과 다섯째의 서평도 성책하기에는 그 분량이 적어서

결국은 둘째의 역사학 분야를 선별하여 성책하기로 하였습니다.

선생님의 저술을 망라하고 역사학 분야를 추출하는 과정도 그리 간단하지는 않았지만, 막상 선별을 끝내고 내용을 검토하면서 발견되는 어려움 또한 적지 않았습니다. 기존의 활자화된 논문에도 곳곳에 수정하신 흔적, 근거한 原典보다 더 難解한 문장 등을 어떻게 처리할 것인가, 이미 발표된 글을 모아 간행하는 일이지만 단순한 일은 아니었습니다.

한편 부록으로 수록한 중문 유고는 1999년 北京大学 古文献研究所(所长 孙钦善 教授) 주최로 열린 초청강연에서 李钟美 教授(북경대)의 통역으로 발표하신 『韩国版 汉文书籍』으로서 金花善 씨(당시 이화여대 중국인 유학생, 여성학전공)가 中文으로 번역하였습니다. 이 원고가 선생님께서 '遺稿'라고 날인하신 마지막 연구 논문이며 이를 활자화하시려고 天命이 다하는 그날까지 애착을 가지셨습니다.

이 미완성의 원고를 조형진 교수가 7개월에 걸쳐 수정 완성하였고, 이를 「韩国所藏稀贵本汉籍研究」라는 논제로 북경의 학술지 『中国学术』에도 게재하게 되었습니다.

'歷史學散考'와 中文 '遺稿'를 정리하여 한 권의 책으로 간행한 것은 선생님을 추모하는 형식에 불과하며, 오히려 그 작업과정에서 동고동락하는 희열로 한 잔 술을 기울이면서, 선생님의 생애를 다시 한번 회고한 것이 진정한 추모가 아니었나 생각해봅니다.

2006년 11월
圓堂沈㬚俊先生追慕選集刊行委員會

圓堂沈喁俊先生 追慕選集

歷史學散考

• 초판 인쇄	2006년 12월 12일
• 초판 발행	2006년 12월 15일
• 지 은 이	심우준
• 엮 은 이	원당심우준선생추모선집간행위원회
• 펴 낸 이	채종준
• 펴 낸 곳	한국학술정보㈜
	경기도 파주시 교하읍 문발리 526-2
	파주출판문화정보산업단지
	전화 031) 908-3181(대표) · 팩스 031) 908-3189
	홈페이지 http://www.kstudy.com
	e-mail(출판사업부) publish@kstudy.com
• 등 록	제일산-115호(2000. 6. 19)
• 가 격	29,000원

ISBN   89-534-5954-0 93020 (Paper Book)
           89-534-5955-9 98020 (e-Book)